国家出版基金项目
NATIONAL PUBLICATION FOUNDATION

王世襄集

王世襄 著

王世襄自选集

锦灰堆（合编本）贰卷

生活·讀書·新知 三联书店

贰卷目录

樂舞

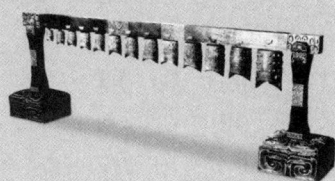

普查民族音乐的开端
——记湖南音乐的普查工作

1956年4月初，中央音乐学院民族音乐研究所开始准备湖南省的音乐普查工作。在准备阶段中，曾向熟悉该省情况的同志进行访问，阅读已出版的湖南音乐书籍，并从一百多种湖南地方志中摘录了有关音乐材料。4月底，全部工作同志到达长沙，与湖南省文化局联合组成湖南音乐采访队，由民族音乐研究所副所长杨荫浏，古乐室主任曹安和，湖南省文化局音工组组长易扬，分别担任正副队长。全队十八人，分成"湘东"、"西南"、"西北"三个组。从5月8日至6月25日五十天的时间内调查了四十四个点。根据初步统计，这次一共接触到四百五十一种不同的音乐形式，连同重复的项目一并计算，总数为一千四百二十三项，录音时间共计约四十二小时。

这次采访的目的是在普查，所以范围相当广泛。搜集到的材料，大体可以分成歌曲、风俗音乐、宗教音乐、歌舞、说唱、戏曲、器乐、其他等八类。

歌曲方面，这次在湘东、湘西各地都搜集到革命歌曲，尤其是在酃县、平江、永顺、大庸等县，每处都有一二十首。这些有的是当时红军编来给战士们唱的，有的是人民用自己的曲调，抒发朴质的感情来歌颂共产党和革命领袖的，其中包括苗胞用本民族的语言写成的歌曲。劳动歌曲的形式及数量也很丰富，澧江的《划船号子》，音调开朗明快，在紧张的节奏之后，腾起了一片欢呼声，充分表达了战胜险滩急流后的欢欣愉快。"伐木"、"拖木料"、"行排"、"装卸"、"打桩"、"打硪"等号子也都能倾泻出对劳动的热爱和克服困难的信心。"挖茶山"是一种用锣鼓伴奏的歌唱形式，它对在茶山进行挖土的劳动能起很大的鼓动作用。在旧社会曾被地主阶级利用来加强对农民的剥削，现在农业合作社已普遍采用，拿它来鼓舞热情，增加生产。其他如插田、耘田、车水、锄草、放牛、赶脚、扯炉、打铁、捕鱼、打猎、纺棉、采菱等等，几乎每一种劳动都有它的歌曲，这说明劳动人民的音乐创造和他们的生活结合得多么紧密。这次还发现了不少妇女歌曲，如《绣花调》、《耍歌》、《酒歌》、《和客歌》等等，据说都是妇女自己的创作。儿童歌曲也搜集到十几种，多数是在玩某一种游戏时唱的。

至于一般的山歌民歌数量就更多了，在许多县，尤其是少数民族地区，不同的区或乡就有不同的风格，但淳朴自然却是一致的。

在以往被注意得较少而实际上内容最为丰富的要数风俗音乐了。其中，有的是季节性的，有的是非季节性的，前者是指在一定的时间及场合举行的，后者主要是婚丧喜庆时用的音乐。正月不是农忙的时节，正好庆祝新春，在这一个月中，风俗音乐不下数十种之多，如"报春"、"赞土地"、"送财神"等，用吉利的歌词来道出希望一年顺利的良善愿望。各种形式的"舞狮"、"舞龙"、"蚌壳舞"、"龙灯"、"车儿灯"、"马灯"、"采茶灯"、"扮故事"、"送春牛"等等都沸腾着兴高采烈，酷爱生活的热情。从正月以后直至年底，每个月也都能找到若干种季节性的风俗音乐。5月有"划龙船"，湖南几乎没有一个角落不用它来纪念伟大的爱国诗人屈原，有的地方还要唱整套关于屈原的故事。8、9月间"朝南岳"，在以往，衡山道上，香客每天不下万人，每一个朝山客帮，人数由数十至数百不等，他们也是大型的合唱队，嘹亮而舒曼的朝岳歌，在几里路外就能听到。

婚丧喜庆的仪式，在过去是繁多的，往往一搞就是一二十天，甚至一个多月。其中包括各种不同的节目，而音乐正是各种节目的主要构成部分。妇女在出嫁前几天就要举行"坐歌堂"，来参加的是新娘的姊妹和女伴。到夜间，她们围坐中堂，轮流歌唱，有的倾诉离别的感伤，有的感叹自身的遭遇，有的埋怨父母包办婚姻，有的咬牙切齿诅骂媒人，曲调和歌曲都反映出过去妇女被压迫的痛苦。突出的例子是嘉禾县的《伴嫁舞》，连舞带唱，全部过程要两夜，传统的歌词有七首长诗，大胆而有力地抨击了旧社会不合理的制度。出嫁，在过去的母女看来就是生离死别，所以有"哭嫁"的风俗，两人互相递唱，真是一字一泪。这些封建时代的东西，虽然早为新社会所遗忘，但是这次请来表演"哭嫁"的老婆婆，起先是一面笑一面装着哭，渐渐回忆到已往的情景，悲从中来，不禁扑簌簌落下眼泪，终至呜咽不能成声，可见当时悲惨的生活是怎样深深地隐藏在受过压迫人的心中。男家的婚礼音乐如"迎亲"、"拜堂"、"花烛赞"、"捧茶歌"、"贺新郎"等，有的是活泼的器乐，有的是朗诵性的赞歌，它们都洋溢着欢欣的气息。丧事的音乐也是多种多样的。采用说唱形式的"孝歌"可以连着唱几夜。"上祭喊礼"，夹杂着器乐和鞭炮，造成隆重严肃的气氛。挽歌的歌词，还用的是古乐府中的薤露歌，曼长哀婉的声调，使人缅想到一两千年前的习俗。

这次进行采访，随时注意到风俗音乐的生活背景。为了不使它们与生活脱离，所以并没有按照音乐的形式分到歌舞、说唱、器乐等类当中去。只有从生活的角度去研究风俗音乐，才可能理解它是在什么情况下产生和发展的。有了这方面的认识，对于今后如何清理利用音乐遗产及如何进行新的创作都是有帮助的。

宗教音乐在以往也是不大受人注意的，并且最容易遭到否定。根据湖南采访的结果，证明宗教音乐还是相当重要的，值得研究的。首先，在旧社会，人民无法支配自己的命运，遇到灾害疾病，绝望之余，只好求佛请神，所以乞福、求财、驱瘟、逐鬼，都反映了人民对生活的要求。其次宗教音乐中的许多曲调，就是从民歌吸收来的，有的原封不动，有的经过一定的加工。现在有不少的例子可以说明戏曲音乐如何吸收了宗教音乐的曲调而获得了丰富。如果不对宗教音乐进行整理研究，将无法弄清由民歌发展到戏曲的一些来龙去脉。

湖南的宗教音乐可以分为佛教、道教、巫教三种。佛教禅宗一系的"焰口"音乐，"水陆腔"和颂赞，曲调很优美，伴奏以打击乐器为主，它们虽然是从江浙两省传来的，但一到湖南各地，在唱腔上，又多少加进了本地的生活情调。又有所谓"应教"一派，采用管弦乐器伴奏，地方色彩较浓厚。道教在湖南相当普遍，法事有几十种。以过去最常见的"打醮"为例，其中便包含着许多个不同的唱腔和器乐曲。巫教也称师教，湖南最为盛行，在以往，连兄弟民族地区在内，几乎每一个乡、村都有专业的巫师。他们用"冲傩"来为人治病，在音乐的进行中可以听出他们起初用温和同情的声调来安慰病人，继而差遣天兵，声势浩荡，仿佛车马来临，最后驱除鬼祟时又威风凛凛，声色俱厉。可知迷信音乐也是很善于表达感情的。巫教还有许多小型的戏曲，多数是还愿时唱来谢神的，它与当地流行的"高腔"、"花鼓戏"、"阳戏"等有密切的关系。

歌舞音乐，有几种在兄弟民族流行的值得特别提出。通道县侗族的芦笙舞，一般由十六个人组成一队，芦笙大小不一，最大的有一丈多高，曲调气魄雄伟，音色很像管风琴。在晃县只有四路乡还有的《五谷丰收舞》，侗语叫做跳"铜退"（译音），戴假面具，扮演三国故事，用胡琴及锣鼓伴奏，可能与古代的傩舞有关系。江华瑶族的"长鼓舞"由两人或四人对跳，一手执着鼓腰细处，一手拍击，依着左右盘旋的步伐，打出舞蹈的节拍来。伴奏的乐队吹唢呐，打锣鼓，曲调由慢而快，随着舞蹈发展到火炽的高峰，再渐渐地迟缓下来。据称原来有七十多套舞法，现在会得最多的人也只能跳二三十套了。湘西苗族的"猴儿鼓"有单人、两人、四人、六人、八人等不同的演奏形式。一面大鼓横放在架子上，腰围两个人都抱不过来，音色非常沉雄，但鼓点的节拍却又繁促活泼，造成很特殊的音乐效果。

湖南的说唱，最普遍的是"莲花落"和"渔鼓"，现在已被广泛利用，作为宣传的工具，收到相当大的功效。此外有旧社会时登台宣讲，劝人为善的"讲圣语"；即兴编词，近乎快板的"韵脚"；与杂技相结合，双手抛掷三四个木棒还用锣鼓伴奏的"三棒鼓"；它们的形式也都是广大群众所喜爱的。侗族的《琵琶歌》一人连弹带唱，有许多传统的节目，《三百斤油》歌颂坚贞不渝的爱情，是一首有人民性的故事诗。"讲款"（译音）是过去侗族在开会时唱的，由寨内年老有威信的人来担任，他通过说唱来启发动员，或宣布一些族中的决议。这些说唱都是值得深入发掘的。

这次在湖南采访到的戏曲约有三十种，"湘剧"、"祁剧"、"花鼓戏"是最流行的几个剧种。"湘剧"、"祁剧"的历史比较悠久，曾吸收了许多其他的剧种。由农村发展起来的戏曲、民歌、小调、风俗音乐、宗教音乐是"花鼓戏"的主要来源。在湘西芷江、溆浦、沅陵等地流行的"辰河戏"，传统的剧目有八九百出，"高腔"和"弹戏"约各占一半，戏曲中难得有这样丰富的遗产。湖南的戏曲，经过几次会演，已渐渐为戏曲及音乐工作者注意，目前正在进行发掘整理。这次普查，对戏曲只能和对其他的音乐一样，仅仅做到了解概况，不能深入调查。但从初步了解中已感觉到有些比较原始的、小型的、流行地区较窄的剧种，大家还是注意得不够。以湘西的"木偶戏"来说，它与"辰河戏"是同一个剧种，只是演唱的方式不同。据说"辰河戏"中已经失传的剧目，往往从"木偶戏"中倒能找到。其他如皮影戏、阳戏、苗族及侗族的戏曲，也都有待深入地发掘。

器乐方面，搜集到许多唢呐独奏曲及与其他乐器合奏的"吹打曲"。打击乐器合奏如安江的"十样景"、永顺的"打小家伙"节奏都很丰富，是可供学习的材料。但在这次采访中对许多原始乐器及儿童玩具乐器的理解与搜集，也可以视作一种较重要的收获。吹叶在湖南到处流行，可以伴奏山歌戏曲，以至现代的群众歌曲。南瓜秆、麦秆、稻秆、酸桐管、绿桐管、棕叶、树皮、号筒管（一种植物，类似向日葵，梗子可以吹出不同的音高来）都能拿来吹奏简单的曲调。它们是牧人的创造，曾长期服务于牧业劳动生活。更重要的是号筒管与大革命史实有关，三根号筒管和若干支竹管制成的土枪，在革命群众冲进平江县城时曾起决定性的作用。这一史实，至今仍是当地人们有味的回忆。竹筒可以做打击乐器，高粱秆可以做琴，小竹管可以做儿童玩的排箫。上述种种，说明人民在日常生活中如何用俯拾即得的东西来丰富他们的音乐生活。对这些乐器的研

究，将为乐器发展史提供资料。

其他一类包括以上各类所不能容纳的东西，如各种的街头叫卖、瞎子行乞的"喊街"、妇女丢失东西后的高声叫骂、邵阳妇女测字时所唱的"抽牌看相"、私塾中读诗词文赋的腔调等等。这些在平时看来是杂七杂八的玩意儿，只有在普查的工作中才没有被遗漏。浏阳祀孔音乐，曾引起不少人的注意，这次曾组织演奏者进行了一定时期的练习，最后也录了音，可以供参考研究。

对于乐谱、乐器及有关音乐的文献实物方面的搜集，这次采访也是有相当收获的。如手抄本的器乐工尺谱，瑶族"盘王宴"（一种盛大的庆祝仪式）歌本，道教的科书（做法事用的本子），巫师戏孟姜女唱本，木刻本醴陵的《孝歌》、零陵的《朝拜香歌》等等都是非常可贵的资料。乐器除定制了全套的芦笙和长鼓外，还搜集到侗族巫师的木制牛角、道士用的海螺、阉猪叫卖乐器、"赞土地"用的面具等等。一百多件文物，大多数是农民艺人等热心捐献出来的。

总起来说，这次普查因缺乏经验，并未能完全达到预期的要求，但收获是大的。通过普查，湖南音乐的埋藏量大体上已能摸清，再经一番整理，将有可能提出初步意见。即：哪些乐种的内容和形式是好的，群众所喜爱的，今后应当多多利用，大力发扬；哪些乐种虽有封建迷信的成分，但还是蕴藏着古代人民的艺术遗产，值得我们批判地去接受。过去由于限于认识，缺乏正确的评价，对若干乐种鼓励得不够，甚至粗暴地予以否定；再加上几年来人民生活的巨大变化，许多乐种已几乎失传或将要失传。这次发现的严重问题是从解放后便认为

应当大力搜集的革命歌曲一直到向来少人注意的风俗音乐和宗教音乐，都一天一天地在那里消失，现在已经到抢救的时候了，否则一旦绝响，将成为不可弥补的损失。事实证明，人民群众是热情的，乐于将他所知道的一切东西贡献出来的，如何从他们的手里接过来，是音乐工作者应该主动争取的事了。从湖南一省的采访，使人感觉到在全国范围内进行普查确是当前的一项迫切而重要的任务。

这次湖南音乐采访队所搜集到的材料尚待进一步的整理研究。但为了供给音乐工作者的参考观摩，并希望他们多提意见，以有助于今后普查工作的改进，民族音乐研究所布置了湖南音乐采访工作陈列室。普查的工作过程、初步统计的表格、原始文字记录、照片和搜集到的文献实物等，都在该室陈列出来。通过湖南省这一个试点来摸索一些经验，为将来全国的普查准备条件，正是这次采访的主要目的。

原载《光明日报》1956 年 11 月 1、2 日

湖南省地图

傅毅《舞赋》与般鼓舞

在汉朝，我国流行着一种歌舞叫《般鼓舞》❶，是将鼓平放在地上，由一人或数人在鼓上跳舞歌唱，并另有器乐、声乐伴奏的一种歌舞，从历史文献来看，到唐代人们对它已经不熟悉了❷。我们生在两千年后的今天，对祖先的这种歌舞形式还能知道一个大概，是多亏汉代的文学家在词赋中有详细的描写，艺术家们在石刻的画像中多次将它作为题材。

对于《般鼓舞》的叙述，前汉时的刘安，后汉的张衡，三国时的王粲、卞兰等❸，都曾讲到过，但描写得最细腻生动的要数傅毅（后汉人，约1世纪后半叶）。在他所著的《舞赋》中，有相当长的一段都是描写这种歌舞的。下面试译其大意：❹

当舞台之上，可以蹈踏出音节来的鼓已经摆放好了，舞者的心情非常安闲舒适；她将神志寄托在遥远的地方，没有任何的挂碍和拘束。舞蹈刚开始的时候，舞者忽而俯身向下，忽而仰面向上，忽而跳过来，忽而跳过去，仪态是那么样的雍容惆怅，简直难以用具体的形象来形容。再舞了一会儿，她的舞姿又像要飞起来，又像在行走，又猛然耸立着身子，又忽地要倾斜下来；她不假思索的每一个动作，以至手的一指，眼睛的一瞥，都应着音乐的节拍。轻柔的罗衣随着风飘扬，长长的袖子，不时左

❶ "般"，《说文》："象舟之旋，从舟从殳，殳所以旋也。"所以般是旋转的意思。般鼓舞可能是因舞者在鼓上及周围盘旋而得名。又因般古与盘、槃、鞶等字相通，所以古代词赋说到此舞，有许多不同的写法，如《盘鼓舞》、《七盘舞》、《七槃舞》、《七鞶舞》等等（以上见《昭明文选》傅毅《舞赋》注及《佩文韵府》）。但也有直称为鼓舞（见《淮南子》）或鞶舞（见《晋书·乐志》）的。

❷ 傅毅《舞赋》唐李善注称："般鼓之舞，载籍无文，以诸赋言之，似舞人更递蹑之而为舞节。"从语气来看，在唐代人们对它已不大熟悉了。

❸ 见《淮南子》及《昭明文选·舞赋》注。

❹ 引文据《昭明文选》本。因原文字句不易懂，所以采用意译的办法，有许多地方并参照了唐李善的注。其原文为：
于是蹑节鼓陈，舒意自广；游心无垠，远思长想。其始兴也，若俯若仰，若来若往，雍容惆怅，不可为象。其少进也，若翱若行，若竦若倾；兀动赴度，指顾应声。罗衣从风，长袖交横，骆驿飞散，飒擖合并。鵕鹙燕居，拉㧺鹄惊，绰约闲靡，机迅体轻，资绝伦之妙态，怀悫素之洁清。修仪操以显志兮，独驰思乎杳冥。在山峨峨，在水汤汤，与志迁化，容不虚生。明诗表指，喷息激昂。气若浮云，志若秋霜。观者增叹，诸工莫当。
于是合场递进，按次而俟，埒材角妙，夸容乃理，

轶态横出，瑰姿谲起。眄般鼓则腾清眸，吐哇咬则发皓齿。摘齐行列，经营切拟。仿佛神动，回翔竦峙。击不致策，蹈不顿趾。翼尔悠往，暗复辍已。

及至回身还入，迫于急节。浮腾累跪，赴蹋摩跌，纡形赴远，灉似摧折。纤縠蛾飞，纷猋若绝。超逾鸟集，纵弛殟殁。蜲蛇姌嫋，虚转飘忽，体如游龙，袖如素蜺。黎收而拜，曲度究毕，迁延微笑，退复次列。观者称丽，莫不怡悦。

❶ 根据朱载堉《乐律全书》，竹简大的叫"策"，小的叫"腰"，是拍板一类的打击乐器。

❷ 据北京图书馆藏原拓片影摹。

❸ 鞉鼓即手摇的拨浪鼓。

❹ 此石断为两半，左半现藏济南山东省立图书馆，右半为日本掠去。左半据傅惜华先生编《汉代画像全集》钩摹，右半据《东洋美术大观》钩摹，两图大小比例不太一致。

❺ 箎，音"笛"，古代竖着吹的管乐器，即现在的箫。

❻ 据武氏左石室第三石原拓本影摹。

右地交横，飞舞挥动，络绎不停，宛转萦绕，也合乎曲调的快慢。她的轻而稳的姿势，好像栖歇的燕子，而飞跃时的疾速，又像受惊的鹄鸟，体态美好而柔婉，迅捷而轻盈，姿势真是美妙到了极点，同时也显示了胸怀的纯洁。舞者的外貌能够表达内心——神志正远在杳冥之处游行。当她想到高山的时候，便真峨峨然有高山之势，想到流水的时候，便真洋洋然有流水之情；她的容貌随着内心的变化而改易，所以没有任何一点表情是没有意义而多余的。乐曲中间有歌词，舞者也能将它充分表达出来，没有使得感叹激昂的情致，受到减损。那时她的气概，真像浮云般的高逸，她的内心，像秋霜般的皎洁。像这样美妙的舞蹈，使观众都称赞不止，乐师们也自叹勿如！

单人舞毕，接着是数人的鼓舞，她们挨着次序，登鼓跳起舞来，她们的容貌服饰和舞蹈技巧，一个赛过一个，意想不到的美妙舞姿，也层出不穷，她们望着般鼓则流盼着明媚的眼睛，歌唱时又露出洁白的牙齿。行列和步伐，非常齐整，往来的动作，也都有所象征的内容，忽而回翔，忽而高耸，真仿佛是一群神仙在跳舞，拍着节奏的策板❶，敲个不住，她们的脚趾，踏在鼓上，也轻疾而不稍停顿。正在跳得来往悠悠然的时候，倏忽之间，舞蹈突然中止。

等到她们回身再来开始跳的时候，音乐换成了急促的节拍。舞者在鼓上做出翻腾跪跌种种姿态，灵活委宛的腰肢，能远远地探出，深深地弯下。轻纱做成的衣裳，像蛾子在那里飞扬。跳起来，有如一群鸟，飞聚在一起；慢起来，又非常的舒缓。宛转地流动，像云彩在那里飘荡，她们的体态如游龙，袖子像白色的云霓。当舞蹈渐终，乐曲也将要完的时候，她们慢慢地收敛舞容而拜谢，一个个欠着身子，含着笑容，退回到她们原来的行列中去。观众们都说真好看，没有一个不是兴高采烈的。

我们读过了傅毅的赋，再来看一看汉代石刻画像中的般鼓舞。这一题材，在画像中是不少的。在这里，我们只举出几幅来讲一下。

一、山东某地出土的汉画像（图1）❷，舞者和乐队，共见十一人（此石左端断损，最左一人形象已残缺，当时全石，可能不止这些人）。右边六人在奏乐，乐器有笙、管、排箫、

图1　山东汉画像

靴鼓等等❸。第九人侧着身子两脚踏在两个鼓上，双臂挥动，袖子高高飘扬在空中。画家抓住了舞人优美的姿态，将他成功地刻画出来。我们看了他，不由得会想起傅毅的描写——"体态美好而柔婉，迅捷而轻盈"。第十人两脚也踏在鼓上，仰面向后弯下去，头几乎要碰着地面，很合乎刘安对鼓舞的描写——"绕身若环"。第七第八两人，虽然坐在地上，也是舞蹈的表演者，因为他们的帽子上扎着带子，与奏乐者所戴的显然是不同的。

二、在山东隋家庄画像中（图2）❹，我们看到一个用瑟、管、篴❺、笙等乐器伴奏的乐队，分列两行，面面相向，鼓舞在中间举行。其中最左的一个舞人，左脚踏在一个鼓上，右脚抬起，将要落在另一个鼓上；右臂高举，甩着袖子，扬过头顶，左手拉着一人，他的左脚和臀部着地，好像不肯走上鼓去，而在鼓上的舞人一定要拉他上去似的。在这两人之右，还有一人，右臂伸直，向左指着上述的两个舞人，他虽不在鼓上，但也是舞队中的一员。傅毅赋中所谓"单人舞毕，接着是多人的鼓舞；他们挨着次序，登鼓跳起舞来"，与此图的情况是相合的。三个舞人中有两个人张着嘴，露出牙齿，弹瑟的人，也是如此，可能他们都是在歌唱。踏在鼓上的一个舞人，高冠作花瓣式，与其他两个舞人不同。汉画中有许多例子可以证明这是女人的装束，所以我们可以相信汉代的鼓舞，有时是男女合演的。

三、汉画像中最著名的武梁祠石刻中，也有《般鼓舞》（图3）❻。乐队六个人，在画像右侧，最右的两个人，作拍掌唱歌状，其余四个人在弹瑟吹篴及吹排箫。画像左侧，五个鼓平放在地上，中间一人，在鼓上仰面作滚舞的姿势。他的左手按着第一个鼓（从最右的一个数起），右手举起，左腿膝部跪在第二个鼓上，脚尖抵着第三个鼓，右腿膝部跪在第四个鼓上。右边的一个人，一腿跪在地上，右手指着中间的舞人，左手握着鼓槌，好像等待中间舞人的手一抬起，就要敲击似的。左边一人，左脚踏在最左的一个鼓上（第五个），右腿膝部跪在同一个鼓的缘上，右手也指着中间的舞人，左臂伸直，手中握着鼓槌。从舞蹈的动作中，我们几乎可以听到舞者的手、足、肘、膝等部分所踏触出来的声音。傅毅在赋中曾一再描写般鼓舞富有节奏性，从画中我们也不难想象，尤其是他的"舞者在鼓上做出翻腾跪跌种种姿态，灵活委宛的腰肢，能远远地探出，深深地弯下"几句话，简直是在为此图写照。

图2 山东隋家庄画像

481

图 3　山东嘉祥武氏左石
室第三石画像

图 4　山东沂南石墓画像

❶ 傅惜华先生藏本。

❷ 据文化部文物局照片
影摹。

❸《淮南子·精神训》："叩
盆拊瓴，相和而歌。"
瓴即瓦瓶，宋陈旸《乐
书》卷一三七有图，
形象与此图所见的有
相似处。

❹ 建鼓是鼓腔中贯立柱
的一种鼓。

❺ 沂南石墓的时代，安
志敏先生定为魏晋时
期，见所著《论沂南
画像石墓的年代问题》
一文，载《考古通讯》
1995 年第 2 期。

四、《山东聊城画像其三❶残存舞人及鼓各五。最后一人，双手拿着鼓槌，一起一落，正在敲打。第二人甩动双袖，一足跷起。第三人两脚踏在鼓上，回身向左，指着第四人。第四人两手按在两个鼓上，双脚朝天，倒立起来。最左一人大半残蚀，一手右指，与第三人好像是对称的。值得注意的是五个鼓的边缘上，鼓钉刻得非常清楚。

五、山东沂南石墓百戏图画像（图4）❷中的《般鼓舞》有盛大的伴奏场面。乐队坐着的有三席：第一席五人，一边手在拍着瓦瓶❸，一边还好像在歌唱。第二席五人在击铙、吹排箫和吹埙，第三席四人，在弹瑟吹笙。三席之上，还有打建鼓❹、撞钟和击磬的各一人。一个舞人，在左下角，他甩动长袖，衣带飘然，恰如傅毅赋中所形容"飞舞挥动"和"宛转袅绕"的情景。他眼睛看着地

上的七个盘鼓，可能是舞刚开始，正在平地上回身蓄势，将要跳到鼓上去的时候。鼓的样式，上圆下平，与前此四图所见的不同，但鼓钉明晰可见。这可能是因为沂南石墓的时代略晚于汉❺，所以鼓的形制已有所改变的缘故。

汉代的词赋和画像都充分地说明了般鼓舞是一种内容优美丰富，场面瑰丽伟大的歌舞。两千年前，我国的歌舞艺术就已发展到这样高度的水平，是值得我们骄傲的。虽然千百年来，它久已绝响，但我们的舞蹈家和音乐家们，一定会从汉代的词赋和画像所描绘的鼓舞中，获得启发，从而在民族优秀歌舞传统的基础上，来发扬我们今日的歌舞艺术。

原载《民族音乐研究论文集》第一集，
1956 年 9 月人民音乐出版社

古琴曲《广陵散》说明[1]

《广陵散》是我国著名古曲之一，在古琴曲中占有极重要的地位。远在一千七百年前，《广陵散》已出现了杰出的演奏者嵇康（223—262年）。我国第一部音乐百科全书作者，宋代的陈旸，曾拿它与《诗经》相比拟，并说是"曲之师长"[2]。历史文献中关于《广陵散》的记载特别多，远远超过了一般的琴曲。全曲长达四十五段，曲体结构庞大，旋律丰富，技巧也比较复杂，曲调激昂慷慨，有它独具的风格，这都是使它特别著名的原因。

以下试分四节来说明此曲。

一　关于《广陵散》一些错误说法的辨正

古来关于《广陵散》的记载虽多，但不尽可信。前人曾做过一番考证工夫，对错误的说法加以辨正澄清。在介绍此曲之前，有必要作简略的综述。

关于《广陵散》的错误说法，可以归纳成为下列三点：（1）嵇康是《广陵散》的作者。（2）嵇康死后《广陵散》便失传了。（3）《广陵散》的命名由来是因为三国曹魏的时候，司马懿父子蓄谋夺取天下，而魏国的大臣都在广陵遭到他们的杀害。魏国散败于广陵，故名《广陵散》。

历史文献证明上面的说法是不能成立的。《广陵散》早在嵇康之前已经流行；它不仅是一首琴曲，并被吸收成为笙的曲调[3]。嵇康自己所做的《琴赋》，以赞许的口气推荐此曲，更说明不可能是他本人的作品。嵇康死后，此曲并未失传，

---

[1] 此文据以前所写的《古琴名曲广陵散》一稿（载《人民音乐》1956年4月号）补充修改而成，准备放在单行本《广陵散》中作为乐曲的说明。《广陵散》单行本将要收有关此曲的文字十一篇，作为附录；所以许多前人已经谈过的问题此稿就不再重复。现只将附录各篇的名称写在下面，供读者参考：（1）《战国策·韩策》；（2）《史记》卷八六，《刺客列传》；（3）汉蔡邕《操琴》卷下，《聂政刺韩王曲》（4）《晋书》卷四九，《嵇康传》；（5）宋楼钥《玫瑰集》卷五，《谢文思许尚之石函广陵散谱》；（6）同上卷七九，《弹广陵散书赠王明之》；（7）元耶律楚材《湛然居士文集》卷十一，《弹广陵散终日而成因赋诗五十韵并序》；（8）明蒋克谦辑《琴书大全》卷十二，《报亲曲》；（9）民国冯水《重刻广陵散谱序》；（10）民国杨宗稷《琴镜续》卷二，《广陵散谱后记》；（11）民国戴明扬《广陵散考》，载《辅仁学志》第五卷，1、2合期。

[2] 见宋陈旸《乐书》卷一四三。

[3] 晋潘岳《笙赋》"辍《张女》之哀弹，流《广陵》之名散"。

❶ 宋郭茂倩《乐府诗集》卷四一引《张永录》云："又有但曲七曲：《广陵散》、《黄老弹飞引》、《大胡笳鸣》、《小胡笳鸣》、《鹍鸡》、《游弦》、《流楚》、《窈窕》，并琴、筝、笙、筑之曲。"但曲可能是指纯器乐曲而言。

❷ 见同上《东武吟行》解题。

❸《战国策》侠累作韩傀，系同一人。

❹ 孟宪福同志著《对〈古琴名曲广陵散〉一文的几点商榷》（载《人民音乐》1956年10月号），对拙稿《古琴名曲广陵散》（载《人民音乐》1956年4月号）提出了不同的意见。

❺ 见阮元《四库未收书目提要》卷一。

❻《后序》中虽有《会止息意》四个字的标题，但据《琴书》"八拍会止息意，绝也"一语，它很像是《后序》八拍的总名而不是一段的标题。

几乎每一朝代都有会弹《广陵散》的人，而且发展成为合乐曲❶。至于将《广陵散》的命名附会到魏国政权在广陵地方散败的事上去，不但地名与史实不符，"散"字的解释也显然是错误的。"散"是乐曲的一种名称，"广陵散"等于"广陵曲"，与散败的意思根本无关。嵇康《琴赋》提到《广陵散》是和《东武》、《太山》等曲并列的。左思的《齐都赋》的注释："《东武》、《太山》皆齐之土风弦歌讴吟之曲名也。"❷古代许多乐曲发源于民间本是事实，某一地区流行的曲调即以某地为名是很自然的事，所以《广陵散》就是在广陵一带流行的民间乐曲才是合情近理的说法。

上述各点，有的在古代笔记如《卢氏杂说》、《春渚纪闻》等书中早有论及。近代的杨宗稷、戴明扬两位先生有更详细的论证。

二 《广陵散》的故事内容

《广陵散》每段都有标题，从标题来看，知道此曲描写的是战国时（公元前4世纪）聂政复仇行刺的故事。关于这个故事有两个不同的说法。它们的内容是这样的：

1. 聂政为严仲子报仇刺韩相——韩国的大臣严仲子与韩国宰相侠累❸有

图1 汉武梁祠石室画像聂政刺韩王

仇，为了要找人替他行刺，就结交聂政，卑躬折节地用财物去收买他。聂政竟不惜牺牲自己刺杀了韩相。韩国因不知刺客是谁，暴尸悬赏。聂政的姊姊不肯使弟弟声名埋没，前来认尸，并自杀在聂政的身旁。这个记载见《战国策》及《史记》两书（附录1、附录2），但彼此也有一些出入，如《史记》只说聂政刺死了韩相，而《战国策》则说聂政刺死韩相之外，兼中韩王。

2. 聂政为父报仇刺韩王——聂政的父亲为韩王炼剑，误了期限，惨遭韩王杀害。聂政为报父仇，历尽艰苦，入山学琴，十年工夫，学成绝技。韩王听说国内出现了卓越的琴家，召他入宫演奏，但不知他就是要为父报仇的聂政。正在听琴之际，聂政从琴中抽出刀来，刺杀了韩王。聂政怕连累他的母亲，自毁容貌而死。韩国不知谁刺死了国王，千金悬赏，求刺客姓名。聂政的母亲为使儿子扬名前去认尸，并死在聂政的身旁。这个故事见汉蔡邕著的《琴操》，即所谓《聂政刺韩王曲》。修建时代约与蔡邕同时的武梁祠石室，也曾取这个故事作为石室画像的题材，并在人物之旁标明了"聂政"、"韩王"等字样（图1）。

这两种说法究竟哪一个对呢？宋代的楼钥、张崇，元代的耶律楚材都引用刺韩相侠累的故事（附录5、附录7），近代的杨宗稷则肯定《广陵散》就是《聂政刺韩王曲》（附录10），而戴明扬又认为是聂政刺韩相。就是一直到现在，大家讲到这一曲，也还不能得到统一的看法❹。

一般地说来，《战国策》和《史记》一向被人视为是正史，写作态度严肃，史实"信而有征"。《琴操》则因其中许多说法，与经史不尽符合，故对它发生怀疑，认为不可信。不过我们今天要解释分析一件古代的艺术作品，主要在寻找它原来所根据的题材内容；至于这题材内容是否与史实完全符合却是次要的事。因此，用来解释《广陵散》，从琴曲的文献来看，还是用聂政刺韩王的故事为比较合理。理由有以下几点：

首先就《琴操》一书的来源来说，有人因它不见《隋书》、《唐书》的《艺文志》著录而认为有伪托的嫌疑。但它早在唐代已经李善引来注解《文选》。对考证相当审慎的阮元也认为它不是后世所能拟托的❺。尤其有力的证据是汉武梁祠石室中有聂政刺韩王的石刻画像，说明在当时民间确实流传着这样一个音乐故事。武梁祠的时代是从来没有人怀疑过的，因而也证明了《琴操》的记载是确实有据的。宋郑樵《通志·乐略》说得有理："《琴操》所言者，何尝有其事？琴之始也，有声无辞。但善音之人，欲写其幽怀隐思，故取古人悲忧不遇之事而以命操。或有其人而无其事，或有其事又非其人；或得古人之影响又从而滋蔓之。"民间的传说本是会与历史记载有一些出入的。《琴操》中所说的也确有不能令人相信的部分，如说成《聂政刺韩王曲》就是聂政所作，又说"聂政弹琴阙下，马牛止听"等等。但这些艺术的夸大与加工，正好说明蔡邕忠实地记录了当时所流传的琴曲故事。换言之，如果《琴操》只呆板地重复历史的记载，完全找不到故事性的创造与想象，那么恰好可以反过来证明它是对琴曲传说不忠实的一部书了。现在既然知道在嵇康之前，远在汉代（这时可能与《广

陵散》的创始年代相去不远），琴曲中关于聂政行刺的故事是为父报仇刺韩王，那么后人有什么理由能硬将它改为聂政被人收买去刺韩相呢？

其次从《广陵散》的标题来看，楼钥、张崇、耶律楚材等所讲到的谱本有《取韩相》、《别姊》等名称，与聂政刺韩相的故事相合。但《神奇秘谱》本的《广陵散》则此两段标题作"取韩"及"烈妇"，显然指的是聂政刺韩王的故事。查《广陵散》《正声》一章的十八个分段标题，每个都是两个字，为什么单单到"《取韩相》"，出现了一个三个字的标题❻？如果全曲所描写的果系聂政刺韩相的故事，那么难道用"取相"两个字不能概括吗，又何必一定要三个字的"取韩相"呢？这正可以说明《广陵散》的故事原为聂政刺韩王，此段也原名《取韩》，而后来因将刺韩王的故事改为刺韩相，又为了使标题与故事符合，才在"取韩"之后加了一个"相"字。又《广陵散》中有《亡身》《辞乡》等标题，只有用《琴操》的故事——聂政离家，逃亡入山学琴，才能讲得通，而这些情节在《战国策》及《史记》中是没有的。因而从标题来看，《广陵散》的故事内容是聂政刺韩王而非刺韩相❼。

最后从情理来分析严仲子的假仁假义，小恩小惠，不可能使聂政有坚强的行刺决心。按《战国策》、《史记》所载，聂政与严仲子本素昧平生，聂政岂肯为报严仲子的私仇而去刺杀侠累。这与豫让为报智伯而谋刺赵襄子，荆轲为报田光而刺秦王情形都不相同❽。倘若聂政果如《战国策》、《史记》所说，被权贵收买了而去为他效死，实际上是愚蠢的。《琴操》中所叙述的聂政，他父亲惨遭

❼ 吴钊同志在《对古琴曲广陵散的一些看法》（载《人民音乐》1957 年 2 月号）一文中提出《广陵散》的小标题，可能是晋、唐以后人加的。我并不反对这个意见。但我认为即使是后人加的，也是根据琴曲的流传故事才会想出来的。因此，机械地、固执地拿每一个小标题来解释每一段的内容，固然不妥；但完全否定小标题，认为与乐曲无关，因而也就不用它们来解释《广陵散》整个曲调的内容，也是不对的。

❽ 豫让一心一意要为智伯报仇是因他平素受到智伯的"国士之遇"。荆轲刺秦王是因他在潦倒之中几次遭人污辱，但受到田光先生的礼遇，终于因田光的自刎而大为激动。智伯、田光在交好豫让、荆轲的时候，并没有什么要求；这与严仲子要聂政效死才去收买他，情况根本不同。

❶ 马端临《文献通考》卷一八六著录《广陵止息谱》一卷，解题引《崇文总目》："唐吕渭撰，……良辅传之于洛阳僧思古，传于长安张老，遂著此谱，总二十三拍，至渭又增为三十六拍。"

❷ 瞿氏原藏《琴苑要录》本。据周庆云《琴书存目》考证，《琴书》约在宋景祐时成书。

❸ 楼钥诗"按拍三十六，大同小有异，此即名止息，八拍信为赘"。可知他幼年所学的谱是四十四段，后经许尚之录寄的《石函谱》是三十六段。两谱除一长一短外，大同小异。

❹《神奇秘谱》卷上《太古神品》中的《秋月照茅亭》，前有《开指》，前之《开指》下注"黄钟调"三字。明蒋克谦《琴书大全》卷十一引《琴律发微》（见《蓁竹堂目录》，周庆云《琴书存目》列为宋人的著作）《起调毕曲》一节，中有："……甚至五调《开指》有例以散挑七起为羽清声。……"可知《开指》等于《调意》。

杀害，与暴君结下不共戴天之仇，那就自然会使他长期地处心积虑和最后以伟大的自我牺牲来达到复仇的目的。所以聂政刺韩王这一个富有阶级反抗性的行动，很可能是被封建统治者有意识地歪曲成被人收买刺杀韩相。何况《战国策》与《史记》两书也不尽符合。《战国策》称"韩傀走而抱列哀侯，聂政刺之，兼中列哀侯"，他不仅刺死了韩相，也刺死了韩王。所以不论从情理来分析，或从史料来看，都不能肯定聂政刺韩王一事是纯属虚构的。

根据上述的三点理由，我们可以说：如果聂政刺韩王是被统治者歪曲成了刺韩相，我们固应当为他力争；即使历史事实确是聂政为严仲子刺韩相，但用来解释琴曲，为了使它不脱离原来的故事，为了使曲调的内容和情感与题材相吻合，我们仍应当采用聂政为父报仇刺韩王的说法。

三 《广陵散》的传谱及其时代

根据现有的材料，关于《广陵散》的传谱及其时代得出以下两点推断：

1.《广陵散》是经过多次的丰富发展，由短而长的。

《广陵散》与其他为人民所爱好的文学艺术作品一样，在历史上是有它的积累和发展过程的。唐代张老根据李良辅（约八世纪初叶时人）所传的《广陵散》写成的谱，只有二十三拍（即段），等传吕渭（734—800年）便增为三十六拍❶。宋景祐时（约1035年）的《琴书》叙述了四十一拍的《广陵散》❷。朱权《神奇秘谱》引《琴书》（可能与上书是同一部书）讲到袁孝尼窃听嵇康弹《广陵散》，得三十三拍，又续成八拍，共四十一拍。此外尚有序引，总数在四十一拍以上。我们虽不相信袁孝尼窃听学琴的传说，但后人增续了《广陵散》的后部，却假托袁孝尼之名是完全可能的。南宋时的楼钥，幼年从卢子嘉学的《广陵散》是四十四段的谱，后来与三十六拍的《石函谱》对比之后，他也认为《后序》八拍是后人所续的❸。元代耶律楚材所弹的《广陵散》也是四十四拍。朱权《神奇秘谱》所刊印的《广陵散》则为四十五段。

尽管广陵散谱古代可能不止一部，所以上述的情况未必是从一个谱本增扩而成的。但总的发展规律，段数由少而多，曲调由短而长是可以肯定的。至迟在宋代广陵散已发展到四十四段或四十五段的规模了（说详后）。

有一点值得注意的是，历史记载中的各谱的段数的数字，恰好都是曲中某些乐章的段数数字的总和。因此也就有可能推测《广陵散》先有的是哪些部分，逐次增续的是哪些部分。为了阅读的便利，列表于下（表一）：

从表一可以推测出在唐时所流传的《广陵止息谱》应即是现在曲子的中部，即《大序》、《正声》两个乐章，随后便增续了《小序》和《乱声》，后来又加上了《后序》。至于《开指》，实等于慢商调的调意❹。《神奇秘谱》本的段数连同《开指》一起算，故为四十五段，但这不等于说这一段是迟到明代才有的。耶律楚材诗描写《广陵散》从"品弦欲终调"开始，说明他所弹的谱本已有调意，但没有算入全曲段数之内，故为四十四段。南宋陈元靓纂辑的《事林广记》收有《开指黄莺吟》及《宫调》、《商调》、《角

时代	谱本	总数		开指	小序	大序	正声	乱声	后序	备注
唐	李良辅《广陵止息谱》	23	推测各章的段数			5	18			
唐	吕渭《广陵止息谱》	36	同上		3	5	18	10		
北宋	《琴书》所记《广陵散》谱	41	据记载			5	18	10	8	
北宋	《神奇秘谱》引《琴书》所记《广陵散》谱	41	推测后序以前各章的段数	序引在外		5	18	10	8	如连同序引计，总数当多于41段。"孝已会《止息》意，续成八拍"。
南宋	楼钥所弹谱	41	同上		3	5	18	10	8	楼钥诗"八拍信为赘"
元	耶律楚材所弹谱	44	推测大序以后各章的段数		3	5	18	10	8	据耶律楚材诗"品弦欲终调"，当有调意，如连同调意算，当为45段。"又三引入五序"指小序三段大序五段。
明	《神奇秘谱》本《广陵散》	45	据原谱	1	3	5	18	10	8	

调》、《徵调》、《羽调》五音调共六曲，可见宋代早就有了调意。即使在更早的时期，《广陵散》尚未发展到有《小序》及《后序》的时候，那时调意已经存在，也是很可能的。根据这点来推测楼钥所弹的《广陵散》，可能曲前也有《调意》或《开指》，所以我上边说至迟在宋代，《广陵散》已发展到四十四段或四十五段的规模。

再从音乐来看，与上面的推测也是符合的。据管平湖先生从发掘弹奏所得到的理解，认为《神奇秘谱》本的《广陵散》，从《大序》第一段《井里》起，乐句的气势很像一曲的开始，假如说这一曲当初曾从这里起头，是不足诧异的。以乐曲的结尾来说，《正声》的终了和《乱声》的终了，也都有结束的意趣。《后序》八段的曲情，据管先生的体会，很像是在聂政刺韩王的故事全部描述终了之后，以第三者的口气来感叹这件可泣可歌的正义英勇的事迹。戴明扬先生也曾指出《后序》中的标

❶ 另有九段本的《广陵散》（附录11第7节），与这三个谱本相去太远，应视为另外一曲，故未计入。

❷ 明朱权《神奇秘谱》三卷，洪熙元年（1425年）自序。明刊本。此书已于1956年10月经中央音乐学院民族音乐研究所影印出版。

❸ 明汪芝辑《西麓堂琴统》二十五卷，前有嘉靖二十八年（1549年）唐皋序。此书只见传抄本，天津李允中先生藏有不全本两部。一部残存卷22—25，蓝格抄本，抄写时代当在清初。一部缺卷五指法，无栏格，抄写时代较晚。经对比，两本行款、大小及谱字写法全同，应是据同一底本影抄的；同时可以说明它们还保存了原本的谱式。现在我所根据的是较早的一部抄本。

题如《意绝》、《悲志》、《叹息》、《长吁》、《伤感》、《恨愤》、《亡计》等不免"淆然杂陈"。这可能正是因为《后序》是最后续增的部分，标题已被以前的各段用尽，很难再行命名，所以词义重复，不免有"叠床架屋"之嫌了。

2.现存的三个《广陵散》谱以《神奇秘谱》本为最早，根据初步的推断，此谱当是北宋或更早的传谱。

截至目前，我们已经发现了七种琴书中有《广陵散》谱，共三个不同的谱本❶；计：《神奇秘谱》本（图2）❷及汪芝《西麓堂琴统》所收的两谱（以下简称《西麓甲谱》和《西麓乙谱》）（图3、4）❸。下面企图排列各谱时代的前后，并试寻找它们与古谱的关系。

为了便于比较古代及现存各谱的段数及标题，画出了下面的表格（表二）。

从表二我们可以看出楼钥从卢子嘉学的谱，耶律楚材弹的谱，都是四十四段，同时它们都有《取韩相》、《别姊》等标题，与《神奇秘谱》本的《取韩》《烈妇》不同。张崇与楼钥约同时，他所序的谱，段数多少，我们虽然不知道，但他却提到有《取韩相》、《别姊》、《报义》等标题；从耶律楚材诗序的语气来看，也不像是另一个不同的传谱。因此它们应当是同一个谱本。

拿上述谱本的特点与现存的《西麓乙谱》比较，它们是符合的。因此楼钥、耶律楚材所弹的谱，应即是《西麓乙谱》的前身。由宋至明，在流传之际，某些地方，它可能经人作了一些修改。

我们试再从音乐来比较，《西麓乙谱》与楼钥、耶律楚材所弹的谱，也有相似之处。楼钥曾说："此曲多泼擸声，盖他曲所无者。《二序》、《正声》、《乱声》或以此始，皆以此终。《小序》为一曲权舆，声乃发于五、六弦间，疑若不称。……"楼钥所谓的"泼擸"，就

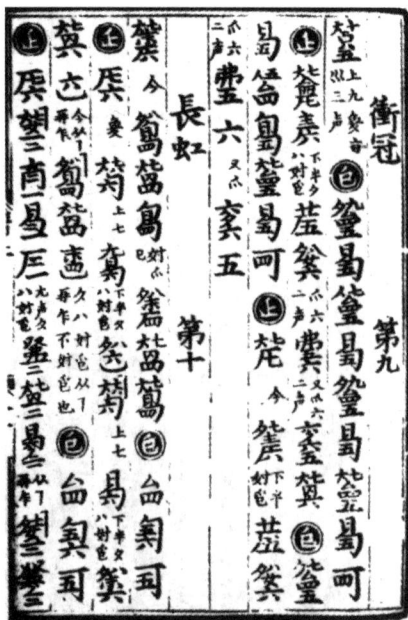

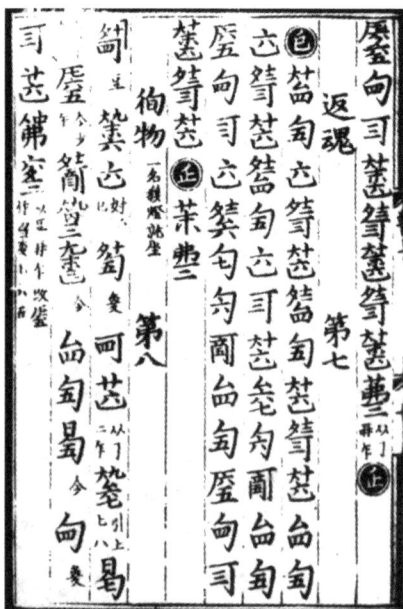

图2 广陵散琴谱（《神奇秘谱》本）

表二

广 陵 散 各 代 传 谱 段 数 及 标 题 比 较 表

编次	1	2	3	4	5	6
谱或文献	李良辅 广陵止息谱	吕渭 广陵止息谱	琴书止息序（琴苑要录本）	张崇 广陵散谱序	徐照 听广陵散诗	石函 广陵散谱
时代	唐 李良辅三传至吕渭 李当为8世纪初叶时人	唐 吕渭 734—800年	北宋 琴书约景祐初年（1035年）成书	金 大定间（1161—1189年）为张研之所弹之谱作序	南宋 徐照 卒于1211年	南宋 许尚之赠楼钥 楼钥 1137—1213年
段数	23拍	36拍	41拍			36拍
章节标题及分段标题				井里		
			五拍是序其事	取韩相		
			十八拍其正也		冲冠怒亦深	
				别姊 报义		
				投剑	投剑功无补	
	此谱有契声		十拍契声	辞乡		
			八拍会止息意			此谱无此八拍
备注	谱佚 乐府诗集引李良辅广陵止息序："契者，明会合之至，理殷勤之余也。"可知此曲有契声，且在曲的后部。	谱佚 李良辅传僧思古，思古传张老，张老传吕渭，增为三十六拍。	谱佚 琴书原文："广陵散……计四十一指（拍）：五拍是序其事，亦诗之序也，十八拍其正也，又十八拍：契者合也，言合鬼神也，八拍会止息意，绝也。"按会止息意应包括在十八拍之内，否则总数将超过四十一拍。	谱佚 谱序称："验于琴谱有井里、别姊、辞乡、取韩相、投剑功无补，皆刺客聂政为严仲子刺杀韩相侠累之事。"	原诗"月色照君琴，移床出木阴，数声广陵水，一片古人心。投剑功无补，冲冠怒亦深，纵能清客耳，还是乱时音。"	谱佚 楼钥诗："按拍三十六，大同小有异。此即名止息，八拍信为赘。"故知为三十六拍，且与四十四拍本大同小异。

广陵散各代传谱段数及标题比较表

编次	7	8	9	10
谱或文献	卢子嘉传 广陵散谱	耶律楚材所弹广陵散诗五十韵	神奇秘谱 广陵散谱	风宣玄品 广陵散谱
时代	南宋 楼钥自幼从卢子嘉学弹此谱	元 耶律楚材 1190—1243年	明 神奇秘谱朱权 自序于1425年	明 张鲲序于1539年
段数	44拍	44拍 如连慢商品 计当为45拍	45段	45段
章节标题及分段标题		品弦欲终调	1 开指　　开指	
	小序	三引	2 3 4　小序（三段）　止息一 止息二 止息三	
	二序	入五序	5 6 7 8 9　大序（五段）　井里第一 申诚第二 顺物第三 因时第四 干时第五	
	取韩相 正声 别姊	呼幽达苍穹 忘身志慷慨 沉思至峻迹 冲冠气何壮 长虹如玉立 寒风自瑟瑟 将弹发怒篇 别姊情惨戚 投剑声如掷	10 11 12 13 14 15 16 17 18 19 20 21 22 23 24 25 26 27　正声（十八拍）　取韩第一 呼幽第二 忘身第三 作气第四 含志第五 沉思第六 返魂第七 徇物第八 冲冠第九 长虹第十 寒风第十一 发怒第十二 烈妇第十三 收义第十四 扬名第十五 含光第十六 沉名第十七 投剑第十八	
	乱声	沉思至峻迹	28 29 30 31 32 33 34 35 36 37　乱声（十段）　峻迹第一 守质第二 归政第三 誓毕第四 终思第五 同志第六 用事第七 辞乡第八 气冲第九 微行第十	
	八拍		38 39 40 41 42 43 44 45　后序（八段）　会止息意第一 意绝第二 悲志第三 叹息第四 长吁第五 伤感第六 恨愤第七 亡计第八	
备注	谱佚 楼钥诗："别姊取韩相，多用聂政事。"诗后跋："正声第一拍名取韩相，第十三拍名别姊。"又弹广陵散书赠王明之："然此曲多溠擱声，盖他曲所无者。二序、正声、乱声或以此始，皆以此终。小序为一曲权舆，声乃发于五六弦间，疑若不称。"	谱佚 原诗："古谱成巨轴，无虑声千百，大意分五节，四十有四拍。品弦欲终调，六弦一时划，初訝似破竹，不止如裂帛，忘身志慷慨，别姊情惨戚，冲冠气何壮？投剑声如掷。呼幽达苍穹，寒风自瑟瑟。……中间另起意，沉思至峻迹。……三引入五序，始作意如翁。纵之果纯如，将终缴而绎。""品弦欲终调"当指开指调意而言。	谱存	谱存 段数标题与神奇秘谱全同，故不录。谱内容亦同，惟记谱法较晚。可断定此谱所根据者为神奇秘谱。

490

11	12	13	14	15	16	17
郎瑛 七修续稿	西麓堂琴统 广陵散甲谱	西麓堂琴统 广陵散乙谱	琴苑心传全编 广陵散谱	裛露轩琴谱 广陵散谱	冯水刻 广陵散谱	琴镜续 广陵散谱
明 郎瑛于1545年见此谱	明 唐皋序于1549年	明 同左	清 1670年刻成	清 约1800年	民国 自序于1926年	民国 1927年自识
45 段	44 段	44 段	43 段 止息三段以一段计	45 段	45 段	45 段
	慢商意 不在44段之内	慢商品 不在44段之内	1			
	1 2 3 小序（凡三段）一止息 二 三	1 2 3 小序（凡三段）一 二 三	2			
	4 5 6 7 8 大序（凡五段）一井里 二申诚 三顺物 四因时 五干时	4 5 6 7 8 大序（凡五段）一井里 二申诚 三顺物 四因时 五干时	3 4 5 6 7			
	9 10 11 12 13 14 15 16 17 18 19 20 21 22 23 24 25 26 正声（凡十八拍）一取韩 二呼幽 三忘身 四作气 五含志 六沉思 七反魂 八徇物 九冲冠 十长虹 十一寒风 十二发怒 十三烈妇 十四收义 十五扬名 十六含光 十七沉名 十八投剑	9 10 11 12 13 14 15 16 17 18 19 20 21 22 23 24 25 26 正声（凡十八拍）一取韩相 二呼幽 三忘身 四作气 五含志 六沉思 七反魂 八徇物 九冲冠 十长虹 十一寒风 十二发怒 十三别姊 十四报义 十五扬名 十六含光 十七沉名 十八投剑	8 9 10 11 12 13 14 15 16 17 18 19 20 21 22 23 24 25			
	27 28 29 30 31 32 33 34 35 36 乱声（凡十拍）一峻迹 二守质 三归政 四誓毕 五终思 六同志 七用事 八辞乡 九气冲 十微行	27 28 29 30 31 32 33 34 35 36 乱声（凡十拍）一峻迹 二守质 三归政 四誓毕 五终思 六同志 七用事 八辞乡 九气冲 十微行	26 27 28 29 30 31 32 33 34 35			
	37 38 39 40 41 42 43 44 后序（凡八拍）一会止息意 二意绝 三悲志 四叹息 五长吁 六伤感 七恨愤 八亡计	37 38 39 40 41 42 43 44 后序（凡八拍）一会止息意 二意绝 三悲志 四叹息 五长吁 六伤感 七恨愤 八亡计	36 37 38 39 40 41 42 43			
有目无谱，自称录自神奇秘谱。但标题"收义"作"收人"，"誓毕"作"仇毕"，"气冲"作"气衔"，当是传抄之误。余与神奇秘谱同，故不录。	谱存 谱内容与神奇秘谱及西麓堂乙谱均不同。	谱存 谱内容与神奇秘谱及西麓堂甲谱均不同。标题与1、3、4、7、8各谱多相合处，但指法技巧及记谱法均晚于神奇秘谱。	谱存 标题分段与神奇秘谱本同，故不录。但将小序止息三段并成一段，故总数为四十三段。	谱存 标题分段因与神奇秘谱本同，故不录。	谱存 据风宣玄品本重刻，因与神奇秘谱本同，故不录。	谱存 据风宣玄品本重刻，因与神奇秘谱本同，故不录。

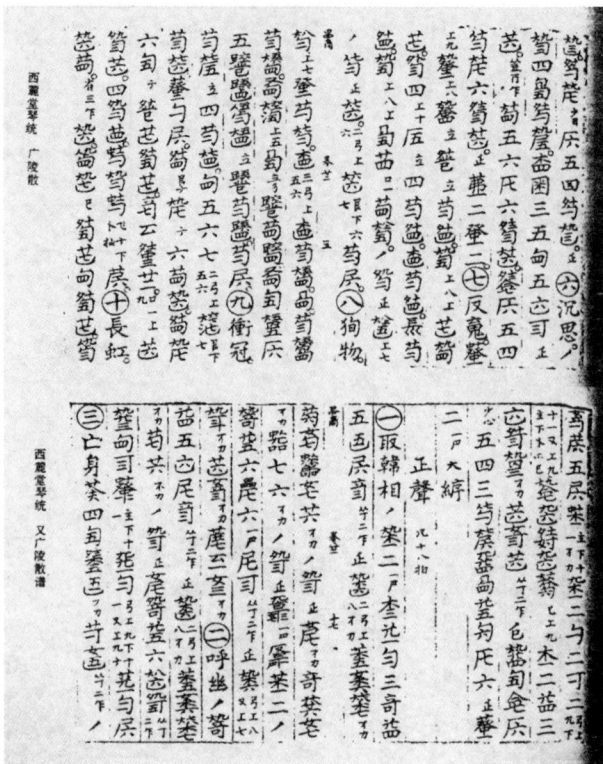

图3、图4 广陵散琴谱（《西麓堂琴统》乙谱）

现在的问题是既然楼钥、耶律楚材等人所弹的谱应即是《西麓乙谱》的前身，那么到明初才被《神奇秘谱》收入的《广陵散》谱是不是要晚于《西麓乙谱》呢？经各方面的考查比较却不是这样的。

以三个谱本的指法技巧来说，《神奇秘谱》本的右手指法如"摘"、"打"、"涓"等用得最多，并且要求迅快的动作。其次是《西麓乙谱》。至《西麓甲谱》则右手的"摘"、"打"等已很少用，但左手的技巧如"飞吟"、"大揉"、"撞揉"、"退吟"、"细吟"等都已具备，已接近明代着重左手技巧的弹法。又如"齚"是唐卷子本《幽兰》谱常用的指法，弹法是名指打，食指挑，两声略分先后❷。后来因此法难弹，并且效果接近两声齐响的"撮"，所以便经改为用"撮"（减字作"早"）。南宋《事林广记》（据元至元六年［1340年］刊本）中的《五音调》，商调结尾作"尤"，徵调结尾作"文"，
　　　　　　　　　　　　　　文　　　　　　　　　　足
　　　　　　　　　　　　　　足　　　　　　　　　　二四
　　　　　　　　　　　　　　一六
羽调结尾作"尤"；但角调结尾作"尤"。
文　　　　　　　　　　　　文早
足　　　　　　　　　　　　四二
二七
同一指法，或作"足"，或作"早"，说明在宋元之间正是由"足"改用"早"的时候。"齚"在《神奇秘谱》本的《广陵散》中也很常用（减字作"足"），但到《西麓乙谱》除"齐齚"（减字作"定"）外，便一律改作"撮"（"早"）了。证以嘉靖十八年（1539年）刊刻的《风宣玄品》，其中的《广陵散》谱虽完全根据《神奇秘谱》，而所有的"齚"（"足"）都经改作"撮"（"早"），正可以说明《神奇秘谱》本的《广陵散》要早于《西麓

是古琴指法的"拨剌"❶。我们查一下《西麓乙谱》的《小序》，确是以大指按九徽涓五、六弦开始。此后《大序》是以拨剌始，也以拨剌终。至于《神奇秘谱》本则结尾之处多用拂滚。拂滚的音乐效果虽与拨剌颇相似，但在指法上究竟是有区别的。至于《西麓甲谱》，《小序》根本不从五、六弦开始，而是从五弦开始的。又如耶律楚材诗："品弦欲终调，六弦一时划，初讶似破竹，不止如裂帛。"所谓"品弦欲终调"是弹调意《慢商品》将要终了的时候。《西麓乙谱》曲前的调意《慢商品》，在快要终了之际有"度七弦至一弦如一声"的指法，恰好与耶律楚材所说的吻合，这一指法是《神奇秘谱》本的《开指》和《西麓甲谱》的《慢商意》所都没有的。

乙谱》。至于《西麓甲谱》就连"齐撮"（"定"）也都绝迹了。

古琴谱的记谱法，自唐代以后，越发展越趋向简化。从这一点来看，也是《神奇秘谱》本较繁，《西麓乙谱》及《甲谱》较简。具体的例子如表三。

根据管平湖先生三谱比较按弹的结果，不问从乐曲结构来说，乐句旋律来说，或指法技巧来说，都以《神奇秘谱》本为最古，表达能力也最强，其次是《西麓乙谱》，曲调及风格与《神奇秘谱》本颇有相似之处。《西麓甲谱》除有些段落能听出是《广陵散》外，仿佛是另外一个曲调，无疑是最晚的一个谱本。

三谱经比较后，时代前后的关系既如上述，那么它们究竟是什么时候的谱本呢？由于我们尚未找到宋代或元代的刻本或写本琴谱，缺乏对比的具体材料，目前只能作一个初步的推断——《神奇秘谱》本当是北宋或更早的传谱，《西麓乙谱》接近南宋或元初的谱本，而《西麓甲谱》则经明代人作了较多的整理和修改。

表三

指法	《神奇秘谱》本	《西麓乙谱》	《西麓甲谱》
輪	侖	合	合
撮	取	早	早
圓楼	負娄	困	困
抹	末	木	木
引	引	弓	弓
撞	童		立
声	声	尸	尸
吟	今	亇	亇
来往	来往	徕	徕
换	换或叟	伌	伌
少息	少息	省	省

我们如果拿唐卷子本《幽兰》谱与《神奇秘谱》本对比的话，可以发现它还保存了一些文字谱的痕迹。例如《烈妇》一段中的双行注"前后旨泛足一三"与《幽兰》的"前后齪宫徵"句法很相似。又如《神奇秘谱》本中的几个双行注：

卪上九却下十一又上九却下十一又下卜出旨已（《止息》一）

上九今却下十一又上九再下十一又下卜已（《止息》二）

引上九却下十一再上九（《发怒》）非常接近《陈拙指法》中所举的谱例：

岿上八印下九却上八复下九弓上八

主下九弓上八却下九复上八再下九陈拙是唐末时候人（约900年）❸，所以恰好能将《神奇秘谱》在谱式的上限推到唐朝的末年。

如果我们取宋代的琴谱姜白石《古怨》及《事林广记》的《开指黄莺吟》及《五音调》与《神奇秘谱》本来对比，可惜《古怨》及《黄莺吟》都是有词的小曲，在旋律及右手技巧上无法与高度发展的器乐曲《广陵散》相比；《五音调》各曲，曲调也嫌过于简单。如以记谱法来比，除了《古怨》的第一弦写作"大"外，其他方面看不出较早的痕迹。第一弦写作"大"，极容易与大指的"大"及六弦的"六"相混，因而用"大"来代表一弦，即使曾有人采用，也未必成为通用的符号。如宋政和时（约1110年）的成玉磵释"佳已"指法称："中指推出大弦向外起谓之推起，如'芌引下外佳已'是也。"❹他并没有将"芌"写作"芶"。因而单凭这一点来推断《古怨》谱式比《神奇秘谱》本《广陵散》早是不足为据的。相反的《神奇秘谱》本所用的"吟"（"今"）

❶ 楼钥诗："拨剌与全扶，他曲安有是？"故知"拨攏"即"拨剌"。

❷ 唐《陈拙指法》（《琴书大全》卷8）："前后为齪，一时为撮。"

❸ 宋朱长文《琴史》卷四孙希裕传："字伟卿，父杲为道士，善琴，常求郑浣序《阴符经》，请柳公权书之，半岁方毕。"陈拙曾从孙希裕学琴。根据柳公权的时代（778—865年）来推，陈拙当为九世纪末叶时人。

❹《成玉磵指法》见《琴书大全》卷八。

图 5　宋人无款听琴图

和"抹"（"末"），在《古怨》及《五音调》等谱中却作"丁"作"木"，反而要简单一些，进化一些。

《神奇秘谱》本的《广陵散》既晚于唐写本《幽兰》谱，而又早于南宋的古琴谱式，所以我们推断它是北宋或更早的传谱。

《广陵散》是《神奇秘谱》上卷《太古神品》十六曲之一。这十六曲都是朱权所谓"太古之操"，是早期的曲子。他在《广陵散谱序》中曾说："今予所取者隋宫中所收之谱。隋亡而入于唐。唐亡流落于民间者有年，至宋高宗建炎间复入于御府，仅九❶百三十七年矣。"说明此谱来源既早，并且是"流传有绪"的。当然此谱虽自南宋御府流出，但并不等于曾经南宋时人改变了它的谱式。戴明扬先生根据《神奇秘谱》本《广陵散》无《契声》，又无《取韩相》、《别姊》、《报义》等标题，各段的次序与耶律楚材的诗不合，且《沉思》、《峻迹》两段相隔太远，因而断定《神奇秘谱》本的构成年代"在元代无疑"（附录 11）。现在有了《西麓乙谱》，其中有《契声》、《取韩相》、《别姊》、《报义》等标题，次序与楼钥诗《后跋》相符❷，但谱式及乐曲风格却比《神奇秘谱》本晚。耶律楚材的诗为了描绘的方便，本无按谱中各段的次序来叙述的必要。诗序称张器之弹此曲"每至《沉思》、《峻迹》二篇缓弹之"一语，也并不能说明这两段一定是相离很远的。何况从"将弹《发怒》篇，《寒风》自瑟瑟"两句诗，恰好可以看出这两段是挨着的，与《神奇秘谱》本相同。总之，戴明扬先生因为他当时没有看到《西麓乙谱》、《陈拙指法》等材料，未能取与《神奇秘谱》相互比较，所以才会将它的构成年代推迟到元代。

四　《广陵散》的音乐

前人对于《广陵散》的音乐是非常推崇的，甚至将它夸张到神怪的程度。许多笔记小说活灵活现地描写古鬼幽魂教嵇康弹琴的故事，宋代卓越的画家还曾将这故事写入画图（图 5）。这无非是想借此来渲染衬托《广陵散》一曲的奥妙，除非嵇康是向鬼神学来的以外，人间世上是不会有人能教他的。就是嵇康死后，此曲便失传的谬误传说，也是由于对这首名曲的憧憬，对嵇康遭遇的同情才会播传开来的。当然，历史上也有人否定过《广陵散》。但是他们或是站在统治阶级的立场，说宫、商同音为"臣凌君之象"；或是说《广陵散》激昂慷慨，有失古琴的中正和平之旨❸。这些评论不仅不足以贬低《广陵散》的音乐价值，相反地，足以证明此曲具有特殊的内容和风格。

古代对《广陵散》特别爱好并且深有体会的琴家们曾写下了细致而生动的描绘文字，值得举出的有以下各段：

北宋《琴书·止息序》称：

其怨恨凄感，即如幽冥鬼神之声，邕邕容容，言语清泠。及其怫郁慷慨，又亦隐隐轰轰，风雨亭亭，纷披灿烂，戈矛纵横。粗略言之，不能尽其美也。说这个曲子表达幽怨的地方，曲调是非常凄清轻脆的，而激昂慷慨的地方，又有雷霆风雨，戈矛杀伐的气势。音乐的优美，不是简单的几句话所能说得完的。

曾弹《广陵散》五十年并"激烈至流涕"的楼钥，认为韩愈《听颖师弹琴诗》，"前十句形容曲尽，必为《广陵散》而作，他曲不足以当此"。颖师所弹之曲是否为《广陵散》固已不可考，但我们借用这几句来作为楼钥对《广陵散》的体会，想他是不会反对的。这诗是：

昵昵儿女语，恩怨相尔汝。划然变轩昂，勇士赴战场！浮云柳絮无根蒂，天地阔远随飞扬。喧啾百鸟鸣，忽见孤凤凰，跻攀分寸不可上，失势一落千丈强。诗句描写了乐曲的强弱对比；泛音❹的旋律轻清自然，有漫无拘束的情趣；音节的突然变化，又使人瞠然莫测。

耶律楚材在他的长诗中描写《广陵散》的一节是：

古谱成巨轴，无虑声千百，大意分五节，四十有四拍。品弦终欲调，六弦一时划，初讶似破竹，不止如裂帛。《忘身》志慷慨，《别姊》情惨戚，《冲冠》气何壮？《投剑》声如掷。《呼幽》达穹苍，《长虹》如玉立，将弹《发怒》篇，《寒风》自瑟瑟。琼珠落玉器，電坠渔人笠，别鹤唳苍松，哀猿啼怪柏。数声如怨诉，寒泉古涧涩，几折变轩昂，奔流禹门急。大弦忽一"捻"，应弦如破的，云烟速变灭，风雷忽呼吸。数作"拨剌"声，指边轰霹雳，一鼓息万动，再弄鬼神泣。可见他对《广陵散》曲调的丰富变化，幽怨凄清与激昂慷慨的两种情调的对比是备加赞叹的。

以现在所听到管平湖先生根据《神奇秘谱》本弹奏的《广陵散》来说，与以上所录引的几段描写文字，基本上是符合的。曲中许多用泛音弹的部分，音韵轻脆幽清，所谓"言语清泠"、"浮云柳絮无根蒂"、"琼珠落玉器"可能就是这些地方。例如第二十二段《烈妇》中的几句：

另一方面，气势雄伟的部分如《长虹》（第十九段），左手在琴的中下两部按弦，右手多次作"拨拂滚"的动作，确实有激昂慷慨之势：

❶ "仅"当为"经"字之误。"九"当为"八"字之误。自陈朝末年公元588年到明洪熙元年公元1425年（《神奇秘谱》，朱权自序的年代）恰好是837年。

❷ 《后跋》"《正声》第一拍名《取韩相》，第十三拍名《别姊》，与《西麓乙谱》相符。

❸ 宋《紫阳琴书》论《广陵散》称："嵇康作《广陵散操》当魏末晋初，其怒晋欲夺魏，慢了商弦，令与宫弦相似，是臣凌君之象，其声愤怒躁急，如人闹相似，便可见音节也。琴家最取《广陵散操》，以某观之，其声最不和平，有臣凌君之意。"明宋濂跋《太古遗音》道："建乐立均，贵乎和平，宫君而商臣，君尊而臣卑，有不可毫发僭者。康当晋欲代魏之时，忧愤无所泄，所制《广陵散操》特慢商弦至与宫等，其声忿怒躁急，不可为训，尚可以为法乎？……千载之下，正音寥寥失传，安得知有虞孔子之遗音者，相与论斯事哉！？"以上见《琴书大全》卷十二、十六。

❹ 楼钥诗："形容泛丝声，云絮无根蒂。"可知楼钥认为"浮云柳絮无根蒂，天地阔远随飞扬"两句诗是描写泛音的。

《广陵散》的定弦法是一、二两弦同音高，这两弦同时打拨，加重了主音的音量，如第二十五段《含光》中的：

七徽以上连续快速度的勾剔，使气氛非常紧张，如第三十段《归政》中的：

用这些手法所造成的效果，也真仿佛有戈矛杀伐的声音。

有些段落在曲情表达方面前人虽未提到，但我们是很容易理解的。如《徇物》（第十七段，又名《移灯就坐》）的沉郁悲愤，象征复仇者的内心活动，下了誓死不还的决心：

以下《冲冠》、《长虹》一泻而下，写出正气磅礴怒不可遏的气概。又如《后序》中的《长吁》（第四十二段），似以第三

者的口气对聂政为父报仇的正义斗争发出同情的感叹。

以上只是根据初步的体会举出一些片段的例子。当然，像《广陵散》这样一个伟大的乐曲，将来经过专家们在音乐方面作深入的分析研究，一定能较全面地说出它的真正价值。

总起来说，《广陵散》的内容题材是富有阶级反抗性的。它的音乐，千百年来经过许多位作曲家的丰富发展，感染力是很强的。它不仅为古人所赞叹欣赏，到今天依然为群众所喜爱。管平湖先生的多次演奏已经证实了这一点。从各方面来看，我们应该肯定《广陵散》是一个有人民性的曲子。

原载《民族音乐研究论文集》第二集，1957 年 11 月人民音乐出版社

嵇康弹琴图 南京西善桥南朝墓画像砖

信阳战国楚墓出土乐器初步调查记

1957年3月至5月，河南省文物工作队在信阳长台关清理发掘了一座战国楚墓，在它的丰富遗物中，包含有极为重要的古代乐器。中央音乐学院民族音乐研究所获悉这个消息并在全部文物集中到郑州后，派人前往采访调查。从6月20日起至29日止，在郑州一共工作了十天，对乐器进行了一般的考察及测音和录音；以下是回到北京后写成的初步调查报告。

一　楚墓概况

长台关，在信阳北约六十里。据参加发掘的同志介绍，此墓坐西朝东，外木椁略作方形（南北宽7.58米，东西纵8.44米），共分七间。前室是通长的一间，靠最东边。主室在中央，南、北各有侧室。后室也分后中、后南侧、后北侧三室。

前室宽约7米，深约2米。编钟、瑟等乐器原来的位置在前室的南半间里。此墓在1956年春经农民掘井时发现，正好掘在前、主、中北侧三室相交的地方。

从墓葬形式及出土遗物等各方面来看，可以肯定它是一座战国时期的楚墓，规模的宏大超过在长沙发现的一般楚墓七八倍。但究竟墓主是谁，确实的年代为何时，尚待专家们作进一步的调查研究。

本文只概略地叙述信阳楚墓中的古代乐器。顾铁符同志释读同墓出土的竹简，发现其中有关于编钟（见后）、雕鼓、笙、竽等乐器的记载。但截至目前，河南省文物工作队只发现编钟、瑟及鼓等实物；笙、竽等乐器的有无，须待整理工作全部竣事之后，才知分晓。

二　编钟

1. 编钟的形态

编钟一共十三个，长方鼻纽，两铣下垂，口不齐平，尺寸及重量一个比一个递减（见表一）。有一点值得注意的是，各钟除第一个较大与第二个钟相差比较显著外，其他各钟以钟身的高度（钟纽不计在内）来说，每钟相差约1厘米。但第十二个钟与第十三个钟之间相差约2厘米。此点将于后文谈及。

各钟的鼓、篆、舞等部分，都有精美的花纹。花纹突起的地方，似由蟠虺纹变化出来的，而低下的地子中又加上

钟号	重量	身高	纽高	通高	铣间	鼓间	舞	纽					
								下宽	上宽	下厚	上厚	下空间	上空间
1	4360	23.6	6.6	30.2	17.0	12.9	15.2×11.4	4.45	3.95	1.35	1.1	1.5	1.55
2	2840	20.4	5.0	25.4	14.8	11.5	13.7×10.2	3.15	2.9	1.0	0.8	1.04	0.9
3	2770	19.5	4.95	24.45	14.05	10.55	13.15×9.7	3.3	3.2	1.15	0.85	1.1	1.0
4	2500	18.2	4.9	23.1	13.45	10.1	12.1×9.1	3.4	3.2	1.0	0.8	1.05	0.95
5	2090	17.3	4.85	22.15	13.3	9.6	11.7×8.7	3.3	3.15	1.0	0.8	1.05	0.95
6	1630	16.1	5.0	21.1	12.0	9.0	10.7×7.9	3.85	2.7	1.0	0.75	0.8	0.8
7	1584	15.1	4.95	20.05	12.05	8.6	9.85×7.7	2.9	2.7	1.1	0.95	0.8	0.8
8	1158	14.2	4.9	19.1	10.4	7.95	9.3×7.1	2.8	2.75	1.0	0.8	0.8	0.8
9	1138	13.0	4.9	17.9	9.8	7.65	8.8×7.0	2.9	2.7	0.95	0.7	0.85	0.8
10	892	12.15	4.8	16.95	8.9	7.1	8.2×6.5	2.5	2.39	0.85	0.8	0.6	0.6
11	790	11.0	4.85	15.85	8.02	6.48	7.5×5.98	2.45	2.38	0.92	0.82	0.6	0.61
12	617	10.2	4.7	14.9	7.39	6.12	6.71×5.6	2.45	2.37	1.12	0.97	0.6	0.6
13	398	8.33	4.6	12.93	6.4	5.03	6.02×4.65	2.02	1.9	0.65	0.5	0.5	0.5

极为纤细的旋涡纹、绳索纹及繁密的颗粒。整组花纹的构成已经高度的图案化了，所以很难给它一个概括而恰当的名称。鼻纽上也有文饰，是由三角、旋涡两种花纹组成的。从各钟的整个形制来看，与河南出土的春秋屬氏编钟，颇有相似之处（见徐中舒著《屬氏编钟图释》）。

与钟同时在钟架上发现的还有挂钟的"穿钉"❶。它是一根断面作长方形的铜棍，一端有兽面，一端有小圆孔。用途在穿过钟纽，将钟挂住在钟架横梁上。穿钉现存十一枚。

最大的一个钟有铭文，刻在铣上，两面共十二字。字文能初步认出的是"佳韶□□□晋人救戎于楚境"，很像春秋时的字体。根据形制和铭文，我们似乎可以肯定这套编钟是春秋时物而埋葬在战国的楚墓中。至于全部铭文的释读，铭文的意义，以及钟的铸造年代，有待文字学家及考古家来研究鉴定。

在与编钟同墓出土的二十八片完整的竹简中，有一片记载着钟的数目。这片竹简共四十二字，一开头就是"乐人器之一□□□钟少大十又三"，以下可辨认的有"槃"、"缔"、"缕"等字，似乎又去记载其他类别的器物，与乐器无关（见《文物参考资料》1957年第9期竹简照片）。根据竹简，我们可以相信，至少这套编钟在放入墓室以后并无短少。

特别使人惊异的是这套编钟的完好程度。它们不仅没有伤裂，连轻微的浸蚀锈片也找不到。在各钟身上，只浮遮着薄薄一层黑色的氧化层（可能是一种炭质）。这层表面还掩盖不住下面金黄色铜质的光泽。由于这套钟的铜质几乎完全没有氧化，因而它的声音可能变化不大。

古代钟的内部，往往在枚间及舞部，有剔凿的槽；或透空，或不透空。有人认为这就是《考工记》中所谓的"隧"，是用它来校正音高的，与声律有关❷，确否有待考证。从这套编钟剔槽的数目及位置来看，似乎有它的规律。最大的

❶ 此物的名称，在文献中尚未查到记载，因而"穿钉"之名，是我们暂拟的。

❷ 见冯水《钟擽钟隧考》，《冯氏乐书四种》之二。

一个不仅在舞内剔三个槽（图1），在钟身每边也各剔三个槽，而且地位较低，约在钲的中部及第二排枚中间的一个和靠边的一个之间。其余十二个钟，舞内只有一个槽，多数居中，位在钟纽空当的下面。钟身每边都只剔两槽，地位较高，在最上一排的枚间。

有几个钟内部的剔槽，可以看得很清楚，槽旁有高起的界线，略作 # 形。这说明早在铸钟造范之时，已经规定了剔槽的地位。

下面将这十三个钟内部剔槽的情形列入表格（见表二）。带圈的数字代表透空的槽，不带圈者不透空。

表二

钟号	舞内			钟内的一面			钟内的另一面		
1	1	2	3	①	2	③	1	2	3
2		1			①		②	①		②
3		①			1	②		①	2	
4		①			①	②		1	2	
5		①			1	2		1	2	
6		1			1	2		1	2	
7		①			1	②		1	②	
8		①			①	2		①	②	
9		①			①	②		①	2	
10		①			①	2		1	②	
11		①			1	2		①	②	
12		①			①	2		1	②	
13		1			1	2		1	2	

钟内的剔槽是用来校正音高的，这一论断似属可信。从这套钟还可以看出来每一个钟身厚薄都不一致，且有显著的磨锉痕迹，这与音高的校正应该也有关系。

2.钟架

编钟在墓中置放的地位在前室的南半间，钟架顺着外木椁东壁摆放，钟架各部因风干缩裂，已经毁坏，所以现有的钟架，只残存不到一半。此外还有两

个打钟用的长柄木槌。

我们为了了解各钟的悬挂情况，并测量钟架尺寸以便复制，进行了拼凑复原工作。横梁的一端（高10.2厘米，厚6.5厘米）比较完整，在距尽头6.5厘米处，两面都有一块凹下去的部分，这正是与立柱上端雕虎纹的叉口式榫头相衔接的地方，所以我们可以肯定这是横梁的一端。立柱以内，在横梁上的第一个挂钟的眼，一面已经豁去，露出了槽眼的内部，另一面尚完好，只有一个很规矩的长方形眼。我们试将第一个钟的纽安放到槽眼中去，恰好合适（其余各钟的纽都较小，放进去皆不合适）。随后我们拿铜穿钉穿过去，也恰好合适。它穿过了整个横梁的厚度，还把尽头的小孔露在外面，以备再穿一个直销（此直销尚未发现，可能因它体积太小，也可能因它是木制的或竹制的，已经腐朽）将穿钉管住。由于钟、穿钉和钟架的同时发现，说明了这一类纽钟的编悬方法。这种挂法，显然是非常合理的。穿钉既将钟很稳固地挂到架子上面，钟身不会因敲打而转动，但它又只有很小的一个部位与钟纽相着触。钟在挂好之后，钟纽与槽眼的四壁也是脱空的，所以不会妨害钟的发音。另一优点是挂钟取钟都很方便，穿钉一端的兽面，贴在横梁上也很美观。

上述的一段横梁，在第二个钟纽的槽眼处断折，以下失去了一段。另外所剩有的横梁，上面有朱色画的三角形图案，一组完整，一组已残，这是挂第五个钟到第九个钟的一段。它虽已断成五截，且中间还有残缺的地方，但拼凑起来，可以知道它们是相连属的。

何以知道这一部分横梁是挂第五个

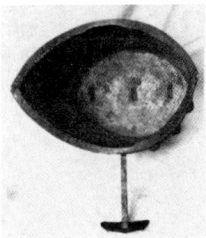

图1　第一个编钟内部剔凿情况

钟到第九个钟的一段呢？原来横梁的下面有橄榄形的痕迹，正是钟舞印出来的轮廓。尤以正当三角形花纹还完整处的一个及与它相邻的一个，最为显著。这两个最显著的钟舞痕迹，经取各钟逐一比试，恰好与第五、第六两个钟的钟舞相合。因此，我们可以断定这一段残梁是悬挂第五个钟到第九个钟的一段。

这一段残梁的位置既经确定，根据三角形的花纹便可试推钟架横梁的全长。两组三角形花纹之间的距离是64厘米，从完整的一组花纹量到横梁的尽端是89厘米；我们推测这两组花纹在横梁上的地位是对称的，所以从不完整的一组花纹到另一尽端（已毁）也应该是89厘米。这样三段相加为242厘米，也就是横梁的全部长度。这个长度，与将十三个钟平列起来，试行量测而得的，正相符合。

钟架的立柱，下端出榫，已断折。上端开叉口，两面雕虎纹，横梁与它相交，好像被衔在老虎嘴里一样。立柱的横断面作长方形，纵面（即钟架的侧面）长，横面（即钟架的正面）短，两端较粗，中间收杀。正当柱中部有花纹处，断成两截，从花纹残损的情形来看，中间还略有伤缺，但不会缺得太多。它的长度，从下端断榫处至上端约为57厘米。木墩也作长方形（36×31厘米，高20厘米），雕近似卷云纹的花纹，全部黑漆，用朱色沿着花纹轮廓勾描，木墩中间有方形眼以备立柱的榫头插入。这个榫眼虽近正方形，但在它之外，却套刻长方形的界框；而界框的长边、短边，与墩子的长边、短边是一致的。从这个界框自然会联想到立柱，正是由于立柱的断面是长方形的，所以这个界框也作长方形。根据这点，我们可以肯定木墩子的安装情况——较长的一边是纵面（钟架的侧面），较短的一边是横面（钟架的正面）。从力学上来讲，编钟受敲打的部分在鼓，外来的力量与钟的正面是垂直的。为了钟架的稳固，墩子的侧面比正面长，也是完全合理的。

经过这次拼凑，钟架的高度也知道了。即：木墩高（20厘米），加上立柱高（57

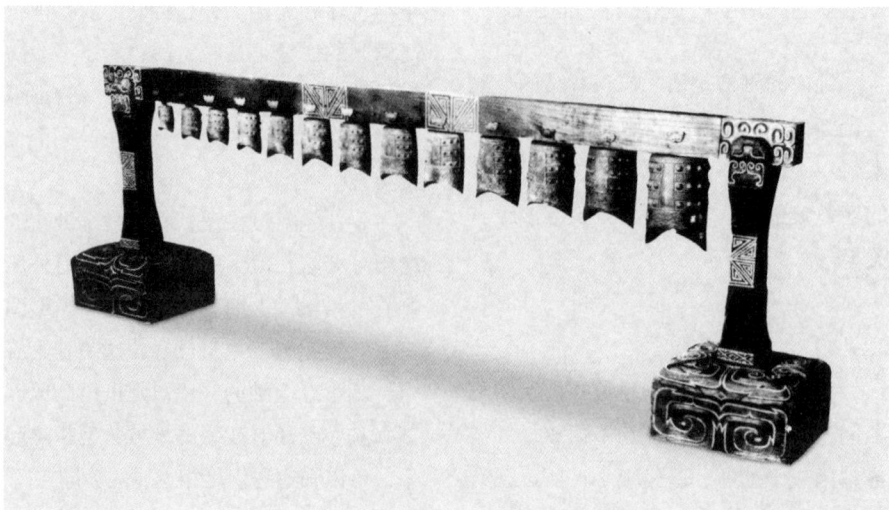

图2　信阳楚墓编钟挂
在复原钟架上

厘米），再加上由立柱上端至横梁上皮的高度（3.7厘米），等于它的通高，计80.7厘米。根据上述的各个尺寸，我们请木工试做了一个复原的钟架（图2）。

3. 钟槌

钟槌作丁字形（柄长53厘米，断面扁圆形。槌头长9厘米，断面略作扁方形但无棱角），与战国铜壶上（故宫博物院藏宴乐渔猎壶）作乐人手中所持的钟槌非常相似。两槌一个已断折，一个尚完整，但木质糟朽已不能再用它来敲打。经过审视，钟槌的原来木质是用较松的木料做成的，我们也用河南当地所产的木质较松的楸木，试行仿制（图3）。

根据钟架的高度和宽度，及两个木槌的形式和长度，我们相信古代乐人在演奏时是席地而坐或跪在地上敲打的。由第一个钟到第十三个钟，相去约两米。假设作乐人跪在钟架前面的正中，两手各执一槌，两臂伸展，则他所能打到的区域，将超过2米。所以他是可以自如地进行演奏的。

4. 测音的经过及结果

6月25日下午，在复制的钟架横梁上，刚刚将悬挂十三个钟的槽眼凿剔完成，我们便进行编钟的测音和录音工作。工作地点在河南省文物工作队的一个仓库内。这个仓库三开间，面积约80平方米，里面堆着许多装满陶片的草袋，起了减少回音的作用。那天室内的温度是摄氏27度，湿度76度。

我们将复制的横梁用两张桌子架起，拿穿钉将编钟挂到横梁上去（图4）。缺少的两个穿钉用铁钉来代替。敲钟用

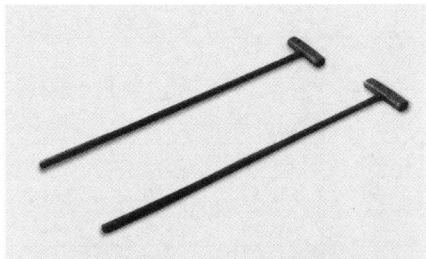

图3　钟槌

图4　编钟挂在复原钟架梁上进行测音的情况

仿制的木槌。

测音仪器我们用音叉，一弦音准和Stroboconn 6T—3型闪光测音机（机号1705）。闪光机的精密度能将每个半音分成100份。某一个声音通过麦克风传到闪光机后，便能显示出这个声音接近那个音，并比它高百分之多少或低百分之多少。由闪光机所显示的音高，再通过对数表的换算，便可将频率算出来。

测音的过程是我们先敲a音的音叉（频率440），通过麦克风在闪光测音机里显示一下，看所指的是否为a，这样就先检验了闪光测音机，看是否曾因搬动而发生了障碍。次一步我们将一弦音准的支点放在频率440的地方，并转动弦轴将音高调成a，与a音叉同音高。音准所发出的声音也通过麦克风在闪光测音机里显示一下，看所指示的是否为a。这样，我们就将音叉、音准和闪光测音机相互核对了一下，以备进行钟的

钟号	音名及十二平均律频率	音分差	频率	音分值	与上一音的音分值差
				ä 频率=400，音分值=5700	
1	♭b 493.88	+44	506.60	5944	
2	#c 554.37	−41	541.39	6059	115
3	#d 622.25	−47	605.59	6253	194
4	#f 739.99	−31	726.86	6569	316
5	#g 830.61	−43	810.23	6757	188
6	#a 932.33	−46	907.88	6954	197
7	b 987.77	−17	978.11	7083	129
8	#c 1108.73	−32	1088.4	7268	185
9	#d 1244.51	−50	1209.1	7450	182
10	#f 1479.98	−3	1477.4	7797	347
11	#g 1661.22	−17	1645.0	7983	186
12	#a 1864.66	−49	1812.6	8151	168
13	d 2349.32	+3	2353.4	8603	452

将各种的音名记在五线谱上当为：

测音工作。

十三个编钟，从最大的一个测起，每一个钟测音的程序是这样的：一人用木槌频频敲打钟的鼓部，一人弹拨音准并移动支点，将音准调成与该钟的音高相同。调好之后，在音准的标尺上可以看出此系何音。但这个音是凭耳朵听觉找到的，只能算是一个大概，不一定能绝对准确。下一步我们再频频敲钟，通过麦克风的传达，再看它在闪光测音机中所显示的为何音。由于方才在音准上已找到它大概为何音，所以此番就节省了在闪光测音机上寻找它的时间，可以比较快地测出来。总起来说，此次测音主要依靠闪光测音机，而拿音叉、音准作为辅佐。

十三个钟测定之后，依次将它们的音名及音分差记录下来，并经过换算，求出它们的频率。又以 a 的音分值为5700❶，计算每一个音的音分值和每两个音之间的音分值差。结果见表三❷。

附带要提出的是，在测每一个钟的时候，我们除了敲打鼓的部分之外，也敲打了它的钲的部分。经闪光测音机指出，敲每一个钟的鼓和它的钲，所发出声音的音高是一样的。

编钟测音终了之后，我们进行录音。录音机使用 Revere T1125 型胶带录音机（机号 4631，转速 7.5 英寸）。这份资料现存民族音乐研究所音档室。

从表三可以看出凡是两钟之间音分值差接近 100 的，它们的音程距离接近半音；音分值差接近 200 的，它们的音程距离接近全音；音分值差接近 300 的，它们的音程距离接近一个半全音（即 1.5 全音或小三度的关系）。其中差得最多的是第十二个钟与第十三个钟，它们的音分值差达到 452 之多。再加上前面所提到的这两个钟的身高相差也较为显著，所以会不会在这两钟之间原来还有钟呢？当然仅凭这些现象作为论据，进而推断这套编钟原来不止十三个是远远不够的。我们不过在这里提出来供研究者参考而已。

关于进一步地分析编钟的音阶问题及与当时的乐律关系，有待音乐史家及音响学家作专门的研究。

三 瑟

信阳楚墓中一共发现了三个瑟：（一）瑟一（残存大瑟），（二）瑟二（残存大瑟的尾部一角），（三）瑟三（漆绘小瑟）。

1. 瑟一（残存大瑟）

❶ 以 Ç 为 0，Ç 为 1200，C 为 2400，c 为 3600，ċ 为 4800；再加上九个半音（900），故为 5700。

❷ 在换算频率并求音分值等方面，曾得到轻工业部乐器研究所朱虎雄同志的指导和协助。

此瑟只残存面板，没有底板。它从长台关运到郑州后，已经拼凑成形，放在一个有水的木箱之内；6月22日，又作了进一步的整理（见《文物参考资料》1957年第9期26页图19）。瑟长184厘米，首尾均宽48.5厘米（因经拼凑，每块残片之间可紧可松，所以这个尺寸，不可能十分精确）。

这个瑟的面板是独木斫成的，两端上黑漆，中部光素，不加糅饰。从汉石刻画像中所描写的瑟来看（如山东画像，见傅惜华编《汉画像全集》初编253），瑟面有木枘及承弦分成三段的一端，总是搁放在地上，离人较远，是瑟的尾部，所以这个瑟当以形制较简单的一端为头部，有虎纹雕饰的一端倒是尾部（图5）。

面板的伤损情况是严重的，已碎成大小数十块，且邻近瑟首岳山及瑟尾承弦，能看出弦眼的部分，都有残缺，因而已无法计数此瑟的实在弦数❸。我们只能作以下的推测：瑟宽48.5厘米，第一根弦和末一根弦，距瑟边都是1厘米；弦眼间的距离，经过几处测量，均为2厘米。因而弦数当为二十四根。但如果将瑟面的穹形弧度估计进去的话，当有二十五弦。假如以上的计算没有错，此瑟的弦数比1935年在长沙东门外楚墓中出土的瑟还多两根❹。

从面板的背面，可以看出一些内部的形制。它四边有立墙，首部薄（4.2厘米）而矮（3.5厘米），尾部较厚（7.8厘米）较高（4.7厘米）。槽腹除尾部有坦缓的斜坡外，其他三面都比较陡峻。挖去的部分，成为仰瓦式，与正面穹形的弧度是相适应的。面板中间薄，两边厚，而首尾也不一致。首部正中（2.8厘米）与尾部正中（3.7厘米）相差约1厘米。

图5　楚瑟尾部

此瑟未发现底板，立墙的内边，也未找到装安底板的槽口。但据残存另一大瑟的一角（瑟二）和长沙楚瑟来推测❺，我们相信这个瑟也是有底板的。因底板可以嵌入立墙，不一定必须有槽口，或它可与面板同大，像一般古琴似的底、面粘合在一起。所以立墙槽口的有无，不足以据为底板有无之证。

拿这个瑟与长沙楚瑟（见1954年历史博物馆出版的《楚文物展览图录》）比较一下，有许多地方都是相同的❻。下面将叙述与长沙楚瑟不同的方面，以及以往所没有发现过的瑟的附件如柱、"过弦板"等。

（1）此瑟长度超过长沙楚瑟几乎一倍

此瑟宽48.5厘米，长184厘米。长沙楚瑟宽38.7厘米，长103厘米❼。二者的比例在宽度上约为1与1.2之比，相差并不太多；在长度上则为1与1.8之比，几乎相差一倍。商承祚先生在《长沙古物见闻记》中虽肯定长沙楚瑟不是明器，但也对"其制特小"，感到可疑。现在大瑟的发现，则完全证实在战国时除有此种小瑟之外，还有大瑟的存在。

❸ 墓中发现瑟柱二十二枚，但大小不同，不像同一个瑟上的柱。又因此墓曾经扰乱，瑟柱不可能没有毁失，所以现在不可根据柱数来推测弦数。

❹ 商承祚《长沙古物见闻记》作二十五弦，误。

❺ 此两瑟均有底板。

❻ 相同之处指两端上漆，中间光素；首部岳山一根，尾部承弦三根；木楔四枚，用以绕弦等等。

❼ 据《长沙古物见闻记》所写明的尺寸。1954年中国历史博物馆出版的《楚文物展览图录》注明楚瑟的长度为100厘米。

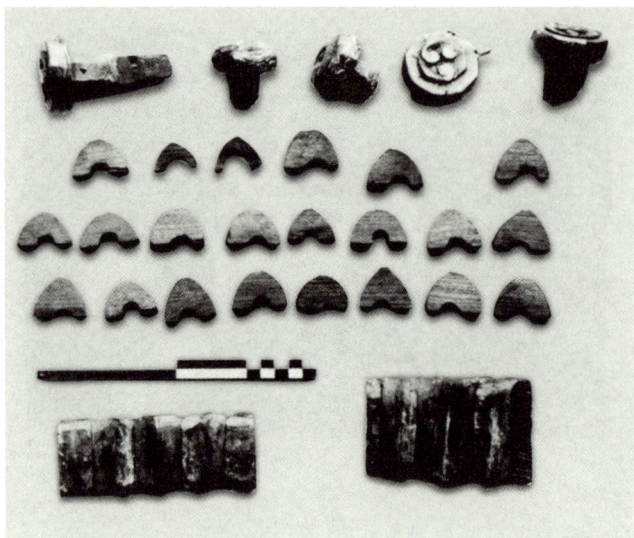

图6 楚瑟木枘、柱、锯齿形过弦板

（瑟）端际上绕，再纳入四方孔，然后用木枘枘之，余绪下垂，容于版孔"的说法，至少和这个瑟的实际情况是不相符合的。

（3）瑟柱

瑟之有柱，早见文献记载。长沙楚瑟，从它的形制来看，我们也相信它是有柱的。但战国的瑟柱实物，这回还是第一次发现。

信阳楚墓在清理后，一共找到瑟柱二十二枚，都用木质做成，不加髹饰。其中二十枚，尺寸约略相同（有一枚的尺寸是：高3.2厘米，下宽3.7厘米，下厚1.31厘米），另两枚不仅小而薄（有一枚的尺寸是：高2.3厘米，下宽3.22厘米，下厚0.65厘米），而且木色黝黑，显然与大者不是一副。我们认为较小的两枚，可能是漆绘小瑟（瑟三）所用的柱（图6）。

值得指出的是战国瑟的柱与后代雅乐瑟[1]的柱，大不相同。显而易见的是雅乐瑟柱比较大，外形略似货布，战国瑟柱比较小，外形像单拱桥。还有战国瑟柱不是平直切成的，每一个都略带斜度。桥洞式的空当是偏在一边的，所以两条腿并不对称。瑟柱的斜度可能是为了便于雁行式的排列。但它在瑟面如何摆放却有几种可能：各柱较大的一条腿可能都摆在靠近弹奏者的一边，或都摆在相反的一边；或以瑟面隆起最高处为中线，瑟柱较大的一条腿从这中线分两边朝外摆去，或相反地以较小的一条腿从这中线分两边朝外摆去。各种摆法究竟哪一种最合理？不对称的战国瑟柱比对称的雅乐瑟柱在功能上有何短长？这些问题都有待就乐器作实际的研究试验后才能得出解答。

大瑟的情况，与古代文献记载是符合的。

（2）绕弦木枘

记得长沙楚瑟于1953年在历史博物馆展览时，只在瑟的尾部看到有四个方孔，未见木枘。《长沙古物见闻记》在叙述该瑟"距首边三公分有四孔"之后，并未道及木枘的形态和尺寸，当时商承祚先生似乎也没有看到木枘。这次却能看到比较完整的实物。

这个瑟的木枘（图6），形式很像一个倒过来的古琴雁足。它们上端有一个八角形的冠顶，靠近瑟边的两个刻漩涡纹，中间的两个刻花瓣纹。木枘全长8至9厘米不等，在冠部以下，有一段长约3厘米，断面也作八角形；再下一段断面则为四方形；至尾端，有显著的收杀。实物本身说明，尾端的收杀部分是插在四方孔之内的（有两个木枘已断折，下端还插在孔内）；中间削成八角形的一段，是露在瑟外，准备往上绕弦的；上端冠顶，是为挡住弦扣，防止松脱的。木枘与方孔非常严密，四周毫无空隙。因此《长沙古物见闻记》所谓弦"由

[1] 指明代的瑟，见朱载堉《乐律全书·律吕精义内篇》所绘及清代庙堂所用的瑟。

（4）过弦板

在古代文献中，我们尚未见说到在瑟的尾部有使弦能分组勒过，以便缠系的装置。因而这个"过弦板"的名称，也是我们试为拟定的。

这种木板，与瑟一起发现，共两块。一块宽 11.7 厘米，纵 7.7 厘米；一块宽 14.3 厘米，纵 5.5 厘米。它们的尺寸虽不同，但形制基本上是一样的，断面都作锯齿形（图6）；在锯齿形的沟缝中还可以看见被弦勒出来的痕迹。据我们的推测，它应该在瑟的尾部，贴着立墙放的。瑟弦从头部的岳山拉过瑟面，在尾部三段承弦以外的弦孔中穿过，至瑟的背面，再由尾端上绕，恰好经由过弦板的四条沟缝中勒过，分成四组绕在四根木枘上面。因而过弦板的装置，与古琴尾部"山口"、"下龈"之间一段凹入部分，功用是相等的，目的在使弦稳定不滑，且便于缠系。过弦板的发现，对于我们理解战国瑟的张弦方法是有帮助的。

2. 瑟二（残存大瑟的尾部一角）

此瑟只残存尾部面板的一角。它的形式、雕饰及尺寸都与瑟一约略相同（图7）。只是从它的背面看，立墙里边，有为安装底板而设的槽口（图8）。根据这一点，我们相信这个瑟有底板。

3. 瑟三（漆绘小瑟）

在墓葬进行清理时，这个瑟有若干碎片是从不同的墓室及外木椁顶上拾到的。由于各片残不成形，它一直被认为可能是一个彩绘的漆箱或木座。后来由于岳山的发现，才辨认出原来它也是一个瑟（图9）。经过拼凑，只残存瑟面的首端的一部分，左、右两侧立墙都残存

图 7　大瑟二残存尾部（一角）

图 8　大瑟二残存尾部（背面）

图 9　漆绘小瑟残件

不到一半，此外还有一些残块（见《文物参考资料》1957 年第 9 期）。它的宽度约为 40 厘米，长约 1 米，边墙高 7 厘米，厚 1.3 厘米，面板厚 2.3 厘米，大小接近长沙的楚瑟。有一块残片，凿着方孔，当是尾部插塞木枘的眼。立墙里边，没有槽口，但有斜削的痕迹，可能是为了安装底板而削凿的。岳山残存三段，有一尽端尚在，弦痕也清晰可辨。邻边一弦距岳山尽端仅 0.25 厘米，弦间相距为

1.6厘米。确实弦数，难于统计，可能是二十五弦或更多。从现存的各部来看，它的形制，与其他各瑟基本上是相同的。

此瑟有精美绝伦的彩漆图绘。头部岳山以外绘斗兽，岳山以内及头部两侧是龙蛇神怪的花纹，诡谲奇秘，动人心魄。岳山也全部用彩漆画出菱形的图案。两侧在瑟面与立墙转角的地方及立墙的下缘，都画类似金银错的图案。尾部残片有许多是狩猎纹。

瑟上漆画，也采用乐舞场面作为题材，它的位置在额部的立墙上。作乐人残存两排。上排自右而左：第一人跪地吹笙，笙斗很小，吹口很长，极像《长沙古物见闻记》中所绘的楚匏。笙管用红、褐两色画成，下聚上散。它与现在还有人使用的葫芦笙颇为接近。以下三人，因漆皮残缺，所事不详。第五人手挥双槌，作敲打之状；在他的左侧，还能看见一个鼓的上缘（鼓腔）及右边（蒙皮面）的轮廓。鼓上有羽葆璧翟，形如飞龙，飘扬在这排作乐人的头上。鼓的

图 10　小鼓木腔残片

下部已残缺，但从形状来看，应该是一个中贯立柱的建鼓。第六为舞人，穿着红色带黄点的服装，臂袅长袖，姿态翩翩，与汉东安里画像的舞人非常相似。下排第一人在弹瑟，白色的瑟弦和一手按弦的姿势，都能看清楚。第二人似在拍手唱歌。第三人肩荷一物，可能是一具短瑟，因为肩后的纽状一物，颇像瑟尾的木柄（见瑟一）。第四人也好像拿着一件弦乐器，但形象已不全。第五人跪在一个架子下面，可能在打钟或击磬，也因漆片残缺而无法肯定。这一块漆画残片，和宴乐渔猎壶及辉县出土铜鉴上的花纹，都是这一时代传下来的极为可贵的音乐图画。

在上述的三个瑟上面，我们没有发现弦。所以当时的瑟弦究竟是用什么质料做的，尚难作肯定的答复。但我们却相信当时的弦是用丝做成的。同一墓出土的遗物中有丝织品，纹理相当匀密。另有带阑干的大木床一具，在阑干转角相交处，用铜质的扣桦勾搭在一起。这种扣桦是用丝缠绕在阑干角上的。此外其他战国楚墓中也不乏发现丝制品的实例。如长沙左家公山木椁墓发现铜剑，柄上满缠丝索；陈家大山楚墓也发现过丝带、丝绳。因而我们想当时用丝来做瑟弦是完全可能的。

从楚瑟实物来看，至少已有不同大小的两种类型。据古代文献记载，也确实存在着大小不同的瑟。《礼记·明堂位》："拊搏玉磬揩击，大琴大瑟，中琴小瑟，四代之乐器也。"但瑟之大小，究竟区别何在，是否只是体积上的不同，在较早的文献中尚难找到明确的答复。宋陈旸认为它们的区别在弦数的多少。《乐书》卷一一九《琴瑟中论》

称："以理考之，乐声不过乎五；则五弦、十五弦，小瑟也；二十五弦，中瑟也；五十弦，大瑟也。"他以推测的口气，来臆断古代的瑟制，可靠程度，姑且勿论，至少对楚瑟来说是不适用的。因实物证明，在长短上有显著差别的楚瑟，在弦数多少上似乎是一样的，甚至小瑟比大瑟的弦数还多。

关于大瑟小瑟在用途上有什么不同，也是值得研究的问题。陈旸在《乐书》卷七《礼记训义》中解释以上所引的"大琴大瑟"一条说："故用大琴以大瑟配之，用中琴以小瑟配之。然后大者不陵，细者不抑，声应相保而为和矣。"❶这个解释是从音乐实际来说明问题的，我们认为比较可信。

《尔雅·释乐》中称："大瑟谓之洒。"又称："徒鼓瑟谓之步。"当然所谓的"步"，从后面的文意来看❷，应当是指这种独奏的演奏形式，而不是乐器本身的名称。但瑟中既有独奏，那么它的体积大小，并不需要像合奏中所用的瑟那样长大，是理所当然的。再看信阳墓中的大瑟，刻着虎纹，花纹形制与钟架、大鼓（指大鼓及虎形木座，见后），很像是一套。但漆绘的小瑟，花纹特别工细，不仅与其他乐器不相侔称，就是在全墓的漆器中，也是极为突出的。它显然是一件精致、单独的乐器。这样看来，会不会大瑟是合奏用的瑟，彩绘小瑟是独奏用的瑟，而用途的不同是使楚瑟有大小不同的主要原因呢？当然这仅是从很少数的迹象中所得到的一个初步推测，是否与事实相符，尚有待更多的材料来证明。

四 鼓

墓中所发现的鼓，都不完整。从木腔残片来看，至少有大、小不同的两个鼓。

1. 小鼓

小鼓鼓腔的木片高 12 厘米，中部厚约 4 厘米，两端厚约 2.5 厘米，宽度各片不一致。鼓腔中腰一段朱漆作地，用黄、褐两色描饰彩绘，图案是从云纹变化出来的。上下两段钉皮革，革已不存，有的竹钉还在（图10）。我们试将较完整的三块鼓腔拼起，测量了这一段的弧度❸。据推算，小鼓的直径当为 42.18 厘米，圆周当为 132.51 厘米。

2. 大鼓

大鼓木腔残片的高度为 26 厘米。我们也选了较完整的三块拼在一起，测量了它的弧度❹。经推算，大鼓的直径当为 93.80 厘米，圆周当为 294.86 厘米。从木块背面来看，内槽两刀直切，并没有随着外形的弯度来削凿，所以木片的

图 11　大鼓木腔残片

❶《乐书》卷一一九《琴瑟上论》与此说略同。

❷《尔雅·释乐》："徒鼓瑟谓之步，徒吹谓之和，徒歌谓之谣，徒击鼓谓之咢，徒鼓钟谓之修，徒鼓磬谓之寋。"

❸从鼓腔弧线上取最远的两点连结成线，其长为 29 厘米。从此线做一平分垂直线与弧线相交，此垂直线长为 5.8 厘米。

❹量法同上。两点连结线长为 33 厘米，垂直线长为 3 厘米。

厚度是不一致的。木片外部全部经髹漆。中腰部分,暗红色漆,不加绘饰。上下两段在黑地上用红色漆作花纹（图11）。在这两段的漆皮下,与木片表面有0.3厘米的距离,但此处的竹钉都高出木面,与漆皮相着触。这个现象说明了当时制鼓时是先钉皮革后上漆,所以皮革被盖在漆皮下面。年久皮革腐朽,因而漆木之间,出现了0.3厘米的空隙。

墓中发现两个雕镂精绝的铜环,颇像大门上的铺首。后来拿它放在鼓腔木片上比试,弯度与鼓完全吻合（见《文物参考资料》1957年第9期26页图17）,说明这个鼓原来是有环的。

上述两鼓,有一点是相同的,即鼓腔不高,形状比较矮扁。在汉代画像中,最常见的是鼓腔中贯穿立柱的楹鼓或建鼓。它们因中间有柱,所以鼓腔不得不高。这两个鼓从形状来看,不可能是楹鼓或建鼓。

3. 虎形木座

木座是由两只踞伏而尾部相连的老虎形做成的,全部黑漆,上有朱色描绘（图12）（请参阅《文物参考资料》1957年第9期彩色版）。据参加发掘的同志称,此座的原来位置在前室南端,离编钟不远,顺着外木椁南墙而略偏斜。在当地进行清理时,座上已无所承荷。两虎在左右肩头

图12　虎形木座

❶《乐书》卷一一六《建鼓》条:"隋唐又栖翔鹭于其上,圣朝因之。……汉以五彩为饰,竿首亦为翔鹭。"

及臀部各有一个方形榫眼。随后在郑州的清理过程中,发现已残断的类似鹭鸶的长腿四根,插入肩部榫眼,恰好合适;腿上用朱笔勾的文饰,也与虎座很一致。可见老虎身上原有立着的鹭鸶,作为装饰。

在汉代画像中,有两虎相连,作为鼓架的实例,如河南南阳汉画像石（见常任侠编《汉画艺术研究》图45）中所见的便是。虽然这一种鼓架都为楹鼓、建鼓而设,而现在墓中所发现的鼓,不像是楹鼓或建鼓,但据木座的形制及在墓中的位置,我们认为它是鼓架座子的可能还是很大的。尤其是两对鹭鸶似的长腿,使我们更觉得它与鼓有联系。

历代鼓制,多以鹭鸶为装饰❶。为什么要用鹭鸶呢?其说不一。一个说法是由于鹭鸶是鼓精。另一个说法是《诗经·鲁颂·有駜》:"振振鹭,鹭于飞。鼓咽咽,醉言归,于胥乐兮。"《传》曰:"振振,群飞貌。鹭,白鸟也,以兴洁白之士。咽咽,鼓节也。"故"古之君子,悲周道之衰,颂声之辍,饰鼓以鹭,存其风流"。以上并见《隋书·音乐志》。上述二说,以何为是,暂勿究论,古代的鼓以鹭鸶为装饰,却属可信。如沂南画像石墓百戏图中的建鼓,鼓幢上便立着一只鹭鸶（鹭鸶头顶后部有长毛,是仙鹤所没有的。画像中鹭鸶头顶的长毛,刻画得非常显著）。《长沙古物见闻记》中还有如下一段记载:"赵估语予,二十五年（1936年）十二月,小吴门外楚墓出鼓一,革已腐,制与今同。径约23厘米,高10厘米强,五铜鹤展翼以背承鼓,昂首外向。鹤高约二十三四厘米。工人不知鼓可贵,破之取鹤,售于美人柯强。"所谓铜鹤,应当也是鹭鸶。

据我们的推测，两尾相连的老虎，就是双环大鼓的座子。但此鼓与木座如何连接起来：是否同小吴门所出土的鼓那样，鹭鸶立在虎肩昂首外向，以背承鼓；或是鼓与虎座之间还有木架，上端钩住鼓环，下端插入虎臀的榫眼。具体的装置情况，尚有待更多木块残片的发现及进一步的拼凑，才能知道究竟。（按此问题已获得解决，见袁荃猷《关于信阳楚墓虎座鼓的复原问题》，载《文物》1963年2期。1995年12月补记）

据竹简记载，中有雕鼓的名称。查所发现的大、小两鼓，本身都只有绘饰而不加雕琢。那么所谓雕鼓，可能是指大鼓及它的座子而言。因老虎和鹭鸶的形象，确是要经过高度的雕刻才能完成的。

五 结束语

总的说来，信阳楚墓所发现的乐器，对丰富音乐史的研究资料来说，贡献是空前的。它们的价值和意义，由于只经过初步的调查，尚难作出正确而全面的估计。现在只就目前已经见到的各点，择要写在下面：

1. 编钟数目与同墓出土的竹简所记载的数目相符，至少可以证明这套编钟在放入墓葬以后，并无短少。这是近年出土编钟中最完整的一套。

2. 编钟没有锈蚀，几乎完整如新，这是从来所没有过的。我们可以相信现在所能听到的它的声音，与它原来的声音，可能没有多大区别。因而它是研究古代乐器及乐律最理想的材料。

3. 编钟的穿钉、木架及木槌是以往所没有发现过的。这次它们竟与编钟同时出土，给我们解答了这一类纽钟如何悬挂、排列及敲打的问题。

4. 以往所发现唯一的一个楚瑟，应属于小瑟一类。大瑟的发现，这是第一次。

5. 瑟的附件如柱、木枘、过弦板等也是以往所没有发现过的。这些实物，有助于我们对瑟弦安张方法的理解。

6. 漆绘小瑟上的彩画，精美绝伦。其中的乐舞场面，是战国时代传下来的为数极少的音乐图画。

7. 墓中发现两个鼓的鼓腔残片，从上面残存的竹钉，可以知道当时蒙钉皮革的方法。虎形木座，上有立着的鹭鸶，当即是较大一鼓的架子。它对鼓的装饰及安置方法提供了新的材料。

8. 编钟、瑟、鼓及虎形木座都在前室，根据竹简文字，墓中还有笙、竽等物。从这里我们可以得到一些关于古代乐队的组织和排列位置的线索。

有一点我们必须说明，此墓出土的大批文物，清理复原工作目前尚未告竣，研究工作则正在开始，所以随时都可以有新的发现，说明新的问题。因此这篇初步调查记我们也准备随时作补充或修改。

最后我们要提到这次调查工作之所以能顺利进行，与河南省文物工作队的许顺湛、安金槐、张建忠、李广义等同志的指导和协助是分不开的。与我们同时在郑州的还有中央文化部的顾铁符、罗哲文，故宫博物院的罗福颐，湖南省文物管理委员会的蔡季襄和中国历史博物馆的陈大章等同志。他们在历史考证、器物复原以及摄影、摹绘、传拓等方面，也给我们很多的帮助。

原载《文物参考资料》1958年第1期，参加工作者：王世襄、孟宪福、郭瑛
王世襄执笔撰文

宋陈旸《乐书》

——我国第一部音乐百科全书

在历史上这样的事已出现过不止一次，一部划时代的、对文化学术有重要贡献的著作，在作者生时，很少有人注意，也没有刊行，一直到他死后若干年才得到重视。这里所指的是11世纪末叶，我国出现的第一部音乐百科全书，宋代陈旸的《乐书》。

一

陈旸，字晋之，福建闽清人，是一位刻苦有恒的学者，他用了几十年的功夫❶，才将《乐书》写成，在建中靖国元年（1101）表进给宋徽宗赵佶。但此书大约在进呈后就被束之高阁，并没有能刊刻行世❷。直到南宋时的陈岐，托人在陈旸的家中访求到《乐书》的副本，于庆元五年（1199年）才第一次出版，上距成书之时已经有一百年了。此后在元至正七年（1347年）曾经重刊，明代经朱载堉、张溥两度翻刻。清代在光绪二年（1876年）经方浚师在广州重刊，也就是现在最常见的本子❸。

我国古代音乐论著，在唐以前的为数甚少，至唐而渐有出现，但大都为小型专著。何以到了陈旸会写出一部篇幅

繁浩的巨作呢？一方面是由于宋代统一之后，一百多年来社会比较安定，经济也有发展，具备了可以长期从事学术研究的条件。另一方面也不能忽视早于陈旸的几部收有音乐资料的类书和其他有关音乐著作对他的影响。

唐代和北宋初年的几部类书如白居易（722—846年）的《白氏六帖事类集》，李昉等编的《太平御览》（938年编成），王钦若等编的《册府元龟》（1013年编成），除收雅乐（宫廷庙堂音乐）外，还包括民间及外族乐舞。聂崇义著的《三礼图》（962年成书）和阮逸、胡瑗合编的《皇祐新乐图记》（1053年成书）曾将乐器绘制成图，并加文字说明。这些著作都为陈旸提供了材料。对陈旸影响尤巨的是他的哥哥陈祥道，据经、史中有关礼制的材料，采用文字加插图的体例，编成一部150卷的《礼书》，其中有15卷涉及典礼音乐。陈旸在《乐书》自序就说，曾得到他哥哥的鼓励。现取两书对照，观其体例规模，可知他希望能和《礼书》一样，成为一部广收博采的专科巨著。陈旸就是在这样的影响下写成200卷《乐书》的。

❶ 陈旸《进乐书表》称："闭孙敬之户余四十年，广姬公之书成二百卷。"

❷ 《乐书》陈岐跋后的林子冲题记称《乐书》进呈之后，"储之秘府，久而未彰"。

❸ 光绪重刊本文字脱落颇多，图亦多误，最不可据。

❹ 宋陈振孙《直斋书录解题》便因《乐书》收民间及外来音乐而诋其"芜秽"。

《乐书》的内容据陈旸自己的划分，

陈旸《乐书》内容简表

乐书（共二百卷）	训义（一至九十五卷）		礼记 周礼 仪礼 诗经 尚书 春秋 周易 孝经 论语 孟子	（经书解注）
	乐图论（九十六至二百卷）		（律吕）❹	（音律理论）
		雅部	五声八音 金 石	（乐器包括乐队）
		俗部	乐县（乐队）	
		雅部	土 革 竹 匏 木	
		胡部	金 石 土 革 丝 竹 匏 木	
		俗部	金 石 土 革 丝 竹 匏 木	
		雅部	歌	（声乐）
		胡部	歌	
		俗部	歌	
		雅部	舞	（舞蹈杂技）
		胡部	舞	
		俗部	舞	
		俗部	杂乐（杂技）	
			吉礼 凶礼 宾礼 军礼 喜礼	（典礼音乐包括乐队）

可分为两大部分：

1. 训义 卷1—95，仅有文字，摘录《礼记》等十种经书中有关音乐章节，逐条逐句加以解释。

2. 乐图论 卷96—200，有文有图，包括乐律理论、乐器、声乐、舞蹈杂技及典礼音乐。

乐图论中的乐器、声乐、舞蹈杂技等三项又各依雅部（庙堂的）、胡部（外族的）、俗部（民间的）来分，而雅、胡、俗三部的乐器又各依乐器的质地——金、石、土、革、丝、竹、匏、木八类来分，内容见左简表。

三

《乐书》是研究我国音乐的一部重要古籍，其重要性可分述如下：

1.内容丰富，体例分明

宋杨万里为《乐书》作序说："远自唐虞三代，近逮汉唐本朝，上自《六经》，下逮子史百氏，内自王制，外逮戎索，网罗散失，贯综烦悉。"说明了此书内容的渊博宏广，对当时所知的古今中外音乐资料，几乎无所不包。两千多年的中国音乐文化，到了此时，确实经陈旸作了一次总结。经统计，《乐书》篇章有1124条之多，这还远不能说明它的丰富内容，因为一条之中，往往包含许多音乐名词。精确的统计，要待为《乐书》编出详细索引才能得出。

尽管《乐书》内容丰富繁浩，由于陈旸采用了比较合理的分类方法，制定出有规律可循的体例，使后人在查阅使用时还是相当方便的。从前面的简表，我们也可以看出他如何把丰富的材料有系统地组织起来并加以分类。

2. 注意历史考证

陈旸对音乐的历史源流十分注意。《乐书》各条，不论长短，历史考证总是占主要地位。遇到材料较多的事物，他还将演变过程贯串地记载下来，使人能得到一个系统的概念。

3. 所收材料经过一定的调查研究

陈旸编撰《乐书》并不完全依靠前代典籍，或仅得自传闻，而是下了一定的调查研究工夫。例如《大铜鼓》条，他提到宫内秘阁所藏的实物。羯鼓、答腊鼓、鸡娄鼓、龙颈笛、小拍板、方响、大鼓、教坊鼓、颂箫、教坊箫、警严钲、桴鼓、交龙鼓等乐器，他提到当时在教坊（皇家歌舞班）和太常（掌管典礼音乐的机构）的使用情况。在当时民间最为流行的三杖鼓，即头鼓、䩑鼓、和鼓，他分别加以说明，并叙及各鼓的使用方法。觱篥一条还注明孔数及所能吹出的工尺谱字。

正因为他曾经实地观察，有一定的生活体验，所以有的记载是相当生动的。例如他叙述北宋时还流行的大曲歌舞：

至于优伶常舞大曲，惟一工独进，但以手袖为容，蹋足为节，其妙串者虽风旋鸟骞不逾其速矣。然大曲前缓叠不舞，至入破则羯鼓、震鼓、大鼓与丝竹

宋陈旸《乐书》书影（元刊木）

合作，句拍益急，舞者入场，投节制容，故有催拍歇拍之异，姿致俯仰，百态横出。是一段十分难得的描写古代乐舞的文字。

4. 不摒弃民间及外来音乐

如果陈旸只重视经书中的音乐文献及宫廷庙堂的雅乐，而对民间及外来音乐摒弃不谈，那末在古代的道学先生们看来，也许《乐书》的价值会更高❶。但对我们今天研究古代音乐来说，其价值就远逊了。唐代的音乐文化由于继承了前代的成果，又融化了外来的因素，出现了光辉灿烂的高峰。这个高峰，实际上就是民间音乐和外来音乐凝结成的高峰。陈旸撰写《乐书》，上距唐亡不过百余年，流传下来的唐代乐曲、歌舞以及乐器实物等他是可以听到看到的。尽管陈旸对民间和外来音乐有一些不正确看法，但他对这两方面的材料还是广事搜罗，写入《乐书》，约占全书篇幅的四分之一。应当肯定这是陈旸的巨大贡献。幸亏他这样做了，才给我们保存下来不少重要音乐资料。今天看来，《乐书》中关于民间（俗部）的和外来（胡部）的音乐材料，正是此书最有价值的部分。

5. 文字之外附有插图

据明刊本的《乐书》统计一下，共有插图540幅。这些图虽不工细，也未必画得很精确（有的可能因翻刻而失真），但绝大多数是有一定的依据的，到今天还大有参考价值。

陈旸《乐书》有上述种种优点，对后来的音乐巨著如明朱载堉的《乐律全书》、清代官修的《律吕正义》，都有一定的影响。

四

《乐书》当然有它的缺点。

我们感到最大的缺憾是陈旸没有把音乐的最主要的成分曲调记录下来。宋楼钥在《乐书正误后记》中便指出"求其所谓声者，终不可得"，已将这个缺点明确提出来。

陈旸的另一个突出的缺点是他有浓厚的复古思想。他在《乐书》中一再强调要废去"四清二变"。所谓废去"四清"就是只要一个八度以内的十二个半音，而将八度以上的四个半音去掉。以宋代乐制的编钟、编磬来说，每架十六具，如依陈旸的主张，只要十二具，这样就将音域限制在非常狭窄的范围内，大大减低了音乐的表达能力。废去"二变"就是只要宫、商、角、徵、羽，不要变宫、变徵，也就等于只要五声音阶，不要七声音阶。这种主张显然脱离了当时民间音乐实际，所以连后来偏于保守的《四库全书总目提要》都不能同意而加以批驳。陈旸的复古思想还表现在对民间及外来音乐的看法上。他在《序俗部》一条中说："俗部之乐，犹九流杂家者流，非朝廷所用之乐也。存之不为益，去之不为损。"竟将音乐的主流民间音乐看作可有可无的东西。《序胡部》一条中说："用华音变胡俗可也，以胡音乱华，如之何而可！"表明他反对吸收融化外来音乐的态度。这些观点当然是错误的。陈旸不可能脱离他的阶级立场和时代背景。宋儒的理学及陈祥道的《礼书》都对他有深刻影响。作乐和制礼一样，目的在巩固封建统治，为当时的政治服务，这正是陈旸复古思想的根源。

陈旸的写作态度也有不够审慎之处。引用前人文献，有时任意增减更改。制图也难免有以意为之的地方。《俗部》中的编磬，文字说明是："以西凉方响推之，一架用十六枚，则其编钟、编磬亦不过十六耳。"从语气可知他既未见过西凉编磬实物，也别无确切根据，但十六枚编磬图却画了出来。这里显然违反了调查研究的精神。

❶ 括弧中的字样为原书目录所无，是作者加的。

❷ 指 1732 年出版的德国华塞（J. G. Walther）编的《音乐辞典》。

五

不消说，以今天我们理想中的音乐百科全书来说，《乐书》是差得很远很远的。不过我们必须想到此书的写成距今已将九百年，岂能离开时代而过高地要求它！我们不妨看一看其他国家什么时候才有音乐辞典，并拿《乐书》和它们比一比。

外国的第一部音乐术语辞书是意大利人廷克多斯（Joannes Tinctories）编的，在 1495 年才出版，全书只有十五页。论时代它比《乐书》晚了四百年，论内容篇幅更无法相比。西洋最早的音乐百科全书，即将术语、音乐家传记及乐器等汇为一编的，要到 18 世纪 30 年代才出现❷。这样对比一下，应当将《乐书》看作我们祖先在音乐文化上的伟大创举和贡献，是值得我们骄傲自豪的一件事！

当前我国的音乐工作者正在致力于编纂音乐辞典和音乐百科全书。《乐书》是一份宝贵遗产，对我们有重要参考价值。取《乐书》各本校勘整理，加标点，编出索引，使它便于查阅使用，在这个基础上从《乐书》中摘取条目，编入我们的音乐辞典和百科全书，都是我们应当做而亟待做的工作。这样的工作对世界的音乐文化都是有意义的。

作于 1960 年，1981 年略有修改原载《音乐学丛刊》第三辑，1984 年 7 月文化艺术出版社

从汉代画像中所见到的一些古代乐器
和奏乐舞蹈的场面

王凤谨按：此稿所据底本为晒蓝本，现存中央音乐学院查阜西纪念室，封面有查先生手迹题签"王世襄撰　汉画像乐舞场面"。

原件图片缺失，今爰为补入附后（文中汉字数字序号），随文取所论及图像相关局部（文中阿拉伯数字序号），以备对观。画像绝大部分采自傅惜华《汉代画像全集》正续编（即文中"汉全初编"、"汉全二编"云者）。图一七、图二三日本帝室博物馆画像石，原出处无法查对，今托东京友人寻得照片补入。另图十九原文言系"钩摹"件，亦不存，今从《中国美术全集》取图。有关此幅

图1　山东汶县孙家村画像（局部）

画像，文中"又最近滕县城北龙阳店村出土的画像"云云，经查乃 1957 年中事，是可知本稿写作时间。

汉代的石刻画像，给我们保留了不少古代器物的形象和人民生活的写照，其中有许多是和音乐舞蹈有关的。现在将初步查阅到的材料略加整理，分别叙述如下：

甲、古代的乐器

汉代画像中所看到的乐器有以下各种：

（一）金之属

1. 钟　山东汶县孙家村画像　汉全二编八八（图1，图一）有钟一具，与两个磬同挂在一根横木之上，它的形式是上部小口径大，两栾❶不下垂，底口平正。钟的上端，穿绳悬挂的地方，拓片很模糊，但它与横木之间的距离很近，由这一点来看，钟的上端不像有甬❷。钟身有斜方格的网目形花纹。

2. 铎　《论语》："天将以夫子为木铎。"注："木铎，金口木舌。"唐兰《古

乐器小记》："自汉以下，铎之用甚广。有施于牛马者：著录甚多，晋荀勖以赵郡贾人牛铎定乐，即此类。有施于屋檐者：《古鉴》所著录檐铎是也。其制大率与钟同，唯较小；且钟上为甬，而铎为环状之纽耳。"所以铎是挂悬的小钟，其中有舌，由其本身的摇动与舌相击而发音。

高庙画像　汉全初编一七九（图2,图二）中的楹鼓顶盖，上面挂着飘带，飘带上系有铃铎，状与钟相同。由它悬系的情形来看，铃铎中间有舌，不是由人敲击而发音的。在形象大小的比例上，一定被画像的雕刻家所夸大，因为飘带上绝不可能悬系这样大的铃铎。（古代的石刻及绘画，为了表现图中的某一细部而将它的形象夸大是常有的事。）又肥县孝堂山画像其四　汉全初编一四（图3,图三）中车顶上的楹鼓，在鼓的两面之下，各悬一铎，两栾下垂，下口成弧形，铎身有弦纹两道。不过这一类鼓下的铎到底是由于中间有舌因行车时的簸动而发音，还是其中无舌，由打鼓人敲击而发音，不敢断言。倘若无舌的话，那么当名之为铎抑小钟，又值得考虑了。

（二）石之属

1. **磬**　画像中所见到的磬都是属于倨句之形（即外形有些像曲尺）的一类，但是它们的形状也不尽相同。

山东汶县孙家村画像（见图1）的两具磬，它的股与鼓长度大小相等，看上去，两端是对称的，并不像《周礼·考工记》所载的周代磬制❸，鼓的一端狭而长，股的一端阔而短。它的悬挂方法是与一个钟同挂在一根横木之上，高度约相当于人的头顶。

武氏祠的何馈程婴柳惠画像　汉全

图2　高庙画像（局部）

图3　肥县孝堂山画像其四（局部）

图4　何馈程婴柳惠画像（局部）

图5　嘉祥汉十石第四石（局部）

❶ 栾是钟口的两角，也就是钟口直径最长的两点，古代的钟往往在这处是下垂的。《律吕正义》："有两栾独垂者，有底口平正者。"

❷ 甬就是钟的柄。

❸《周礼·考工记》："磬氏为磬，倨句，一矩有半，其博为一，股为二，鼓为三；参分其股博，去其一以为鼓博；参分其鼓博，以其为之厚。"陈旸《乐书》及《律吕正义》都曾依其制制图，形如下（据《律吕正义》）：

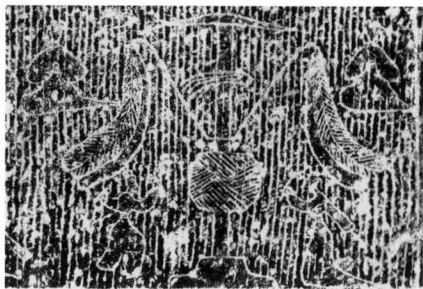

图6　滕县画像（局部）

图7　东安汉里画像其一（局部）

二编一九三（图4，图四）中所刻的磬，虽弯曲处没有锐角，近于弧形，两端阔狭也没有显著的差别，但股与鼓的长短是显然不同的，它的形式比较接近《考工记》所规定的制度。磬共九具，悬挂在一磬架上。磬架的构造是两根立柱上承一根横木，立柱下有墩子，为的是使架子牢稳不动，它已具备簨虡主要的结构。古代编磬，为数有十二、十四、十六诸制。九磬悬挂一架，尚未查出文献上的佐证。方以智《通雅》引《元命包》曰："舜民乐其绍尧之业，九磬之乐。"这个九磬是指乐曲而言，但也可能乐曲的命名是与乐器有连带关系的。

（三）革之属

从汉画像中我们可以知道古代鼓的种类是很多的，所见到的有以下几种：

1. 楹鼓　楹鼓即建鼓。按楹是屋柱，楹鼓即鼓腔中贯立柱的鼓。陈旸《乐书》所谓："鼓之制，始于伊耆氏少昊氏，夏后氏加四足谓之足鼓，商人贯之以柱，谓之楹鼓。"

楹鼓是画像中最常见的题材，就手边现有的材料，已查阅到十余幅之多。现在不妨以嘉祥汉十石的第四石　汉全初编一八六（图5，图五）作为一个典型的例子：鼓横置，鼓腔中部穿立柱，柱上端高过人头，在顶巅又安一小横木。立柱下端插在兽形座子的兽背上。鼓腔之上在立柱两旁，又斜出木棍两根，上端有屈颈，略似手杖形。这一类的鼓有的上覆圆顶，像车盖，所以两根斜出的木棍，在结构上有承受顶盖重量及悬挂装饰品的作用。《礼·明堂位》注所谓虡之角（见后）即指木棍屈颈处而言。

楹鼓：架的装饰，有不同的样式。滕县画像　汉全初编一〇三（图6，图六）中的楹鼓，下面的座子不作兽形，而是墩台的形式。立柱两旁的斜棍上端，悬挂羽毛状物，共四条。《礼·明堂位》："夏后氏之龙簨虡，殷之崇牙，周之璧翣。"注："簨虡所以悬钟磬，周人又画缯为翣，戴以璧，垂五采羽于其下，树于簨角上，余弥多也。"陈旸《乐书》卷一百二十四中有图。璧翣，就是挂在鼓磬等架子横木两端的缨络穗子，与图6中所见的，大体上是相同的。

东安汉里画像其一　汉全初编五七（图7，图七）中的楹鼓，鼓上立柱的顶巅像一个如意头，两旁弯出两横木，像龙蛇的头项，高高昂起，右边一个从口际吐出两条蛇来，左边的一个，也吐出三条小蛇来。蛇头上刻着小圆圈，代表眼睛，身上还有鳞。这种形象与历来簨虡的装饰也有关系。陈旸《乐书》卷一百二十四《簨虡论·上》称："笋则横之，设以崇牙，其形高以峻，虡则植之，设之以业，其形直以举。"又说："钟磬之笋，皆饰以鳞属。"上述画像中的鼓架横木——笋，像龙蛇的头项，正是所谓"饰以鳞属"。

高庙画像（图二）中的楹鼓，鼓座不作兽形或墩台形，而还保留了夏后氏鼓足的形制。鼓上覆方形的顶盖，由横直及斜木交搭而成，上脊左右两角，系着飘带。鼓腔上垂挂着圆形物，飘带上悬系着铃铎。陈旸《乐书》卷一百十六《建鼓》节中称："圣朝（指宋代）因之，其制高六尺六寸，中植以柱，设重斗方盖，蒙以珠网，张以绛紫绣罗，四角有六龙竿，皆衔流苏璧。"《续文献通考》称："元树鼓制，为重斗方盖，缭以彩绘，四角有竿，如岳璧窦流苏。"高庙画像中的楹鼓，可以看出是宋元鼓制的前身。

由以上画像所示，再与文献相印证，我们可以对古代鼓架的形式，以及如何演变为后代簨虡上的装饰，得到一个概念。

2. 车上的楹鼓　马车车厢的正中，树一立柱，穿过车篷，上面再设鼓，鼓上覆以有龙头的顶盖。这种安在车厢立柱上面的鼓，论其形制，实即楹鼓。肥县孝堂山画像其四（图8，图三）有鼓车一乘，刻得很精细，连鼓腔上类似云物的花纹和鼓面以下悬挂的铎都表现得很清楚。

3. 船中的楹鼓　滕县画像　汉全二编六六（图9，图八）中有鼓船。鼓的安置法是船舱中设立柱，上连船篷，下连船底，鼓穿在柱子的中部，所以就它的构造而言，仍属于楹鼓一类。

4. 兽鼓　这是一个杜撰的名词，指

图8　肥县孝堂山画像其四（局部）

图9　滕县画像（局部）

双人骑在兽背敲打的那一种鼓而言。画像中虽常见这个题材，如戴氏享堂画像汉全初编二三二（图10，图九）、两城山画像其一　汉全初编二九（图11，图一〇）、两城山画像其十三　汉全二编二〇（图12，图一一）、山东画像　汉全初编二五三（图13，图一二）等石皆是，但在古代文献中尚未找到它的记载。

以上四幅画像所表现的兽鼓有它们的共同之点，即打鼓人都骑在兽背上鼓击，两兽只有一个共同的头，正当鼓下，鼓与兽头是相连属的。从两兽的位置来看，它们不仅是形成了鼓的架子，同时也给打鼓人设备了座位。四石除两城山画像其十三（见图12）因画幅很矮，限于局势外，鼓上都有很高的立柱，上端飘绕着鸟首羽身的璧窦。这一种鼓既有

517

图 10　戴氏享堂画像（局部）

图 11　两城山画像其一（局部）

图 12　两城山画像其十三（局部）

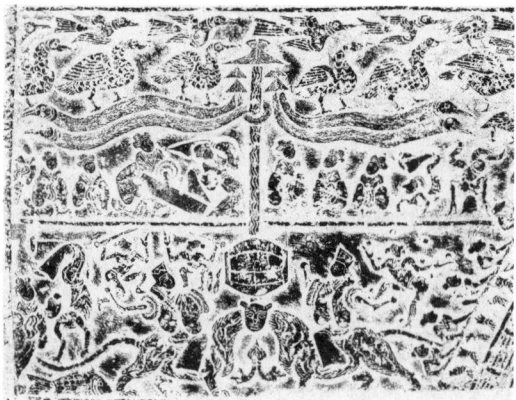

图 13　山东画像（局部）

图14　泰安画像其二（局部）

图15　吴王与齐桓公画像（局部）

图16　孝堂山画像其一（局部）

图17　孝堂山画像其一（局部）

立柱穿贯鼓中，也是属于楹鼓的系统。鼓下用两只大兽来作座子，当是从楹鼓下面的兽座发展而成的，所以这一种兽鼓应该与楹鼓有着渊源的关系。

四幅画像有三幅的鼓用云纹来装饰鼓身，只有山东画像（见图13）在鼓腔上横着刻画了三条弧线，这说明了鼓腔是用木板拼成的。还有两城山画像其十三（见图12）鼓下与兽头相连属的地方，刻两个蹲坐的小兽，有些像猴子，形象很简练生动。这不仅在实用上加强了鼓与座子的连系作用，也表现了古代人民雕刻装饰的艺术。

5. 悬鼓　泰安画像其二　汉全二编二（图14，图一三）有悬鼓，挂在屋檐之下。看它悬挂的方法并非用绳索系结，而是用一根立木，上与屋檐、下与鼓腔相连属的。这种挂法可以使鼓稳定，不致旋转。鼓面上有回旋的花纹，同时鼓腔上的鼓钉也明显地刻出。《诗经·有瞽》"应田悬鼓"，《礼·明堂位》："夏后氏之鼓足，殷楹鼓，周悬鼓。"注："悬，悬于簨虡也。"陈旸《乐书》："周人悬而击之，谓之悬鼓"，并附有带簨虡的图。这幅画像中的鼓，虽不挂在簨虡之上，但确是悬空敲打的。

6. 鞞鼓　画像中常见平置在地面敲打的小鼓。有的与其他乐器合奏，如吴王与齐桓公画像　汉全初编二三三（图15，图一四）；有的置在楹鼓之旁，如孝堂山画像其一　汉全初编四、五（图16、图17，图一五、图一六）。《诗经·有瞽》有"应田悬鼓"句，注称："应小鞞也，田大鼓也。"又称："田堂作棟，棟小鼓在大鼓旁，应鞞之属也。"近人闻一多认为鞞是小鼓类的总名。所以现在称这一类小鼓为鞞鼓，或不致大误。

图18 山东汶县孙家村画像（局部）

图19 日本帝室博物馆第二石（局部）

图20 南武阳东阙功曹画像（局部）

图21 龙阳店村画像（局部）

图22 武氏左石室第三石画像（局部）

鞞鼓在一般的画像中都在鼓腔上刻弧线两条，表现钉革的痕迹。由这点来看，它是上下两面都蒙皮革，并不因平置地面而下面便不蒙革了。

7. 鼗鼓 《诗经·有瞽》："鼗磬柷圉"，注"鼗如鼓而小，有柄两耳，持其柄而摇之，则旁耳还自击"。这实在与现在儿童所玩的拨浪鼓和北京卖布贩所用的大鼗小鼗❶是同类的乐器。画像中如汶县孙家村画像（图18，图一）、日本帝室博物馆第二石东美册一三图一二雕塑图二四九（图19，图一七）、南武阳东阙功曹画像（汉全初编二一一图20，图一八）等石都有这种鼓，它们的形象也全似，中间的小图形部分是鼓，两旁有两耳作♈形，下面有柄，猛看上去，好像手中举

着一把榔头。又最近滕县城北龙阳店村出土的画像（图21，图一九）中也有鼗鼓，形象与前者略有不同，鼓的两耳是用绳索系着两个小球，球的重量下坠，所以两耳是垂着的。

这两种不同的表现方法可能是由于鼓的构造不同，前者的鼓也许用皮革之类的东西做耳，所以即使鼓不摇动也不会下垂的；或者是由于表现鼓所处的状态不同，前者的鼓正在摇动的状态中，两耳因离心力而向外直伸，后者鼓在静止的状态中，所以两耳就下垂了。

8. 般鼓 根据后汉傅毅的《舞赋》和唐李善的注，我们知道平置地上，人在上面跳舞的鼓，名叫般鼓。（详后）它的形状，与前面所说到的鞞鼓没有什

么差别（般舞、鞞舞古人往往认为是一事）❷，也是两面蒙皮革的。依汉张衡的《七盘舞赋》"历七盘而屣蹑"，王粲《七释》的"七盘陈于广庭"，般鼓之数，应当有七个，但在画像中最多只在武氏左石室第三石画像 汉全二编一五二（图22，图二〇）中看到有五个。

（四）弦之属

1. 琴 琴是画像中常见的乐器，现在试就嘉祥汉十石的第四石（图23，图五）、武荣祠第十四石 汉全二编一八七（图24，图二一）、吴王与齐桓公画像（图25，图一四）、滕县画像 汉全二编八〇（图26，图二二）、武氏左石室第三石（图27，图二〇）、日本帝室博物馆画像石 东美册一三图一〇雕塑二六九（图28，图二三）、汶县孙家村画像（图29，图一）等幅中的琴作为例子来说一说。

以上各画像中的琴，首尾两头是齐的，宽窄也相等，岳山每头各有一个［日本帝室博物馆第二石（图30，图一七）的琴两头都无岳山，恐是被雕刻家简略了去］，着地置放的一头，额上有三个圆圈（以24、28两图比较看得清楚），想是绕弦或调弦用的设备。琴面看不见有徽，弦路上也没有柱的痕迹。

各幅画像中琴的弦数也不一致。图23的琴有弦八根，图27的琴似乎是七根弦，图29、图26、图28的琴有弦六根，图24的琴有弦五根，不知这是出于雕刻家的随意增减，还是当时果有不同弦数的琴。同时各幅中的琴有的放在弹者的右边，有的放在弹者的左边，也许这是由于雕刻家为了布局的关系而有此不同的处理，但在一件乐器尚未发展到定型的时候，它的制作也许会随着演奏人的习惯而有所变易。

总之画像中的琴，无论是从制作上来说，或从演奏方法上来说，我们都不

❶ 北京早年街巷的布贩，都用大饕小饕以代替吆喝，见齐如山《故都市乐》图。

❷ 傅毅《舞赋》唐李善注："般鼓之舞，载籍无文，以诸赋言之，似舞人更递蹈而为舞节。"《宋书·乐志》："鞞舞未详所起，然汉代而施于燕享矣，傅毅张衡两赋，皆其事也。"二书所谓的般舞鞞舞，是指同一事物。

图23 嘉祥汉十石第四石（局部）

图24 武荣祠第十四石画像（局部）

图25 吴王与齐桓公画像（局部）

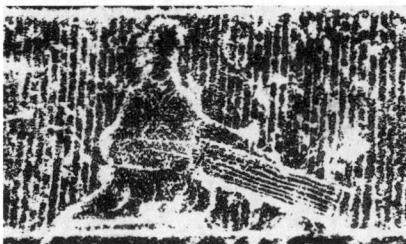

图26 滕县画像（局部）

图27 武氏左石室第三石画像（局部）

图28 日本帝室博物馆画像石（局部）

图 29　山东汶县孙家村画像（局部）

图 30　日本帝室博物馆第二石（局部）

图 31　山东汶县孙家村画像（局部）

小竹管为之。"《通礼义纂》称："伏羲作箫，十六管。"《风俗通》称："舜作箫，其形参差，以象凤翼，十管，其长尺二寸。"《朱子语录》称："云箫方是古之箫，云箫者，排箫也。"从以上记载中可以知道古代的箫是多根竹管排比而成的，不是后代一根竹管的箫。汉王褒《洞箫赋》有"邻菌缭纠，罗鳞捷猎"语。李善注："言箫之形也。邻菌缭纠，相着貌，如罗鱼鳞布列也，捷猎，参差也。"也说的是多根竹管的箫。现在查阅汉画像，有不少石刻有这一种的箫，比较清楚的是日本帝室博物馆第二石（见图 19），和汶县孙家村画像（图 31，图一）两图。其中的箫是九管排在一起，尺寸由长而短，一一递减，所以形式确实很像鸟翼。各管发音当由其长度的差别而有高低的不同。吹箫的人只须用一手握箫（多半是右手），因为另一手时常是拿着鼗鼓的。

2. 篴　画像中有一根竹管竖吹的乐器，与后代的箫形式非常相似。根据文献记载，当称之为篴。（按篴为笛的古字，音义并同。❶）后汉马融《笛赋》称："剡其上孔通洞之，裁以当枓便易持。易京君明识音律，故本四孔加以一。君明所加孔后出，是谓商声五音毕。"李善注称："笛七孔，长一尺四寸，今人长笛是也。"宋沈括认为马融所赋的笛像尺八，李善所注，不甚恰当："后汉马融所赋长笛，空洞无底，剡其上孔五孔，一孔出其背，正似今之尺八。李善为之注云：'七孔长一尺四寸'，此乃今之横笛耳，太常鼓吹部中谓之横吹，非融之所赋者。"（见《梦溪笔谈》卷五）再查尺八，陈旸《乐书》称："箫管之制，六孔，旁一孔加竹膜焉，具黄钟一均声，或谓之尺八管，或谓之竖篴，或谓之中管，尺八其长数

能认为它与晋唐以来安有十三个徽、额与焦尾有显著差别的七弦琴是同一乐器。倘称之为瑟，倒与长沙近年出土的楚瑟形式比较接近，但弦数又差得太多（楚瑟二十三弦），阔狭比例上也过窄。所以汉代的琴如何发展成为晋唐以来的七弦琴，在演变过程中，中间还有一段空白，待我们考察研究，将它衔接起来。

❶ 朱载堉《律吕精义》："笛与篴，意义并同。古文作篴，今文作笛。"

（五）竹之属

1. 箫　《诗经·有瞽》注："箫，编

也。"所以我们可以肯定尺八是竖吹的乐器，沈括称马融所赋的笛"正似今之尺八"，那么当然是竖吹的了。

武氏左石室第三石（图32，图二○），武荣祠第十四石（图33，图二一），日本帝室博物馆画像石（图34，图二三）等画像中都有篴，两手按撮的方法是一手在上，一手在下，可惜石刻的传写并不是精细到能将篴的孔数和手指在前在后表现出来。

3. 篴　《诗经·小雅·何人斯》："仲氏吹篴。"注："竹曰篴，长尺四寸，围三寸，七孔，一孔上出，径三分，横吹之。"陈旸《乐书》："篴之为器，有底之笛也。……大者尺有四寸……小者尺有二寸……要皆有翘以通气，一孔上达寸有二分而横吹之。"《律吕正义》："出孔有翘者名篴，无翘者即笛，二器盖相似。"南武阳东阙功曹画像（图35，图一八）有一奏乐人吹横管，用两手撮按，它的长度约相当于人面宽度的两倍，管上有无高出的翘，在画像上虽不能看出，但当时的篴既是竖吹的，这种横吹的管当是篴一类的乐器。

4. 管　汶县孙家村画像（图36，图一）和日本帝室博物馆画像石（图37，图二三）都有一个人侧着身吹一根竖管，它的尺寸比篴短而粗，口吹处口径较小，另一端较大，稍具喇叭的形式。它身上有纹路，作▨形。《月令》注："管如篴而小。"

图32　武氏左石室第三石画像（局部）

图33　武荣祠第十四石画像（局部）

图34　日本帝室博物馆画像石（局部）

图35　南武阳东阙功曹画像（局部）

图36　山东汶县孙家村画像（局部）

图37　日本帝室博物馆画像石（局部）

图38　日本帝室博物馆第二石（局部）

图39　嘉祥汉十石第四石（局部）

图40　日本帝室博物馆画像石（局部）　　图41　山东画像（局部）　　图42　戴氏享堂画像（局部）　　图43　两城山画像其一（局部）

古代的篪是竖吹的，这种竖吹而比篷短的乐器，可能就是管。

（六）匏之属

1. 笙　古代笙类的乐器，我们从文献中知道有笙、巢笙、和笙、大竽、小竽等等，管数也很不一致。画像中所见到的有以下几种：A. 笙斗很小，笙管细长，可以看到四根管子（这仅是笙的一面，全笙的管子当然不止此数），它的排比是吹者面前的三根，一根比一根长，第四又是短的，如下图。见日本帝室博物馆第二石（图38，图一七），嘉祥汉十石第四石（图39，图五）等画像。B. 笙斗和笙管都较粗，可以看见三根管子，其中最靠外的一根折回来形成一个锐角，如下形。见日本帝室博物馆画像石（图40，图二三）。C. 笙斗与前两种并无大异，有管四根，中间两根特别长而且上端折屈，较短的两根上端也微屈，如下形。见山东画像　汉全二编二四八（图41，图二四）。D. 笙斗上只一根粗管，分作三节，如下形。见戴氏享堂画像（图42，图九）、两城山画像其一（图43，图一〇）等画像。以上各种不同形象的乐器，究竟何为笙，何为竽，它们的正确名称是什么，有什么不同之处，尚待进一步的考证。

❶《论语》卷七《宪问·第十四》："子击磬于卫，有荷蒉而过孔氏之门者。曰：'有心哉，击磬乎！'既而曰：'鄙哉，硁硁乎，莫己知也！斯已而已矣，深则厉，浅则揭。'子曰：'果哉，末之难矣！'"

乙、奏乐的场面

画像中的奏乐场面可以分作一种乐器的独奏和一种以上的乐器合奏两方面来说。一种乐器的独奏有：

（一）击磬

武氏祠的何馈程婴柳惠画像（图四），题材采取孔子击磬于卫的故事❶。石刻屋宇一间，中坐两人，面前置磬一架。架右一人，榜题"孔子"二字。他跪在地上，面向左方，背靠屋柱，手持一梃作击磬状，架下还蜷伏两人，似向孔子膜拜。孔子身后屋檐下，一人拱手立。屋左两人，一人在屋檐下，另一人身材较高大，手捧一碗状物，榜题"何馈"两字。最左侧尚有题字一榜，系题左方已经断失了的画像，与此无涉。从这幅画像中我们看到奏乐人跪着击磬的姿势，同时还可以看出磬架在堂中置放的位置。不过堂内所坐两人是否在听磬，磬架下两人为什么要膜拜，尚待考。

（二）单人打楹鼓

一般的楹鼓都是两个人打的，并且旁边多半有舞人或其他乐器合奏。但宏道院画像其三　汉全初编八九（图44，图

二五）和泰安画像其三　汉全二编四（图
45，图二六）都仅一人打鼓。（图44打鼓
人似用单槌，图45打鼓人用双槌。）鼓
的位置都在画像的最左端，右方是车马
行列，并有人躬身揖拜作迎迓状，想这
一种楹鼓的敲击，可能是迎接宾客时的
礼乐。

（三）单人打悬鼓

　　泰安画像（图一三）中的悬鼓由一
人握双槌敲打，鼓的位置也在画像左端，
右方是车马行列和躬身迎迓的人。这种
悬鼓当与单人打的楹鼓相似，也是迎接
宾客时用的。

（四）鼓船

　　鼓船中的楹鼓，由两人握双槌敲击。
船上除摇橹人外，还有两人，背鼓而坐，
并不在奏乐。见滕县画像（图八）。关于
鼓船的文献尚待查。

　　一种以上的乐器的合奏场面有：

（一）楹鼓箫合奏

　　高庙画像（图二）中的楹鼓，鼓的
下方两旁各坐三人。左边的三人是否在
奏乐或拍掌未能详辨（其中一人似在打
鞞鼓），左方的三个人则在吹箫。由鼓

图44　宏道院画像其
三（局部）

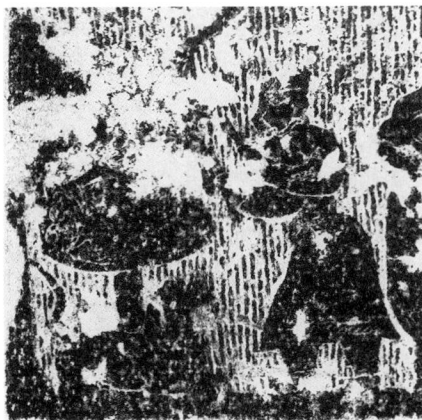

图45　泰安画像其三
（局部）

图46　武荣祠第十四石画像（局部）

图47　吴王与齐桓公画像（局部）

车中有吹箫人来看（详后），古代的鼓和箫是可以合奏的。

（二）鼓车的鼓箫合奏

肥县孝堂山画像（见图8），车篷之上设楬鼓，两个人站在车篷上敲击，姿态很优美，富有舞意。车内坐四人都在吹箫。鼓面之下，悬挂两个铎。本文前面曾提到不知这种铎其中是否有舌，假如没有的话，那么两个铎也由打鼓人的敲击而发音，鼓车的乐曲便是由鼓、箫、铎三种乐器合奏而成的了。但即使有舌，两铎由车的簸动而发音，乐曲之中，也会有铎的自然节奏加进去的。

这辆鼓车，用两匹马拉曳，它在画像中的位置正处在两列骑马人之后，四匹马的主车之前，所以它是一辆前导的乐车。鼓车见于古代文献。《后汉书·循吏传》："建武十三年异国有献名马者，诏以马驾鼓车。"但一时尚未查到更详细的记载，不知汉光武帝所诏驾的鼓车，是否即孝堂山画像中所描绘的那一种。

（三）琴篪合奏

武荣祠第十四石（图46，图二一）画像左半上层自右而左（此后叙述画像中人物，次第一律自右而左，不再注明），第一人弹琴，上半身已残缺，第二人手扶琴，第三人拍掌，第四人吹篪。拍掌人不知口中是否在歌唱，但其掌声当与乐曲的节奏合拍。

（四）琴、鞞鼓合奏

琴与鞞鼓的合奏，见到有两例，吴王与齐桓公画像（图47，图一四）及滕县画像（图48，图二二）。两幅各有弹琴者一人，击鼓者二人，拍掌者二人。但两石的左方都好像已经断缺，不知原来是否还有其他人物。

（五）琴、笙、箫、鼗鼓、钟、磬、管等乐器的合奏

汶县孙家村画像（图49，图一）是一个多种乐器合奏的场面。共九人，他们平列一行，第一人拍掌，第二人弹琴，第三人吹笙，第四、第五两人均右手持箫、

图48　滕县画像（局部）

图49　山东汶县孙家村画像（局部）

图 50　滕县画像（局部）

图 52　宏道院画像其五（局部）

图 51　两城山画像其四（局部）

左手播鼗鼓，第六、第七两人各手持两梃，敲击挂在横木上的两具磬和一口钟，第八人骑跨一竿，好像儿童玩的竹马，向右行而左顾，第九人跪，吹一件管一类的乐器，计乐器有六种，共十件。其中的吹笙、吹管人都是侧面像，可能是为了便于表现乐器的形象才这样刻法，因为正面的吹笙、吹管人是不容易传写的。

丙、舞蹈的场面

画像中的舞蹈，依它的内容来说，约可分为四类，即：（一）长袖舞。舞人的服装，不仅袖子特别长，并着拖曳到地的长裾。舞姿多半是以甩摆袖子来取势的。（二）百戏舞。百戏包括各种耍把戏的人，如掷丸、倒立（即两手按地，脚朝天）、竿戏、对刀等等。（三）杂舞。指一幅画像之中有长袖舞，同时还有一种或一种以上的百戏舞。（四）般鼓舞。地面摆鼓，人在上面跳舞。

（一）长袖舞

1. 琴伴奏的长袖舞　这是画像中常见的题材，如滕县画像　汉全初编一〇〇（图50，图二七），右方一人弹琴，左方一长袖人作舞姿。两城山画像其四三二（图51，图二八）下层最左侧一人弹琴，两长袖舞人，一人伸臂仰面向后弯腰，一人舒臂作回旋的舞姿。右方一列八人在观舞。陈旸《乐书》卷一百八十三《琴舞》一节中称："古人之歌舞，未尝不以琴也。"由汉代画像来看，琴在当时，应当是跳舞所用最主要的一种乐器。

2. 琴笙伴奏的长袖舞　济南山东省立图书馆所藏宏道院画像其五　汉全初编九二（图52，图二九）屋宇的第三层，正中两人对面各弹一琴，长袖舞人恰好夹在中间。右方弹琴人的身后三个人各吹一笙。（左方弹琴人身后还有两人，是否在奏乐，看不清楚。）

3. 楹鼓伴奏的长袖舞　东安汉里画像（图53，图七）。中间两人打楹鼓，稍左一长袖舞人举臂跷足作向前跃进的舞姿（这人并未着长裾，可以算是一个例外）。更左两人，一盘腿坐，一跪，好像在用手掩着耳朵，并不在奏乐。

（二）百戏舞

1. 楹鼓、琴、笙、箫、鼗鼓伴奏的百戏舞　日本帝室博物馆第二石（图

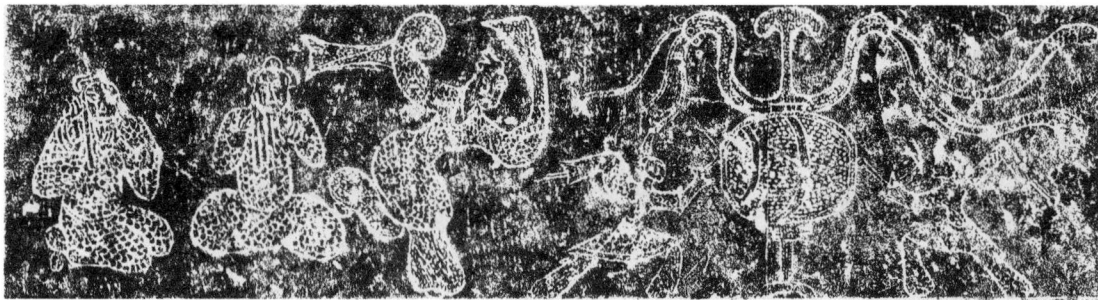

图 53　东安汉里画像其一（局部）

图 54　孝堂山画像其一（局部）

一七），画像三层，上两层是舞乐之景。上层第一人吹笙，第二人吹箫，左手播鼗鼓，第三人拍掌，第四人弹琴，第五人袖手坐。中层两人打楹鼓，右侧舞人一，倒立，两脚朝天。

2. 楹鼓、琴、笙伴奏的百戏舞　嘉祥汉十石的第四石（图五），画像分两层。上层三人，第一人吹笙，第二人拍掌，第三人弹琴。下层正中两人打楹鼓，两旁舞人各一，右边一人作掷丸之戏，左边一人倒立。

3. 楹鼓、箫、鼗鼓、应鞞伴奏的百戏舞　孝堂山画像第一石（图54，图一五、图一六），右侧刻出一座有台阶的高台，上面坐着一个主像，身材硕大，他面对着台前的广场。场上有一人掷丸，空中有七个弹丸。稍左一丁字形长竿，上面有三个人作倒悬、倒立、一手攀悬等戏。更左有两人打楹鼓，楹鼓的左右，有打应鞞、吹箫、播鼗鼓等奏乐人。这幅画像将观舞者和舞乐表演者之间的情神表示得比较好，同时场面的安排也非常合理，

使人相信这是写实比较忠实的一件石刻。

（三）杂舞

1. 琴、笙、箫、鼗鼓、篪伴奏的杂舞　南武阳东阙功曹画像（图55，图一八）最下层舞乐的场面奏乐者四人。第一人吹笙，第二人吹箫，右手播鼗鼓，第三人弹琴，第四人吹篪。舞者二人在最左侧。第一个是长袖舞人，右臂高举，手持一棒状物。第二舞人倒立，一足朝天，一足微屈。这两个舞人虽然靠得很近，但舞的性质不同，可能是雕刻家将两个节目刻在一个场面上了。

2. 楹鼓、琴、笙、箫、鼗鼓、管、篷等伴奏的杂舞　山东画像　汉全初编二六三（图三〇），画像三层，上层奏乐人一列，前三人拍掌，第四人弹琴，第五人拍掌，第六人吹箫、播鼗鼓，第七、八两人漫漶不能辨。中层两人打楹鼓，在画像左半。鼓上方奏乐人五，一吹篷，一吹笙，一吹管，余二人难辨。右半两

528

图 55 南武阳东阙功曹画像（局部）

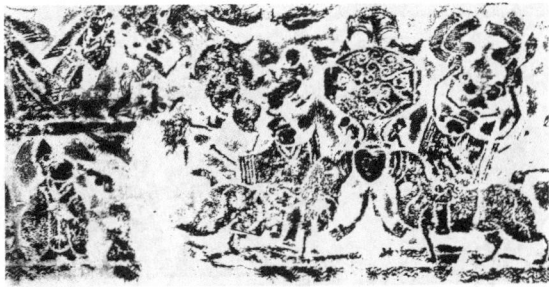

图 56 两城山画像其十三（局部）

长袖舞人，一人曳长裾，正面立，右臂高举，一人短衣，脚下踏一球形物。这两舞人之右及上方还有舞人四，作倒立、仰面翻筋斗等姿势，可能与长袖舞人不是同一个舞蹈节目。

3.兽鼓及他种乐器伴奏的杂舞

本文前面所说到的四幅骑兽人打鼓画像中，都有长袖舞和百戏舞掺杂在一起，并且兽鼓之外还有他种乐器伴奏。戴氏享堂画像（见图10），兽的右方有吹篪、吹笙等奏乐人三，兽左也有一人奏乐，但乐器看不清楚。右边一个骑兽人的右上侧有长袖舞人，从形象上可以断言是女子，更右一男子作掷丸之戏。两城山画像其一（见图11）在两个骑兽人的两旁上下四角，都有长袖舞人。此外骑兽人的左右，横着截成上下两层，下层有吹笙等奏乐人，上层有倒立、刀盾对舞、掷丸等百戏舞人。两城山画像其十三（图56，图一一），兽左右有三人奏乐，其中一吹篪人表现得很清楚。右边一个骑兽人的上部有两人倒立，左边骑兽人的左上方有掷丸人及长袖舞人。山东画像（见图13）右边一兽的兽尾之上有人掷丸，左边一兽的兽尾上有人倒立。稍上鼓柱之左有弹琴人及长袖舞人。

从以上四幅画像中我们可以明显地看出这是一种被雕刻家图案化了的题材。

图 57 武荣祠第七石（局部）

图 58 聊城画像其三（局部）

画面分布得很匀称，人物的位置和姿态，都服从了雕刻家图案布局的需要。论它的写实价值，当然抵不上孝堂山画像（见图54）。所以我们只能相信当时有各种不同的舞蹈被雕刻家搬来写入一幅画中，而不可能会有像画像所表现的那种场面。

（四）般鼓舞

画像中在鼓上跳舞的题材，见到有五幅：

1.武荣祠第七石　汉全二编一七七（图57，图三一），画像第二层右端地上平置三鼓，第一人两手各按一鼓，倒立起来，

图 59　武氏左石室第三石画像（局部）

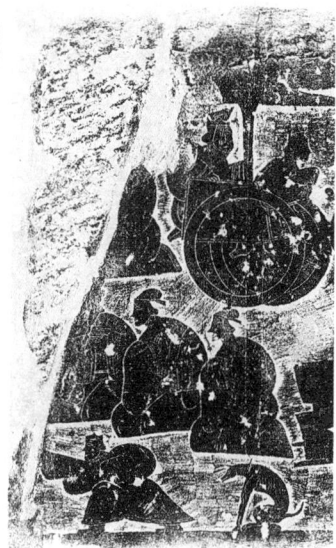

图 60　日本帝室博物馆画像石、隋家庄关庙画像（局部并置）

两脚朝天。第二人左足踏鼓，右足举起，甩动长袖，作舞态。稍左是宴享之景，无奏乐人。

2. 聊城画像其三　汉全二编二二五（图58，图三二），画像两端都伤损，存五人。第一人手握两槌打鼓，第二人站在地上，甩袖作舞态，第三人脚踏两鼓回身顾第四人，第四人两手各按一鼓，倒立，两脚朝天，第五人残缺，只见头部和一手，无奏乐人。

3. 武氏左石室第三石（图59，图二〇），左半最上层有鼓舞人三，地上平置鼓五具。中间一人在鼓上仰面作滚舞的姿态，他的左手按着第一个鼓（自右而左，下同），右手举起，左腿膝部跪在第二个鼓上，足尖抵着第三个鼓，右腿膝部跪在第四个鼓上。右边的一个人，一腿跪在地上，右手指着中间的舞人，左手握鼓槌，好像等待中间舞人的手一离开鼓就要敲击似的。左边一人，左足踏在鼓上（第五个鼓），右腿膝部跪在同一个鼓的鼓沿上，右手也指着中间的舞人，左臂伸直，手中握着鼓槌。舞人之右有奏乐人。第一、二两人拍掌，第三人弹琴，第四人手作要扶琴的样子，第五人吹篪，第六人吹箫。

4.隋家庄关庙画像石，断为两半，左半流往日本，在帝室博物馆（图二三），右半 汉全初编一八九（图三三），现藏济南山东省立图书馆。这石的断处，正将鼓舞和奏乐的画面，中间分裂。（图60，图二三、图三三）将两半拼合起来，可以看见地面平置两鼓，一舞人左足踏在第一个鼓上，右足抬起将要落在第二个鼓上，右臂高举，甩着长袖，扬过头顶，左手拉着一人，他的左足和臀部着地，好像不肯走上鼓来，而在鼓上的人一定要拉他上来似的。这两人之右，还有一人，右臂伸直，向左指着上述的两个舞人。在舞人上方的左右有弹琴、吹箫、吹管、吹笙等奏乐人。更上方另有一鼓平置地面，鼓右三人，其中两人手中各持一槌作敲打状，鼓下有一人蜷伏，鼓左有一人作跑的姿态。这一组人物与下边的鼓舞是否一事，不敢断定。

5.山东画像（图二四）舞乐共十一人。（此石左端断损，当时全石，可能不止此人数。）右边八人都在奏乐，乐器有笙、管、箫、鼗鼓等，可惜拓片不甚清楚，未能详辨。第九人两足踏在鼓上，双臂扬起，长袖作舞态，第十及第十一两人也在跳舞，但形象残缺不全。这幅画像，奏乐人的神情完全贯注在鼓舞人的身上，表现出一幅很完整的场面。

上列的五幅画像，刻绘鼓舞，有的带奏乐，有的没有。但从鼓旁有人握槌敲打来看，鼓舞本身（包括舞者的手足肘膝与鼓的接触）一定也有它的节奏。同时五幅的舞人，姿态各有不同，所以鼓舞的姿势变化，也一定是很丰富的。

关于鼓舞，古代有不少的文献（见后引文李善注），最重要的就是傅毅的《舞赋》。这篇赋对于般鼓舞有极细腻的描写。文字与画像互相印证，使我们对于鼓舞能明了得更多一些。后面便是节录赋中的一段。李善的注，有足以解释般鼓舞具体内容的，也经录出。

于是蹑节鼓陈，舒意自广，言舞人蹑鼓以为节，此鼓既陈，故志意舒广。游心无垠，远思长想。其始兴也，若俯若仰，若来若往，雍容惆怅，不可为象。其少进也，若翔若行，若竦若倾，兀动赴度，指顾应声。兀然而动赴其节度，手指目顾，皆应声曲。罗衣从风，长袖交横，骆驿飞散，飒擖合并。鶣鷅燕居，拉㧙鹄惊，绰约闲靡，机迅体轻。姿绝伦之妙态，怀悫素之絜清。修仪操以显志兮，独驰思乎杳冥。在山峨峨，在水汤汤，与志迁化，容不虚生。明诗表指，喷息激昂，气若浮云，志若秋霜，观者增叹，诸工莫当。

于是合场递进，按次而俟。递迭也，俟待也，言待次第而出也。埒材角妙，夸容乃理。轶态横出，瑰姿谲起。眄般鼓则腾清眸，吐哇咬则发皓齿。般鼓之舞，载籍无文。以诸赋言之，似舞人更递蹈之而为舞节。古新成《安乐宫辞》曰："般鼓钟声，尽为铿锵。"张衡《七盘舞赋》曰："历七盘而屣蹑。"又曰："般鼓焕以骈罗。"王粲《七释》曰："七盘陈于广庭，畴人俨其齐俟。揄皓袖以振策，竦并足而轩跱。邪睨鼓下，伉音赴节，安翘足以徐击，驭头身而倾折。"卞兰《许昌宫赋》曰："振华足以却蹈，若将绝而复连，鼓震动而不乱，足相续而不并，婉转鼓侧，蜿蛇丹庭，与七盘其递奏，觊轻捷之翾翾。"义并同也。摘齐行列，经营切儗，仿佛神动，回翔竦峙，击不致笑，蹈不顿趾，蹈鼓而足趾不顿，言轻且疾也。翼尔悠往，闉复辄已。及至回身还入，迫于急节，浮腾累跪，跗蹋摩跌。言舞者之容也。浮腾，跳跃也。累跪，进跪貌。跗蹋摩跌，或反足跗以象蹈，或以足摩地而扬跌也。纤形赴

❶按：筴通策，或系鼓舞人手中所拿类似竹简或鼓槌的东西，舞时可以敲击作声的。武氏左石室第三石画像中的鼓舞人手中便持有鼓槌，见图二〇。

远，灌以摧折。言腰之曲折，灌然以摧折。纤曲其形，以踊其身也。纤縠蛾飞，纷猋若绝。超趫鸟集，纵弛殟殁，蜲蛇姌袅，云转飘曶。体如游龙，袖如素蜺，黎收而拜，曲度究毕。迁延微笑，退复次列，观者称丽，莫不怡悦。

后面试用语体文将它的大意翻译出来。

当舞台之上可以蹋踏出音节来的鼓摆放好了，舞者的心情非常安闲舒适，他丝毫也不紧张，将神志寄托在遥远的地方，没有任何的拘束和挂碍。舞蹈刚开始的时候，舞者一会儿俯身向下，一会儿仰面向上，一会儿跳过来，一会儿跳过去，表情是那么样的雍容惆怅，简直难以用具体的形象来形容。舞蹈正在进展着，他的舞姿又像要飞起来，又像在行走，忽而耸着身子，忽而倾斜下来，他的不假思索的每一个动作，以致手的一指，眼睛的一看，都应着音乐的节拍。他的罗衣顺着风飘扬，长袖不时地交横，挥舞起来，络绎不停，袖子的裹绕转折，也合乎乐曲的音节。他的轻而稳的姿势，好像栖歇的燕子，而飞跃时之快疾，又像惊了的鹄鸟。体态的绰约美好，迅捷轻盈，真是美妙到了极点，同时也显示了胸怀的纯洁。舞者的外貌能够表达内心——神志正远在杳冥之处游行。当他想到高山的时候，便真峨峨然有高山之势，想到流水的时候，便真汤汤然有流水之情。他的仪容随着内心的变化而改易，所以没有一刹那的表情是没有意义的，是多余的。乐曲的当中有诗句，舞者也能将它充分表达出来，没有让慷慨激昂的情感，受到些微的减损。那时他的气魄真是高若浮云，洁若秋霜。这样好的舞蹈使观者都赞不绝口，乐师们自叹弗如。

单人舞毕，接着是多人的鼓舞。舞者按着次序，登鼓跳起舞来。他们的容貌服饰和舞蹈的技巧，一个比一个精彩。美丽的舞姿，层出不穷，有使人意想不到的妙处。他们望般鼓则流盼着明媚的眼睛，歌唱时又露出洁白的牙齿，行列和步伐非常整齐，一举一动，也都有象征的内容；回翔耸峙的动作，真仿佛一群仙人在跳舞。(此下有"击不致笑"一语，意义待考。❶)他们的足趾，踏在鼓上，轻疾不停。正在跳得来往悠然的时候，倏忽之间，舞蹈戛然中止。等到他们回身再开始跳舞的时候，音乐换了繁促的节拍。舞者在鼓上作出翻腾跪跌种种姿态。腰肢灵活，身体能够远远地探出，深深地弯下。轻縠做成的服装，飘扬时像飞蛾，快起来，有如一群鸟，飞集在一起；慢起来，又非常的舒缓，宛转地流动，像云彩在那里飘荡。他们的体态如游龙，袖子就是白色的云霓。舞蹈终了之际，他们慢慢地收敛舞姿而拜谢，一个个含着笑容，退回到他们的行列中去。观舞的人都说真好看，没有一个人不高兴愉快的。

其中除了许多抽象的形容和种种比喻之外，有许多具体的描写，都是与画像相吻合的。如"躡节鼓陈"，及"蹈不顿趾"，是说舞人在鼓上用脚踏触出节奏来。"指顾应声"，画像中确实有手指及回顾的舞姿。"长袖交横"也合乎舞人的装束。"合场递进，按次而俟"，也可以从画像中想象舞人一个挨着一个跳上鼓去舞蹈。"浮腾累跪，跗蹋摩趺"两语，则简直是为武氏左石室第三石(见图59)的三个舞人写照。傅毅是后汉时人，时代与各石刻正合，他赋中所描写的舞蹈，就是画像中的鼓舞，当无疑义。

插图目录

图一　山东汶县孙家村画像

图二　高庙画像

图三　肥县孝堂山画像其四

图四　何馈程婴柳惠画像

图五　嘉祥汉十石第四石

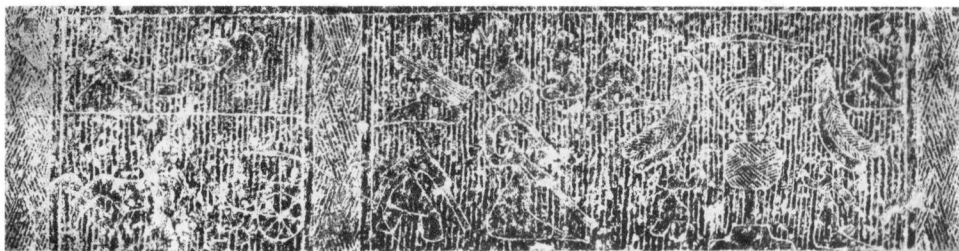

图六　滕县画像

图七　东安汉里画像其一

图八　滕县画像

图九　戴氏享堂画像

图一〇　两城山画像其一

图一一　两城山画像其十三

图一二　山东画像

图一三　泰安画像其二

图一四　吴王与齐桓公画像

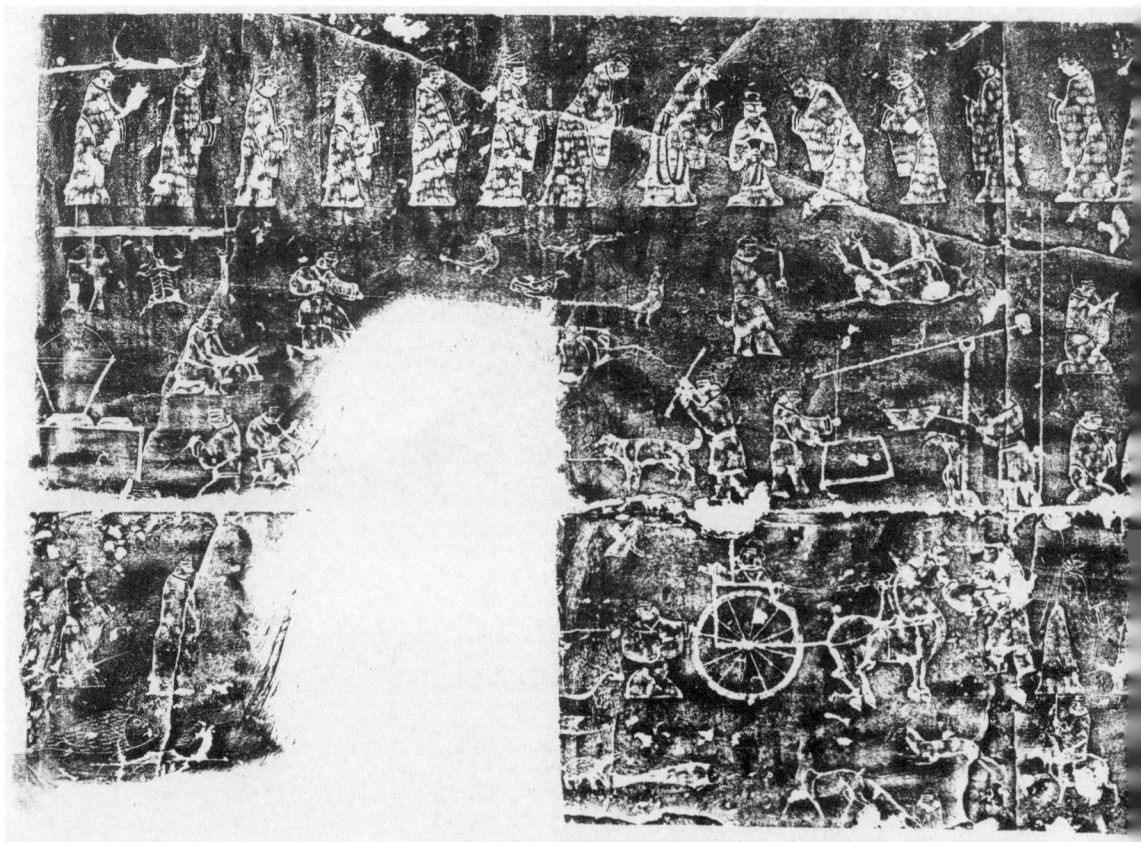

图一五、图一六（合并）孝堂山画像其一

图一七　日本帝室博物馆第二石

图一八　南武阳东阙功曹画像

图二〇　武氏左石室第三石画像

图一九　龙阳店村画像

图二一 武荣祠第十四石画像

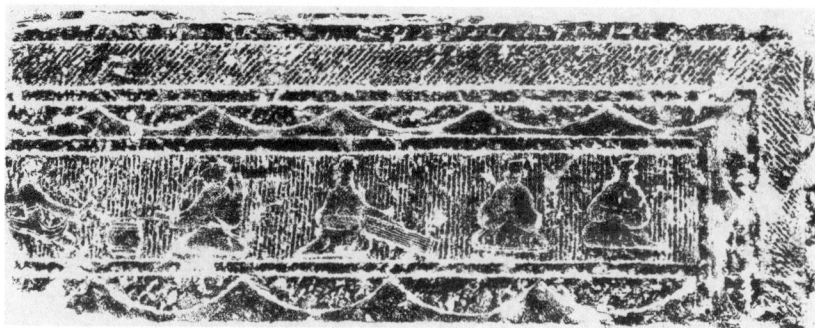

图二二　滕县画像

图二三　日本帝室博物馆画像石

图二四　山东画像

图二五　宏道院画像其三

图二六　泰安画像其三

图二七　滕县画像

图二八　两城山画像其四

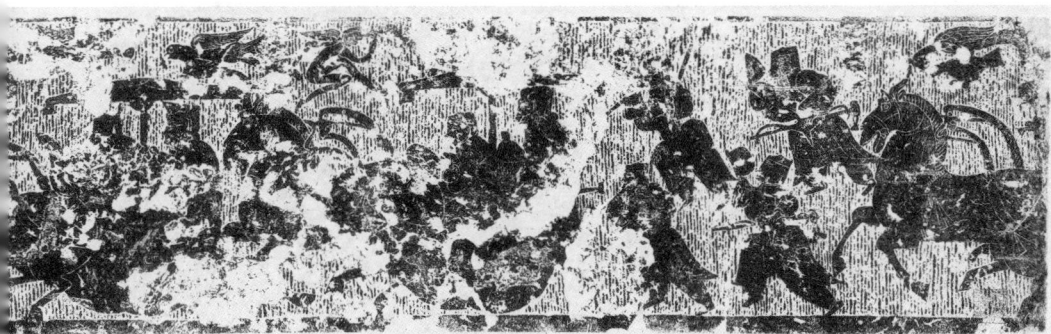

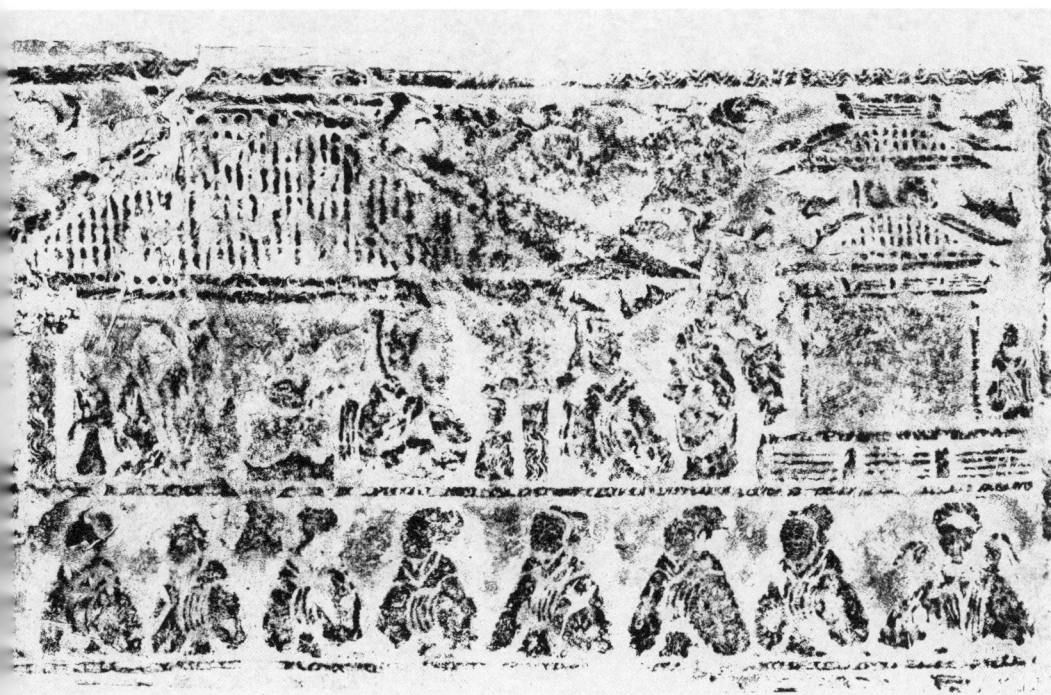

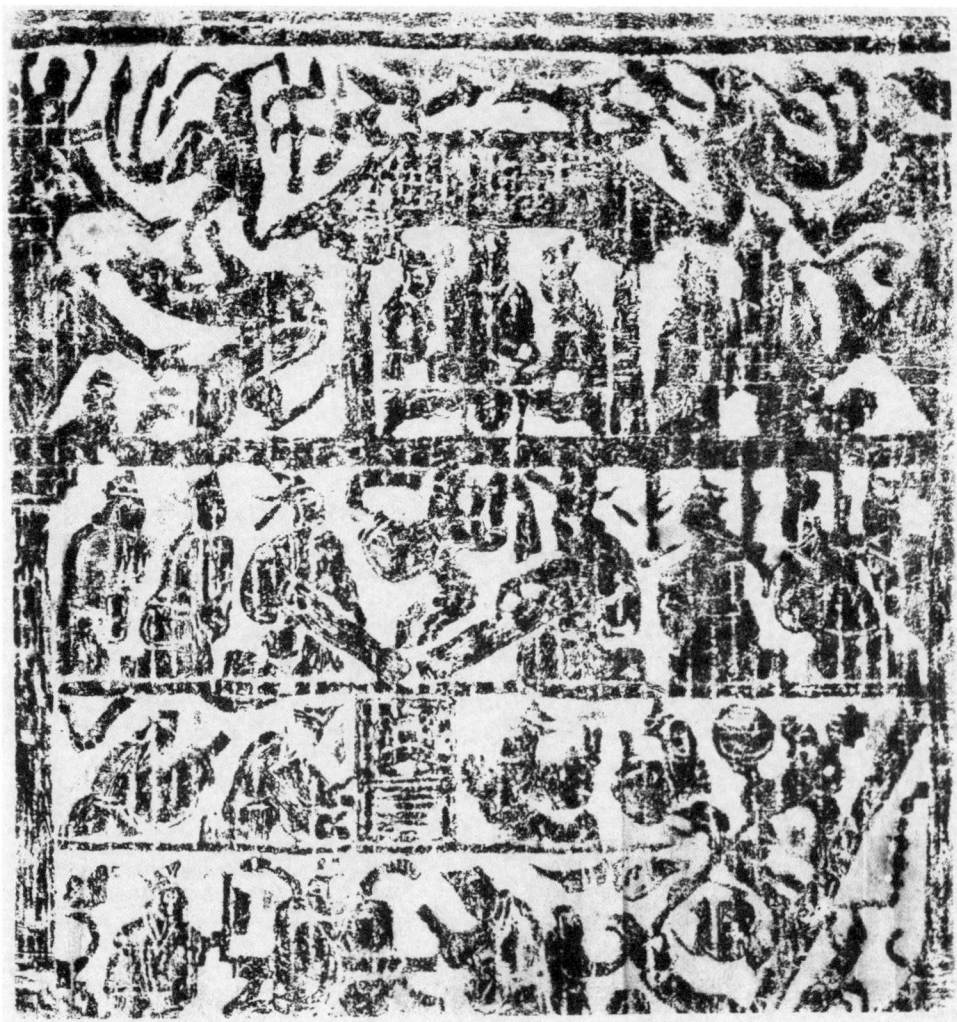

图二九　宏道院画像其五

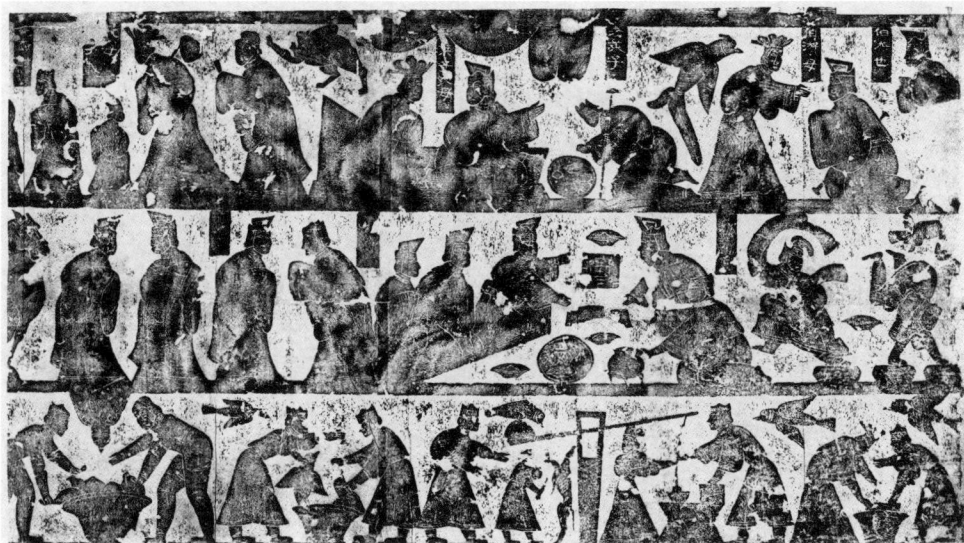

图三〇　武荣祠第七石

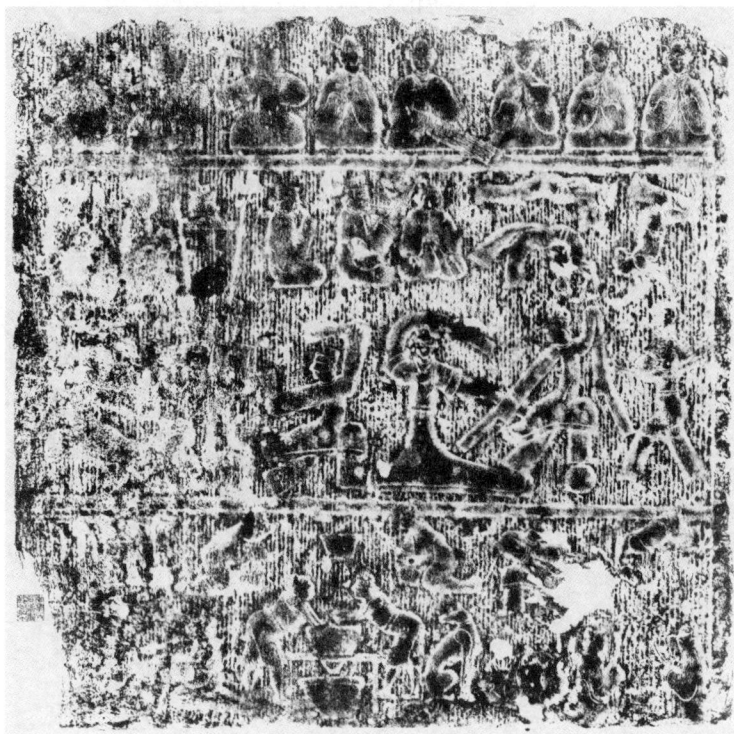

图三一　山东画像

图三二 聊城画像其三

图三三 隋家庄关庙画像

琴书解题

王凤谨按：此稿所据底本为晒蓝本，现存中央音乐学院查阜西纪念室，封面有查先生手迹题签"王世襄 琴书解题残稿"。

至于写作时间，王先生已不复记忆，惟本稿"风宣玄品目录"项下言："原本缺目录首叶……世襄曾将各细则依内容加以归纳，推测补写目录第一叶。"查此页先生署款补写时间为 1953 年 11 月 18 日。又王世襄藏本《松弦馆琴谱》第五册题记之末，先生记录见张友鹤旧藏本在 1955 年 11 月 23 日，而本稿"松弦馆"一谱之解题不曾涉及该本，显系未见。准此上下限之判断，可知《琴书解题》当作于 1954 至 1955 年间。这是王世襄先生到音乐研究所后主持的第一个学术课题，因人事干扰，不得已而中断，故所存仅此"残稿"。

编写《琴书解题》的体例和方法

（一）凡例

（二）琴书目录　依时代先后排列。

（三）解题　每一琴书的解题分甲乙丙三部分。甲之意在浅出，是提炼出来的总结。乙丙之意在深入，是甲所根据的材料。

　　甲、全书提要　分为下列四项：

　　　　1. 书名卷数及作者

　　　　2. 版本　记各种不同的版本。

　　　　3. 小传　作者、辑者、刊者、校者等家的小传。

　　　　4. 内容　只介绍本书的要点特色，所收曲调的总数等等。

　　乙、分节提要　将书中各节列成详目，逐节作提要并附考证或注解。

　　丙、注　甲项所根据的资料，有的不在乙项之内，例如某一著者的小传，则将所据原文，录入此项。

（四）著者索引　依笔顺排。

风宣玄品十卷　　不著撰人

嘉靖十八年（1539 年）徽邸刊本江安傅越凡民国二十年据嘉靖十八年徽邸刊本钞写本（增冯水及傅越凡两序）

小传 徽邸就是明代的宗室朱厚爝，英宗朱祁镇的曾孙。嘉靖四年（1525 年）继承王位，二十九年（1550 年）逝世。据《明史》载他非常好弹琴。❶

张鲲的籍贯事略待考，但知其是赐进士出身，曾做过吏部考功郎山西右布政使。

本书并未标明作者。从张鲲的序中我们知道此谱是延请了当时许多民间艺人，汇集他们的传谱编辑而成的。朱厚爝是出资刊刻的人，张鲲是经管这件事的人，而作曲或传谱的民间艺人的姓名，便被一概抹煞了。

内容 本书是明代比较早期而曲调搜集得比较多的一部琴谱，共计一百零五曲。它是当时各地民间琴曲的选集，

所以有词无词的曲子约各占一半，并不以宗派门户定取舍的标准。许多古曲如四十五段的广陵散、蔡氏五弄、一撒金等都经收入。还有一些明代琴曲如大明一统等是其他琴谱所没有的，也是此谱的特点之一。卷一的指法部分，保留了若干种古代弹琴的指法，是发掘古谱所值得参考的。

风宣玄品十卷
嘉靖十八年徽邸刊本

内容目次

风宣玄品序 此序无作者姓名，其中有"奉藩事亲之暇，读书吟咏之余，援琴以鼓之"及"遂衰为一帙，命工刊装布之"、"兹延专门之辈，参互考订，使讹者更之，谬者正之"等语，由"奉藩"一语，可知本序即徽藩朱厚爝本人所作，或他人拟其口气代作。

风宣玄品序刻 张鲲作于嘉靖己亥仲秋（嘉靖十八年，1539 年）。他的官衔是赐进士出身前吏部考功郎山西右布政使。序中称《风宣玄品》者琴谱之妙选也"。"吾王般之，以为州异国殊情习不同，乃博采风俗，协比声律，缀订兹谱，刊之徽邸。"以上可以说明两点：一、这是当时各地民间琴曲的选集，并不限于宗派及地域。（谱中有词无词的琴曲兼收，也可以说明此点。）二、刊谱年月，当即在嘉靖十八年。

❶ 徽庄王见沛，英宗第九子，成化二年封，十七年就藩钧州。承奉司自置吏，左布政使徐恪革之，见沛以闻。宪宗书谕王，置吏非制也，恪无罪。正德元年薨，子简王祐枱嗣，嘉靖四年薨，子恭王厚爝嗣，二十九年薨，子浦城王载塪嗣。初厚爝好琴，斫琴者与知州陈吉交恶，厚爝庇之，劾吉逮诏狱。都御史骆昂、御史王三聘白吉冤，帝怒，并逮之，昂杖死，三聘、吉俱戍边，议者不直厚爝。时方士陶仲文有宠于世宗，厚爝厚结之。仲文具言王忠，敬奉道。帝喜，封厚爝太清辅元宣化真人，予金印。……《明史》卷一一九列传第七。

❷ 王凤谨注：《风宣玄品》至今依然孤本，藏中国艺术研究院，王先生补写之目录首叶尚在册中，翻印本如《琴曲集成》等均未收该页，故爰为抄录，附注于此。

《风宣玄品》第一函

风宣玄品目录 原本缺目录首页，第二页自圯桥进履开始。根据目录的行款格式与内容校对，知卷一各条细则并不备载目录中。世襄曾将各细则依内容加以归纳，推测补写目录第一页。❷傅氏抄本则依细则尽行抄入目录。

卷一

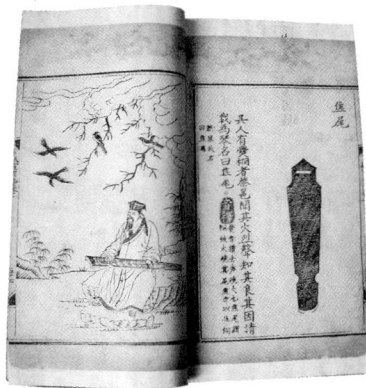

《风宣玄品》卷一书影

555

风宣玄品目录

本书缺目录首叶，就现所知仅此一部，
因无从参校，故据书中内容及行款格式推测
补写。

　　1953 年 11 月 18 日　王世襄记

《风宣玄品》卷二书影

太古正音琴经十四卷琴谱四卷　明张大命辑

明万历间刊本 [张大命先辑《琴经》，后辑《琴谱》，但二书是同时刊刻的，时间当在万历三十九年辛亥（1611 年）或以后。] 清康熙八年（1669 年）沈国裕重印本

小传　张大命，字右衮，号宪翼，别号鹿后居士，有阳春堂、说剑堂等斋名。福建大潭人，今属建阳县。在万历三十八年庚戌（1610年）前后辑集《琴谱》的时候，自称专事琴学已经十几年了。

沈国裕号益生，康熙时人，与张大命是同乡。他得到了《琴经》、《琴谱》的原版，用挖补的方法，硬将自己的名字加进去，算是经他重为校正的，并由当地的官员马世道给他作了一篇序，大恭维了一阵，实际上他不过是重印一次罢了。

内容　《琴经》十四卷是关于七弦琴的历史、乐理、传记、曲目、艺文、造琴法、指法等方面的文字资料，多数是辑录前人的著作，其中一部分所辑录的原书，今天已很难见到。曲目中的一部，经他按曲情加以类分，以前的琴书，还没有见到这样做过。曲目中的解说，注明了作曲或传谱的人，他给我们提供了一些关于明代民间艺人和作曲家的材料，这是可贵而比较忠实的记录，因为一般琴书总是要将当代所流行的曲子，附会到古代有名人物的身上去。

《琴谱》四卷，共五十二曲，其中无词的四十曲，不带解说；有词的十二曲，带解说。张大命在《琴经》卷十一《琴窗杂记》上沈括、王荆公两条引文之后的注中，说出不主张琴曲有词的意见，但是《琴谱》中还是收入了有词的曲子。王宇的跋替他作了解释，说是有词之曲，是为了初学入门而用的。

张大命有浓厚的复古思想，从他本人的论说中和他所请人作的序跋中，都可以看出来。

太古正音琴经十四卷琴谱四卷
康熙八年沈国裕重印本

太古正音琴经内容目次

（内封）太古正音琴经琴谱合参定选。大潭张右衮先生辑。后学沈益生重校。阳春堂藏版。

太古正音琴经序　叶向高作于万历三十七年己酉（1609 年）。向高，福清人，字进卿，号台山，宦至吏部尚书兼东阁大学士。序中称张大命此书"补残阙，叙失次，摩编四帙，可谓勤矣"。

序　刘大任作于万历三十七年己酉（1609 年）。大任，福建晋安人，号天玉。序中称："海内名谱牒，罔不搜罗，仍广延访天下士，共扬扢上下，……乃著《琴经》如干编，授之杀青。"

自序　张大命作于万历三十七年己酉三月。末署古潭宪翼张大命右衮氏书于阳春堂。下有鹿后居士阴文印。古潭即大潭，今属福建建阳县。阳春堂是他的斋名，故《太古正音谱》又名《阳春堂琴谱》，见《二香琴谱》及《与古斋琴谱》著录。

十疵　十句。

十忌　四言十句。

十戒　六言十句。

十二病

论十二病总括　自注采田芝翁。

上弦法　以小指绕弦，食指中指用力。

操缦引　调弦曲初和、大和、小和三段，书全文，不用减字记谱。

正调品弦　正调和弦法。

外调转弦　外调定弦法，计二十九调。

琴经卷之三

字谱源流　卷三总标题。有序，中称："历访名师，遍察古谱，辨正差讹，葺成一家，庶使学者便晓云。"

二手统名　有图，标明五指名称。

勾琴总字母　散轻等九十四种。

详明字母

　右手指法　扌乇等四十五种。

　左手指法　女半等五十种。

友山四句　按此即《杏庄太音补遗》中徐梦吉"弹琴启蒙"中八句的后四句，故友山当即徐梦吉。

曹柔四句　六言四句。

琴经卷之四

博古名操　卷四总标题，有序。大意说古人能曲甚多，以博为贵。此卷是琴曲的目录，依曲情、作者及曲调加以类分。每曲曲名下多注作者或曲子所表现的内容。明代的若干位民间艺人、作曲家，一般琴史琴书没有给予他们适当的地位和估价，而此卷注中提供了一些这方面的材料。

庙堂雅颂名操　太平引等二十一曲。

人事名操　历山吟等二十一曲。

幽愤名操　履霜操等十八曲。

仙羽隐逸名操　华胥引等二十六曲。

天文时令名操　风雷引等三十四曲。

山水名操　高山等十一曲。原注附沧浪四弄，故此后的沧浪四弄也属于山水名操之内，共计十五曲。

沧浪四弄　沧浪吟等四曲。此目不载目录内。

花木名操　幽兰等十二曲。

物类名操　凤凰来仪等三十四曲。

古十二操　将归操等十二曲。

古九引　列女引等九曲。

蔡氏五弄　游春弄等五曲。

古杂操　箜篌引等十八曲。

贺若十曲　不博金等九曲，第十曲亡其名。

一片玉　慨古吟等四曲，皆息机子所集。此目不载目录内。

宫调　宫意冲和吟等十七曲。

商调　商意怀古吟等二十二曲。

角调　角意凌虚吟等七曲。

徵调　徵意会宾吟等十曲。

羽调　羽意鹤舞洞天吟等八曲。

姑洗调　姑洗意飞鸣吟等三曲。

凄凉调　凄凉意泽畔吟等六曲。

蕤宾调　蕤宾意乐极吟等三曲。

黄钟调　黄钟意秋塞吟等四曲。

琴经卷之五　石集

历代名琴　卷五总标题，有序。

皇王帝霸名琴　原注相臣附。记琴名四十一，其中一部分附图。

先师先贤名琴　记琴名五十一，其中大部分附图。

仙道沙门名琴　记琴名八附图。此节不载目录。

宋元名琴　记琴名三十，后又附历代琴名二十二，均无图。

历代名琴总论　论历代琴学的盛衰，自署己酉书于阳春堂。

琴经卷之六

古琴辨　卷六总标题，有序。

真断纹　论蛇腹、牛毛、梅花等断，真断纹如剑锋。

伪断纹　用薄连纸打地、火烘、雪罨、鸡子清入灰漆、刀刻等法作伪。

辨古琴漆灰底面　辨漆灰、料灰之别。论桐面梓底、纯桐、桐面杉底等琴。

古琴色　古琴漆色如乌木。

古琴阴阳材　桐木面阳者为阳，背阳者为阴。

纯阳琴

整琴要诀　用沙罨、甑蒸、置被中等法。

琴受土气　用甑蒸法。

浦江古琴　宋代出土古琴。

琴面有穿孔

轻松脆滑　琴材四善。

熏爆琴材　新桐用此法去水气但终不如天然良材。

古琴材　二条。第一条自注采《尊生笺》，第二条采《笔谈》。按《尊生笺》为高濂《遵生八笺》。

（论历代琴厄）

琴经卷之七

斲法　卷七总标题，有序。称得"雷氏斲法于田芝翁"。

底面制度

灰法

糙法

煎糙法

合光法

退光出光法

安徽法

磨斲法

辨丝法

大琴弦

中琴弦

缠丝

加减坠子法

打法

煮法

用药

缠法　以上十七则均见《风宣玄品》。

制琴不当用俗工　论绳墨、尺寸、厚薄、方圆及安徽非俗工所能。

择琴底　论当用坚硬的旧梓木。

论桐木　论各种桐材。

梓木多等　论梓木及漆木作琴底。

琴腹论　琴腹至足处少狭，所以韵长。底板微洼如仰瓦，使声不散。

琴足　用木质制足，足柄不可裹纸。

琴岳龙龈　前容一指，后容一纸。

琴经卷之八

琴社　卷八总标题，有序。

琴室　宜在重楼之下。此则之后自注"以下多出《太古遗音》"。

又琴室　忌喧哗，几案长大，板面薄，指甲长。

琴案　要维摩样，用石面或厚木面。

又琴案　自注采《笔谈》。用郭公砖作案。

琴坛十友

阳春堂增琴坛八友

挂琴　琴匣　露下　盥手　焚香对月　自注皆《尊生笺》。以上六条目录分列，卷中列入一则。

金徽　玉轸　鱼藻　凤足　仙禽君子党　抱琴法　以上七条目录分列，卷中列人一则。

琴有所宜　自注采《太古遗音》，共六条。

琴有所忌　自注采《太古遗音》，共七条，前四条后各有案语，说明《太古遗音》之说不可尽信。

琴经卷之九　丝集

大雅嗣音　卷九总标题，有序。此卷记琴人小传，始许由至明沈太韶共一百十九人。后附闺秀十六人，方外三十人。

琴经卷之十

琴隽　卷十总标题，有序。此卷录古代至明关于琴的铭、赞、赋、诗、警句、诗评、序、记等文字。

琴经卷之十一　竹集

琴窗杂记上　辑录前人论琴之说五十四条。

琴窗杂记下　辑录前人论琴之说四十三条。

琴经卷之十二

格古要论　卷十二总标题，辑录前人论琴之说六篇。

朱晦翁琴辨

三弦独退一徽与五弦相应论　自注采荆川《议稗》篇。此篇不载目录。

宋乐志三五应弦论

琴声经纬从论

转弦论　自注采《文献通考》。

明李南黎琴说　自注南黎"讳文缵，南安人"。

琴经卷之十三

煞风景　卷十三总标题，有序。辑录前人煞风景事十七条。

琴经卷之十四

瑯嬛记　卷十四总标题，有序。辑录前人关于琴的神异传说十六条。

琴经跋　陈五昌作。五昌，福建三山人，号伯全。

【太古正音琴谱目次】

（内封正面）　录唐释彪《宝琴》五言律诗一首。

（内封背面）　太古正音四字。

太古正音琴谱序　董其昌作于万历己酉（1609年）中秋日。

自序　张大命作，未署年月。中称："朝夕收古断纹，及诸名家指法，十余年于此道，业辑有《琴经》十四卷，因念琴之必需夫谱，犹车之不可废而辕也，……故又不辞岁月之劳，爰纂为琴谱数卷，自宫商以至外调，或出自名公之指授，或出自名谱之删裁。……益衮次旧闻，再加修饰，将出以问世。"序中又有"迨庚戌驱车长安道"语，所以知此序必作于万历庚戌（1610年）之后。

太古正音重校序　马世道作于康熙八年己酉（1669年）。（序己酉作己巳，误。己巳为康熙二十八年，与序中"予丙午职兹土凡四载"，时间不合。)世道山阴人，下有芳盛阳文印。序中称"予丙午职兹土凡四载于兹耳，而知音不遇，每以古调落落为憾。适有贾子犹龙者，郡镇继谊公之令嗣也，闻吾潭之先有张绅大命右衮氏，嗜精于此，遗一琴名曰秋图，因致书邑防张凤山索鬻焉。凤山以书致于予，觅之而琴为邑生沈国裕所得，旋命使柬请，沈生果尔抱琴而来，正襟危坐，再鼓，誓不复鬻。因出《琴经》、《琴谱》八册呈予，即右衮张先生所辑而沈生重为校正者也"。按《琴经》、《琴谱》每卷首叶第二、三两行均署"建溪张右衮辑，后学沈国裕益生父重校"等字样。但此两行挖补的痕迹极明显，可见是沈国裕将张大命原板挖补。将自己的名字加入，并未经过"重为校正"的工作。盛家伦先生藏有此书原本，残存《琴经》卷九至十四，《琴谱》卷三。《琴经》卷九首叶有"张大命纂集，郑当时校阅"字样，卷十一首叶有"张大命纂集，王懋道校阅"字样。《琴谱》卷三有"张大命选辑，朱浈校阅"字样。

琴谱卷之一　匏集

琴学须知　琴以岳山为上，焦尾为下，十三徽由岳山数起，弦由大弦数起。

上弦要法　上弦由第一弦上起，依次至七弦。用禁指（小指）缠弦。

又法　与《琴经》卷二"上弦法"同。

又法　二条。第一条论一弦先上宜松缓，以免七弦太高而断绝。第二条论晨、夕、晴、雨各弦松紧。

对琴法　身对五徽。与《琴经》卷二"琴经须知"对六徽之说不符。

挂琴法　二条。第一条论挂琴不可着壁，应选择安全之处。第二条论挂琴当松四七弦，以免断绝。

上弦势　图

定弦要法　三条。第一条用小间勾调七五弦。第二条用大间勾调七四弦。第三条用小间勾调六四，大间勾调六三、五二、四一各弦。

定弦势　图

正调品弦　与《琴经》卷二"正调品弦"同。

外调转弦　与《琴经》卷二"外调转弦"同。

操缦引　与《琴经》卷二"操缦引"同。

古人抱琴式　图

今人抱琴式　图

右手指法　四十四种与《琴经》卷二"右手指法"全同。

左手指法　五十种与《琴经》卷二"左手指法"全同。

两手统说　七言八句，即徐梦吉"弹琴启蒙"。

（曹柔四句）　与《琴经》卷三同。

右手象形　图十七幅。

左手象形　图十六幅。

弹琴概说　五言十六句，即陈铭的"弹琴须知"，见《杏庄太音补遗》卷上。

又说　即《风宣玄品》卷一的"鼓琴训论"。

论乐元声　两条。第一条辑陈氏《论元声》。第二条辑姜夔《乐议》。

调音入弄　即得道仙翁。

琴谱卷之二　土集

宫意　寻芳吟　四　阳春　十五　洞天春晓　十八《琴经》卷四称："沈太韶曰宫调洞天春晓独至五音统之。"此曲传谱，当与沈太韶有关。　玘桥进履　七　广寒游　九　商意　白雪　十二　漪兰　十二　广寒秋　三　怀水仙　四　怀古吟　四　角意　溪山秋月　十八《琴经》卷四称："不佞得沈太韶传此曲清角神品也。"列子御风　十《琴经》卷四称："毛敏仲作此曲。"又称："崔小桐传。"　徵意　禹会涂山　十三　关雎　十　樵歌　十

琴谱卷之三　革集

羽意　雉朝飞　十四　汉宫秋　十　佩兰　十四　渭滨吟　三　商角意　墨子悲歌　十　神化引　五　黄钟意　朝会吟《琴经》卷四注系大雅一曲的序引。大

雅 九 《琴经》卷四称："崔小桐所传外调之绝品也。"崔小桐因弹此曲而得号，见《琴经》卷十李伯东"奏政琴谱序"。姑洗意 飞鸣吟 六 秋鸿 三十六 蕤宾意 乐极吟 渔歌 十八 潇湘水云 十 凄凉意楚歌 九 屈原问渡 九

琴谱卷之四　木集

此卷各曲皆有词。

琴谱跋　王宇作，未署年月。宇福建三山人。下有永启氏阳文印，"庚戌进士"阴文印。序中称："后有作者，存神知化，则音可会也，践迹入室，则词可参也。"主要在说明张大命不主张琴曲有词，而何以《琴谱》末卷又专收有词之曲。据上所云，有词的曲调是为初学入门而用的。

琴谱跋　杨容光作于万历三十九年辛亥仲春（1611 年）。下有叔照父阴文印。序中称："旋取所辑《琴经》《琴谱》及诸名公前后序言谓曰：……依将付此于灾木，叔照谓之何？"此跋说明两点：一、张大命辑《琴经》虽早于辑《琴谱》，但两书是同时刊刻的。（《琴经》十四卷分为金、石、丝、竹四集，《琴谱》四卷分为匏、土、革、木四集，也可以证明这一点。）二、万历三十九辛亥是前后序跋最晚的一个年代，可知此书之刻不能早于三十九年。

杏庄太音补遗三卷　明萧鸾纂集　刘隲校

嘉靖间刊本 [嘉靖三十六年（1557 年）成书，刊书年月当在三十七年（1558 年）夏刘隲校毕以后。]

小传　萧鸾阳武人，号杏庄，又号无似、伯羽，有鸣雅阁、退补轩等斋名，曾做过兴武指挥的官职。他自幼年即爱弹琴，以徐梦吉当时所谓"浙派徐门" [1] 的琴学为宗。他编辑这部琴谱始于嘉靖三十三年，至三十六年（1554—1557 年）完成，那时他年七十岁，学琴已五十多年了。

刘隲号世卿，别号琴西山人。他幼年即从萧鸾学琴，自嘉靖三十五年（1556 年）起担任此谱的校对工作，三年而成。

内容　《太音补遗》可以说是"徐门"一派的琴谱。萧鸾认为必须合乎"徐门正传"的曲子，始行收入。"徐门"是浙派中的代表，与琴曲有词的江派，在明代有对立之势，所以此谱的琴曲，没有一首是有词的。

据萧鸾说"徐门"的琴曲还有一个特点，即凡曲之前必有吟。也就是说，每一个比较长的曲子之前，一定有它的序曲。譬如风雷引的序曲是资益吟，雉朝飞的序曲是感怀吟，这是固定了的，有人用闪电吟来代替资益吟，鹤舞洞天来代替感怀吟，便不是"徐门正传"了。本谱的琴曲，都是序曲和正曲顺次排著的。有少数没有序曲的曲子，都经萧鸾注明。

本谱共收七十二曲，每曲之前的曲情解说，比一般的琴谱来得详细。

杏庄太音补遗三卷
嘉靖间刊本

内容目次

杏庄太音补遗序　萧鸾自著。从这篇序知道，萧鸾阳武人，号杏庄，又号无似。据序后印记，知其又号伯羽，曾宦兴武指挥。自童子时就爱弹琴，自称"闻徐门之传（门为徐梦吉，号晓山，见《鄞县志》，即《风宣玄品》序中所谓'浙操徐门'，见本书后'徐门正传'），私淑雪屋王氏"。此谱所收琴曲以合乎徐门正传为标准，他做了"分五声，益诸吟，删补各操，广释义"等工作。始于

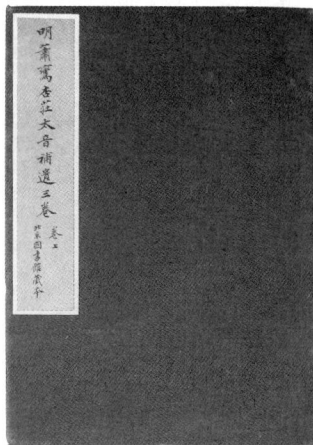

《杏庄太音补遗》第一函

[1] 据《鄞县县志》，所谓"徐门"是徐梦吉之子徐迅。但既称"徐门"，而且徐氏几代，都是琴家，那末"徐门"之称，自未必是至徐迅才开始。以下是徐迅的传："徐迅字和仲，其先钱塘人。曾祖宇，号雪汀。或作雪江　父梦吉号晓山，皆业儒善琴。后父宦游四明，遂家焉。迅性谨厚，居家笃学，以《春秋》教授乡里。为文不俚不浮，亦以琴著名于时。洪武间，太宗在藩邸，遣使召至锡赉殊厚。既归，举明经，为邑庠训导。迅自曾祖逮父，皆以琴专门，而迅尤工妙，得心应手，趣自天成。时游江湖间，尤为知音者推让。有薛生者善琴操乌夜啼，号薛乌夜，每请迅鼓之，弗许。薛求好事者邀迅鼓此曲，薛隔壁潜听之，乃趋出拜伏几下曰，愿执弟子礼。迅所制有文王思舜，凡经订正，号为神品。若王礼、金应隆、吴以介亲受业其门。远近从学者众，后子弟皆能踵其家学，浙操至今称徐门云。"《鄞县志》

565

嘉靖三十三年甲寅春，至三十六年丁巳冬（1554—1557年）而书成，时年七十岁，学琴已五十多年了。

杏庄太音补遗序 齐嵩著，序末自题皇明甥裔云中仰斋齐嵩，下有汝止阴文图印，作于嘉靖四十年辛酉（1561年）。序中称此谱有百一十曲，与今谱仅七十二曲数目不符。又称杏庄"尝作石床枕易，有潇洒出尘之想，风云变态之思"，此谱未收。按齐嵩曾论造琴法，见《风宣玄品》卷一"底面制度"一则中引文。

太音纪原 记古代琴制。

太音体制诸称徽弦属义

琴面诸称考 记琴正面各部名称。

琴背诸称考 记琴背面各部名称。

十三徽考 七徽为君，余十二徽以十二律名之。

七弦考 以五声名五弦，第六弦为文声，第七弦为武声。

操缦引 谓在九华山遇道人九华山樵，授其《操缦引》三段，系卫人师曹所作，道人释。操缦即和弦，三段名曰初和、大和、小和，是《得道仙翁》一类的调弦曲。此篇主要在强调学琴调弦的重要性。

徐门正传 文中称："徐公晓山，浙人也。……所鼓诸曲，动曰徐门，而其所传，世以浙名，盖欲以别江操而俾后之学者审所尚也。"此后杏庄又借与别人问答的体裁来说明他自己是徐门正传，所提出的证据是凡曲之前必有吟，如风雷引之前为资益吟，雄朝飞之前为感怀吟，这是徐门的弹法。至于一般的弹法是以闪电吟代资益吟，鹤舞洞天代感怀吟。闪电二字过于俚俗，鹤舞洞天与雄朝飞曲中牧犊子所歌的曲意毫无关系，故非正传。

杏庄律吕约义 论十二律的起源，黄钟为万事之根本。论三分损一，五音相生。琴之五弦备五声，六七两弦为变宫变徵，论十二律的空围及长度。论五声阴阳清浊。

书太音补遗 施良臣作于嘉靖三十九年庚申（1560年）。谓杏庄曾作石床枕易曲，并创鸣

雅阁贮谱。

述中庸赞

先圣小像 图二幅

杏庄小像 图一幅

杏庄道人小像赞 王伟作于嘉靖三十七年戊午（1558年）。

（又赞） 金白作于嘉靖三十七年戊午（1558年），下有元白阳文印。

（又赞） 赵应春作，无年月。

杏庄太音补遗目录 目录只载琴曲名。

字谱源流

勾琴总字母 搯拂历等六十三种。

曹氏减字法

右手指法 二十七减字。

左手指法 二十四减字。

弹琴启蒙 古浙谢山徐梦吉作七言口诀八句。

弹琴须知 浙东双桥陈铭作五言口诀十六句。

卷上 清字集

五声考

宫意 按此曲他谱每有词，而此本无之。杏庄注曰："琴制于庖羲之世，有音无文者也，后人释以文，妄矣。谨依先言，去文以存勾剔"，于此亦足见浙派不主张琴曲有词。冲和吟 三下注："鸾尝得古抄本琴谱，五声诸曲，首悉有吟。如阳春则曰冲和，谓天地冲和之气，发而为阳春，万物得之以生长也。"所以冲和吟是阳春曲前的吟。

阳春 十三 孤芳吟 三 是梅花三弄前的吟。梅花三弄 十 嘉遁吟 三 谷口引前的吟 谷口引 十三 清虚吟 三 广寒游前的吟 广寒游 十 商意考 思归吟三 猗兰前的吟 猗兰 十一 资益吟 三 风雷引前的吟 风雷引 八 滕六吟 三 白雪前的吟 白雪 九 君子吟 三 猿

鹤双清前的吟　猿鹤双清　九　归去来辞
六　杏庄注此曲之前无吟　春江曲　八　杏
庄注此曲之前无吟

卷中　宁字集

　　断金吟　三　古交行前的吟　古交行
十　昭昭吟　三　长清短清前的吟　长清
九　短清　八　亚圣　七　杏庄注此曲之前
无吟。此曲目录作颜回。　鹤鸣九皋　十　杏
庄注此曲之前无吟　角意考　凌虚吟　三
列子御风前的吟　列子御风　八　商角意
神化吟　三　庄周梦　蝶前的吟　庄周梦
蝶　八　徵意考　会同吟　三　禹会涂
山前的吟　禹会涂山　十二　纯一吟
三　文王思舜前的吟　文王思舜　八　此曲曲
前标题作文王　霜夜吟　三　雁过衡阳前的吟
雁过衡阳　十一　风波吟　三　醉渔唱晚
前的吟　醉渔唱晚　九　湘江吟　三　渔歌
前的吟　渔歌　十　山居吟　三　樵歌前的吟
樵歌　十二　关雎　八　杏庄注此曲之前
无吟

卷下　贞字集

羽意考　感怀吟　三　雉朝飞前的吟　雉朝
飞　十三　亲善吟　三　佩兰前的吟　佩兰

十三　物感吟　三　乌夜啼前的吟　乌夜
啼　九　复古调考　此曲杏庄释义大意谓古
代琴皆五弦，至尧时始加为七弦，此调紧五慢一，
七弦而等于五弦，故名复古，而南风畅曲下说明谓
舜弹五弦之琴，歌南风之诗，故疑此曲即南风畅前
之吟。　南风畅　八　黄钟意考　秋塞吟
三　龙翔操前的吟　龙翔操　八　凄凉意
考　楚歌前的吟　楚歌　八　泽畔吟　四
离骚前的吟　离骚　十八　屈原问渡　六
杏庄注此曲之前无吟　蕤宾意考　乐极吟
欸乃前的吟　欸乃　十八　九疑吟　三　潇
湘水云前的吟　潇湘水云　十　姑洗调考
飞鸣吟　三　秋鸿前的吟　秋

　　鸿　三十六

跋杏庄太音补遗　方梦阳作于嘉靖
三十七年戊午（1558年）。梦阳号东谷，桐城人，
此跋书于杏庄之退补轩中。

　　赋　杏庄作

　　（**跋**）金大兴作于嘉靖三十六年丁巳（1557
年）。大兴号子坤，又号乐渊山人，彭城人。

书太音补遗后　金白作于嘉靖三十七年
戊午（1558年），下有兰溪阳文印。跋中有"不识
徐门正传，卒堕野狐外道"语。

　　（**跋**）　刘隯作于嘉靖三十七年戊午夏（1558
年）。刘隯号世卿，又号琴西山人。从此跋知道
他幼年即从杏庄学琴，自丙辰春（嘉靖三十五年，
1556年）起担任此谱的校对工作，三年而成。

藏春坞琴谱六卷　明 郝宁 王定安辑

万历三十年壬寅（1602 年）刊本
郑颖荪据万历壬寅刊本影抄本

小传　郝宁，号小川，别号窥玄子，中州邺郡（今在河南临漳县西）人，明神宗朱翊钧（万历）时的太监，宦衔是午门署门事御用监左少监。自幼习琴，曾从许多琴师学过，最后得沈太韶的传授。至万历壬寅时（1602 年）他已学琴二十多年了。他和王定安都时常应召弹琴给神宗听，作为娱乐。

王定安也是万历时的太监，字号和籍贯待考。他与郝宁同时从沈太韶学琴。

内容　沈音号太韶，是万历年间的一位七弦琴权威，郝宁、严澂对他都非常佩服。张大命在《琴经》中曾引他的话："琴不通千曲以上者，不可以语知音。"太韶琴学的精深渊博，可想而知。郝宁、王定安和史文豀、李古川、孟西槐等人，都是他的学生，用了几年的功夫才学成，随后汇编为《藏春坞琴谱》，所以此谱不妨说是沈太韶的一部创作和传谱的曲集。例如谱中的清夜闻钟一曲，虽注明系古曲，经王定安润削，但张大命《琴经》却说此曲是"沈太韶之绝技"，可见仍是太韶的传谱而王定安仗着势力掠夺了他老师的美名而已。十二年后（1614年）严澂刻《松弦馆琴谱》，有不少曲与此谱相同，也没有注明作曲者或传谱者的名姓，正是采用了同样的手段。

此谱共六十五曲（董复亨序作五十二，因没有将各调的调意十三曲计算在内），有词的仅客窗夜话、思贤操、赤壁赋等三曲。各曲除牧歌外都有解说。

郝宁在《弹琴总规》中曾说出不赞成琴曲有江操、浙操两派之分，也就是说，他并不反对琴曲有词。

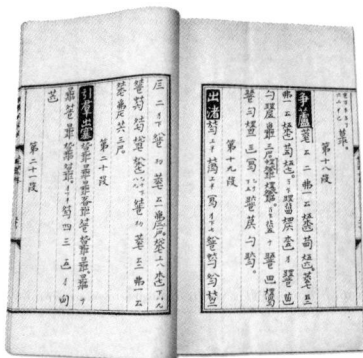

《藏春坞琴谱》书影

藏春坞琴谱六卷
郑颖荪据万历壬寅刊本影抄本

分节提要

藏春坞琴谱序　李戴作于万历三十年壬寅（1602 年）十月。李戴字仁夫，延津人，隆庆时进士，官至吏部尚书。序中称："定安王常侍，小川郝常侍，幼而嗜琴，其冲夷韫藉，性与琴合，积二十余年而得琴之解，乃就所得，去疵拔尤，获若干曲。感岁月之逾迈，惧夙学之失传，遂躬为雠校而梓之藏春坞中，因以名谱。"

藏春坞琴谱序 董复亨作于万历壬寅（1602年）夏。复亨五鹿人，他的官衔是赐进士出身，吏部验封清吏司员外郎。序中称："小川郝常侍幼毓邺台，长侍宫禁。时诸常侍方为国家驰驱四方，而常侍独红丝紫琼日不辍操。……因取旧谱数家，删繁益漏，一切是正，藉手杀青，以与海内知音者共。其调则自宫商以迄姑洗，凡十三种。其曲则自和气以迄秋鸿凡五十二弄，其法则自搯拂以迄如曼凡六十三则。……"

藏春坞琴谱目录 只载曲目，不分卷。

弹琴总规 论坐五徽，下指近岳，用指轻重，吟、猱、绰、注、撞、搯、撮、拨刺、全扶、圆娄、长锁短锁、莫动、小锁背锁、滚拂、打圆、索铃等弹法。琴有十不弹，八可弹。不主张琴有江浙两操宗派之分。

勾琴总字母 搯拂历等六十三种。

右手指法 抹挑等二十种。

左手指法 绰引等二十四种。

一卷　书口标明卷数。

宫调 神品宫意（和气吟洞天春晓解说）郝宁作，自署中州窥玄子郝宁识。谓沈音，越人，号太韶，作宫调的和气吟及洞天春晓，角调的溪山秋月。此后每曲之下，各有解说。

和气吟　三　洞天春晓　十　幽兰　七　神品宫意　与前略有不同　冲和吟　三　阳春　十三　高山　四　流水　八　梅花三弄　十

二卷

商调 神品商意　怀古吟　三　白雪　九　猗兰　十一　长清　十三　牧歌　十八　古交行　十一　风雷引　八　渔樵问答　六　猿鹤双清　九　清夜闻钟　十一　解说称："古曲，王定安润削。"天风

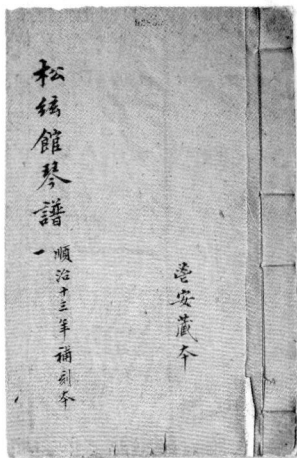

王世襄旧藏本《松弦馆琴谱》

环珮　三

三卷

角调 神品角意　凌虚吟　三　列子御风　八　溪山秋月　十八　解说称："太韶所作。" **徵调** 神品徵意　山居吟　三　樵歌　十一　箫韶九成凤凰来仪二十三　耕歌　十八　解说注："古曲，王定安润削。"

四卷

渔歌　十三　雁过衡阳　十一　禹会涂山　十五　关雎　八　**羽调** 神品羽意　水龙吟　六　佩兰　十三　雉朝飞　十三

五卷

凤翔霄汉　十八　解说注："太韶所制。"　汉宫秋　十三　**商角调** 神品商角意　神化吟　二　庄周梦蝶　八

（黄钟调） 神品黄钟意 朝会吟 三 大雅 八 （蕤宾调） 神品蕤宾意 沧浪吟 三 欸乃歌 十八 潇湘水云 十 赤壁赋 七

六卷

（慢宫调） 神品慢宫意 获麟操 八 神游八极 八 （复古调） 神品复古意 南风畅 八 （凄凉调） 神品凄凉意 泽畔吟 三 离骚 十八 （姑洗调） 神品姑洗意 飞鸣吟 三 秋鸿 三十六

藏春坞琴谱序 严澂作于万历壬寅（1602年）。澂字道澈，号天池，常熟人，即《松弦馆琴谱》的辑者。序中称："余邑名琴川，能琴者不少，胥刻意于声而不敢牵合附会于文，故其声多博大和平，具轻重疾徐之节，即工拙不齐，要与俗工之卑琐麽靡者悬殊。余游京师遇太韶沈君，称一时琴师之冠。气调与琴川诸士合而博雅过之。因沈君而遇常侍定安王公，小川郝公，皆知音绝世，所得渊邃，间取太韶之操而融以玄解，优柔慷慨随兴致妍。奏洞天而俨霓旌绛节之观，调溪山而生寐历幽人之想，抚长清而发风疎木动之思，鼓涂山而觌玉帛冠裳之会，弄潇湘则天光云影容与徘徊，游梦蝶则神化希微出无入有。至若高山意到爵嶪冈崇，流水情深弥漫波逝。以斯言乐，奚让古人，又奚必强合以不经之文，浪消为无本之声哉。余每静而听之，辄怡然忘倦

自谓游世羲皇。一日向两常侍微哦曰：'此曲只应天上有，人间能得几回闻。'因请录谱归琴川，以惠同调。两常侍曰：'小技既有当于吾子，盍付剞劂，以公海内，何独琴川。'余喜而从臾。两常侍曰：'请即日从事。间存有文曲一二，以便初学，若循声合文，以进于古之乐，则俟有道者。'余曰：'得之矣。'"此序说明三点：一、沈太韶所传琴曲之美妙。二、《藏春坞琴谱》所收的琴曲大部分是太韶的传谱或作曲。三、严澂所刻的《松弦馆琴谱》有许多曲是沈太韶的传谱，《松弦馆琴谱》中并未说明，而此序却说出他录谱归琴川之事。按严澂后为《琴川汇谱》作序，与此序大同小异，而将忝惠郝、王两人刻《藏春坞琴谱》事删去。

藏春坞琴谱序 郝宁作，未署年月，他的官衔是午门署门事御用监左少监。序中称："已而溉慕于琴，不啻饥渴。始从时师习见，谓洋洋盈耳矣，不自知阳乔之易得也。继从能师习见，谓出谷迁乔矣，不自知河伯之自多也。久之遇太韶沈君，譬之八骏之驰骤乎，而蹑之无迹，譬之六龙之飞跃乎，而循之无首。高山大川骇吾观也，浮云柳絮怠吾意也，泠泠然冠也，栩栩然周也，相忘吾于道术而不可以言语通也，技至此乎？不佞与定安王公，俱醉心焉。会上有教习内家之命，曰，得此可以无负任使。于是集同志文黧史公，古川李公，西槐孟公肆力于藏春坞中，凡数易寒暑而毕其技。技成，贤士大夫多寓赏识，曰：'此治世之音也，自非圣天子建中和之极，不得有此，盍谱诸使太和盈溢宇内。'不佞唯唯。……"

松弦馆琴谱二卷

明严澂集沈汝愚校　赵应良　姚文化编

万历末年刊本 [严澂自序于万历四十二
年甲寅（1614 年），那时已经付刻。但
据关雎一曲说明所记年月，全书刻成，
最早当在万历四十四年丙辰（1616 年）
正月以后。] 顺治十三年丙申（1656 年）
严炳补刻本（严炳将原版所缺少的补刻
齐全，并在神化引前加首段。此外比原
本多严澂《琴川汇谱》序，及严炳跋。）

小传　严澂字道澈，号天池，常
熟人，明嘉靖时宰相严讷的次子。生于
嘉靖二十六年丁未（1547 年）。他起初
从一樵夫或染匠学琴，[1]后至北京结识
了当时的七弦琴权威沈太韶，和他的学
生郝小川、王定安等人。[2]严澂对沈太
韶非常佩服，在琴学上受了他的影响。
万历壬寅（1602 年）严澂为《藏春坞琴
谱》作序，万历甲辰（1604 年），他任
邵武知府，三年去任。万历丁未（1607 年）
他为《琴川汇谱》作序。万历甲寅开始
刻《松弦馆琴谱》，天启乙丑（1625 年）

逝世，年七十九。由于严澂是相国之子，
本身是士大夫阶级，在他家乡的琴川琴
社中，起着领导的作用，后来便形成了
虞山琴派。到了清朝，《松弦馆琴谱》又
经四库全书著录，所以他自晚明以来，
一直在琴史上占着重要的地位。[3]

沈汝愚号君厚，此谱的校者，籍贯
事略待考。

赵应良字云所，号孟辰，常熟人，
是沈太韶的再传弟子，[4]与严澂同编此
谱。

姚文化号仲圣，与严澂同编此谱，

[1] "先贤子游墓，在虞山之巅，前明万历间，有樵者过墓上，见一叟衣冠甚古，独坐鼓琴。樵者掷斧柯听之。叟欣然曰：'汝欲学耶？'因令每日过墓，授以清商数曲。后樵者于昭明读书台下，闻有达官贵人鼓琴为会者，亦倾耳听，已而笑曰：'第五弦尚未调也。'鼓琴者曰：'汝何人亦解此耶？'试调其弦，果如樵者所云，遂令一再弹，则冷然太古音也，大惊异，为易冠巾与定交。学其所从学，樵者以告，且询其衣冠状，乃知所见者，为子游也。吾邑严太守天池之琴，至今名满天下，而其传实自樵者，故海内推为正音焉。又闻其人本一染者，徐其姓，太守公字之曰亦仙云。"吴景略《虞山琴话》录王应奎《柳南随笔》，载《今虞琴刊》。

[2] 见《藏春坞琴谱》解题注。

[3] "严公天池先生，明严文靖公讷次子，讳澂，字道澈。清修雅尚，以荫官中书舍人，仕至邵武知府。按狱穷其指踪者，治税去其烦苛者。阉为税使纵横，先生收其橇，阉夺气去。筑城东坝，开鹭丝池，通九曲水，举一切利民事。归里后，琴书自娱，湘帘棐几，陈列古器，座无俗宾，口无俗语。他如取哑女，却冶童，归姻某产钜万，皆人所难能者。著有《云松巢集》、《松弦馆琴谱》。……"见《常昭合志严讷列传》，据《今虞琴刊》引文。
"按先生生于明嘉靖二十六年丁未之二月十六日。以万历甲辰出官邵武府知府，越三年致仕归。万历丁未，序刊《琴川谱汇》，时年六十一岁，更七年甲寅，刊《松弦馆琴谱》，时年六十八岁，又十一年卒，时天启五年乙

丑九月初十日也，享寿七十有九。……"见《今虞琴刊》编者《严天池先生传略考证》。

[4] "明万历中有沈太韶者，不知何地人，善鼓琴。所弹洞天春晓、溪山秋月二曲，吾邑陈岷源妙会其旨，赵应良云所则又陈之入室弟子也。赵之琴理为天下第一，……云所尝与同邑严太守天池为琴会于松弦馆，遂勘谱行世。……"吴景略《虞山琴话》录王应奎《柳南随笔》，载《今虞琴刊》。

❶ "自古乐湮而琴不传，所传者声而已。今之声，五音固自谐，而求之于文，无当也。今三百篇布下，凡可歌咏者，孰非文，而求之于今之声，无当也。故曰，不传。然琴之妙，发于性灵，通于政术，感人动物，分刚柔而辨兴替，又不尽在文而在声。何者？试使人诵诗，雄者未必指戾，而肃者未必敛容。惟鼓琴则宫商分而清浊别，郁勃宣而德意通，欲为之平，躁为之释，盖声音之道，微妙圆通，本于文而不尽于文，声固精于文也。然则谓琴之道，未尝不传亦可。吾独怪近世一二俗工，取古文辞用一字当一声，则谓能声。又取古曲随一声当一字，属成里语而谓能文。噫！古乐然乎哉？盖一字也，曼声而歌之则五音殆几乎遍，故古乐声一字而鼓不知其凡几，而欲琴字相当，有是理乎？适为知音者捧腹耳。余邑名琴川，能琴者不少，肖刻意于声，而不敢牵合附会于文，故其声多博大和平，具轻重疾徐之节，即工拙不齐，要与俗工之卑琐靡靡者悬殊。余游京师，遇太韶沈君，称一时琴手之冠，气调与琴川诸士合，而博雅过之。余因以沈之长，辅琴川之遗，亦以琴川之长，辅沈之遗，而琴川诸社友遂与沈为神交，一时琴道大振，尽奥妙，抒郁滞，上下累应，低昂相错，更唱迭和，随兴致妍。奏洞天而俨霓旌绛节之观，调溪山而生寐历幽人之想，抚长清而发风疎木动之思，鼓涂山而观玉帛冠裳之会，弄

籍贯事略待考。

内容 严澂弹琴，一向宗法浙派，从《琴川汇谱》序中"余邑名琴川，能琴者不少，肖刻意于声，而不敢牵合附会于文"几名话可以知道。他去北京（万历壬寅，他年五十五岁）沈太韶给他很大的影响，而沈又是有名的浙派民间艺人。因此，严澂极端不赞成琴曲有词，《松弦馆琴谱》所收的二十八曲，没有一曲是有词的。

《藏春坞琴谱》是郝小川、王定安根据沈太韶的弹法而记录下来的谱，现取《松弦馆琴谱》与《藏春坞琴谱》对照，发现洞天春晓和溪山秋月两曲，几乎完全相同，其他凡是两谱共有的曲子，也有不少大部或部分相同。还有与严澂共同编订《松弦馆琴谱》的赵应良，是沈太韶的再传弟子。以上都足以说明《松弦馆琴谱》与《藏春坞琴谱》之间的关系。

松弦馆琴谱二卷
顺治十三年丙申（1656年）严炳补刻本

分节提要

严天池先生手订松弦馆琴谱本家藏板 内封

松弦馆琴谱序 薛志学作，未署年月。序中称："一日道澈著为琴谱，出以示余。安排指画，橾剔精审，按韵考声，抑扬徽吕，靡不中节，为此道订讹，良工苦心，庶几古雅再复，一时骚人韵士，争为指南，是技也进乎道矣。……"

松弦馆琴谱引 冯复京作，未署年月。引中称："吾邑严先生夙好鼓琴，乃取雅弄廿余著之为谱。"又称："是谱也，君厚、仲圣、孟辰辈寔佐成之。"按君厚为沈汝愚，是此谱之校者；仲圣为姚文化，孟辰为赵应良，字云所，是此谱之编者。

查笔者所见到的三部《松弦馆琴谱》（1.民族音乐研究所藏，原为定府行有恒堂，叶潜郑颖荪等旧藏。2.杨荫浏先生藏本。3.王世襄藏本。）都没有此引的刻本。但研究所本经人将此引抄录在薛序之后，录者自署："咸丰二年十月七日半聋抄于南沟第六桥之三百杯斋。"查周庆云《琴书存目》称此引载严澂后人严树声所藏的旧抄本《松弦馆琴谱》中。不过《存目》称之曰序，不曰引，文字与此篇比较，也稍有出入。

松弦馆琴谱序 严澂作于万历四十二年甲寅（1614年）。序中称："御谱凡二十有二，谱而藏之，以备遗忘。一日好事者持去侵梓，……"查谱中共二十八曲，与自序二十二曲数目不符。严炳的跋（见后）既然说除神化引首段外"其余悉照原刻，不敢有一笔增损"，那末所多出的六曲，当是严澂在甲寅作序以后，自己增加的。再看谱中关雎一曲的说明，严澂自记书于万历丙辰（1616年）春正月，并有"欣然付梓"的话（指关雎），更可以证明在二十二曲之外，确有增益，同时也可以知道此谱全书的刻成最早也在丙辰（1616年）年正月之后了。

跋 严炳作于顺治十三年丙申（1656年）。世襄藏本有此跋，次第在目录前。炳号孟虎，是严澂的长孙。跋称："先祖中宪公琴品天下推为第一。此谱乃一生精神所系，集燕、闽、吴、越诸名手，再四考订，刻成于万历末年，板藏本家，盛行海内。自遭兵燹，板阙其半，远近走索，茫无以应，知音者叹《松弦》妙谱，今作广陵散矣。噫，当吾世而使先绪泯没，大雅沦胥，此真后死者之罪也。因简家藏原稿，手录所阙，捐赀付梓，订成全书。内惟神化引首段，从赵孟辰先生京本，僭为补入，其余悉照原刻，不敢有一笔增损也。较正鲁鱼，晋公弟与圻儿皆与有力焉，谨附书。丙申仲夏家孙炳百拜敬跋。"此跋说明《松弦馆琴谱》至清初并未重刻，而是补配。查最末一曲神化引在曲前确多首段一叶，并注称："据赵孟辰藏本云：'此段谱中所无，余自都中得来，甚有抑扬之致。'今补刻于曲首。"所见三部，都有此叶，由此也可以知这三部都是清初补

刻本。

附琴川汇谱序 严澂作。依序中所说的年月来推测当作于万历三十五年丁未（1607 年）。杨荫浏先生藏本有此序，次第在目录前，序后有"孙男炳书"四字，可见这篇序也是原刊本所无，而是清初补刻时经其孙严炳加入的。此序原为琴川社友所汇辑的琴谱而作，并不是《松弦馆琴谱》的序。但内容与他所作的《藏春坞琴谱》序，几乎十之八九相同，而严澂偏偏对于他在北京怂恿郝、王两太监刻《藏春坞琴谱》事，讳而不谈，又在《汇谱》序中加上："予因以沈之长，辅琴川之遗，亦以琴川之长，辅沈之遗"，意在表白他的琴学和沈太韶相比是各有千秋的，为了两篇序便于对照，特将本序全文录入注中，❶此处不再节引。从这序中可以看出他坚决反对有词的琴曲。同时也可以看他本人及琴川琴社的社友所受沈太韶的影响。

松弦馆琴谱目录 分宫调，不标明卷数。
观谱法 注抹等六十六种。

松弦馆琴谱卷之一 琴川道澂甫严澂集　君
　　厚甫沈汝愚校　孟辰甫赵应良编　三行。

宫调 洞天春晓　十八　阳春十五　修禊吟　三　**商调** 古交行十二　风雷引　九　桃源吟　三　清夜吟三　中秋月　三　秋江夜泊　四　胶

漆吟　三　静观吟　**角调** 溪山秋月十三　苍梧怨　十三　列子御风　十良宵引　二

松弦馆琴谱卷之二 与卷一同，最后多仲圣
　　甫姚文化编一行，共四行。

徵调 涂山　十八　樵歌　十三渔歌　十八　关雎　十　此曲之后有说明："余生平心服陈星源关雎之妙，数年不闻，忘之矣。既闻戈庄乐一奏，宛复旧观，又数年不闻，忘之矣。兹有知音者言庄乐独得星源之传，而云所赵兄偶得星源手谱，余于是延戈、赵两君共较于赏真斋中，戈手赵谱，前后异同才两字，异哉，广陵散未亡，同调之幸。于是欣然付梓，以垂永永，私识于此。知音者无争钱兄，邑之文士也。万历丙辰春正月既望严澂书。"查陈星源《庄湖漫录》称系娄东人，琴家陈爱桐之子。❷王应奎《柳南随笔》谓吾邑陈崐源，对沈太韶洞天春晓、溪山秋月两曲，能妙会其音，赵应良云所又陈之入室弟子。星源、崐源仅差一字，而时代籍贯事实都相同，所以应是一人，而陈崐源系陈星源之误。山居吟　渭滨吟　三洞庭秋思　三　会同引　三　**羽调**佩兰　十四　汉宫秋　十　春晓吟三　**商角调** 庄周梦蝶　十　神化引首段　神化引　五

潇湘则天光云影容与徘徊，游梦蝶则神化希微出无入有。至若高山意到巘崿冈崇，流水情深弥漫波逝。以斯言乐，奚让古人，又奚必强合以不经之文，浪诮为无本之声哉？余每静而听之，辄怡然忘倦，自以为游世羲皇。甲辰岁予袛役邵武，更三年归而社友之谱成矣。余谓诸社友曰：'是足嘉会将来，若夫循声合文以进于古之乐，则俟有道者。'天池山樵严澂撰。"据杨荫浏先生藏顺治十三年补刻本《松弦馆琴谱》录。

❷"陈爱桐，娄东人，善鼓琴，为当时之冠。……爱桐之子星源，亦以琴名，善鼓关雎和阳春，独夫庄乐，施碉槃得其传。有赵云所者，偶得星源所订关雎原谱，与戈共较于赏真斋中。戈手赵谱，前后异同才两字耳。……"周庆云《琴史续》卷三引《莼湖漫录》。

松弦馆琴谱四本内容比较表（号码代表次序）

本所藏本定府叶潜旧藏		傅惜华藏本		杨荫浏藏本		王世襄藏本	
						内封	
薛志学序	1	仝	2	仝	1	仝	2
冯复京引炳半聋手抄	2	仝写刻笔迹与严柱相似	3				
严澂自序	3	仝	1		2	仝	3
				仝		严炳跋	4
观谱法	5			仝	5	仝	5
目录	4	仝第一页多流水普庵咒，而少静观吟与各本异	5	仝	4	仝	6
洞天春晓	6	仝	6	仝	6	仝	7
阳春	7	仝	7	仝	7	仝	8
		流水	8				
修禊吟	8	仝	9	仝	8	仝	9
古交行	9	仝	10	仝	9	仝	10
风雷引	10	仝	11	仝	10	仝	11
桃源吟	11	仝	12	仝	11	仝	12
清夜吟	12	仝	13	仝	12	仝	13
中秋月	13	仝	14	仝	13	仝	14
秋江夜泊	14	仝	15	仝	14	仝	15
胶漆吟	15	仝	16	仝	15	仝	16
静观吟	16			仝	16	仝	17
		普庵咒	17				
溪山秋月	17	仝	18	仝	17	仝	18
苍梧怨	18	仝	19	仝	18	仝	19
列子御风	19	仝	20	仝	19	仝	20
良宵引	20	仝	21	仝	20	仝	21
涂山	21	仝	22	仝	21	仝	22
樵歌	22	仝	23	仝	22	仝	23
渔歌	23	仝	24	仝	23	仝	24
关雎	24	仝	25	仝	24	仝	25
山居吟	25	仝	26	仝	25	仝	26
渭滨吟	26	仝	27	仝	26	仝	27
洞庭秋思	27	仝	28	仝	27	仝	28
会同引	28	仝	29	仝	28	仝	29
佩兰	29	仝	30	仝	29	仝	30
汉宫秋	30	仝	31	仝	30	仝	31
春晓吟	31	仝	32	仝	31	仝	32
庄周梦蝶	32	仝	33	仝	32	仝	33
神化引首段	33			仝	33	仝	34
神化引	34	仝	34	仝	34	仝	35
		琴川谱汇序严柱书	35	附琴川汇谱序严炳书	3		
		楷琴记严炳书	4				

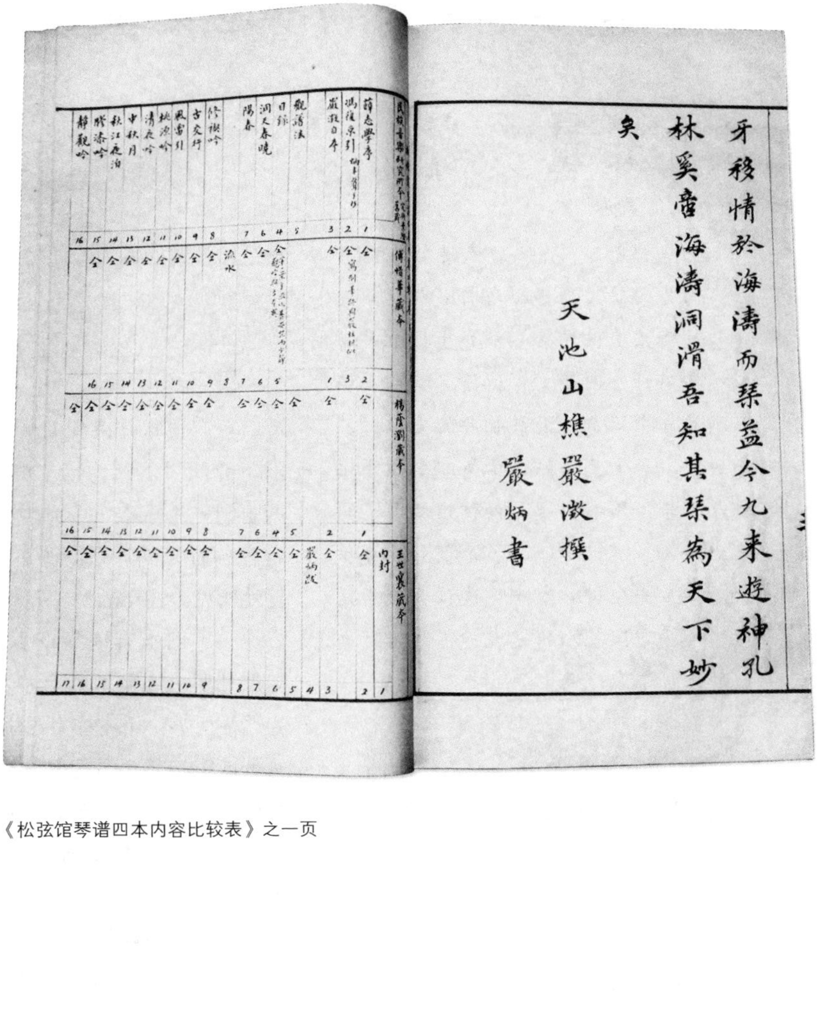

牙移情於海濤而琴益令九来遊神孔
林奚啻海濤洞滑吾知其琴為天下妙
矣
天池山樵嚴澂撰
嚴炳書

《松弦馆琴谱四本内容比较表》之一页

王世襄藏本
《松弦馆琴谱五》目次题记录存

王凤谨按：《松弦馆琴谱》存世多见，均为四册，惟俪松居旧藏本有第五册，该册系王世襄袁荃猷先生抄录当时所见定府叶潜旧藏本、傅惜华藏本、杨荫浏藏本中此本所无或相异的资料，汇而成帙。卷末《松弦馆琴谱四本内容比较表》与《琴书解题·松弦馆琴谱》同名表一致，表后有长篇题记。1950年代后期王先生将此本赠存民族音乐研究所，今于中国艺术研究院抄得该册目次并题记，汇录于此。

目录

松弦馆琴谱五　邕安　荃猷　手录

松弦馆琴谱引

松弦馆琴谱目录

流水

普庵祖师神咒

普庵咒

附琴川谱汇序（严澂撰　严柱书）

附琴川汇谱序（天池山樵严澂撰　孙严炳书）

　　癸巳十一月十九日据杨荫浏先生藏顺治十三年补刻本影钞　邕安

楷琴记

松弦馆琴谱四本内容比较表

题记

《松弦馆琴谱》所见者凡四本：甲、定府行有恒堂叶诗梦旧藏，今归民族音乐研究所；乙、傅惜华先生藏本；丙、杨荫浏先生藏本；丁、世襄藏本。四本内容各有异同，余既为列表以资比照，复就所见分述于后。

一、乙本有冯复京引，审其字迹，与严柱所书《琴川谱汇序》极似，疑亦为严柱所书。甲本亦有冯引，惟系手录，后署咸丰二年十月七日半聋抄于南沟第六桥之三百杯斋，按半聋姓炳，满洲人，曾藏明益王王船山两琴，后归袁文薮。杨时百先生诗所谓"忏除诗戒扬潜德，地下心知有半聋"是也。

二、乙本多《流水》、《普庵咒》两曲，而无《静观吟》，目录首页与内容相符，异于其他三本。周梦坡《琴书存目》称，在天池后裔严子树声处见旧抄本《松弦馆琴谱》，中有冯引及《流水》、《普庵》两曲，并断定《普庵》为后人妄增。今见乙本，则知旧抄本之所自出矣。

三、天池自序在万历四十二年甲寅，

576

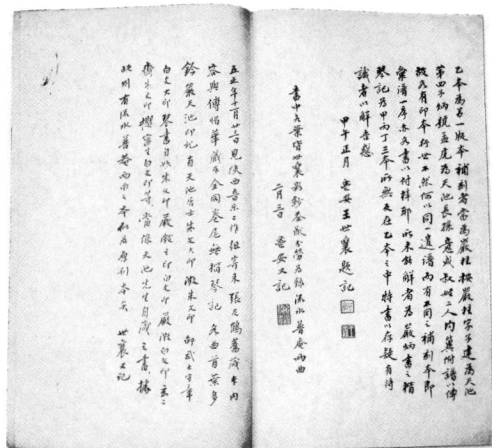

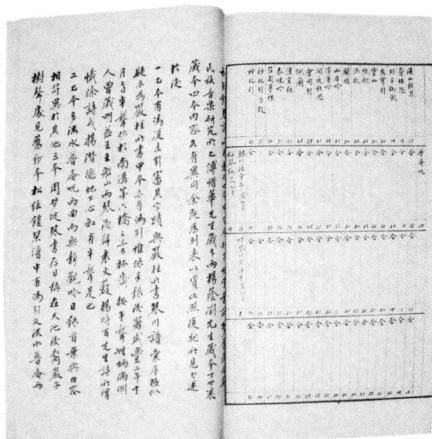

《松弦馆琴谱五》题记两页

中谓御曲凡二十有二，好事者持去侵梓。但《关雎》曲后自记书于万历四十四年丙辰，并有欣然付梓语。可知全书刻成最早亦在万历丙辰之后，而琴曲于自序之后亦续有增入，故甲丙丁三本琴曲为数二十有八，乙本为数二十有九。《流水》《普庵》要亦为天池习弹之曲，疑经严柱补入，未必为后人妄增也。

四、乙本在冯引后，有《楷琴记》，严炳所书记言陆九来倩张敬修以楷制琴事，此为各本所无，亦未见他书，可为丝桐增一故实也。杨时百琴话引《楷琴记》，但未录全文。

五、乙丙两本各有《琴川汇谱序》，但一作"谱汇"，一作"汇谱"，一为严柱所书，一为严炳所书。

六、丁本有严炳跋，中称自遭兵燹，板阙其半，因简家藏原稿，手录所阙，捐赀付梓，内惟《神化引》首段，僭为补入，余悉照原刻。今查各本，除乙本外，均有此《神化引》首段。可见甲丙丁三本均为清初补刻本，甲丙两本之所以无严炳跋者，或以中叙补

刻事故，为书估抽去，炫称原槧。甲本有叶诗梦题记，即未察及，而自谓系明刻原本也。

七、乙本无严炳跋及《神化引》首段，遽视似为原刻本，但谛观丙丁两本中漫漶各叶，乙本已另行重刻，目录首叶增《流水》《普庵》两曲，删《静观》一曲，与他本异尤为显著，据此可知乙本亦非原本，而系另一补刻本也。

八、综观上述各点，可知甲丙丁三本系同一版本，补刻者为严炳；乙本为另一版本，补刻者当为严柱。按严柱字子建，为天池第四子。炳号孟虎，为天池长孙。意或叔侄二人均冀附谱以传，故各有印本行世，不然何以同一遗谱而有不同之补刻本，即汇谱一序，亦各书以付梓耶。所未能解者，为严炳书之《楷琴记》，为甲丙丁三本所无，反在乙本之中，特书以存疑，有待识者以解吾惑。

甲午正月　**耄安王世襄**题记

（"耄安"朱文印　"王世襄"白文印）

书中各页皆世襄影钞，荃猷分劳为

录《流水》《普庵》两曲。

二月三日　鸥安又记

（"俪松居"白文印）

1955 年 11 月 23 日见陕西音乐工作组寄来张友鹤旧藏本，内容与傅惜华藏本全同，卷尾无《楷琴记》。各曲首页多钤严天池印记，有"天池居士"朱文大印、"澂"朱文印、"邵武太守章"白文大印、"琴书自妙"朱文印、"严澂之印"白文印、"严澂"白文印、"玄玄斋"朱文印、"撄宁生"白文印等，当系天池先生自藏之书。据此则有《流水》《普庵》两曲之本似为原刊本矣。

世襄又记

《裛露轩琴谱》题记两则

王凤谨按：题记两则，一附于原谱，王先生手迹。另一附于《裛露轩琴谱校读记》卷首，汪孟舒先生手迹，或系汪先生据王先生原记改写而成。

《裛露轩琴谱》八册，不分卷，不署姓名，亦无序跋。曲名下或题中声手订，中声当为辑者之字。全书共八十八曲，多自前代刊行之谱中辑出，其中似有一切刊本所无者，如秋山木落、边情密赚、琴中琴、花宫梵韵等曲皆是。所录如各书有极冷僻之本，若"雍门"、"光裕堂"、"德耕堂"、"吴官心"等，咸从未寓目。又如四十五段之《广陵散》，有清三百年中收此曲者唯孔氏《琴苑心传》一谱，而此书有之。辑者搜集之广，于斯可见。本书所据各谱之时代，就已知者言，最晚者为吴仕柏之"自远堂"，刊于嘉庆七年，是中声当为嘉道以后之笃于琴学者欤。

1955 年 4 月畅安王世襄识

抄本《裛露轩琴谱》，北京同仁堂乐氏所藏，原装八册，不分卷，不署姓名，亦无序跋。有数曲在曲名下注"中声手订"字样，中声当是辑录者的字号。各册首叶有"□□袁印"印，册二首页有"名奕隽字心园"印，是否为中声的钤记，尚待考。书中所录各谱以出版时代已经知道的来说，最晚的是1802年成书的《自远堂琴谱》即吴仕柏谱，用这点来推断，中声的时代，不能早于19世纪初叶。

全谱共八十八曲，绝大多数是从前人已刊行的谱中辑来的。但其中也有不见其他琴谱的曲调，如秋山木落、边情密赚、琴中琴等曲皆是。有几曲标明从雍门谱、德耕堂、光裕堂、吴官心等谱录来的，但以上各谱，都没有见过，说明这部谱中是有一些材料的。

原书有些地方经抄者用铅粉涂抹，上面用墨笔重写。制复后涂抹处全呈黑色，所以现在用朱笔填写。又有一些被涂去的字迹，从纸背可以窥见，觉得原来的字样，大有记出的必要（如边情密赚原名打番儿），遇此情形，则另用墨笔写出，用它来代表铅粉下面的字迹。

1955 年 4 月王世襄记
1956 年 1 月 7 日寒窗冰
研录于春雷琴室古吴汪孟舒

《异同集》题记

《异同集》曲谱是听涛主人在光绪癸巳（1893 年）至宣统己酉（1909 年）年间写录成的，序称共九百六十七出，分装百册。

听涛主人，姓名待考。序中所说吴门殷四先生，当是殷溎深。民国初年张怡庵所编的曲本，多数经殷氏订谱。昆曲粹存曲谱，也是经殷氏点定，王庆祉的序并说："社中曲师为郡城殷君溎深。殷故精于音律，名满吴中，盖今之李龟年也。"

本所在今年 9 月向文奎堂书店购得此书时，发现其中有若干出经人抽去，并在封面出名上加点，作为记号。经杨荫浏、曹安和等先生审查，所抽去的，多数是平时常演唱的本子，而未经刊印的罕见曲本，依然存在。所以这套卷帙繁浩的曲谱，仍不失为昆腔戏曲中的一部重要资料。

原书无总目，今为补写总目；又因原书每册很薄，恐易散失，现在合装成五十册。总目出名下标明原来册号及合装后的册号。抽去的各出仍列入总目，但加括弧，以示区别。未见刊印的曲本，依高步云先生查对的结果，在出名上用朱笔加点，以便检阅。

在总目的编写中，发现原书封面的出名有遗漏。据内容，原有出数应为九百七十四出，除了抽去的，现在实存六百四十三出，其中未见刊印的本子计二百七十九出。

1954 年 11 月袁荃猷编写总目
王世襄题记

襄在音乐研究所工作时，宿舍与高步云笛师毗邻。一日言及《异同集》，高先生告我幼年曾拜见殷老前辈，谙曲之多，敬业之笃，前无古人，后无来者。殷老案头有竹筒二，似庙中签筒而粗甚，贮竹签无数，各书曲名一折。老人黎明即起，不进饮食，从两筒中各颠出二签，院有梯斜搭屋檐，缘登其半，屈膝踞枨上，吹完四折，始下梯进食。自律甚严，数十年如一日。所贴笛膜甚松，发音"扑托"、"扑托"，费气力而不悦耳但长功夫。曾谓如能在梯上吹完四折，任何场合，均可泰然矣。

襄闻之甚受感动，殷老真可奉为学习典范，本拟书于当年题记之后。因《异同集》付装订而未果。高先生所告，数十年尚未忘记，今补记于此。

2004 年 5 月王世襄

介绍中央音乐学院民族音乐研究所古代音乐史料陈列室

中央音乐学院民族音乐研究所在数月前重新布置了古代音乐史料陈列室，采用按时代综合陈列的方法，用实物、乐谱、书籍、图片等围绕着音乐史中一些比较重要的问题布置了陈列，有些处并用放送录音来做配合。陈列的目的是企图通过这些实物材料等说明中国音乐文化在历史上的发展和成就。

陈列的时代从殷商起至清末止，分五个时期，连同序幕，共计六个部分。以下是各部分的概况介绍：

一 序幕

在序幕中录引了毛主席在《新民主主义论》中所教导我们的关于对文化遗产要批判接收的一段文字。此外陈列了两个年表：中国历史年表和中国音乐重要史实简表。这两个年表标明着该室的五个历史分期。

二 殷商

在这一时期的陈列中，用当时的乐器和有关音乐的甲骨文字来证明我国在三千多年前音乐文化已发展到一定的高度。陈列在最前面的是山西荆村发掘出土新石器时代的原始陶埙的照片。这说明殷代的埙，有它更早的历史渊源。以下陈列殷代的埙、铙、半球形的磬、接近曲尺形的磬等实物或图片；中国科学院发掘出土的虎纹大磬，也经制成模型陈列在这里。甲骨文字除摹制拓片及将有关音乐的文字，如磬、鼓、乐、舞等字放大摹写外，还选用了几片甲骨卜辞来说明乐舞的应用及巫师与乐舞的关系。

三 周、春秋、战国

在这一时期的陈列中，所表现的是下列几个问题：先秦的音乐思想；周代在乐律方面的成就；乐器的发展；周代统治者的音乐机构和乐队；周代的声乐。

在先秦的音乐思想陈列柜中比较了儒家、道家、墨家三个学派对于音乐的不同看法。儒家思想对后代的影响最大，所以从公孙尼子的《乐记》中提出要点，译成语体文。

周代在乐律方面的成就是辉煌的。七声十二律尽管在较晚的书籍中才有记载，应当是周代初年的发明。公元前七世纪时成书的《管子》写下了在弦上求得五音的计算方法，比希腊的毕达哥拉斯（Pythagoras）早一百多年。这里陈列了《管子》中的"地员"篇以及说明它计算方法的算式。公元前四世纪时成书的《吕氏春秋》讲到了十二律的算法，根据它的记载，画出了十二律上下相生的次序。

周代的乐器，根据现有的材料，知道已发展到八十多种，并出现了八音（金、石、土、革、丝、木、匏、竹，依制造的材料来分类）的分类方法。在这里画制了乐器分类的表格，并在表格下面陈列八组乐器。当然，除了金、石、土三类外，其他五类乐器由于器物的难于保存，几乎找不到当时的实物。所以，革类的鼓只好用商代的双鸟饕餮纹铜鼓的照片来示意，丝类的瑟，只好用长沙出土楚瑟的模型；匏、竹等类，则只好用汉画像来表现，因为这些乐器现在还没有找到比汉代更早的图像。

周代的统治者有庞大的音乐机构，《礼记》的"春官"记载很详。根据这项材料所制的表格统计，总人数达一千四百六十三人之多（这个数字尚不包括一些没有定额的人员），乐官的等级、每级的人数以及职掌等也可以比较容易从表中看出。《仪礼·大射仪》中所讲到的堂下乐，宋陈旸《乐书》中的宫悬图和堂上乐图，都排列出了当时乐队的位置。故宫博物院所藏的战国宴乐渔猎壶，中国科学院在辉县发掘出土的铜鉴，上面都有击钟击磬的乐队花纹，对当时乐队的实际演奏情况有很好的写照。

关于周代的声乐，陈列了中国第一部民歌选集——《诗经》，一旁放着当时采集民歌的地域图。《荀子》的《成相》篇用线谱画出了推测的节奏，句法形式很像现在的快板。从楚辞《九歌》中选了与音乐关系最密切的两节，抄录了郭沫若先生的今译，并用传为宋李公麟所画的《九歌图》作为它的插图。

四 秦、汉、三国、晋、南北朝

在这一时期的墙壁上，悬挂了若干幅与音乐有关的图画，其中包括汉画像拓片、敦煌及麦积山的北朝壁画摹本等。

古琴发展到汉代，曲调已很丰富，蔡邕《琴操》中所讲的《聂政刺韩王曲》，就是传世的《广陵散》。武梁祠画像也用了这个故事作为石刻题材，再加上明初刊本相传出自隋宫的《广陵散》谱及根据此谱发掘出来的现在译谱及录音；文字、图片和音乐结合在一起，对于这个古曲，可以给人比较全面的印象。

汉代乐律理论在南北朝期间向积极和消极两方面发展，积极方面的有晋荀勖笛律和宋何承天接近平均律的十二均差律。荀勖的发明，用按照他的规定制成的篴（即现在的箫）来说明早在3世纪时他已经实际应用了近世才为音响学家所知的"管口校正法"。消极方面有脱离音乐实际，为了宣传神秘主义而造作的汉京房六十律和宋钱乐之的三百六十律。对比的陈列，指出了它们的积极和消极的作用。

汉代的"乐府"是一个搜集整理民歌的机构。根据《汉书》"礼乐志"和"艺文志"，画出了乐府人数统计表和采集民歌的地域图。乐府的节奏，依照句法加以分析，有的可以找到它的规律，用线谱画出推测的结果。

汉代的乐器很难找到实物，所以采用后代的仿制品来陈列，而标明它们是在汉代已经出现的。摆出来的乐器有篓篌、箫、笛等及汉时本国所创造的琵琶（即现在的阮）。宋人仿周文矩《宫中图》的琴阮合奏一段，经放大摹制。它虽是唐人的粉本，但这种合奏的形式，应当在更早的乐府《相和歌》中已经使用。

外族音乐被吸收和融化，发展成为中国自己的音乐，是这个时期陈列中应该突出表现的一点。此处陈列了在南北朝时期被吸收到中国乐队中来的外族乐器，如贝、星、铙、钹、锣、腰鼓、手篓篌、曲项琵琶等。从中国吸收融化外族音乐史实简表中可以看出这时期主要是在鼓吹、歌舞、琵琶及宗教音乐等方面受到了外来的影响。另外一柜指出了梵文经籍的翻译工作促进了中国音韵学的形成，与后来的声乐有密切的关系。

五 隋唐

在隋代出现的乐器，陈列了方响、竽篁及十七簧笙；唐代陈列了轧筝、拍板、口琴、尺八、忽雷等等。隋唐两朝的敦煌壁画及宋人摹唐代的《宫乐图》等绘画及唐代的作乐俑，都能帮助我们理解当时乐器的使用及乐队的组织；尤其是传为宋武宗元所作的《朝元仙仗图》，上面标题写明了是龟兹乐部，我们可以相信原画作者是有一定根据的。另外有隋代九部乐、唐代十部乐所用的乐器表，是根据《隋书》及《旧唐书》"音乐志"的记载画成的。

为了说明隋唐时期在音阶和宫调方面的发展，用《隋书》"音乐志"中郑译与苏夔的对话来证明当时已有应用新音阶的事实，并陈列了关于大音乐家万宝常的文献来介绍他对于八十四调理论上的贡献。唐燕乐二十八调也经画成表

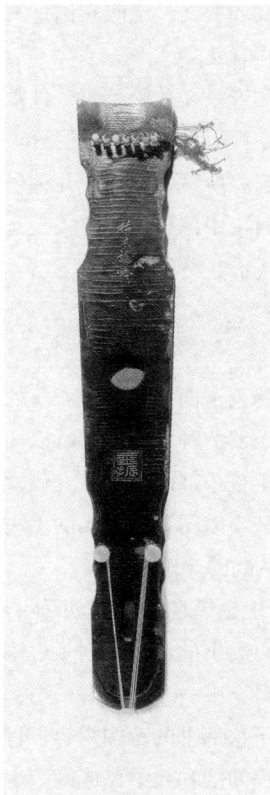

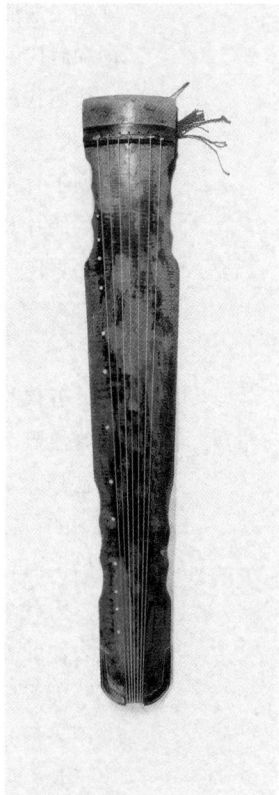

枯木龙吟琴　唐代制品　古琴家汪孟舒先生旧藏　"文革"中恐被红卫兵砸毁，汪先生亲自送存音研所，成为音乐史料陈列室最珍贵的唐琴之一

格陈列在这里。

唐代的大曲达到歌舞音乐的高峰，这里陈列了在敦煌发现的曲谱和舞谱、唐代的舞俑、有乐舞场面的敦煌唐代壁画照片、从《碧鸡漫志》等书中归纳出来的大曲总体结构表及对于大曲有生动描绘的白居易的《霓裳羽衣舞歌》。可惜敦煌曲谱及舞谱目前还没有理解到可以翻译的阶段，尚待进一步的研究和更多材料的发现。

关于唐代的声乐，从古琴曲中找到了用唐诗作为歌词的《阳关三叠》和《关山月》，它们可能保存了一部分唐代的乐句。《风雅十二诗谱》虽非《诗经》原曲，但至晚也是唐朝人的作品。此外

陈列了唐曲子词和变文，说明它们是宋词和后代说唱的前身。

唐代的中国音乐文化给朝鲜、日本很大的影响。为了说明中国音乐的外传，陈列了日本正仓院所藏中国唐代几种乐器的照片及当时由中国传往日本关于音律的著作——《乐书要录》。

六　五代、宋、元、明、清

五代时期陈列了西蜀王建墓石座的乐舞浮雕。从乐器的种类来看，可以知道它是属于唐龟兹乐部的系统。五代顾闳中的《韩熙载夜宴图》用现实的手法画出了当时贵族式的音乐生活。

宋代的音乐论著除介绍了几种有代表性的外，以突出的地位陈列了中国第一部音乐百科全书——陈旸《乐书》，并用表格分析了这部书的范围内容，肯定了其中关于民间的和兄弟民族的乐舞资料是最重要的部分。

宋词音乐着重陈列带工尺谱的姜夔《白石道人歌曲》及张炎《词源》。与它们相对照的是西安鼓乐社曲谱和五台山管乐谱。后面这两种民间还在流行的音乐的发现，大大地有助于解决姜白石歌曲的译谱和《词源》谱字的识读问题。在一旁的表格中可以看到工尺谱演变的概况及各种工尺谱写法的比较。

以下数柜陈列宋代的说唱、宋元的戏曲和宋、元、明各朝所出现的乐器。四胡、二胡等拉弦乐器以及火不思、云锣等可能都是在元代才开始盛行的，所以都陈列在这里。明代的洋琴，最初流行于广州，当是由外国传入的。

明代部分用比较显著的地位来突现大音乐家朱载堉和他的《乐律全书》。朱氏在1584年所著的《律学新说》中发表了他的十二平均律的计算结果，早于欧洲的同一发明一百多年。此外对《乐律全书》中比较典型的合奏总谱和几种舞谱也做了介绍。

明代的戏曲分明初的南戏、明代的

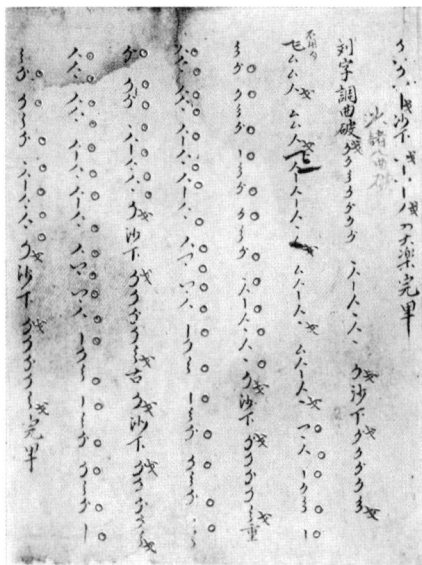

西安何家营鼓乐社乐谱　旧抄本
记谱法与宋姜夔白石道人歌曲相同

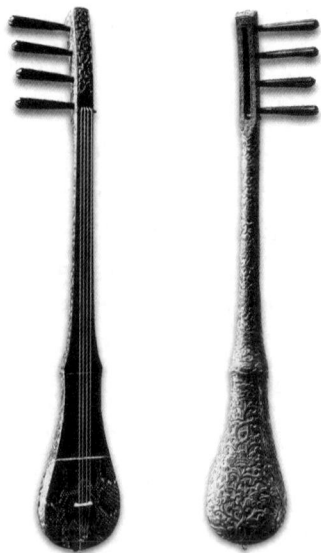

火不思（正面及背面）明代制品
背面有精美的雕刻花纹

杂剧、昆曲盛兴时期的戏曲三部分来陈列，着重在最后一部分；这部分中用魏良辅的《曲律》等来说明音乐唱腔在这时期有了新的发展。

关于明清雅乐只陈列了几部乐谱和排箫、篪、龙头笛、埙和编钟、编磬各一具，至于全套钟、磬的悬挂情形，用照片来说明。雅乐到明清早已是脱离人民的垂死音乐，因此在陈列中所占的比重是不大的。

明清的宗教音乐选用了 15 世纪时刊行的特殊谱式《道藏》、《玉音法事》、永乐时编的佛教歌曲集、有悠久传统而目前还在演奏的北京寺庙音乐等。说明中强调了它们的取材都来自民间。

明清关于古琴的著作因为材料太多，只选用了十几种有代表性的作品，从中可以比较出记谱法的演变。清代和近代的琵琶谱及筝谱也陈列在这里。

器乐合奏依乐种来分组陈列，摆出了吹打曲、管乐曲、弦索曲、锣鼓曲、蒙古筅吹等几种合奏的乐谱，各有译谱并说明它们的来源及演奏情况。

清代的戏曲，昆曲占的比重相当大，这里有清代初叶的演戏祝寿图大轴，画着演唱、化装、乐队伴奏等场面，是一幅画工的写实作品。地方戏包括京剧、梆子、福建南乐等剧种的剧本及歌谱。

在本时期快要结束的地方，屏风上挂着几幅带总结性的表格，如：中国乐器发展概况表，诗韵、曲韵、剧韵演变关系表，历代管律黄钟音高表，历代弦律比较表等。最末一柜陈列清末一直到最近关于古代音乐的研究论著（因为此室之外另有现代音乐活动陈列室，所以

云锣　清代制品　北京九顶娘娘庙旧藏　以音阶准确、音响优美闻名

有关新音乐运动的实物与文献没有陈列到这里来）。

通过陈列的方式来说明中国音乐文化的发展和成就，是一桩新的工作。这个陈列室可以说是一个初步的尝试，有待不断的修正与补充。今后为了逐步改进这一项工作，除了可以从全国的音乐机构及工作者那里得到支援外，全国的文物机关及工作者也一定可以给予很大的帮助；尤其是在今后的考古发掘当中，必然会发现有关音乐的可贵资料。争取各方面的协助，做好中国音乐史的陈列工作，将对继承祖国文化遗产、宣扬爱国主义精神起很大的作用。

原载《文物参考资料》1956 年三期

试记管平湖先生打谱

我曾说过，听管先生弹琴，他面对的就是一头牛，因此不配也不敢写这篇文章。但是我终于写了，标题冠以"试记"两字。"试"表明只是试着写；"记"说明此文主要记录管先生有关打谱的言论和我见到的他为打谱做的工作，极少有个人的认识和看法。我有幸和管先生同在民族音乐研究所工作，上班、住宿在近郊同一座楼内，朝夕相处达四五年之久。为此有人认为我尽管缺乏音乐知识和灵感，把管先生的言行写下来，即使有欠缺、遗漏甚至错误，还是可供学琴者研究参考的。

音研所的两位所长李元庆、杨荫浏都是音乐艺术家，对管先生也以艺术家相待，给他一间房，既是工作室，也是卧室。工作就是弹琴或与古琴有关的工作。他有时整天弹琴直到深夜，有时喝几杯二锅头，稍有醉意，修整花草后，倚枕高卧。不论干什么，都不会有人打扰，说不定他的高卧正在思考某一指法的运用，某两句之间如何连接，才了无痕迹且符合整曲的气势。这些微妙处琴谱是不可能标明的。我深庆管先生到了晚年，能过上无忧无虑的艺术家生活，

搞的是天赋最厚、造诣最高、喜爱又最深的工作。

管先生弹的琴曲，大体可分为三类。第一类已弹奏多年，常在电台播出并传授学生，如《良宵引》《平沙落雁》《高山》《流水》《水仙操》《墨子悲丝》等，过去修订过多少次已难统计，但早已定型，不需要再修改了。

第二类不广为人知，弹者寥寥，学者也较少，如《欸乃》《洞天春晓》《长清》《短清》《梧叶舞秋风》《龙翔操》《乌夜啼》等。还有大曲如《胡笳》《秋鸿》《羽化登仙》等，弹一次都长达二三十分钟。对上述各曲管先生虽也曾打谱订正，但少于第一类，且觉得还会发现不甚惬意之处。说不定哪一天重弹，又有改动。正因如此，此类琴曲的先后录音，即使相隔不久，也会出现不同，后一次总比前一次要好一些。我的听觉甚差，前后两次录音，各放一遍，听不出不同之处。倘经管先生跟着录音明确告知哪里做了修改，我多少才能对二者的不同略有体会。

第三类，只有一曲，即《广陵散》。管先生用了两年半把琴谱变成音乐，真

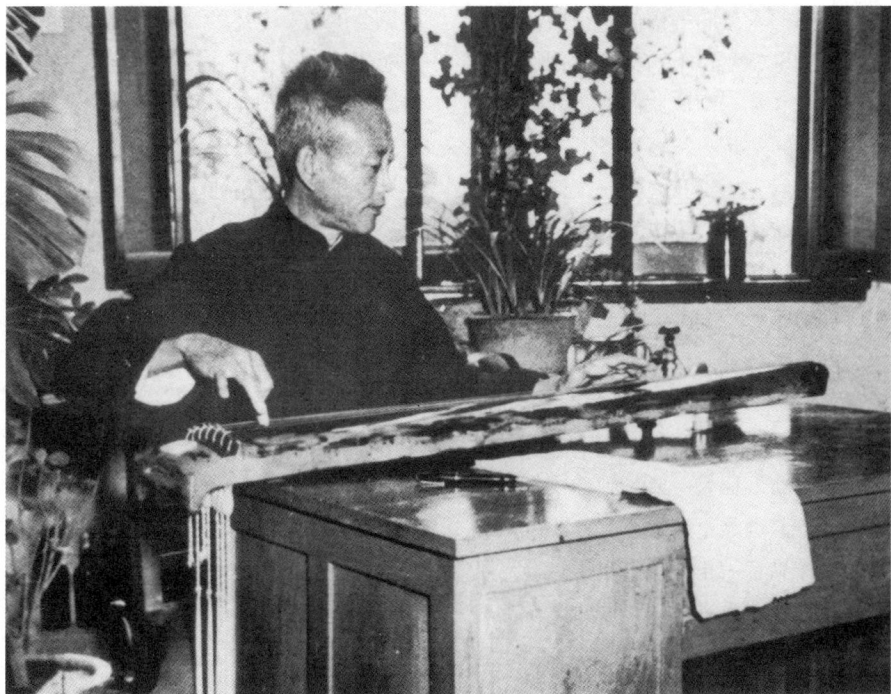

管平湖先生弹琴照

是下了极大的工夫。此曲时代很早，有嵇康之后便失传之说，虽不可信，至少说明长期以来，能弹者甚少。它描写的是战国时期聂政报仇行刺的故事，激昂慷慨，幽怨凄清，兼而有之。有的段落如急风骤雨，有的又如儿女怨诉，和明代以来琴曲，文人气息浓厚，以高逸淡雅为尚，风格迥不相同。正因如此，弹琴的指法也完全不同。为打此谱，管先生必须从研究指法入手，至少用了半年多时间，等于一次重新学习。为了了解古曲所用指法，他查阅了若干种早期琴书，在明清琴谱中是找不到的。他先探索指法动作，再研究如何运用到实际弹奏中。在这段时间内只听到他在琴弦上练指法的声音，右手拇、食、中三指已经红肿，左手拇指指甲也已磨出深沟。他在弄清指法并掌握了如何运用之后才开始打谱，打的是《神奇秘谱》本《广陵散》，是现存最早的《广陵散》谱。两年之后才完全脱谱，可以不假思索，一气呵成，弹完近三十分钟的大曲。风格气势，完全符合元人耶律楚材所作描写《广陵散》的长诗。不用说，在打谱的过程中说不清曾经有过多少次的修改。

鉴于当今人士接触琴谱的机会不多，不妨简单说一下明清以来是怎样记谱的。一个突出的特点是琴谱不记音高，也无节拍，少数琴谱只在谱侧画个圈，算是一句。琴谱所记的首先是某一曲的定调，也就是七根弦的音高排列。谱一般分段，段内直行排列一个个符号，符号由左右手的指法和所触动的弦数及徽位经过缩写拼凑而成，故通称"减字谱"。不难想象，如此记谱会给弹者留有极大的空间，随打谱者的意想弹奏。正复因此，不同的人打同一谱的同一曲，不会相同。所以打谱也不妨称为再创作，再创作得好和坏，距离原曲的远和近，自然有很大的差异。

记得管先生给我说过一个简单的比喻：琴曲好比一个大盘子，中有许多大小不同的坑，每个坑内都放着和它大小相适合的珠子。打谱者开始摸不着头脑，珠子都滑出坑外。打谱者须一次又一次晃动盘子，使每颗珠子都回到它该在的坑内。珠子都归了位，打谱也就完成了。盘子须不断地摇晃，要晃到珠子都归位为止。打谱也须不断地改正，改到对全曲的音律满意为止。琴谱也不是绝对不能改，原作者也有把珠子放错了位的时候。何况琴谱刊版时的徽位写和刻也都

难免会出错。上述的比喻管先生当年只是随便地一说，现在回忆肯定有失实或遗漏的地方。但至少可以说明管先生在一曲脱谱后为什么还要再三弹，再三改，足见精益求精的精神。

我十分后悔没有在 1962 年，即调离音研所回文物系统之前试写这篇文字。那时可以随时向管先生请教，而且有意识地去记录和多年后的追记当然大不相同。再者那时我写完《古琴曲〈广陵散〉说明》一文不久，对不少琴书还有印象。光阴流逝，过了四十多年再记，对当年音研所的一切，真有恍如梦寐之感了。

2004 年 11 月　王世襄

游藝

百　灵

图1　北京百灵笼

图2　南方百灵笼（南笼中之矮者）

我喜欢百灵，却从来也没有认认真真养过百灵。这种鸟古代叫天鹨，一名告天鸟，近代通称云雀，在西方则有Lark之称。

儿时在北京，接近了一些养百灵的人。他们多数是八旗旧裔，但也有贩夫走卒，甘心把家中所有或辛勤所得全部奉献给百灵。从这些行家们口中得知，如果养百灵不像京剧那样有"京派"、"海派"之分，至少也有"北派"、"南派"之别。北派对百灵的鸣叫有严格的要求，笼具则朴质无华，尺寸也不大（图1）。南派讲求百灵绕笼飞鸣，故笼子高可等身（图2），而且雕刻镶嵌，十分精美，价值可高达千百金。正因其高，富家遛鸟，多雇用两人，杠穿笼钩，肩抬行走。

北派专养"净口百灵"。所谓"净口"就是规定百灵只许叫十三个片段，通称"十三套"。十三套有一定的次序，只许叫完一套再叫一套，不得改变次序，不得中间偷懒遗漏或胡乱重复。

十三套的内容可惜我已不能全部记清了，只记得从"家雀闹林"开始，听起来仿佛是隆冬高卧，窗纸初泛鱼肚色，一只麻雀从檐下椽孔跃上枝头，首先发难。继而是两三声同伴的呼应，随后成群飞落庭柯，唧唧喳喳，乱成一片。首套初毕，转入"胡伯喇搅尾儿"。胡伯喇就是伯劳，清脆的关关声中，间以柔婉的呢喃，但比燕子的呢喃嘹亮而多起伏，真是百啭不穷。猛地戛然一声是山喜鹊，主音之后，紧促而颤动的余音作为一句的结尾，行家们称之为"咯脑袋的炸林"，以别于"过天"。过天则音调迥异，悠然飘逸，掠空而去。原来"炸林"和"过天"是山喜鹊的两种基本语言，在栖止和飞翔时叫法有别而已。下去是学猫叫和鹰叫。一般禽鸟最怕猫和鹰，养鸟的却偏要百灵去学它最害怕的东西。学猫叫则高低紧慢，苍老娇媚，听得出有大小雌雄之分。学鹰叫则声声清唳，冷峭非凡，似见其霜翎劲翮，缓缓盘空。复次是"水车子轧狗子"。北京在有自来水之前，都用独轮推车给家家户户送水。每日拂晓，大街小巷，一片吱吱扭扭的水车声。狗卧道中，最容易被水车子轧着，故不时有一只狗儿声号叫，一瘸一拐地跑了。净口百灵最好能学到水车声自远而近，轧狗之后，又由近而远。如果学不到这个程度，也必须车声、狗声俱备，二者缺一，便是"脏口"，百灵就一文也不值了。十三套还有几句常规的结尾，据说西城的和东城的叫法还小有区别，明耳人能一听便知，说出它是西城的传统还是东城的流派。十三套连串起来，要求不快不慢、稳稳当当、顺顺溜溜、一气呵成，真可谓洋洋洒洒，斐然成章！

过去东西南北城各有一两家茶馆，名叫"百灵茶馆"。东城的一家就在朝阳门外迤北，夹在护城河与菱角坑之间的"爱莲居"。凡是百灵茶馆都只许净口百灵歌唱，别的鸟不许进门，只能扣上笼罩，在窗户外边听，连敞开罩子吱一声都要受到呵斥。

进门一看，真叫肃静，六间打通了的勾连搭茶室，正中一张八仙桌是百灵独唱的舞台，四匝长条桌围成一圈，上面放着扣好罩子的百灵笼，不下百十具，一个个鸟的主人靠墙而坐，洗耳恭听。

俗话说："父以子贵，妻以夫荣"。养百灵的却可以说"人以鸟尊"！哪一位的鸟是班头，主人当然就是魁首。只要他一进茶馆，列位拱手相迎，前拥后簇，争邀入座，抢会茶钱，有如众星捧月，好不风仪，好不光彩，而主人也就乐在其中了。

当年我也曾想养一笼净口百灵，无奈下不起这个苦工夫。天不亮，万籁俱寂、百鸟皆暗的时候便提出笼来遛，黎明之前必须回家。白天则将笼子放在专用的空水缸内，盖上盖，使百灵与外界隔绝，每天只有一定的时间让它放声鸣叫。雏鸟初学十三套时，要拜一笼老百灵为师，天天跟它学，两年才能套子基本稳定，三年方可出师，行话叫做"排"。意思和幼童在科班里学戏一样，一招一式，一言一语都是排出来的。所以养净口百灵，生活起居，必须以笼鸟为中心，一切奉陪到底。鸟拜了师，人也得向鸟师傅的主人执弟子礼，三节两寿不可怠慢失仪。鸟事加人事，繁不胜繁，所以我只好望笼兴叹了。

中年以后，有机会来到南方的几个大城市，看到北派行家口中所谓的南派养法。高笼中设高台，百灵耸身登上，鼓翅而鸣，继以盘旋飞翔，有如蹁跹起舞。至于歌唱，则适性任情，爱叫什么叫什么，既无脏口之说，更谈不上什么

百灵鸟

却清晰而不间歇，总是一句重复上百十次，然后换一句又重复上百十次。如此半晌时刻，蓦地一抿翅，像流星一般下坠千百仞，直落草丛中。这时我也好像从九天韶乐中醒来，回到了人间，发现自己还是躺在草坡上，不禁嗒然若失。这片刻可以说是当时的最高享受，把什么抓"五·一六"等大字报上的乌七八糟语言忘个一干二净，真是快哉快哉！

听到了大自然中的百灵，我才恍然有悟，北派的十三套和南派的绕笼飞鸣，都不过是各就百灵重复歌唱的习性，使它在不同的场合有所表现而已。

北派十三套，可以把活鸟变成录音带，一切服从人的意志。老北京玩得如此考究、到家，说出来可以震惊世界。不过想穿了，养鸟人简直是自己和自己过不去，没罪找罪受，说句北京老话就是"不冤不乐"。南派的绕笼飞鸣，也终不及让鸟儿在晴空自由翱翔，自由歌唱。对百灵的欣赏由抑南崇北到认识南北各有所长，未容轩轾，直至最后觉得可爱好听还是自由自在的天籁之音，这也算是我的思想感情的一点变化吧。

原载《燕都》1987 年第 4 期

十三套了。我认为去掉那些人为的清规戒律，多给百灵一点自由，也未可厚非。当年我曾抑南崇北，轩轾甲乙，自然是受了北派的影响，未免有门户之见。

不意垂老之年，来到长江以南的濒湖地区——湖北咸宁。我被安排住在围湖造田的工棚里，放了两年牛。劳动之余，躺在堤坡上小憩，听到大自然中的百灵，妙音来自天际。极目层云，只见遥星一点，飘忽闪烁，运行无碍，鸣声

北京鸽哨

自序

我自幼及壮，从小学到大学，始终是玩物丧志，业荒于嬉。秋斗蟋蟀，冬怀鸣虫，鞲鹰逐兔，挈狗捉獾，皆乐之不疲。而养鸽放飞，更是不受节令限制的常年癖好。犹忆就读北京美侨小学，一连数周英文作文，篇篇言鸽。教师怒而掷还作业，叱曰："汝今后如再不改换题目，不论写得好坏，一律给'P'！"（P 即 Poor）燕京大学读书时刘盼遂先生授《文选》课，习作呈卷，题为《鸽铃赋》，可谓故态复萌。今年逾古稀，又撰此稿，信是终身痼疾，无可救药矣！不觉自叹，还复自笑也。是为序。

1987 年 4 月

前言

在北京，不论是风和日丽的春天，阵雨初霁的盛夏，碧空如洗的清秋，天寒欲雪的冬日，都可以听到从空中传来央央琅琅之音。它时宏时细，忽远忽近，亦低亦昂，倏疾倏徐，悠扬回荡，恍若钧天妙乐，使人心旷神怡。它是北京的情趣，不知多少次把人们从梦中唤醒，不知多少次把人们的目光引向遥空，又不知多少次给大人和儿童带来了喜悦。我们听见它可以勾起我们对这座古城的美好回忆，又因北京曾遭受过蹂躏，由于它声销音寂而激起我们的愤怒和仇恨❶。它深入于人们生活之中，已成为北京的一个象征。就是对异国的旅居者也同样留下深刻的印象，五十年前已有美国人胡斯将它写成小册子问世❷。不知道底细的人可能想不到这空中音乐竟来自系佩在鸽子尾巴上的鸽哨。

鸽哨又名鸽铃，但它实为哨而非铃。其源甚古，将于"简史"中叙及。北京自出现第一位制哨名家算起，也有近二百年的历史。此后良工辈出，精益求精，蓄鸽佩哨之家日多，鸽哨就成了一种民间工艺品。直到本世纪中叶，由于社会的变革，老艺人相继凋零，这一行业才日趋衰落。目前惟有纺织工程师张宝桐，幼年家住龙泉寺，与陶佐文署名"文"字毗邻，得其薪传，暇偶为之，哨底刻一"桐"字，音形俱佳，典型尚在，而在集市上所能买到的，则只有极为低劣的制品了。

❶ 北京沦陷时期，人无食粮，谁复养鸽！哨声既绝，城亦沉寂无生气。

❷ H. P. Hoose, *Peking Pigeons and Pigeon-Flutes, A Lecture Delivered at the College of Chinese Studies*, Peking, 1938. 讲稿曾印成小册子。

图1 王世襄（后左）、吴子通（前左）、陶佐文（前右）、王熙咸（后右）四人合影

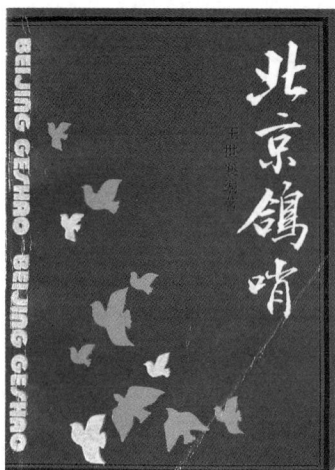

图2 王世襄著《北京鸽哨》封面

由于鸽哨是民间工艺品，与玩具近似，故难登大雅之堂，过去没有人将它作为文物看待。我幼年养鸽，多次向几位名家定制鸽哨，在庙会上遇有传世佳品，也不惜出资购买，但主要是为了飞放助兴，音响悦耳。至于认真搜集，作为专门收藏，有深刻研究，元元本本，能道其详，并用文字把毕生的心得和见闻记述下来，实罕其人。有之，惟有老友王熙咸先生。在我数十年的广泛交游中仅此翁一人而已（图1）。

王熙咸先生（1899—1986年）祖籍绍兴，乾隆时迁居北京。年十五，始养鸽，由鸽及哨，爱之入骨髓，搜集珍藏成为平生唯一癖好，竟以"哨痴"自号。他秉性迂直，不善治生产，虽曾肄业国民大学，而在小学任教，所入甚微，生活清苦，唯遇佳哨，倾囊相易无吝色，甚至典质衣物，非得之不能成寐。如是数十年，所藏乃富，所知乃丰，对各家历史，工艺特点，传世多少，实物真伪，无不了了于心。我和他相识远在全国解放之前，三四十年中多次请他将有关鸽哨的知识写下来，直到1976年他才出示《鸽哨话旧》❶一稿。他用文言写成，有时过于简略。经与商榷探讨，试为增订整理，共得七千余言。前人言鸽哨，未有详于此者，更未有穷其奥窔如此者，堪称有关鸽哨的最重要文献。

不过《鸽哨话旧》似乎是写给对此道已经相当熟悉的人看的。一些最基本的知识，如鸽哨究竟有哪些品种，用什么材料制成，如何往鸽子上佩系等等，都略而不谈，好像这些大家都已经知道，用不着再讲了。实际上时至今日，即使是有鸽有哨的人，也未必知道得很清楚，对从未接触过鸽哨的人，更是茫然了。

还有鸽哨的品种，必须示其形，方可道其名，各家哨口的特点，署名的款字，也必须见其真，方能辨其伪。这就必须备有大量图片才能说清楚、看明白。而配以图版，却是近些年才比较容易办到的事。我编写了这本《北京鸽哨》小册子（图2），除对鸽哨在历史上的出现作了简略叙述外，还列举其主要品种、制作材料、古今名家等，并试作较系统的介绍，兼及佩系、配音方法。我希望能对《鸽哨话旧》起解说注释的作用，同时也是对老友王熙咸先生的缅怀和纪念。

简史

于照《都门豢鸽记》中有《系鸽之铃》一节，开头便说"鸽铃之制，不知起于何时"[2]。由于缺少时代较早的文献记载和出土实物，要说出鸽哨何时开始有人制造固然有困难，但不等于对它的历史就不能作一些查考和追述。

鹁鸽是一种容易被人驯化的鸟类，成为家禽的年代可能不会比鸡晚多少。"鸽"字在甲骨文中虽有待发现，但已见于东汉许慎的《说文解字》[3]。做鸽哨的主要材料是匏和竹，都在古代"八音"之列，而且用它们来做吹奏乐器已有很长的历史。因此如果有朝一日在汉代或更早的遗址中发现鸽哨，我们将不会感到诧异。

现在查到鸽哨最早的文字材料，肯定比它开始出现要晚得多，因为文字的作者已经是北宋时人了。梅尧臣（1002—1060年）在一首题为《野鸽》的五古中有"孤来有野鸽，嘴眼类春鸠……一日独出群，盘桓恣嬉游。谁借风铃响，朝朝声不休"的诗句[4]。张先（990—1078年）有"晴鸽试铃风力软，雏莺弄舌春寒薄"的词句[5]。

史籍记下了西夏与宋军作战，利用鸽哨声作为发兵围攻的信号。北宋仁宗庆历中（约1041—1044年）桑怿征元昊，于道旁得数银泥盒，中有动跃声，不敢发。总管任福至，发之，乃悬哨家鸽百余，自中起，盘旋军上。于是夏兵四合，福力战军殁。见《宋史·夏国传》[6]。

迨入南宋，鸽哨更为普遍。这不仅是因为范成大有诗讲到每日自晨至午，起居饮食，都以打更、诵经、鸽哨之声为节[7]。更有力的证据是有关南宋临安的几种著述如《西湖老人繁胜录》、《武林旧事》等，把鹁鸽铃列入"诸行市"或"小经纪"[8]，说明当时已有专人从事鸽哨生产和贩卖了。

北京的鸽哨，要到晚清人的著作中才查到较详细的记载。富察敦崇著、光绪间成书的《燕京岁时记》讲："凡放鸽之时，必以竹哨缀之于尾上，谓之壶卢，又谓之哨子。壶卢有大小之分，哨子有三联、五联、十三星、十一眼、双筒、截口、众星捧月之别。盘旋之际，响彻云霄，五音皆备，真可以悦性陶情。"[9]他讲的虽有不够准确之处[10]，却用了欣赏称赞的笔调来加以描绘。

从上面引用的材料可略知古代鸽哨的分布和使用情况。西夏的鸽哨当为西北宁夏地区的制品并用之于军事征战。范成大听到的和临安市上售卖的自然是江南苏杭地区的制品，其主要用途是让它发出美妙的声音，悦耳怡情。至于敦崇所记，是北京本世纪初的情况，鸽哨已五音皆备，花色繁多，发展到了很高的水平。当时京华所制，相信已超过全国任何地区和过去的任何时代的鸽哨。

据笔者所知，现在全国各地，尤其是大中城市，有时也可以听到鸽哨声。各地的哨子有的是从北京买去的，有的为当地所制。后者要比前者粗劣，音响也远逊。偶读外国人写的文章，得知印度、印度尼西亚、伊朗、泰国和近东国家也有鸽哨[11]。实物虽待访求，但文章认为鸽哨起源于中国。看来它们和北京的鸽哨相比恐怕还处在比较原始的阶段。北京是历史悠久的文化古都，加上清政府为八旗子弟供给钱粮，一大批人

❶ 王咸熙著《鸽哨话旧》已收入拙著《北京鸽哨》（1989年9月三联书店）《附录》。

❷ 于照：《都门豢鸽记》，1928年晨报出版部铅印本，页206—218。按于照即花鸟画家于非闇。

❸ 鸽，收入汉许慎《说文解字》第四上。

❹ 宋梅尧臣：《宛陵集》卷二十八，页3下，《四部丛刊》据万历间梅氏祠堂刻本影印。

❺ 据清张万钟《鸽经》录引，新篁馆刊本。

❻ 元脱脱等：《宋史·外国一·夏国传》卷四百八十五，页13997，中华书局标点排印本。

❼ "巷南敲板报残更，街北弹丝行诵经。已被两人惊梦断，谁家风鸽斗鸣铃。"宋范成大：《范西湖集》卷二十七，页377，1962年中华书局排印本。

❽ 宋西湖老人：《西湖老人繁胜录·诸行市》；元周密：《武林旧事·小经纪》。1956年上海古典文学出版社《东京梦华录》附印本，页120，页452。

❾ 清富察敦崇：《燕京岁时记》。页15下，光绪丙午文德斋刊本。

❿ 竹哨不得称之为"壶卢"（葫芦）。

⓫ U. 雷伯尔：《空中的乐声——鸽哨》，《中国报道》1982年第5—6期，页69—70，中华全国世界语协会出版。

长期饱食安居，故得殚精竭智对许多娱乐玩好及其器用设备作不断的研究制作，讲究之多，工艺之精，达到使人惊讶的程度。不少器用如鸟笼、蛐蛐罐、蝈蝈葫芦等都堪称世界第一，固不只是鸽哨一项而已。

品种

北京鸽哨，品种颇繁，过去从未有人加以归纳分类。今据其造型试分四大类。即：

一、葫芦类　以圆形葫芦为主体的鸽哨。

二、联筒类　用管状哨制成的鸽哨。

三、星排类　以托板为底座的鸽哨。

四、星眼类　扁圆葫芦和管状哨相结合的鸽哨。

每类各有若干种，经统计，共得三十有五。但这只限于常见的，制哨家别出心裁之作，或养鸽家自行设计，立异标新专门定制之件，还不包括在内。下面依类再作详细的介绍。

一　葫芦类（计：小葫芦　中葫芦　大葫芦　小截口　中截口　大截口　三截口　众星捧月　截口捧月　九种）

此类因用细腰葫芦的底肚作鸽哨的主体而得名。做法是将细腰切断处的孔开大，用大瓢或毛竹挖成开有宽大哨口的圆片覆盖其上，胶粘牢固。这圆片通称"葫芦口"。葫芦口上及其两侧安用竹管或苇管做成的小哨，名曰"小崽"。小崽多少，视葫芦的大小而定，以三对六枚为常式。一对安在宽大哨口之前，或称"门崽"，两对分安在葫芦口两侧的葫芦上（彩图2）。葫芦肚底偏前安竹

制或骨制的鼻（北京称之曰"鼻儿"，亦称之曰"把儿"或"柄"）。鼻上有小孔，铅丝从此穿过，弯扣成环，是佩系鸽哨必须有的装置。全哨完成后，表面上漆，或黑、或紫、或黄。也有连哨里也上漆的，坚固耐用。且防虫蛀，唯分量稍重。表里都不上漆的叫"白茬"，容易损坏，故只是少数。

鸽哨以对计，选两个约同样大小的葫芦制成。葫芦天生，大小不一。小葫芦肚直径不过三四厘米，做成鸽哨后约如核桃大。大葫芦肚直径在十厘米左右，做成鸽哨后其大如拳（彩图9）。从三四厘米到十厘米之间的葫芦，依其大小固然可以分成许多号，但鸽哨葫芦一般只分小、中、大三号，视其围径，粗加等分而已。实际上葫芦过小其音尖，失去它应有的嗡嗡然的本色。过大则即使是健羽，负之飞翔，亦难持久，且易遭鸽鹰袭击。故适宜佩系者为中葫芦，制哨家生产最多的也是中葫芦。

挖葫芦口或用大瓢，或用毛竹，这里面也有讲究。瓢质疏松体轻，故发音雄厚沉浑，为竹口所不及。但竹材耐打磨，故瓢口又不及竹口光洁美观。用料不同的葫芦，养鸽家往往兼收并蓄，正是取其各有所长。

"截口"的全称应为"截口葫芦"，它和葫芦的外貌基本相同，只是宽大的哨口及其内室都被截隔为二，故曰"截口"（彩图29）。其大小也同样被分为小、中、大三号。它不论大小，哨口与内室的截隔，都是偏分，故其音一高一低。名家之制，截口的两音相差为大二度或小三度，十分和谐。劣手之作，两音高低，全无规律，故难悦耳。

截口葫芦的做法有简制与精制之

分。简制的将葫芦剖开，用纸板作隔墙，夹好后粘合再上漆。漆后隔墙的断面明显外露。精制的做法是隔墙在葫芦肚内粘合，即使不上漆，肚外也全无痕迹。还有简制的一旦剖开，音响不佳便无法补救。精制的则可以移动隔墙，调整音高，直到音响完美后才把隔墙粘牢固定。

"三截口"是从截口发展出来的，即将哨口及内室由两分增加到三分（彩图14）。这一品种，熙咸先生平生只见到两对，都出小永之手。很可能小永就是这一品种的创造者。据熙咸称，他收藏的一对，经口吹聆音，中为宫，左为商，右为角，可见在音响上也是经过精心设计的。

"众星捧月"，简称"捧月"，即在葫芦口之后，加若干小崽，围簇半周，如众星之捧满月（彩图17）。小崽之数，可多可少，多则一直加到葫芦口的前方。不过小崽越多，葫芦肚内的空间越少，自然要影响发音。其结果等于虚设（图3）。

二　联筒类（计：三联　四联　五联　二筒　三筒　鼎足三筒　四筒　四足四筒　八种）

所谓"联"与"筒"，都是在直管上安哨口的鸽哨。二者的区别在管细的为联，管粗的为筒。它们的用材也不同。细管多截苇竿为之，粗管则截竹竿为之，而且必须刮削掉竹皮和竹肉，只剩下薄薄一层内壁，即竹黄。只有这样才能体轻如纸。

"联"和"筒"均依管数来命名。其中以三联、五联和二筒最为常见。各管的排比是前短后长，一一相挨，列成一行，故哨音前高后低。哨口的位置，自前向后拾级而上，有如阶梯。这样前

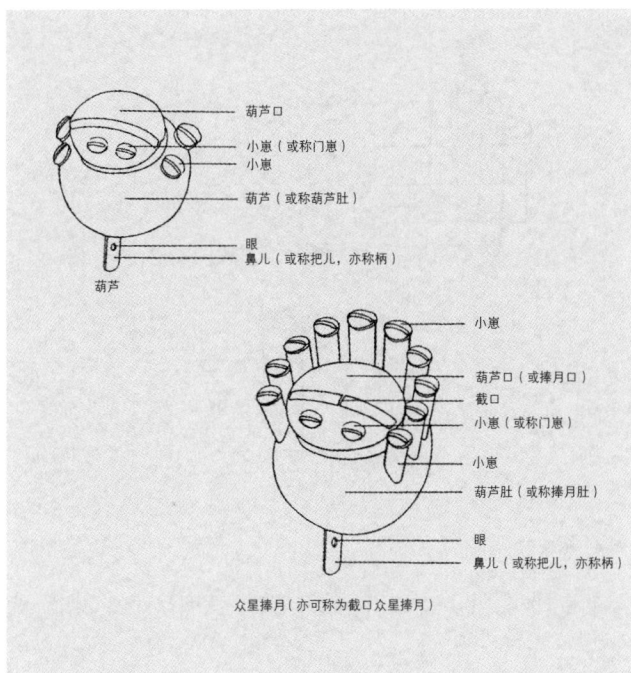

图3　葫芦类

哨就不会遮挡后哨，妨碍发音。1934年我自行设计，打破三筒、四筒直行排列的成规，分列如鼎之三足、桌之四足，中以小框连结，特请周春泉先生（即"祥"字）为制数对，试听音响甚佳，系在鸽尾，也比直排的更为稳定，故名之曰"鼎足三筒"及"四足四筒"（彩图35）。养鸽者亦有继我之后向"祥"字定制，但市上所售仍以直排者为多，先入为主，成规难易也。

联与筒的哨口均用竹挖制。由于二筒的管较粗，哨口较大，故往往在哨口之前加一枚或一对小崽。小崽之音响也要求与大筒和谐。三联、五联因哨管本身已经很细，故哨口上不能再加小崽了。

联筒的哨管多为双层底。下一层底将管底堵没填平，标志制者的"字"刻在此处。上一层底隐藏在管内，其位置高低根据音高的需要来定。制者要反复吹听，哨管音响和全哨和谐后才将它粘

597

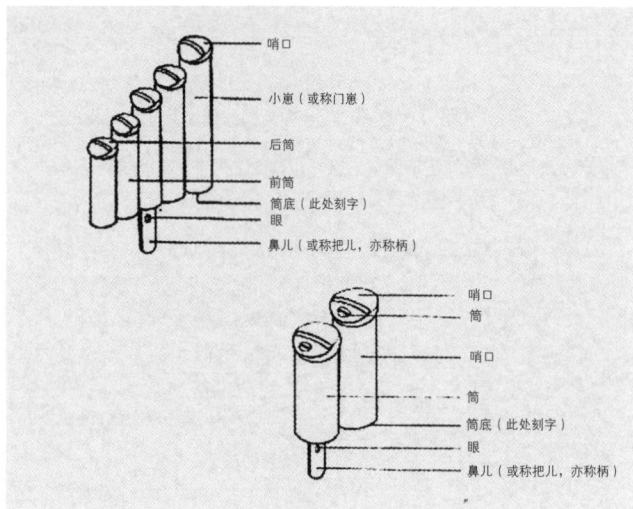

图 4　联筒类

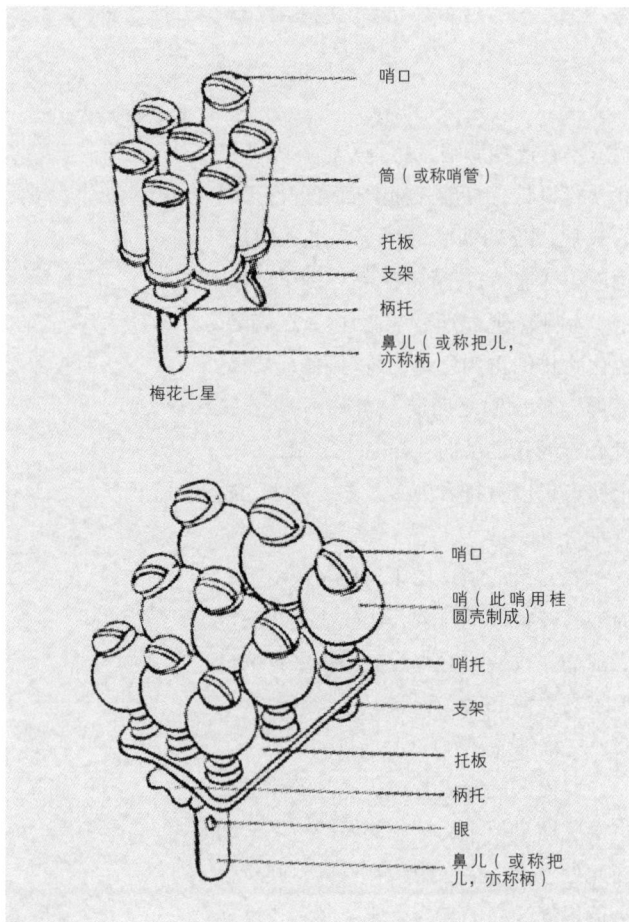

梅花七星

图 5　星排类

牢固定（图 4）。

三　星排类（计：梅花七星　三排
五排　三种）

七星冠以"梅花"二字，是为了有别于列入星眼类的一般的七星，它共有七管，因植立在一个花瓣形的托板上而得名（彩图 26）。

三排在托板上排列成三纵行，每行三哨，总数为九，故又称"三排九子"。它别名"十八罗汉"，是指成对的三排的哨数而言的。五排也在托板上列成三纵行，每行五哨，总数为十五，故又称"五排十五子"（彩图 8、15）。

星排类的托板多用竹制，也有用水牛角做的。它不方不平，而是前狭后阔，纵长于宽，中部微隆，略如瓦片。托板之下，哨鼻居前，支架在后。支架可以垫高托板，使各哨都能纳气吐音。它多用兽骨或象牙制成，透镂盘肠、方胜、套环、古老钱等图案，甚为精巧。竹材直纹容易断裂，做支架并不相宜。三排、五排的小哨，有的不用竹管而取材于各种果壳，将于"制哨材料"一节中叙及（图 5）。

四　星眼类（计：七星　九星
十一眼　十三眼　十五眼　十七眼
十九眼　二十一眼　二十三眼　二十五
眼　二十七眼　二十九眼　三十一眼
三十三眼　三十五眼　十五种）

此类鸽哨，不论其名曰"星"还是名曰"眼"，中部都有一个扁圆形的肚，通称"星子肚"。它有两种做法：一种用葫芦肚加工而成，一般采用细腰葫芦上面的一个肚。方法是将圆肚纵向剖开，切掉正中约占全肚三分之一弱的一圈，再将两旁的两块粘合到一起，这样圆肚就成了扁圆肚。一种用两块厚竹板经过挖锉，再拼成扁圆肚。前者是一般的做法，比较省工。后者是所谓"全竹"的做法，即全哨都用竹做成，不用葫芦，比较费工，价格要比前者贵两三倍。

星子肚拼成后，上安哨口，下安哨鼻。肚前粘一细管直哨，或称门崽，肚后粘一粗筒直哨，或称后筒，星子肚两侧再安小崽。小崽之数最少为每侧两枚，加上哨口和前后的管和筒，其数为七，此即所谓一般的"七星"。如星子肚两侧的小崽每侧再增添一枚，其数为九，是为"九星"。自九星以上，每侧如再增一枚，其名不再叫"星"而叫"眼"，故有"十一眼"、"十三眼"、"十五眼"、"十七眼"、"十九眼"、"二十一眼"直至"三十五眼"（彩图36）或更多。小崽每增必二，这是为了左右各一，才能使哨子两边对称。只有极少数在星子肚前安一对小崽，或在星子肚的哨口前加一小崽，使哨子的总数成双。《鸽哨话旧》中讲到的二十八宿，即属此类。但这样的实物极少，只能视为星眼类的变体。

小崽的增多，不得不将哨身加大，并把小崽的排列，由每侧一行增为两行乃至三行，而小崽的管径也越缩越细了。尽管缩细，小崽下端插入星子肚，还是要占去肚内的空间。故自二十一眼以上，崽越密而管越细，星子肚也填得越满，故所能发出的音量也越微。若到三十五眼，小崽椏杈，形同猬棘，它也很难出声了。严格说来，二十一眼以上的鸽哨，制者可以炫其工繁而艺精，藏者可以夸其哨多而品备，但在真正行家的心目中，认为并不足取。《鸽哨话旧》讲到李某有"意"字三十九眼一对，"形大声宏"，这是由于它形体特大的缘故。但特大之哨是不宜经常系佩的（图6）。

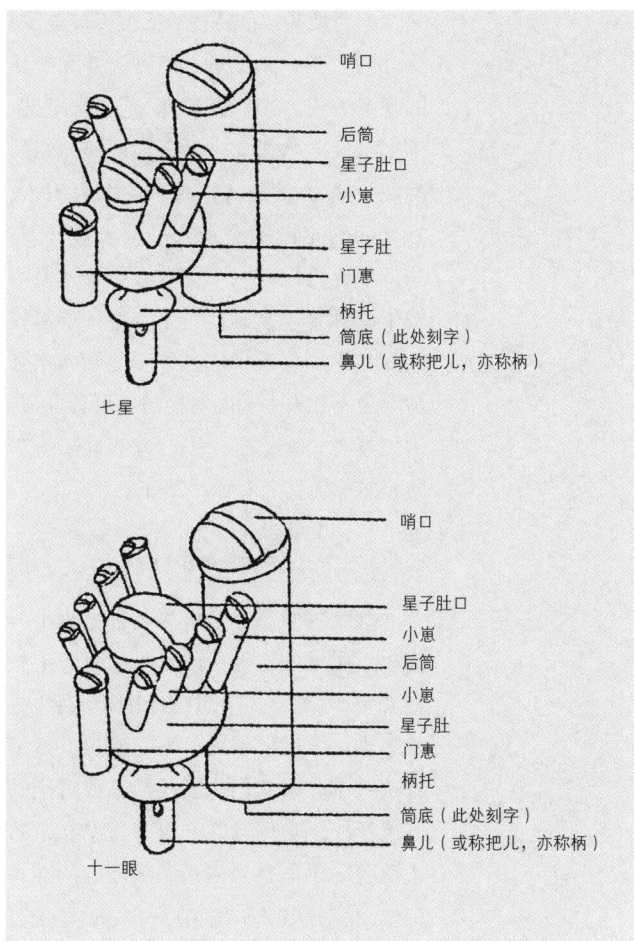

哨口
后筒
星子肚口
小崽
星子肚
门惠
柄托
筒底（此处刻字）
鼻儿（或称把儿，亦称柄）

七星

哨口
星子肚口
小崽
后筒
小崽
星子肚
门惠
柄托
筒底（此处刻字）
鼻儿（或称把儿，亦称柄）

十一眼

图6　星眼类

上述四类三十五种，自然是一个不完全的统计。例如用葫芦做成的孙悟空和猪八戒，二十八宿，三十五眼以上的鸽哨，以及于照《系鸽之铃》中讲到的"十八星"和"子母铃"等，都因其不常见而未收入。于氏将他所列的十四种（其中包括十八星和子母铃）称之为"一堂"，似乎久已成为定例。又谓"缺其一二，即失变化之效"，实不可信。按北京养鸽家从未有此说法。为此，曩曾质诸王熙咸先生及对保（又名二保）、瑞四等鸽贩哨商，均谓故家藏哨诚有之，收到"惠"、"永"等名家之制，凑足

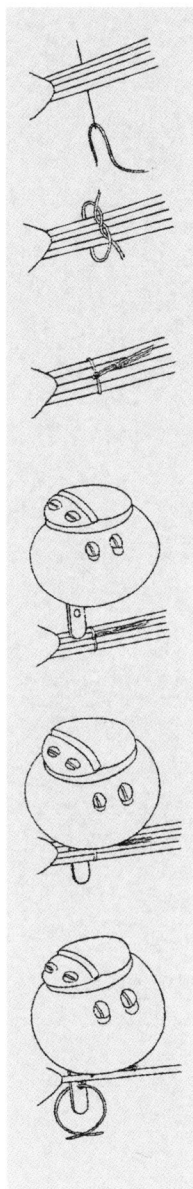

图7 缝哨尾子及佩系哨子示意图

一二十对便护以织锦匣，或覆以玻璃罩，称之为一堂，其数量及品种，并无严格的规定云云。20世纪以来，"祥"、"文"等家虽经常承揽"定活"，其品种数量，唯定制者之意是从，故多少大有出入，且未闻有定制所谓十八星及子母铃者。如依于氏之说，岂不百数十年来各家均按十四种为一堂制造？十八星、子母铃又为其中不可或少之品种？此则与实际情况全不相符。于氏殆轻信好事者之言，未加查考，遽笔之于书，致有此误。为防止舛谬流传，特予以辨正。

佩系与配音

鸽哨的佩系方法极为巧妙，也十分简单。鸽子的尾翎一般是十二根（十三根者是少数）。在正中四根距臀尖约一厘米半处，用针引线，平穿而过，然后打结系牢。线宜用优质棉纱，或鲜艳的五色丝线。唯用丝线必须多打结扣，防止滑脱。以上是为佩系鸽哨所做的准备工作，北京称之曰"缝哨尾（音yǐ）子"。佩系时，哨口朝前，将哨鼻插入四根尾翎正中缝隙中。这时哨鼻上的小孔恰好在尾翎之下露出，用长约五厘米的铅丝穿过小孔，弯成圆圈，两端交搭，以防张开。至此鸽哨便已佩系完成（图7）。由于哨鼻嵌夹在尾翎缝隙中，下有铅丝圈扣牢，其前后又分别被鸽之臀尖及"哨尾子"拦挡，故它不能向左右、上下、前后任何一方移动，而牢牢地固定在鸽尾之上了，一任飞翔回旋，乃至急上、疾冲，或"打鬼翅子"（偶尔短时间的不规则飞行）也无脱落之虞。缝哨尾子也有只穿正中两根尾翎的，但只限于佩系二筒、三联、七星等小型哨子的雌鸽。至于带中、大型的哨子则非缝四根尾翎

不可。哨尾子每年缝一次，时间在夏季换毛完毕，新尾翎已长成之后。如缝时尾翎未干，针线穿过，翎管将流血而枯萎，不中用矣。冬春之际，天空有时出现鸽鹰（俗称"鸦虎子"），负哨之鸽，易遭袭击，鸽哨两亡。夏季鸽鹰稀少，但哨尾子仍是去岁所缝，则可能因哨饱风而将旧翎拖落，以致鸽还击哨失，此皆不得不注意者。养鸽家藏有佳哨，必知季节、审天气，了解鸽之健康情况（雌鸽怀卵时不宜佩哨，哺雏时则雌雄鸽均不宜佩哨），始肯系之放飞，飞罢随即卸下，以防意外。我当年总是另备几把一般鸽哨，供平时飞放。名家之制，是舍不得轻易让它上天的。

谈到鸽哨的配音，必须先了解两方面的情况。一是每一头佩哨鸽的负荷能力和每一把哨的音量和音色。鸽子有强有弱，负荷能力多不相同，须经过实际考察，不可只凭貌相。有的体形雄健，却最多只能带中号葫芦和大二筒，反不及体小之鸽负荷力强。我有大葫芦若干把，"惠"、"永"、"鸣"、"祥"、"文"、"鸿"等家所制应有尽有，却只有一头娇小才盈握的"小挓灰"最能胜任，见者无不啧啧称奇。至于鸽哨，也有大的反比小的尖脆。例如"兴"字的九星、十一眼等，因管内的二层垫得高，故比他家所制同样大小的哨子或更小的哨子还要尖脆。还有旧哨年久，难免开胶虫蛀，漏气泄风，若不修补重粘（过去周春泉、陶佐文皆精于修复，今则无此高手矣），则其音不正，甚至喑哑无声。故哨子也须一一分别试听，才能真正知其音响。

北京养鸽飞放，主要可分两种。一种叫"走趟子"，选当年或一二龄的壮鸽，取其血气方刚，喜欢远游，清晨起飞后

两三盘旋即直奔他方，日将卓午，方才飞回。为走趟子佩哨，虽多至一二十头，也只从小葫芦、二筒、三联、七星中选两三把而已。因鸽群远征，不宜负重，直线飞行，哨音平直，不会有回荡婉转的韵味。何况瞬间声影已杳，只有飞回时，才隐隐听到哨音自远而近。故为它佩哨，是为了能收到音响信号，用不着什么配音。

另一种飞放叫"飞盘"。鸽群起飞后，围绕所居，一再盘旋，渐盘渐高，直薄云霄，虽小到翩翩如彩蝶，仍仰首可见。有顷徐徐盘下，齐落瓦面。如饲养有方，水食得当，可以三起三落，历一二小时才收盘归巢。飞盘的鸽群，最宜选哨配音，欣赏其声响。由于鸽群盘旋回转，哨口受风角度不同，强弱有别，哨音乃有轻重巨细的变化。尤当鸽群向左向右轮番回旋，即所谓的"摔盘儿"时，哨音的变化更为明显，也更有规律。这时就不是各哨齐鸣，而具有交响的变化了。鸽群偶或自高疾降，一落百丈，急掠而过，霎时间各哨齐暗，转瞬哨音又复，这一停顿，真是"此时无声胜有声"。总之，为飞盘佩哨，自然要讲究配音了。

鸽哨发音，基本上是同时齐作，不能随人意愿使其孰鸣孰停，孰细孰宏。故对每一把鸽哨我们要求它声音大而准，如截口两音之差应为大二度或小三度，五联五音，应与五声音阶符。对成群的鸽哨，则有如乐队，要求高音、低音及不同音色的乐器尽量齐备，也就是说把能起作用的不同鸽哨品种配备齐全。这是可以做到的，也是比较容易理解的配音。至于一二十把哨子同时上天，大小葫芦，粗筒细管，多至一二百音，有人却说能听出某把与某把，某音与某

音，配搭不当，互不谐调，以致重浊而不清澈，则未免言之过玄，吾深愧无师旷之聪，只能敬谢不敏了。

前面讲到的三十五种，在配音时真正能起作用的是中小葫芦、截口、二筒、三联、五联、七星、九星等十来种而已。葫芦、截口之音嗡嗡然，二筒发音如笙簧，三联、五联清脆如串铃，它们的音色各不相同。星眼则能较好地把前三者集中于一哨，故为飞盘鸽群佩哨，宜以上述几种为基础。至于捧月、三排、五排等，都可用葫芦及三联、五联等来代替，而星眼类如小恚太多，在音响上反而起不了作用，前已言及矣。

鸽哨配音，虽以上述几种为主，但每个品种宜用多少把，其大小应如何搭配，都应遵循一个原则，即任何一种哨都不宜过多和过大，以致在音量和音色上压倒或掩盖了另外一个品种。为求得最佳方案，有必要把每头鸽子的负荷能力和每把哨子的音量都考虑进去。合理的配音要通过试验、考察才能掌握具体情况，再根据具体情况来拟定如何选哨配音。

试听哨音，系佩飞翔之外，尚有简易之法。即哨口向人，用二尺余长细棉绳（通称小线），穿过哨鼻鼻孔，两端各绕食指数匝，利用离心力将哨子悠动，越悠越快，哨子发音，宛如鸽负在空。只是音响急而直，殊少悠扬自然之韵耳。庙会鸽市，哨贩卖哨，多用此法，招徕顾客。

制哨名家

北京鸽哨，已有很长的历史，并早就有专业的生产者，不过史料和实物尚有待发现。入清以后，制作精良，音响

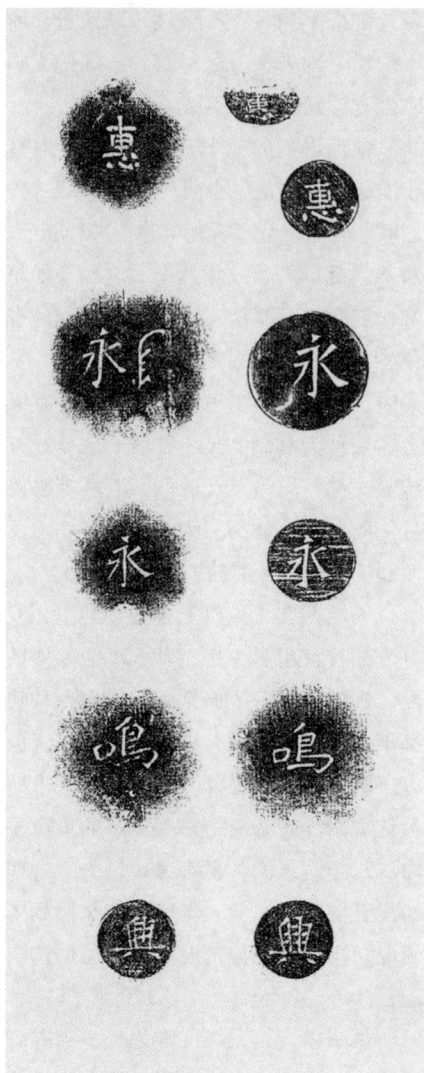

图 8.1 "老四家""惠"、"永"（老永）、"鸣"、"兴"款字拓本

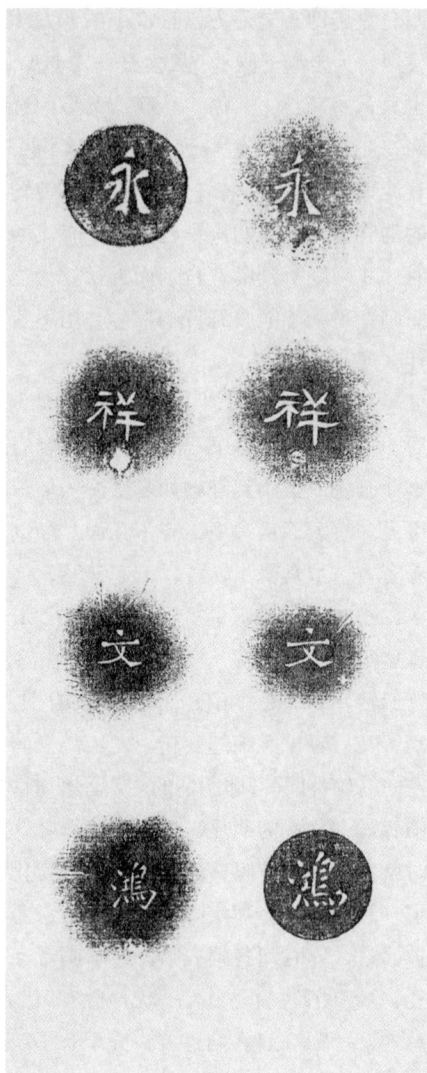

图 8.2 "小四家""永"（小永）、"祥"、"文"、"鸿"款字拓本

绝妙，声名烜赫，被尊为一代宗师的，首推生于嘉庆初年署名"惠"字的制哨家。"惠"字以下，公认堪称名家的又有署名"永"（老永）、"鸣"、"兴"、"永"（小永）、"祥"、"文"、"鸿"等七人，共得八家（图 8.1—8.2）。至于一般制者，人数尚多，详见熙咸先生《鸽哨话旧》，兹不复赘。

制哨之家，人直称其哨上所刻之字，姓名反不为人知。"惠"字相传为正白旗人。《鸽哨话旧》记陶佐文（"文"字）于光绪三十四年（1908 年）晤英世英老人，道及"惠"字晚年情况：世英于同治十年（1871 年）在西城护国寺街西口外前车胡同鸽市见此翁年已古稀，持"惠"字哨出售，哨值以音计，每音索制钱五十。如是时"惠"字年七十，则其生年当在嘉庆初（1800年前后）。

"惠"字哨，口皆微斜，熙咸称之为"手病"。盖艺人运刀，着力稍偏，已成习惯，久而不自觉其斜。书法家中，所书笔画向一方欹斜者，颇有人在，理正相通。"惠"字中年以后所作哨口，与早年不同。早年口宽而平，中年以后狭长而隆起。今特选其早年所制九星与日后所制七星并置左右，以资对比（彩图1）。

"惠"字刻字署名，似信手为之，不求工整。笔画多借刀尖崩出，并非双刀切成，故刀口欠光洁。刻字位置，亦不讲求，或偏而不正，或挤在哨鼻一侧，与后来几位名家相比，更觉其哨子外形非其所计（图8.1）。但他对哨音的要求，却精益求精，一丝不苟。凡属真品（晚清以来，赝制甚多），音响无不佳妙。我购藏已多年的瓢口紫漆大葫芦（彩图2），主音雄浑，却又不掩小崽之清脆，即使十余哨同时在天，其音仍凌驾众哨之上，真可谓不同凡响。

"惠"字之后，继推"永"字，虽有名声，亦无人能道其姓氏。他有时在"永"字署名之旁，加刻满文字（图8.1），故知亦为满族人。其子继父业，也署名"永"字。人称父曰"老永"，子曰"小永"。

经熙咸推算，"老永"晚于"惠"字二十余年，所据为光绪庚子（1900年）春，廉君春卿见"老永""缁衣羊裘，徜徉于隆福寺间"，是时"老永"年已七十。熙咸聆闻春卿叙述此事则在1958年，春卿已是八旬老翁了。

"老永"制哨，口宽阔而平整，吸取"惠"字早年款式而矫其微斜，故仪表端正，舒展大方。在用漆上亦有所发展，不仅髹其表，亦复漆其里，故防蛀祛潮，坚实耐久，惟重量难免略有增加。至其音响，大者宽宏，小者清亮，可与"惠"字媲美。据传世实物，得知其制品众多，种类齐备，为"惠"、"鸣"、"兴"诸家所不及，勤奋之外兼富创新精神（彩图4—8）。

"老永"、"小永"虽同刻"永"字，但哨出谁手，识者不难分辨。"老永"所刻"永"字，一点接近正三角形，一捺与立竖之间的角度约为60度，而且捺端向外拖出。"小永"所刻"永"字一点下角较长，一捺与立竖靠贴较近，约为40度，而且捺端有下垂之势。就字体之间架、笔姿而言，"老永"端庄秀丽，"小永"冗臃疲弱，子逊于父矣（图8.2）。

与"老永"约同时之名家有"鸣"字及"兴"字。

"鸣"字哨口接近"惠"字后期，但端正不斜。刻字工整疏朗，大有笔力，不像是出于一般工匠之手。所制葫芦，五十年前偶尔能遇到，星、眼则十分难得（彩图10）。八家之中，传世作品以"鸣"字为最少，故藏家弥觉珍贵（彩图3）。熙咸于《话旧》中言及费尽周折始以十五对"小永"哨，从鸽贩手中换得一对绝佳的旧哨。成交之后，揣入怀中，不敢乘车，步行回家，又恐人踬哨伤，故一步落实后方敢迈第二步。绘景绘情，是特殊癖好者庆幸得宝的绝妙自白。这对绝佳之哨就是"鸣"字的全竹十一眼。

"兴"字哨口，比"惠"字后期之制纵向更深，隆起更高。哨底刻字，着刀不深，而秀劲有欧阳询笔意。传世作品与"鸣"字恰好相反，葫芦少而星、眼多，且全部为"全竹"，未见用葫芦肚加工者（彩图11—13）。其小崴之上一层底，位置高于其他各家，故音响格外高亢，可谓从哨形到哨音，"兴"字均另辟蹊径，自成一家。熙咸以为"兴"字之成就固由于其不囿成法，而原为木工，凭借犀利之工具，发挥雕镂之特长，亦为助其卓然成家的重要因素。唯"兴"字是否初为梓人，后乃改业制哨，抑始终为木工，只以制哨为余事，数十年前，养鸽家及鸽贩已无人能道其详。

上世纪末，"惠"、"永"两家正声名赫赫，"鸣"、"兴"之哨不甚受人重视。20世纪初，同仁堂药店主人乐氏咏西（行十五，人称"乐十五"），耽爱花鸟鱼虫，而尤喜养鸽蓄哨。他雄于资财，大事搜求，特制囊匣贮藏，层层叠起，充满广厦五楹，对"鸣"、"兴"之制，不仅重价收购，且令鸽贩鸽佣，多方罗致，于是二家声誉竟与"惠"、"永"并驾齐驱，渐有"四大家"之目。此后又有人称"惠"、"永"、"鸣"、"兴"为"老四家"，以别于后起的"小四家"。"小四家"者"永"（小永）、"祥"、"文"、"鸿"是也。咏西求哨，贵实不贵名，可谓有真知灼见，而收藏之富，诚为绝后空前，不幸谢世后，竟散若云烟。尤为可惜者，咏西于鸽哨诸事，无片言只字，传之于世。不然，以其癖之深而知之审，记以文字，定有可观也。

"小永"约生于咸丰年间，卒于民国十二年（1923年）。"惠"及"老永"所制星、眼，小崴向外倾斜较多，略似招风之耳。哨鼻以竹材为主，鼻孔不甚耐磨。至"小永"而手法一变，小崴向内收拢，敛其开张之势，造型似更简练。哨鼻改用牛骨，色白质坚而脆，有时易断折。上述两端，后之制哨者每

多效法（彩图14—15）。他技艺本精，音响亦佳，先人又负盛名，故携所制至东、西庙会（即隆福寺与护国寺）购者颇不乏人。乐咏西曾延聘"小永"至家，专为制哨，长达十余年之久。惟艺人难免有癖好，他嗜酒逾性命，任情放纵，未能专心治生产，暮年目衰，仍不免潦倒以终。

"小永"以后三家，"祥"、"文"年岁相若，"鸿"字晚生约二十载，其活跃年代均主要在本世纪前半叶。我上小学时开始养鸽，就读燕京大学，鸽舍随我移至成府园中，最后遣散鸽群，老友王老根（人称王四，早年曾在庆王府为鸽佣）亦潸然离去则在50年代初。其间三养三辍，前后历时约三十载，但搜求鸽哨则未尝中断，与上述三家亦由市上购买到家访定制而终订忘年之交。

"祥"字姓周名春泉（1874—1956年？），身材矬矮而壮硕，短髭连鬓，目炯炯有神。赁居白塔寺东廊下有年。我往访必观其操作，凡备料、挖口、定音、粘合、髹漆诸事，无不详告，盖知我为"玩家"而无戒心也。他动作敏捷而准确，制作方法，简便合理。例如一对乃至数对葫芦挖哨口，必先劈竹板，使大小相等之口，在同一竹板上为之。因长条竹板，便于持握剜挖，大小规格，也能取得一致。哨口背面挖好后，正面及上下左右，用力数锉，形已粗具，再分段锯断，稍事打磨，便可蒙在葫芦上开口（彩图16—20）。程序如此，哨口与葫芦上的开口必然吻合。"文"字（佐文）则不然，程序恰好相反。他先在葫芦上开口，后挖哨口，且每个哨口均单独备材挖制，故不便持握，操刀维艰。又因先开口后挖口，挖时须再三比试大小，稍有不慎，

多锉一刀，挖口变小，便前功尽弃。我曾将春泉之法，多次告知佐文，佐文但笑而不言。盖艺人各有自家手法，终身不易。倘舍己就人，便是下人一等，不屑为也。按"祥"、"文"之制，均属上乘，但"文"字收费高而"祥"字收费低，实因后者工作效率高于前者之故。据知者言，"文"字哨售价虽高于"祥"字，但每月实际收入，却少于"祥"字，盖操作方法有难易之异也。

我幼年喜蓄冬季鸣虫，蛐蛐、油壶鲁、蝈蝈等分别贮以大小葫芦，并在葫芦上烧灸花纹，即所谓"烫花"，亦曰"火绘"，因亦施之于鸽哨。鸽哨烫花只宜烫在葫芦一类上，联筒、星排等类则无地可施。鸽哨成对，两枚葫芦肚力求高矮相似、大小相同，故购葫芦以千计，从中选配成对葫芦肚，请"祥"、"文"、"鸿"等家制成鸽哨，只漆哨口，葫芦肚则保留本色，供我烧灸，山水人物、花卉禽鱼、金石文字，无所不有。香樟为盒，横隔如阶，分行排列，以资观赏之娱。七八盒中，不止百对（彩图28—34），其中出"祥"字之手者约十之七，出"文"、"鸿"两家之手者约十之三。春泉所制独多，固因其交件迅速，从不误期，而专就葫芦一类哨子而言，春泉实优于"文"、"鸿"两家。熙咸于《话旧》中亦曾言及，所见实不谋而合。春泉为回族人，曾特制猪八戒葫芦相赠（彩图21），设非知交多年，虽馈重金亦拒而不许也。

我在大学读书期间，曾邀春泉到海王村铸新照相馆合影留念，照片惜于"十年浩劫"中失去，故今卷首独缺此翁小像，真一大憾事！

春泉制哨，亦有创新。哨筒之底，透雕各种图案，衬以彩色缯绢，颇为艳

图 9　陶佐文小影

丽。星眼之柄托，常镂刻花纹，玲珑剔透，亦见匠心。"文"字对此，颇有微词，曰"无关音响"。文人相轻，自古已然，艺人如此，又何足怪！

"文"字姓陶名佐文（1876—1968年），通州人，自1925年即寄居国会街龙泉寺下院观音寺，直至其逝世，与当时同住是庙的画家齐白石、金石家陆和九有交往。他年届古稀时，貌更清癯，须发飘然，大可入画，不若今世人。卷首小影，摄于1960年，已年逾八旬矣（图9）。

佐文哨口特点，后额（即哨口的上部，通称"后脑门"）圆浑，一顺而下，殆取流线形之意，与音响虽关系不大，但可减少气流阻力，减轻飞鸽负荷。向他定活，颇费时日，工则极细，往往超过春泉，更非"鸿"字所能及。尤以全竹葫芦、捧月等，用厚竹分瓣挖制，斗合成形，有如剥皮后的柑橘。审其底部，每瓣瓣尖，聚簇严密，不差毫发；而春

❶ 淡竹（Phyllostachys puberula），小于毛竹，其类颇繁，不少种均可用以制哨。

❷ 虬角似象牙而逊其细洁，价亦低于象牙，往往间有半透明体，多染成绿色，常用以制烟袋嘴、鼻烟碟、扳指、葫芦口等。曾向珠宝业多人请教，均未能言其究竟。可能并非来自同一动物，海象（walrus）之牙、齿鲸（narwhal）之齿，均被称为虬角。

❸ H. P. Hoose, *Peking Pigeons and Pigeon-Flutes, A Lecture Delivered at the College of Chinese Studies, Peking, 1938.*

❹ 同❸，页26。

❺ 同❸，页19。

泉之作，间有参差龃龉之处，工稍逊矣（彩图22—26）。

佐文并精鉴别，老四家之制，不必上手看字，可立即道出为何人所作，并评说其优劣得失，使人心折。熙咸寓所距宣武门颇近，过从尤密，常携新得鸽哨前往赏析，自谓个中奥窔，得自佐文为多云。

"鸿"字姓吴名子通，生于光绪二十年（1894年），体格魁梧，右额有疣隆起，一瞳微斜，哨口亦微斜如"惠"字。人或谓"'鸿'字目斜故哨斜"，实其手法使然，何关眸子！？

子通为我制哨时已年近四旬，孑然一身，住朝阳门外吉市口七条观音寺东庑。三十余年中，除专为制火绘用的葫芦外，二筒、三联、五联、及七星至十五眼，每种均分大小五号，各制一对，即此已有四十对（彩图27）。又因传统的葫芦均以小管旁哨，而未有用小葫芦者，我有此新意，特请子通为之，亦可谓别具一格。火绘荷花一对，即用此法（彩图31）。

子通售哨，索值不过佐文之半，亦低于春泉，做工之细或不及两家，但音响有绝佳者，此为养鸽者所公认。自春泉谢世，佐文年老搁刀，子通本可独步一时，唯好景不长，旋逢人事变革，又值岁收歉丰，养鸽者大减，哨亦少有人买。1963年我草《鸽哨带来的空中音乐》一文，载在英文杂志《中国建设》是年第11期。此后收到海外来函数封，询问购买鸽哨办法。我曾介绍子通持来函到当时经营外销工艺品的懋隆洋行面洽。该行虽定制少数样品寄往国外销售，但不久便因故中辍。"文革"中，鸽哨亦在"四旧"之列，有哨者多恐惧而自

行销毁（老同学著名外科专家谷钰之大夫平日十分珍爱的"文"字哨，即由他自己践踏后付诸一炬，至今言之，悔恨不已）。我尝念及子通，必将陷入绝境。迨1968年我从"牛棚"中放出，偶过吉市口，途遇子通之邻叟，谓此老不耐冻馁，已填沟壑矣。"文革"万恶，殃及者固不仅知识分子也！

制哨材料

制造鸽哨的主要材料有四：竹、苇、葫芦、瓢。其中竹的用途最广，大小哨口、哨筒、哨肚、星排类之托板、星眼类之鼻托（亦称柄托），乃至哨鼻（亦称哨柄）等都可用它。苇管只宜用来作小崽及三联、五联。葫芦可作哨肚。瓢则用于葫芦类的口，尤其是体形较大者。

竹与葫芦如按其类别区分，均不止一种。毛竹径粗肉厚，宜作哨口及全竹鸽哨之肚。细于毛竹的几种淡竹❶和斑竹，宜作哨筒。做哨筒一般刮去竹管外皮及竹肉，只留薄薄一层竹黄。如用斑竹（例如湘妃竹）则恰好相反，锉去竹黄、竹肉，只留竹筠，以便保留花纹华美的表皮，实例如梅花七星（彩图26）。葫芦有上下两肚、中为细腰者；有扁桩单肚者。花瓣葫芦（彩图16）乃幼嫩时套入绳网长成。

考究的鸽哨，哨口不用竹或瓢而用象牙或虬角❷。象牙（彩图12）有本色和沁绿（通称呛绿即染绿）两种，虬角则多为沁绿（彩图19）。但其发音既不如竹，更逊于瓢，只不过矜夸用料珍贵，色彩艳丽而已。水牛角可用作星排类的托板。北方不易得，往往取牛角鞋拔来改制。

牛骨是做哨鼻的材料，尤其在"小

永"之后，被制者广泛采用。至于粘合各部件的鱼鳔（劣哨用猪皮胶），髹涂哨子的生漆、退光漆及各色笼罩漆，只能算是附属材料了。

少数鸽哨利用各种干鲜果品的皮壳，只能视之为特殊材料。橘皮经过炮制可代替葫芦。其法在挖出橘肉后填塞炉灰末，使其渐渐脱水而不变形。待干透后，里外刷漆，居然相当坚固。春泉即曾为我用潮州柑皮制成紫漆葫芦一对（彩图20）。三排、五排可用白果（即银杏）、桂圆（即龙眼）、荔枝、莲子、菱角的壳代替竹管（彩图15）。选其大小相同者列在同一排，自然整齐匀称，悉如人意。

余论

鸽哨至为微末纤小，随手写来，不觉已逾万言，而意犹未尽。未尽者哀艺人之艰苦，疾估贩之刁诈也。制哨者即使成名，削一管、剜一口，全凭十指操作，所得甚微，何来积蓄？年老目衰，未有免于冻馁者。故或谓制哨殃及鸷鸽，有伤阴骘，因果报应，从来不爽。一何可笑！至于未能成名者，景况更为凄惨。

"忠"字之子，北京解放后获得工作，始不致饿死。宜其逢人即告"共产党恩情，终身难忘！"

我与周、陶、吴三先生相识数十年，深知其为人皆诚实正直。哨不苟作，工必精良，成品定活，悉依价收值，从不多取，可谓公平交易、童叟无欺。

周春泉暮年贫困，鸽贩对儿宝以不再收活相威胁，熙咸《话旧》言之甚详。抑更有甚者，美国胡斯所作《北京的鸽子与鸽哨》一书[3]，全部材料均由对儿宝提供，因受其蒙骗而大错特错。当时（1938年）"鸿"字哨制者吴子通正在中年，"忠"字哨制者亦健在，而对儿宝诡称"鸿"字生于七十五年前，"忠"字生于五十年前[4]。将今人说成古人，则"鸿"、"忠"之哨可以索高价矣。又"祥"字哨制者人人皆知为周春泉，而对儿宝以为洋人可欺，竟自称所制哨刻"祥"字[5]，意欲将春泉之声誉，全部攘为己有。盗利盗名，莫甚于此！披阅胡斯所作至此，不禁对对儿宝之诡诈备增愤慨，而对胡斯之受愚弄，弥觉可悲。外国人言中国事，难免如此。奈何！奈何！

紫禁城里叫蝈蝈

温室种唐花，元旦可以观赏盛开的牡丹；暖炕育鸣虫，严冬可以聆听悦耳的秋声。人工育虫，不知始于何时，但至迟晚明人可能已以此为业。刘侗《帝京景物略》卷三《胡家村》称："促织感秋而生，而音商，其性胜，秋尽则尽。今都人能种之，留其鸣深冬。其法土于盆，养之，虫生子土中，入冬以其土置暖炕，日水洒绵覆之，伏五六日，土蠕蠕动，又伏七八日，子出白如蛆然。置子蔬叶，仍洒覆之。足翅成，渐以黑，迎月则鸣，鸣细于秋，入春反僵也。"（北京古籍出版社，1982年）

促织，即蟋蟀，通称蛐蛐，是北京冬日所养鸣虫之一，此外还有蝈蝈、札嘴、油壶鲁、梆儿头、金钟等，都能用人工孵化培育出来，使之鸣于冬日。

早在清前期，民间育虫的方法和冬日欣赏鸣虫的习俗便被引入了清宫紫禁城。康熙帝玄烨有一首题为《络纬养至暮春》的五律：

> 秋深厌聒耳，今得锦囊盛。
> 经腊鸣香阁，逢春接玉笙。
> 物微宜护惜，事渺亦均平。
> 造化虽流传，安然此养生。

（《康熙御制文集》四集，卷三十五）上诗所咏的蝈蝈（络纬），不是天然的，而是人工孵育出来的。因为天然的秋蝈蝈，无论如何也活不到第二年的暮春。再读乾隆帝弘历的《咏络纬》诗并序，更有力地证明了这一点。

皇祖时命奉宸苑使取络纬种育于暖室，盖如温花之能开腊底也。每设宴则置绣笼中，唧唧之声不绝，遂以为例云。

> 群知络纬到秋吟，
> 耳畔何来唧唧音。
> 却共温花荣此日，
> 将嗤冷菊背而今。
> 夏虫乍可同冰语，
> 朝槿原堪入朔寻。
> 生物机缄缘格物，
> 一斑犹见圣人心。

（《乾隆御制诗集》二集，卷一）弘历明确道出自康熙时起，宫中一直备暖室孵育蝈蝈，设宴时用不绝的唧唧之声来增添喧炽的气氛。值得注意的是宫中的蝈蝈用锦囊或绣笼来贮养，而民间却用的是葫芦。这是从乾隆时人的诗文中得知的。潘荣陛《帝京岁时纪胜》称：蝈蝈"能度三冬，以雕作葫芦，银镶牙

嵌,贮而怀之,……清韵自胸前突出"(北京古籍出版社,1983年)。杨米人有一首作于乾隆六十年的《都门竹枝词》:

二哥不叫叫三哥,处处相逢把式多。

忽地怀中轻作响,葫芦里面叫蝈蝈。

(《清代北京竹枝词》,北京古籍出版社,1982年)

不过笔者相信乾隆之后不久,紫禁城内也大量用葫芦来养蝈蝈了。我们只要看乾隆以后大型匏器不再模种,而从道光时起,宫廷和王府大量范制蝈蝈葫芦(拙著《谈匏器》,《故宫博物院院刊》1979年第1期),至今还有多件宝物传世,便可深信不疑。

承世代以育虫为业的赵子臣见告,其父曾听太监道同、光间事。元旦至上元,宫殿暖阁设火盆,烧木炭,周围架子上摆满蝈蝈葫芦,日夜齐鸣,声可震耳,盖取"万国来朝"之意。所说虽不见记载,国事日非,还妄自尊大也十分可笑、可怜,但联系玄烨、弘历两诗来看,却似属可信。

正因紫禁城内有冬日叫蝈蝈的传统,我们自己摄制的电视剧《末代皇帝》安排了这样一个镜头:坐在太后身旁、面对跪地诸大臣的溥仪,由怀里掏出一只葫芦,蝈蝈从里面跑了出来,笔者认为这是合情合理的。不过有一点需要指出,那只镶象牙口、配硬木框、安白色蒙心的葫芦,是养油壶鲁用的葫芦,而不是蝈蝈葫芦。这两种葫芦有很大的区别。

蝈蝈由于生活在草木丛中,高离地面,所以葫芦里面是空的。正因其空,口上只安体质很轻的瓢盖不安框子和蒙心,以免头重脚轻而易倾仄,而且瓢盖也有助于发音。油壶鲁则因生活在地上或穴内,故葫芦内要垫土底。有了土底,它可立稳,口上就可以安框子和精雕细刻的蒙心了(请参阅本书《冬虫篇》插图)。

以上极为琐碎的细节,自难要求电视剧的导演和顾问都清楚而不弄错。再说如果当年溥仪真养蝈蝈,一个十来岁的孩子,顺手拿起一只宫中的葫芦,也很可能会拿错,因此笔者写这篇小文绝无对《末代皇帝》吹毛求疵之意。不过说到这里,却想顺便提一下,近年在海外的古玩广告和拍卖图册上,往往可以看到贮养各种鸣虫的葫芦。由于他们分不清是养哪一种虫的葫芦,故一律被标名为 Cricket Cage(蟋蟀笼)。而且几乎所有的蝈蝈葫芦都被安上象牙框子和高起的蒙心。这不禁使人感到卖货而不识货,未免有些"露怯"。

看来有不少和中国民俗学沾边,又似乎微不足道的老玩意儿,其中都有许多名堂和讲究。由于过去认为难登大雅,算不上是文物,即使有所了解也不愿为它多费笔墨。因此现在要知道它可能比研究某些重要文物还要困难些。不知读者同意我的看法否?

原载《紫禁城》1990年第5期

秋虫篇

北京称蟋蟀曰"蛐蛐"。不这样叫，觉得怪别扭的。

"收"、"养"、"斗"是玩蛐蛐的三部曲。"收"又包括"捉"和"买"。我不准备讲买虫时如何鉴别优劣，三秋喂养及注意事项，对局禁忌和运撅（南方曰"蔽"而通写作"芡"或"芡草"）技艺。这些，古谱和时贤的专著已讲得很多了。我只想叙一叙个人玩蛐蛐的经历。各种蛐蛐用具是值得回忆并用文字、图片记录下来的。所见有关记载，语焉不详，且多谬误。作者非此道中人，自难苛求。因此我愿作一次尝试，即使将是不成功的尝试。几位老养家，比我大二十多岁，忘年之交，亦师亦友，时常引起怀念，尤其是到了金秋时节。现就以上六个方面，拉拉杂杂，写成《六忆》。

我不能脱离所生的时代和地区，不愿去谈超越我的时代和地区的人和事。因而所讲的只能是30年代北京玩蛐蛐的一些情况。蛐蛐只不过是微细的虫豸，而是人，号称"万物之灵"的人，为了它无端生事，增添了多种多样的活动，耗费了日日夜夜的精力，现示出形形色色的世态，并从中滋生出不少喜怒哀乐。

那么我所讲的自然不仅是微细的蛐蛐。如果我的回忆能为北京风俗民情的这一小小侧面留下个缩影，也就算我没有浪费时间和笔墨了。

一 忆捉

只要稍稍透露一丝秋意——野草抽出将要结子的穗子，庭树飘下尚未全黄的落叶，都会使人想起一别经年的蛐蛐来。瞿瞿一叫，秋天已到，更使我若有所失，不可终日，除非看见它，无法按捺下激动的心情。有一根无形的线，一头系在蛐蛐翅膀上，一头拴在我心上，那边叫一声，我这里跳一跳。

那年头，不兴挂历，而家家都有一本"皇历"。一进农历六月，就要勤翻它几遍。哪一天立秋，早已牢记在心。遇见四乡来人，殷切地打听雨水如何？麦秋好不好？庄稼丰收，蛐蛐必然壮硕，这是规律。

东四牌楼一带是养鸟人清晨的聚处。入夏鸟脱毛，需要喂活食，总有人在那里卖蚂蚱和油壶鲁。只要看到油壶鲁长到多大，就知道蛐蛐脱了几壳（音qiào），因此每天都要去四牌楼走走。

由于性子急，想象中的蛐蛐总比田野中的长得快。立秋前，早已把去年收拾起的"行头"找出来。计有：铜丝罩子、蒙着布的席篓、帆布袋和几个山罐、大草帽、芭蕉叶、水壶、破裤褂、洒鞋，穿戴起来，算得上一个披挂齐全的"逮（音 dǎi）蛐蛐的"了。

立秋刚过的一天，一大早出了朝阳门。顺着城根往北走，东直门自来水塔在望。三里路哪经得起一走，一会儿来到水塔东墙外，顺着小路可直达胡家楼李家菜园后身的那条沟。去年在那里捉到一条青蛐蛐，八厘多，斗七盆没有输，直到封盆。忘了今年雨水大，应该绕开这里走，面前的小路被淹了，漂着黄绿色的沫子，有六七丈宽，南北望不到头。只好挽挽裤腿，穿着鞋，涉水而过。

李家菜园的北坡种了一行垂柳，坡下是沟。每年黄瓜拉了秧，抛入沟内。蛐蛐喜欢在秧子下存身。今年使我失望了，沟里满满一下子水，柳树根上有一圈圈黄泥痕迹，说明水曾上了坡，蛐蛐早已乔迁了。

傅老头爱说："沟里有了水，咱们坡上逮。"他是捉蛐蛐能手，六十多岁，在理儿，抹一鼻子绿色闻药，会说书，性诙谐，下乡住店，白天逮蛐蛐，夜晚开书场，人缘好，省盘缠，逮回来的蛐蛐比年轻人逮的又大又好，称得起是一位人物。他的经验我是深信不疑的。

来到西坝河的小庙，往东有几条小路通东坝河。路两旁是一人来高的坡子。我侥幸地想，去年干旱，坡上只有小蛐蛐，今年该有大的了。

坡上逮蛐蛐，合乎要求的姿势十分吃力。一只脚踏在坡下支撑身子，一只脚蹬在坡中腰，将草踩倒，屈膝六十度。弯着腰，右手拿着罩子等候，左手用扇子猛扇。早秋蛐蛐还没有窝，在草中藏身，用不着扦子，但四肢没有一处闲着。一条坡三里长，上下都扇到，真是太费劲了。最难受的是腰。弯着前进时还不甚感觉，要是直起来，每一节脊椎都酸痛，不由得要背过手去捶两下。

坡上蛐蛐不少，但没有一个值得装罐的。每用罩子扣一个，拔去席篓管子的棒子核（音 hú）塞子，一口气吹它进去。其中倒有一半是三尾。

我真热了，头上汗珠子像黄豆粒似的滚下来，草帽被浸湿了，箍得头发胀。小褂湿了，溻在身上，裤子上半截是汗水，下半截是露水，还被踩断的草染绿了。我也感到累了，主要是没有逮到好的蛐蛐，提不起神来。

我悟出傅老头的话，所谓"坡上逮"，是指没有被水淹过的坡子。现在只有走进庄稼地了。玉米地、谷子地都不好，只有高粱夹豆子最存得住蛐蛐。豆棵子经水冲，倒在地面，水退后，有的枝叶和黄土粘在一起，蛐蛐就藏在下面，找根棍一翻，不愁它不出来。

日已当午，初秋的太阳真和中伏的那样毒，尤其是高粱地：土湿叶密，潮气捂在里面出不去，人处其中，如同闷在蒸笼里一般，说不出那份难受。豆棵子一垄一垄地翻过去，扣了几个，稍稍整齐些，但还是不值得装罐。忽然"扑"的一声，眼前一晃，落在前面干豆叶上，黄麻头青翅壳，六条大腿，又粗又白。我扑上去，但拿着罩子的手直发抖，不敢果断地扣下去，怕伤了它。又一晃，跳走了。还算好，没有连着跳，它向前一爬，眼看钻进了悬空在地面上的高粱水根。这回我沉住了气，双腿一跪，拿罩子迎在前头，轻轻用手指在后面顶，一跳进了罩子。我连忙把罩子扣在胸口，一面左手去掏山罐，一面三步并作两步跑出了高粱地，找了一块平而草稀的地方蹲了下来，把蛐蛐装入山罐。这时再仔细端详，确实长得不错，但不算大，只有七厘多。刚才手忙脚乱，眼睛发胀，以为将近一分呢。自己也觉得好笑。

山罐捆好了，又进地去逮。一共装了七个罐。还是没有真大的。太累了，不逮了。回到西坝河庙前茶馆喝水去。灌了七八碗，又把山罐打开仔细看，比了又比，七条倒有三条不够格的，把它们送进了席篓。

太阳西斜，放开脚步回家去。路上有卖烧饼的，吃了两个就不想吃了。逮蛐蛐总是只知道渴，不知道饿。到家之后要等歇过乏来，才想饱餐一顿呢。

去东坝河的第二年，我驱车去向往已久的苏家坨。

苏家坨在北京西北郊，离温泉不远，早就是有名的蛐蛐产地。清末民初，该地所产的身价高于山东蛐蛐，有《鱼虫雅集》为证。赵子臣曾对我说，在他二十来岁时"专逮苏家坨，那里坡高沟深，一道接着一道，一条套着一条，蛐蛐又大又好。住上十天，准能挑回一挑来，七厘是小的，大的顶（音 dīng，接近的意思）分"。他又说："别忘了，那时店里一住就是二三十口子，都能逮回一挑来。"原来村里还开着店，供逮蛐蛐落脚。待我去时，蛐蛐已经退化了，质与量还不及小汤山附近的马坊。

此行已近白露，除了早秋用的那套"行头"，又加上一个大电筒和一把扦子。

扦子就是木柄上安一个花枪头子，用它扎入蛐蛐窝旁的土中，将它从洞穴中摇撼出来。这一工具也有讲究。由于一般花枪头子小而窄，使不上劲，最好用清代军营里一种武器阿虎枪的头子。它形如晚春的菠菜叶，宽大有尖，钢口又好，所以最为理想。我的一把上安黄花梨竹节纹柄，是傅老头匀（朋友价让的意思）给我的。北京老逮蛐蛐的都认识这一件"武器"（图1）。

那天我清晨骑车出发，到达已过中午。根据虫贩长腿王画的草图，找到了村西老王头的家。说明来意并提起由长腿王介绍，他同意我借住几天。当天下午，我只是走出村子，看看地形。西山在望，看似不远，也有一二十里，一道道坡、一条条沟就分布在面前的大片田野上。

第二天清晨，我顺着出村的大车道向西北走去，拐到一条岔路，转了一会儿，才找到一道土好草丰的坡子。芭蕉

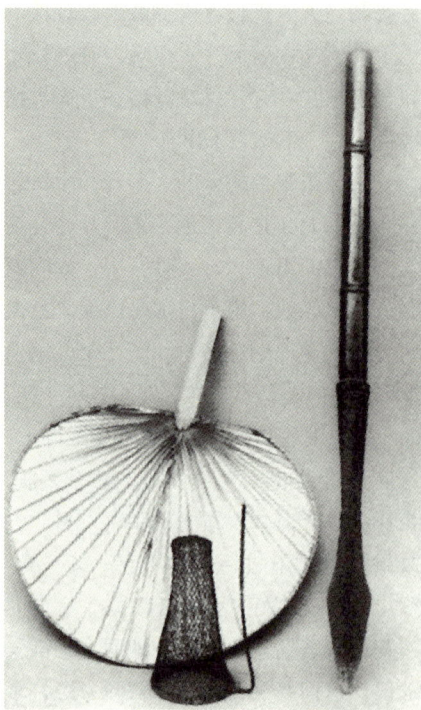

图1　阿虎枪扦子、罩子、芭蕉扇（捉蛐蛐用具）

叶扇了十来丈远，看不见什么蛐蛐，可见已经有窝了。扇柄插入后背裤腰带，改用扦子了。只要看到可能有窝处就扎一下，远下轻撼，以防扎到蛐蛐，或把它挤坏。这也需要耐心，扎二三十下不见得扎出一条来。遇见一个窝，先扎出两个又黑又亮的三尾，一个还是飞子。换方向再扎，摇晃出一条紫蛐蛐，约有七厘，算是开张了。坡子相当长，一路扎下去。几经休息才看到尽头。坡子渐渐矮了，前面又有大车道了。我心里说："没戏了。"三个多小时的劳动，膀子都酸了，换来了三条值得装罐蛐蛐。后来扣到的是一青一紫，紫的个不小，但脖领窄，腿小，不成材。青的还嫩，颜色可能会变，说不定日后又是一条紫的。

喝了几口水，啃了两口馍，正想换道坡或找条沟，忽然想起傅老头的经验介绍。他说："碰上和小伙子们一块逮蛐蛐，总是让人前面走，自己落后，免得招人讨厌。他们逮完一道坡子，半晌我才跟上来，可是我逮的往往比他们的又多又好，这叫'捡漏儿'。因为扦子扎过，蛐蛐未必就出来。如窝门被土封住，更需要过一会儿才能扒开。我捡的正是他们替我惊动出来的。"我想验证他的经验，所以又返回头用扇子一路扇去，果然逮到一条黄蛐蛐，足有七厘多，比前三条都大。

我回到老王头家，吃了两个贴饼子，喝了两碗棒渣粥，天没黑就睡了，因为想试试"夜战"，看看运气如何。老王头说算你走运，赶上好天，后半夜还有月亮。没睡几小时就起来了，手提扦子，拿着电棒，顺着白天走过的路出村了。一出门就发现自己不行，缺少夜里逮蛐蛐的经验。天上满天繁星，地里遍地虫声，蛐蛐也乱叫一气，分辨不出来哪个好。即使听到几声响亮的，也听不准哪里叫。加上道路不熟，不敢拐进岔道，只好顺着大车道走。走了不太远，来到几棵大树旁，树影下黑乎乎的看不清楚。手电一照，原来暴雨顺坡而下，冲成水口，流到村旁洼处，汇成积水。水已干涸，坑边却长满了草。忽然听到冲成水口的坡上，叫了几声，特别苍老宽宏，正是北京冬虫养家所谓的"叫顸儿的"。我知道一定是一个翅子蛐蛐。慢慢凑过去，耐心等它再叫，听准了就在水口右侧一丛草旁的土坷垃底下。我不敢逮它，因为只要它一跳便不知去向了。只好找一个树墩子坐以待旦。天亮了，我一扦子就把它扎了出来，果然是一个尖翅。不过还不到六厘，头相小，不是斗虫是叫虫。

回村后我收拾东西，骑车到家又是下午。三天两夜，小的和三尾不算，逮回五条蛐蛐。这时我曾想，如果用这三天买蛐蛐，应当不止五条。明知不合算，但此后每年还要逮两三次，因为有它的特殊乐趣。至于夜战，经过那次尝试，自知本事不济，再也不作此想了。得到的五条，后来都没斗好，只有那条青色转紫的赢了五次，最后还是输了。

上面是对我在高中读书时两次逮蛐蛐的回忆。在史无前例的"伟大"时代中，自"牛棚"放出来后到下放干校，有一段无人监管时期。我曾和老友彭镇骧逍遥到马坊和苏家坨。坡还是那几道坡，沟还是那几条沟，蛐蛐不仅少而且小得可怜，两地各转了一整天，连个五厘的都没有看见，大大扫兴而归。老农说得好，农药把蚂蚱都打死了，你还想找蛐蛐吗！

转瞬又二十多年，现在如何呢？苏家坨没有机会去，情况不详。但几年前报纸已报道回龙观农民自己修建起接待外宾的饭店。回龙观也是我逮过蛐蛐的地方，与苏家坨东西相望。回龙观如此，苏家坨可知矣。至于东坝河，现已成为居民区，矗立起多座高层楼房，周围还有繁忙的商业区。我相信，在那些楼房里可能会有蟑螂，而蛐蛐则早已绝迹了。

二 忆买

逮蛐蛐很累，但刺激性强，非常好玩。能逮到好的，特别兴奋，也格外钟爱。朋友来看，或上局去斗，总要指出这是自己逮的，赢了也分外高兴。不过每年蛐蛐的主要来源还是花钱买的。

买蛐蛐的地点和卖主，随着那年岁的增长而变换。当我十二三岁时，从孩子们手里买蛐蛐。他们比我大不了几岁，两三个一伙，一大早在城内外马路边上摆摊。地上铺一块破布，布上和筐里放几个小瓦罐，装的是他们认为好的。大量的货色则挤在一个蒙着布的大柳罐里。他们轮流喊着："抓老虎，抓老虎，帮儿头，油壶鲁！"没有喊出蛐蛐来是为了合辙押韵，实际上柳罐里最多的还是蛐蛐。当然连公带母、帮儿头、老米嘴等也应有尽有。罐布掀开一条缝，往里张望，黑压压爬满了，吹一口气，噼啪乱蹦。买虫自己选，用一把长柄小罩子把虫起出来。言明两大枚或三大枚（铜板）一个，按数付钱。起出后坏的不许退，好的卖者也不反悔，倒是公平交易。俗话说："虫王落在孩童手"，意思是顽童也能逮到常胜大将军。我就不止一次抓到七厘多的蛐蛐，赢了好几盆。还抓到过大翅油壶鲁，叫得特别好。要是冬

天分（音 fēn，即人工孵化培养）出来的，那年头要值好几十块现大洋呢。

十六七岁时，孩子摊上的蛐蛐已不能满足我的要求，转而求诸比较专业的常摊。他们到秋天以此为业，有捕捉经验，也能分辨好坏，设摊有比较固定的地点。当年北京，四城都有这样的蛐蛐摊，而以朝阳门、东华门、鼓楼湾、西单、西四商场、菜市口、琉璃厂、天桥等处为多。此外他们还赶庙会，日期是九、十隆福寺，七、八护国寺，逢三土地庙，逢四花儿市等。初秋他们从"掏现趟"开始，逮一天，卖一天，出城不过一二十里。继之以两三天的短程。以上均为试探性的捕捉，待选好地点，去上十来天，回京已在处暑之后，去的地方有京北的马坊、高丽营，东北的牛栏山，西北的苏家坨、回龙观等，蛐蛐的颜色绚丽，脑线也清楚。也有人去京东宝坻，个头较大，翻开麦根垛也容易捉到，但颜色混浊，被称为"垛货"，不容易打到后秋。他们如逮得顺利，总可以满载而归，将二十来把山罐（每把十四个）装满。卖掉后，只能再去一两趟。白露以后，地里的蛐蛐皮色苍老，逮到也卖不上大价，不值得再去了。

买常摊的蛐蛐由于地点分散，要想一天各处都看到是不可能的。我只希望尽量多看几处。骑车带着山罐出发，路线视当天的庙会而定。清晨巡游常摊后再去庙会，回家已是下午。买蛐蛐如此勤奋也还要碰运气。常摊倘是熟人还好，一见面，有好的就拿出来给我看，没有就说"没有"，不废话，省时间。如果不相识，彼此不知底细，往往没有他偏说"有"，一个个打开罐看，看完了全不行。要不有好的先不拿出来，从"小

豆豆"看起，最后才拿出真格的来。为的是让你有个比较，大的显得特别大，好的特别好。在这种摊子耽误了时间，说不定别的摊上有好的已被人买走，失诸交臂，岂不冤哉！

想一次看到大量蛐蛐，任你挑选，只有等他们出门十来天满载而归。要有此特权须付出代价，即出行前为他们提供盘缠和安家费，将来从买虫款中扣除。他们总是千应万许，一定回来给你看原挑，约定哪一天回来，请到家来看，或送货上门。甚至起誓发愿："谁要先卖一个是小狗子。"不过人心隔肚皮，良莠不齐。有的真是不折不扣原挑送上，有的却提前一天回来，把好的卖掉，第二天带着一身黄土泥给你挑来。要不就是在进城路上已把好的寄存出去，将你打发掉再去取。但"纸里包不住火"，事后不用打听也会有人告诉你。

到十九、二十岁时，我买蛐蛐"伏地"和"山的"各占一半。所谓"山的"因来自山东而得名。当时的重要产地有长清、泰安、肥城、乐陵等县，而宁阳尤为出名。卖山蛐蛐的都集中在宣武门外一家客栈内，每人租一间房接待顾客。客栈本有字号，但大家都称之曰"蛐蛐店"。

这里是最高级的蛐蛐市场，卖者除北京的外，有的来自天津和易州。易州人卖一些易州虫，但较好的还是捉自山东。顾客来到店中，可依次去各家选购，坐在小板凳上，将捆好的山罐一把一把打开，摆满了一地。议价可以论把，即十四条多少钱。也可以论条。蛐蛐迷很容易在这里消磨时光，一看半天或一天，眼睛都看花了。这里也是虫友相会之处，一年不见，蛐蛐店里又相逢了。

在众多的卖者中，当推赵子臣为魁首，稳坐第一把交椅。

子臣出身蛐蛐世家，父亲小赵和二陈是清末贩虫、分虫的两大家。他乳名"狗子"，幼年即随父亲出入王公贵族、富商名伶之门，曾任北京最大养家杨广字（斗蛐蛐报名"广"字，乃著名书画收藏家杨荫北之子，住在宣武门外方壶斋，当时养家无不知"方壶斋杨家"）的把式。30年代因喂蛐蛐而成了来幼和（人称来大爷，住交道口后圆恩寺，是富有资财的粤海来家，亦称当铺来家的最后一代）的帮闲。旋因来沉湎于声色毒品而家产荡尽，直至受雇于小饭铺，当炉烙烧饼，落魄以终。子臣作为虫贩，居然置下房产，并有一妻一妾，在同行业中可谓绝无仅有。

进了蛐蛐店，总不免买赵子臣的虫。他每年带两三个伙计去山东，连捉带收，到时候自己先回京坐镇，蛐蛐分批运回，有的存在家中，到时候才送到店里。他的蛐蛐源源不断，老让人觉得有新的到来，不愁卖不上你的钱。

子臣素工心计，善于察言观色，对买主的心理、爱好，琢磨得透之又透。谁爱青的，谁爱黄的，谁专买头大，谁只要牙长，了如指掌。为哪一位准备的虫，拿出来就使人放不下。大分量的蛐蛐，他有意识地分散在几位养家，到时候好拴对，免得聚在一处，不能交锋，局上热闹不起来。他精灵狡黠，见什么人说什么话，既善阿谀奉承，也会讽刺激将。什么时候该让利，什么时候该绷价，对什么人要放长线钓大鱼，对什么人不妨得罪他了事，都运用得头头是道，一些小玩家免不了要受他的奚落和挖苦。我虽买他的虫，但"头水"是看不到的。在他心目中，我只不过是一个三等顾客，一个爱蛐蛐却舍不得花钱的大学生而已。

子臣不仅卖秋虫，也善于分冬虫，是北京第一大"罐家"（分虫用大瓦罐，故分家又称"罐家"），精于鉴别秋冬养虫用具——盆罐及葫芦。哪一故家存有什么珍贵虫具，他心中有一本账。我从他手中买到赵子玉精品"乐在其中"五号小罐及钟杨家散出的各式真赵子玉过笼，时间在1950年，正是蛐蛐行业最不景气的时候。此时我已久不养秋虫，只是抱着过去看也不会给我看的心情才买下了它。子臣也坦率承认："要是过去，轮不到你。"

三　忆养

一入夏就把大鱼缸洗刷干净，放在屋角，用砖垫稳，房檐的水隔漏把雨水引入缸中，名曰"接雨水"，留作刷蛐蛐罐使用，这是北京养秋虫的规矩。曾见二老街头相遇，彼此寒暄后还问："您接雨水了吗？"这是"您今年养不养蛐蛐"的同义语，北京自来水为了消毒，放进漂白粉等化学药剂，对虫不利，雨水、井水都比自来水好。

立秋前，正将为逮蛐蛐和买蛐蛐奔忙的时候，又要腾出手来收拾整理养蛐蛐的各种用具。罐子从箱子里取出用雨水洗刷一下，不妨使它吸一些水，棉布擦干，放在一边。过笼也找出来，刷去浮土，水洗后摆在茶盘里，让风吹干。北京养蛐蛐的口诀是"罐可潮而串儿（过笼的别称）要干"。过笼入罐后几天，吸收潮气，便须更换干的。故过笼的数量至少要比罐子多一倍。水槽泡在大碗里，每个都用棕刷洗净。水牌子洗去

年的虫名和战绩，摞在一起。南房廊子下，几张桌子一字儿排开。水槽过笼放入罐中，罐子摆到桌子上，四行，每行六个，一桌二十四个。样样齐备，只等蛐蛐到来了。

逮蛐蛐非常劳累，但一年去不了两三趟，有事还可以不去。养蛐蛐可不行，每天必须喂它，照管它，缺一天也不行。今天如此，明天如此，天天如此，如果不是真正的爱好者，早就烦了。朋友来看我，正赶上我喂蛐蛐，放不下手，只好边喂边和他交谈。等不到我喂完，他告辞了。倒不是恼我失陪，而是看我一罐一罐地喂下去，看腻了。

待我先说一说喂一罐蛐蛐要费几道手，这还是早秋最简单的喂法：打开罐子盖，蛐蛐见亮，飞似的钻进了过笼。放下盖，用竹夹子夹住水槽倾仄一下，倒出宿水，放在净水碗里。拇指和中指将中有蛐蛐的过笼提起，放在旁边的一个空罐内。拿起罐子，底朝天一倒，蛐蛐屎扑簌簌地落下来。干布将罐子腔擦一擦，麻刷子蘸水刷一下罐底，提出过笼放回原罐。夹出水槽在湿布上拖去底部的水，挨着过笼放好。竹夹子再夹两个饭米粒放在水槽旁，盖上盖子，这算完了一个。以上虽可以在一两分钟内完成，但方才开盖时，蛐蛐躲进了过笼，所以它是什么模样还没有看见呢。爱蛐蛐的人，忍得住不借喂蛐蛐看它一眼吗？要看它，需要打开过笼盖，怕它蹦，又怕掩断了须，必须小心翼翼，仔细行事，这就费工夫了。而且以上所说的只是对一罐蛐蛐，要是有一百几十罐，每罐都如此，工夫就大了。故每当喂完一罐，看看前面还有一大片，不由的又后悔买得太多了。

蛐蛐罐有如屋舍，罐底有如屋舍的地面，过笼和水槽是室内的家具陈设。老罐子，即使是真的万礼张和赵子玉，也要有一层浆皮的才算是好的。精光内含，温润如玉，摸上去有一种说不出的快感。多年的三合土原底，又细又平，却又不滑。蘸上水，不汪着不干，又不一下子吸干，而是慢慢地渗干，行话叫"慢喝水"。凑近鼻子一闻，没有潮味儿，更没有霉味儿，说它香不香，却怪好闻的。无以名之，名之曰"古香"吧。万礼张的五福捧寿或赵子玉的鹦鹉拉花过笼，盖口严密到一丝莫入，休想伤了须。贴在罐腔，严丝合缝，仿佛是一张舒适的床。红蜘蛛、蓝螃蟹、朱砂鱼或碧玉、玛瑙的水槽，贮以清水，色彩更加绚丽。这样的精舍美器，休说是蛐蛐，我都想搬进去住些时（彩图37）。

记得沈三白《浮生六记》讲到他幼年看到蚂蚁上假山，他把他自己也缩小了，混在蚂蚁中间。我有时也想变成蛐蛐，在罐子里走一遭，爬上水槽呷一口清泉，来到竹抹啜一口豆泥，跳上过笼长啸几声，悠哉！悠哉！

蛐蛐这小虫子真可以拿它当人看待。天下地上，人和蛐蛐，都是众生，喜怒哀乐，妒恨悲伤，七情六欲，无一不有。只要细心去观察体会，就会看到它像人似的表现出来。

养蛐蛐的人最希望它舒适平静如在大自然里。不过为了喂它，为了看它，人总要去打扰它。当打开盆盖的时候，它猛然见亮，必然要疾驰入过笼。想要看它，只有一手扣住罐腔，一手掀开过笼盖，它自然会跑到手下的阴影处。这时慢慢的撒开手，它已无处藏身，形态毕陈了。又长又齐的两根须，搅动不定，上下自如，仿佛是吕奉先头上的两根雉尾。赳赳虎步，气宇轩昂，在罐中绕了半圈，到中央立定，又高又深的大头，颜色纯正，水净沙明的脑线，细贯到顶，牙长直戳罐底，洁白有光，铁色蓝脖子，毵毵堆着毛丁，一张翅壳，皱纹细密，闪烁如金。六条白腿，细皮细肉。水牙微微一动，抬起后腿，爪锋向尾尖轻轻一拂，可以想象它在豆秸底下或草坡窝内也有这样的动作。下了三尾，又可看到它们亲昵燕好，爱笃情深。三尾的须触在它身上，它会从容不迫地挨过身去，愈挨愈近。这时三尾如不理睬，它就轻轻裂开双翅，低唱求爱之曲，"唧唧……油，唧唧……油"，其声悠婉而弥长，真好像在三复"关关雎鸠，在河之洲"。不仅"油"、"洲"相叶，音节也颇相似。多事的又是"人"，总忍耐不住要用拂子去撩逗它一下，看看牙帘开闭得快不快，牙钳长得好不好，预测斗口强不强。说也奇怪，鼠须拂及，它自然知道这不是压寨夫人的温存，而是外来强暴的侵犯。两须顿时一愣，头一抬，六条腿抓住罐底，身子一震动，它由妒嫉而愤怒，由愤怒而发狂，裂开两扇大牙，来个饿虎扑食，竖起翅膀叫两声，威风凛凛，仿佛喝道："你来，咬不死你！"蛐蛐好胜，永远有不可一世的气概，没有怯懦气馁的时候，除非是战败了。尤其是好蛐蛐，多次克敌而竟败下阵来，对此奇耻大辱，懊恼万分，而心中还是不服，怨这怨那又无处发泄，颇似英雄末路，徒唤奈何，不由地发出非战之罪的悲鸣。楚霸王垓下之歌，拿破仑滑铁卢之败，也能从这小小虫身上产生联想而引起同情的感叹。可恨的是那些要钱不要虫的赌棍，蛐蛐老了，不能再斗了，还要拿到局上为他生财，以致一世英名，付诸流水。这难道是蛐蛐之过吗！？不愿意看到好蛐蛐战败，更不愿看到因老而战败。因此心爱的蛐蛐到晚秋就不再上局了。有时却又因此而埋没了英雄。

如上所述，从早秋开始，好蛐蛐一盆一盆地品题、欣赏，观察其动作，体会其秉性，大可怡情，堪称雅事。中秋以后，养蛐蛐更可以养性。天渐渐冷了，蛐蛐需要"搭晒"。北京的办法是利用太阳能。只有遇见阴天，或到深秋才用汤壶。"搭晒"费时费事，需要耐心。好在此时那些平庸无能之辈早已被淘汰，屡战皆胜的只剩下十几二十条。每日上午，蛐蛐桌子搭到太阳下，换过食水，两个罐子摞在一起，用最细的虾须帘子遮在前面。我也搬一把小椅子坐在一旁，抱着膝，眯着眼睛面对太阳，让和煦的光辉沐浴着我。这时，我的注意力并未离开它们，侧着耳朵，聆听罐中的动静。一个开始叫了，声音慢而涩，寒气尚未离开它的翅膀。另一罐也叫了，响亮一些了。渐渐都叫了，节奏也加快了。一会儿又变了韵调，换成了求爱之曲。从叫声，知道罐子的温度，撤掉虾须，换了一块较密的帘子遮上。这时我也感到血脉流畅，浑身都是舒适的。

怡情养性应当是养蛐蛐的正当目的和最高境界。

四　忆斗

北京斗蛐蛐，白露开盆。早虫立秋脱壳，至此已有一个月，可以小试其材了。在上局之前，总要经过"排"。所谓"排"是从自己所有的蛐蛐中选分量相等的角斗，或和虫友的蛐蛐角斗。往

往赢了一个还不算，再斗一个，乃至斗三个。因为只有排得狠，以后上局心中才有底，同时把一些不中用的淘汰掉。排蛐蛐不赌彩，但须用"称儿"（即戥子）约（音 yāo 分量）。相等的才斗，以免小个的吃亏。自己排也应该如此。当然有的长相特别好的舍不得排，晚虫不宜早斗的也不排，到时候直接拿到局上去，名叫"生端"。

称儿是一个长方形的匣子，两面插门。背面插门内镶有玻璃，便于两面看分量。象牙制成的戥子杆，正背面刻着分、厘、毫的标志，悬挂在匣子的顶板下。杆上挂着戥子砣。随着称儿有四个或六个"舀子"，供几位来斗者同时使用。少了不够分配，蛐蛐称不完，耽误对局进行（图2.1，2.2）。

舀子作圆筒形，用竹管内壁（竹黄）或极薄银叶圈成，有底有盖，三根丝线穿过盖上的小孔将筒和盖连结起来。线上端系金属小环，可挂在戥子的钩上，这是为装入蛐蛐称分量而制的。几个舀子重量必须相等，毫厘不差。微细的出入用黄蜡来校正，捻蜡珠粘在三根丝线聚头处，借以取得一致。

白露前几日，组织斗局者下帖邀请虫友届时光临，邮寄或专人致送，格式（图3）与一般请帖不同的是邀请者帖上不写姓名而写局上所报的"字"。姓名可以在请帖的封套上出现。

蛐蛐局也有不同的等级。前秋的局乃是初级，天气尚暖，可在院子内进行，有一张八仙桌、几张小桌和椅子、凳子就行了。这样的局我也举办过好几年，用我所报的字"劲秋"具名邀请。院子是向巷口已关门的赵家灰铺租的，每星期日斗一次。局虽简陋，规矩却不能错，

图 2.1　蛐蛐称儿（正面）

图 2.2　蛐蛐称儿（侧面）

要有五六个人才能唱好这台"戏"。

一人司称，须提前到局，以便将窨子的分量校正好。校正完毕，坐在称儿前，等待斗家将虫装入窨子送来称重量。

一人司账，画好表格，记录这一局的战况。表格有固定格式，已沿用多年，设计合理，简明周密，一目了然。试拟一表如下（图4）。司账者桌上摆着笔墨、纸张、裁纸刀等，兼管写条子。条子用白纸或色纸裁成，约两寸宽，半尺长，盖上司账者印章，以防有人作弊，更换条子。斗家到局，先领窨子，装好蛐蛐，送去过称，称好一虫，司称高唱某字重量多少。司账在表格的第二格内写报字，第三格内用苏州码子写蛐蛐的分量。另外在一张条子上写报字和分量，交虫主持去，压在该虫的罐子下。各家的蛐蛐登记完毕，就知道今天来了哪几家，各有多少条虫，各虫分量多少。斗家彼此看压在罐下的条子，就知道自己的蛐蛐和谁的分量相等，可以拴对。司账根

据表格也会不时地提醒大家，谁和谁"有对"。

一人监局，站在八仙桌前，桌上铺红毡子，旁放毛笔一支，墨盒一个。桌子中央设宽大而底又不甚光滑的瓦罐，名为"斗盆"。两家如同意对局，各把罐子捧到斗盆一侧。监局将两张条子并列摆在桌上。这时双方将罐盖打开，进行"比相"。因为即使分量相等，如一条头大项阔，一条头小项窄，相小的主人会感到吃亏而不斗。比相后同意对局，再议赌彩。早秋不过赌月饼一两斤。每斤月饼折钱多少，由司账宣布，一般仅为五角或一元。议定后，监局将月饼斤数写在两家的条子中间，有如骑缝，字迹各有其半。

双方将蛐蛐放入斗盆，各自只许用粘有鼠须的捻子撩逗自己的蛐蛐，使知有敌来犯。当两虫牙钳相接，监局须立即报出"搭牙"，算是战斗已经打响，从此有胜有负，各无反悔。不论交锋的

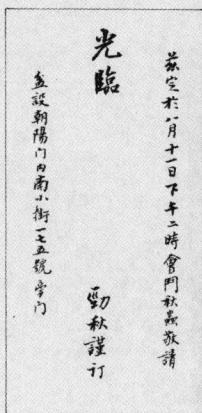

图3 邀请斗蛐蛐请帖   图4 蛐蛐局司账所用表格

时间长短，回合多少，上风下风有无反复，最后以"一头一面"判输赢。所谓"一头"、"一面"乃是一回事，即下风蛐蛐遇见上风，贴着盆腔掉头逃走。如此两次，便是输了。倘向盆腔相反方向掉头逃走，名曰"外转"；向前窜逃，名曰"冲"，都不算"头"或"面"。不过监局也须大声报出，好让虫主及观众都知道。监局实负有裁判员的职责。胜负既分，监局在胜者的条子上写个"上"字，在负者的条子上写个"下"字。两张条子一并交到司账那里。司账根据条子在表格上胜者一栏的第一格里写蛐蛐的重量及所赢月饼的斤数，在负者一栏的第四格里写蛐蛐的重量及所输的月饼斤数。两张条子折好存在司账处，倘有人要复查，此是凭证。各家结账时据第一、第四两格的输赢数字，结算盈亏。

上述三人是局上的主要人员，此外还须一两人沏茶灌水，照料一切。一局下来，他们分抽头二成所得，每人可得几块钱。

倒不是我夸口，30年代由我邀请的初级小局，玩得比较高尚文雅。来者虽三教九流，什么人都有，但很少发生争执或有不服气的行为。赌彩既微，大家都不在乎。不少输了钱如数缴纳，赢了却分文不要，留给局上几位忙了一天的先生们一分了事。这当然和早秋季节有关，此时大小养家蛐蛐正多，心爱之虫尚未露面，骁勇之将或已亮相，但尚未立多少战功，所以上局带有练兵性质，谁也不想多下赌注。

中秋以后，天凉多风，院里已不宜设局。这时自有大养家出面邀请到家中对阵，蛐蛐局也就升了级。善战之虫已从几次交锋中杀了出来，渐有名声。赌彩倘仍是一两斤月饼，主人会感到和虫的身价太不相称了。

只要赌彩大了，事情也就多了，不同人物的品格性情也就一一表现出来。有的对上称的分量十分计较，老怕司称偏心他人，以致吃了亏。他在称儿的背面盯着戥子，嘴里叨唠着："不行吧，拉了一点儿吧，您再往里挪挪。"所争的可能还不到一毛（即一毫）的重量。甚至有人作弊，把舀子上的蜡珠偷偷抠下一点。自己占了便宜却弄得舀子的分量不一致。被人发现，要求对所有的营子都审查核对，把局吵了，弄得不欢而散。

斗前比相，更是争吵不休，总是各自贬低自己蟋蟀的长相，说什么"我的头扁了，脖子细了，肚子又大，比您的差多了，不是对！不是对！"实则未必如此。有的人心中有一定之规，那就是，相上如不占便宜，就是不斗。

在观众中，随彩的也多了。有的只因和虫主有交情，随彩为他助威。有的则因某虫战功赫赫，肯定能赢，故竞相在它的身上押赌注。倘对局双方均是名将，各有人随彩，那就热闹了。譬如"义"字和"山"字对阵，双方已议定赌彩，忽一边有人喊道"义字那边写爽秋两块"，又有人喊"天字两块"。对面有人应声说"山字那边写叩字两块"，跟着有人喊"作字随两块"。这时忙坏了监局，他必须在两边条子上把随彩人的报字和所随的钱数一一记上，分胜负后司账好把随彩移到表格上。随彩者如没有蟋蟀，他的报字也可以上表格，只是第三格中不会有蟋蟀的分量而已。有时斗者的某一方不常上局，显得陌生，他就难免受窘，感到尴尬。因为观阵者都向对方下注，一下子就增加到几十元。如果斗，须把全部赌注包下来，未免输赢太大。不斗吧，又显得过于示弱，深感进退两难。

使捻子是一种高超的技艺。除非虫主是这方面的高手，总要请专家代为掌捻。运用这几根老鼠胡子有很大的学问。但主要是当自己的蟋蟀占上风时，要用捻子激发神威，引导它直捣黄龙，使对方一败涂地。而处在下风时，要用捻子遮挡封护，严防受到冲击，好让它得到

喘息，增强信心，恢复斗志，以期达到反败为胜的目的。但双方都不能做得过分，以致触犯定规，引起公愤。精彩的对局，不仅看虫斗，也看人斗。欣赏高手运捻之妙，也是一种艺术享受。难怪自古即被人重视，《蛼孙鉴》有专条记载运捻名家姓氏，传于后世。

清末民初，斗局准许用棒，在恩溥臣《斗蟀随笔》中有所反映，而为南方所无。对阵时，占上风一方用装捻子的硬木棒轻轻敲打盆腔，有如擂鼓，为虫助威。这对下风当然大大不利。30年代已渐被淘汰，偶见使用，是经过双方同意的。

监局既是裁判，难免碍于人情或受贿赠而偏袒一方。这在将分胜负时容易流露出来。他会对一方下风的"一头一面"脱口而出，甚至不是真正的掉头败走也被报成"头"、"面"。而对另一方下风的"一头一面"竟支吾起来，迟迟不报。执法态度悬殊，其中必有不可告人处。

局上可以看到人品性格，众生相纷呈毕露。赢了，有人谦虚地说声"侥幸"；有人则趾高气扬，不可一世，向对方投以轻蔑的眼光。输了，有人心悦诚服，自认工夫不到家，一笑置之，若无其事；有人则垂头丧气，默默不语，一虫之败，何致懊丧如此！更有面红耳赤，怒不可遏，找碴儿强调客观原因，不是说比相吃了亏，就是使火没使够。甚至埋怨对方，为什么催我上阵，以致没有过铃子，都是你不好，因此只能认半局，赌彩只输一半。

上面讲到的局，一般有几十元的输赢，还不能算真正的蟋蟀赌局。真正的赌局斗一对下注成千上万，这只有天津、

621

图 5　后秋上局用圆笼

上海才有。据说在高台上斗，由一人掌拶，只许双方虫主在旁，他人无从得见。这样的局不要说去斗，我一次还没有参观过呢。即使有机会参观，我也不会去！

北京过去最隆重的蛐蛐局要数"打将军"，多在冬至前或冬至日举行，它带有年终冠军赛和一季秋虫活动圆满结束的双重意义。襄生也晚，没有赶上本世纪初麻花胡同纪家、前马厂钟杨家、那王府、杨广字、余叔岩等大养家的盛期。当时几乎每年都打将军，《斗蟀随笔》就有记载。

打将军或在家中，或在饭庄子，什刹海北岸的会贤堂曾承办多次。老友李桐华（"山"字）曾告我盛会的情况：邀请之家事先发请帖，届期各养家到会，把式们用圆笼挑着蛐蛐罐及汤壶（图5）前来。虫贩只限于资格较深并经主人烦请帮忙者始得与会。中堂设供桌，先举行请神仪式。上方正中安神位，供的是蚂蚱神。桌上摆香炉蜡签，五堂供，三堂面食，两堂果子。桌旁立着纸扎的宝盖、幡及七星蠹。延请寺观清音乐乐队七人，一时笙管齐奏，法曲悠扬。先由主人上香行礼，继之以各位养家，长者在前，依齿而行，叩头或揖拜听便。此后虫佣虫贩顶礼，必须跪拜叩头。请神

完毕，对局开始，过称、记账、监局等一如常局。惟斗后增加卖牌子活动。牌子由司称、司账等准备，红纸上书"征东大将军"、"征西大将军"、"征南大将军"、"征北大将军"、"九转大虫王"、"五路都虫王"等封号。胜者受到大家的祝贺，自然高高兴兴去买牌子。牌子二元、四元、六元、八元不等，买者买个喜气，图个吉祥，而带有赏赐性质，局上各位忙了一季，这是最后一笔收入。封完将军，虫王、将军皆陈置供桌上，行送神礼，虫佣虫贩须再次叩头。礼毕将宝盖、幡、七星蠹等送至门外，在音乐声中火烧焚化。不知者会误以为是某家办丧事，烧烧活，实际上是玩家们在行乐。送神后入宴席，养家和佣、贩分开落座。前者为鸭翅席，后者为九大件。宴席后大家拱手告别，齐道明秋再见。

打将军封建迷信色彩浓厚，而且等级分明，它也不是以赌博为目的，而是佣贩帮闲伺候王公大人、绅士富商游玩取乐的活动。一次打将军主办者不惜一掷千金，要的是派头和"分儿"，这种耗财买脸的举动，六七十年来久已成为陈迹了。

五　忆器

南宋时，江南养蟋蟀已很盛行。1966年5月，镇江官圹桥发现古墓，出土三具过笼。报道称："都是灰陶胎，两只为腰长形（图6），长七厘米，两头有洞，上有盖，盖上有小纽，纽四周饰六角形双线网纹。其中一只内侧有铭文四字，残一字，'□名朱家'。另一只为长方形，长亦七厘米，作盖顶式，顶中有一槽，槽两侧饰圆珠纹。圆珠纹外周斜面上饰斜方如意纹，一头有洞。长方

形的蟋蟀过笼，一头有洞，当是捕捉蟋蟀时用的。腰长形过笼两头有洞，宜于放置圆形斗盆中放蟋蟀用的。"（见《文物》1973年第5期封三）

所谓腰长形即外壁一边为弧形，可以贴着盆腔摆放。一边外壁是直的，靠着它可以放水槽。这是养盆中的用具，报道谓用于斗盆，实误。仅一端有洞的因不能穿行，已不得称之为过笼。北京有此用具，名曰"提昌"（见图22），竹制，上安立柄，用以提取罐中的蛐蛐。捉蟋蟀是用不上的。古墓年代约为12世纪中叶，所出三具为现知最早的蟋蟀用具。可证明约一千年前它已定型，和现在仍在使用的没有什么区别。

宋代蟋蟀盆只见图像，未见实物。万历间刊行的《鼎新图像虫经》绘盆四具。其中的宣和盆、平章盆可理解为宋器，至于标名为王府盆、象窑盆，时代就难说了。此四盆并经李大翀《蟋蟀谱》摹绘，造型、花纹与《虫经》已大有出入。当因摹者随手描绘所致。故类此图像，只能为我们提供一些参考材料，而无法知道其真实面貌。李谱还有所谓"宋内府镶嵌八宝盆"、"元孟德盆"、"永乐盆"，未言所据，来源不明。这些图的价值，比该书《盆考》述及的各盆也高不了多少，它们的可靠性要待发现实物才知道，现在只能姑妄听之而已。本人认为谈蛐蛐罐不能离开实物，否则终有虚无缥缈之感。本文所及品色不多，去详备尚远，但都是我曾藏或曾见之物。不尚空谈，当蒙读者许可。

养家周知，蟋蟀盆有南北之分，其主要区别在南盆腔壁薄而北盆腔壁厚，这是南暖北寒的气候决定的。我所见到的最早实物为明宣德时所制，乃腔壁较

图6　镇江南宋墓出土蛐蛐过笼

厚有高浮雕花纹的北式盆。这是因为自明成祖朱棣于永乐十九年（1421年）国都北迁后，宣宗朱瞻基养蟋蟀已在北京的原故。罐通高11厘米，径14.5厘米（彩图38，图7—9），桐华先生旧藏，现在天津黄绍斌先生处。盖面中心雕两狮相向，爪攫绣球，球上阴刻方胜锦纹，颇似明雕漆器上所见。左右飘束绦。空隙处雕花叶。中心外一周匝浮雕六出花纹，即常见于古建筑门窗者。在高起的盖边雕香草纹。罐腔上下有花边两道，中部一面雕太狮少狮，俯仰嬉戏，侧有绣球，绦带飞扬。对面亦雕狮纹，姿态略有变化。此外满布花卉山石。罐底光素，中心长方双线外框，中为阳文"大明宣德年造"六字楷书款，与宣德青花瓷器、剔红漆器上所见，笔意全同。故可信为宣德御物。中国历史博物馆藏有一龙纹罐，盖内篆文戳记"仿宋贾氏珍玩醉茗痴人秘制"十二字，罐底龙纹图记内有"大明宣德年制"款（见石志廉：《蟋蟀罐中的几件珍品》，《燕都》1978年第4期）。曾目见，戳记文字及年款式样均非明初所能有，乃妄人伪造。

我因久居北京，对南方盆罐一无所知。北方名盆，高中读书时开始购求，迨肄业研究院，因不再养虫而终止，前

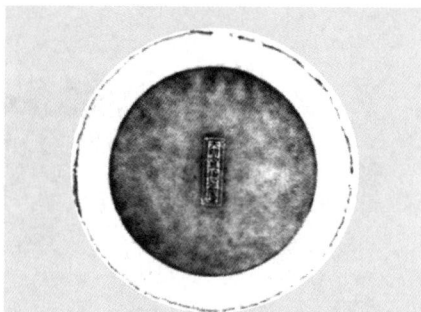

图7 明宣德高浮雕狮纹蟋蟀盆盖内款识

图8 明宣德高浮雕狮纹蟋蟀盆盖面花纹拓本

图9 明宣德高浮雕狮纹蟋蟀盆

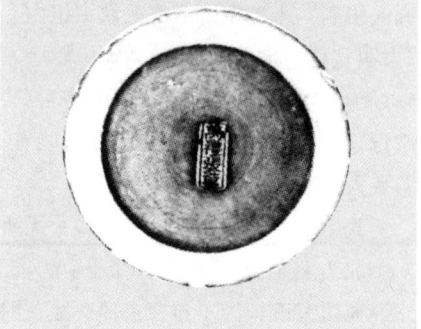

图10 明"万礼张造"蛐蛐罐款识拓本（万礼张九种之一）

后不足十年，有关知识见闻，与几位秋虫耆宿相比，自然相去远甚。

秋虫耆宿，近年蒙告知盆罐知识者有李桐华、黄振风两先生。桐华先生谢世已数载，振风先生则健在，惟"十年浩劫"，所藏名盆已多成瓦砾矣。

北京盆罐为养家所重者有两类，亦可称之为两大系列，即"万礼张"与"赵子玉"。万礼张咸知制于明代，底平无足，即所谓"刀切底"。盖内有款识、盖、罐骑缝有戳记。戳记或为圆圈，名曰"笔管"，或为"同"字，或近似"菊"字而难确认。澄泥比赵子玉略粗，故质地坚密不及，术语称之曰"糠"。正因其糠，用作养盆，实胜过子玉，其带皮子有包浆亮者尤佳。同为万礼张，盖内款识不同，至少有八种，再加净面无文者则有九种，此非深于此道者不能言。桐华先生爱万礼张胜于子玉，故知之独详。我历年收得四种，再加桐华先生所藏，尽得寓目，并拍摄照片。又蒙高手傅大卣先生墨拓款识，故大体齐备：

（一）万礼张造（图10）

（二）白山（彩图39，图11，12）此为万礼张中最佳者。

（三）秋虫大吉

（四）永战三秋（图13）

（五）永站三秋（图14）

（六）怡情雅玩（图15）

（七）永远长胜

（八）春游秋乐（图16）

（九）净面 光素无款识。

赵子玉罐素有十三种之说。邓文如师《骨董琐记》卷六记石虎胡同蒙藏学校内掘出蟋蟀盆，属于赵子玉系统者有淡园主人、恭信主人之盆、古燕赵子造、敬斋主人之盆、韵亭主人之盆等五种,不及十三种之半。清末拙园老人《虫鱼雅集》"选盆"一条所记十三种为:白泥、紫泥、藕合盆、倭瓜瓢、泥金罐、瓜皮绿、鳝鱼青、鳝鱼黄、黑花、淡园、大小恭信、全福永胜、乐在其中。《雅集》所述相虫、养虫经验多与虫佣、虫贩吻合,此说似亦为彼等所乐道。其不能令人信服处在前九种既以不同颜色定品种,何以最后又将四种不同款识之盆附入,一似列举颜色难足其数,不得不另加四种,凑满十三。故桐华先生以为子玉十三种应以不同款识者为限,分列如下:

(一)古燕赵子玉造(图17) 桐华先生特别指出此六字款如末一字为"制"而非"造",皆伪,屡验不爽。都人子玉则真者末一字为"制"而非"造"。

(二)淡园主人(图18)

(三)都人赵子玉制

(四)恭信主人盆(大恭信)

(五)恭信主人之盆(小恭信)

(六)敬斋主人之盆(大敬斋) 二号盆

(七)敬斋主人之盆(小敬斋) 三号盆

(八)韵亭主人盆

(九)闲斋清玩

(一〇)大清康熙年制

(一一)乐在其中

(一二)全福永胜

(一三)净面赵子玉 光素无款识。

黄振风先生则别有说,认为赵子玉不仅有十三种,且另外还有"定制八种",亦即赵子臣所谓"特制八种",而"大清康熙年制"因非子玉所造,故不与焉。"八种"并经振风编成口诀,以便记忆:

全福永胜战三秋,

图 11 明"白山"蛐蛐罐款识拓本(万礼张九种之一)

图 12 明"白山"蛐蛐罐全形(万礼张九种之一)

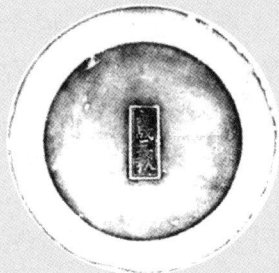

图 13 明"永战三秋"蛐蛐罐款识拓本(万礼张九种之一)

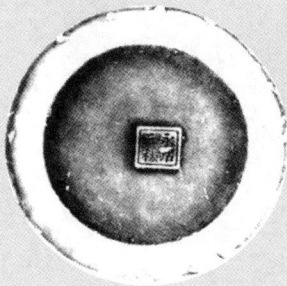

图 14 明"永站三秋"蛐蛐罐款识拓本(万礼张九种之一)

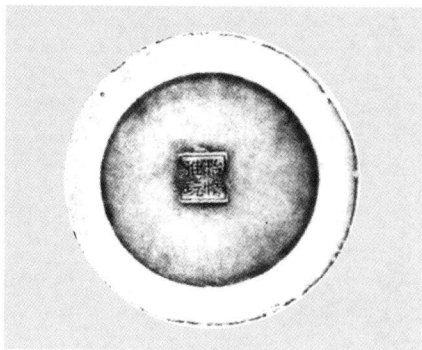

图 15　明"怡情雅玩"蛐蛐罐款识拓本（万礼张九种之一）

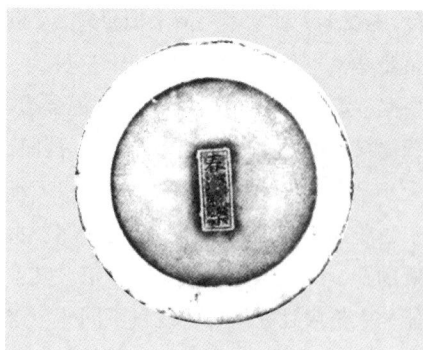

图 16　明"春游秋乐"蛐蛐罐款识拓本（万礼张九种之一）

淡园韵亭自古留，

敬闲二斋双恭信，

乐在其中第一流。

"八种"之款识及戳记外框形式如下：

（一）全福永胜　盖背横长圆形外框，一名"枕头戳"，四字自右而左平列。足内长方形外框，"古燕赵子玉造"，两行，行三字。

（二）永战三秋　四瓣柿蒂式外框，每瓣一字，"永"在上，"战"在右，"三"在左，"秋"在下。

（三）淡园主人（图 18）　方形外框，两行，行二字。

（四）韵亭主人盆赵子玉制　大方形外框，三行，行三字。

（五）敬斋主人之盆（图 19）　窄长方形外框，天津称之曰"韭菜扁戳"。一行六字。

（六）闲斋清玩　方形外框，两行，行二字。

（七）恭信主人盆赵子玉制　大方形外框，三行，行三字。此为"大恭信"。恭信主人之盆　窄长方形外框，一行六字。此为"小恭信"。大小恭信以一种计。

（八）乐在其中　盖背方形外框，两行，行二字。底足内"都人赵子玉制"，长方形外框，两行，行三字。此罐比以上七种更为名贵，故曰"第一流"。

图 17.1　清"古燕赵子玉造"蛐蛐罐全形

图 17.2　清"古燕赵子玉造"蛐蛐罐

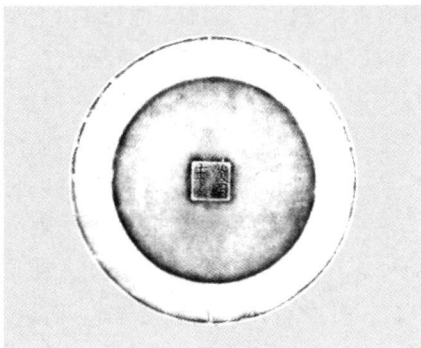

图 18 清"淡园主人"蛐蛐罐款识拓本（赵子玉所制罐之一）

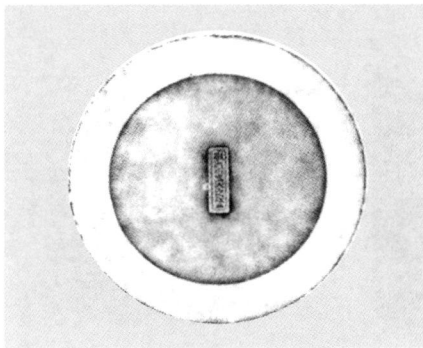

图 19 清"敬斋主人之盆"蛐蛐罐款识拓本（赵子玉所制罐之一）

以上惟"淡园主人"及"小恭信"为三号罐，余均为二号罐。又惟有"敬斋"及"乐在其中"两种底足外缘做出凹入之委角线，名曰"退线"，余六种无之。

振风先生背诵子玉十三种之口诀为：

> 瓜皮豆绿倭瓜瓢，
> 桃花冻红鳝青黄，
> 黑白藕合泥金盆，
> 净面都人足深长。

"十三种"中净面光素无款识。都人子玉款识为"都人赵子玉制"，长方形外框，两行，行三字。其余十一种款识均为"古燕赵子玉造"，长方形外框，两行，行三字。振风同意桐华先生之说，"古燕赵子玉造"款识凡末字为"制"而非"造"者皆伪。并指出"古"字一横下，或有一丝两端下弯之线，或无之，二者皆真（图20，图21）。有弯线者乃戳记使用既久，出现裂纹之故。据此推测，戳记当用水牛角刻成。

（一）瓜皮绿

（二）豆瓣绿

（三）倭瓜瓢　其色易与鳝鱼黄混淆。分别在倭瓜瓢盖面平坦，而鳝鱼黄盖面微微隆起。亦曰"馒头顶"。

（四）桃花冻　其色红于藕合盆。

（五）鳝鱼青

（六）鳝鱼黄

（七）黑花

（八）白泥

（九）藕合盆　其色接近浅紫，十三种中惟此底足有退线。

（一〇）泥金盆　罐上有大金星及金片，如洒金笺纸。

（一一）净面

（一二）都人赵子玉制　盖与足底款识相同，凡末字作"造"而非"制"者皆伪。

图 20　清"古燕赵子玉造"款识拓本（古字一横下无弯线）

图 21　清"古燕赵子玉造"款识拓本（古字一横下有弯线）

图 22 前秋、中秋上局用提盒（内放万礼张小罐四具）

图 23 清"乐在其中"、"都人赵子玉制"小蛐蛐罐全形

图 24 清"乐在其中"、"都人赵子玉制"小蛐蛐罐盖、底款识

（一三）深足子玉 罐底陷入足内较深。

振风先生与拙园老人之说，可谓大同小异，故似出同源。其所以被称为"十三种"，除确知为赵子玉所造外，皆无定制者款识，与"定制八种"之区别即在此。黄先生既能言之綦详，且谓"八种"、"十三种"曾与赵子臣商榷印证，可谓全同。不言而喻，桐华先生之说与子臣大不相同。

桐华、振风两先生之虫具知识，笔者均甚心折，而子臣既出虫贩世家，更一生经营虫具，见多识广，又非养虫家所能及，故其经验阅历，尤为值得重视。笔者自愧养虫资历不深，名罐所藏有限，

且有未经寓目者，因而不能判断以上诸说究以何为可信，只有一一录而存之，以备进一步之探索及高明博雅之指教。惟究其始，赵子玉当年造盆，不可能先定品种"八"与"十三"之数，并以此为准，不复增减，其理易明。后人据传世所有，代为罗列排比，始创"八种"、"十三种"之说，此殆事物之规律。若然，则各家自不妨据一己之见而各有其说。各说亦自可并存而不必强求其一致矣。

赵子玉罐虽名色纷繁，然简而言之，又有共同之特征，即澄泥极细，表面润滑如处子肌肤，有包浆亮，向日映之，仿佛呈绸缎之光华而绝无由杂质之反射，出现纤细之闪光小点。棱角挺拔，制作精工，盖腔相扣，严丝合缝，行家毋庸过目，手指抚摩已知其真伪。仿制者代有其人，甚至有在古字一横下加弯线者，矜持拘谨不难分辨。民国时大关虽竭力追摹，外形差似而泥质远逊。

万礼张及赵子玉均有特小盆罐，或称之为"五号"，超出常规，遂成珍异。某家有一对，何人藏四具，屈指可数，为养家所乐道。实物如桐华先生之小万礼张，四具一堂，装入提匣，专供前秋、中秋上局使用（图22）。小子玉则有以郑西忠旧藏一对"乐在其中"，直径不到十厘米，盖背面款识为"乐在其中"，底足内为"都人赵子玉制"，堪称绝品（彩图40，图23—26），可能为王府公主或内眷定制者。埴土虽贱，却珍逾球璧。

其他名罐如"瓦中玉土精盆"，雕镂蝴蝶而填以色泥，故又曰"蝴蝶盆"。"南楼雅玩"盆（彩图41，图27），主人即《虫鱼雅集》述及曾养名虫"蜈蚣紫"，咬遍京华无敌手，死后葬于园中纡环轩土

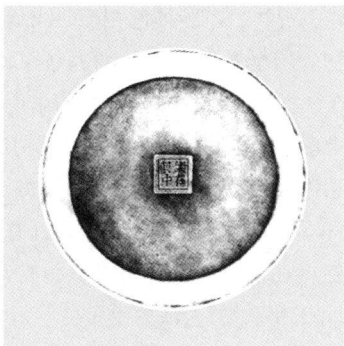

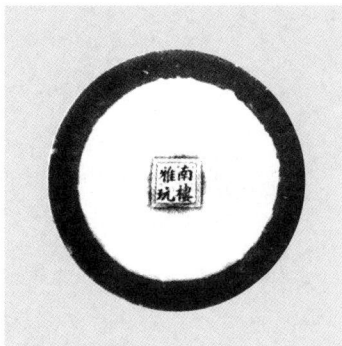

图 25 清"乐在其中"蛐蛐罐盖款识拓本　图 26 清"都人赵子玉制"蛐蛐罐底款　图 27 清"南楼雅玩"蛐蛐罐款识拓本
　　　　　　　　　　　　　　　　识拓本

山上，并为建虫王庙之南楼老人。此盆并非用澄泥轮旋成形，而是取御用金砖斧砍刀削，砥砺打磨而成。四字款识亦非木戳按印而是刃凿剔刻出阳文文字。所耗人力物力，超过泥埴窑烧，何止十倍，其他私家制罐，款识繁多，道光时"含芳园制"盆乃其佼佼者。用泥之细不亚于子玉，款式亦朴雅可喜。

　　一般养盆以有赵子玉伪款者为多，戳记文字、式样，不胜枚举。其他款识也难备述（彩图42），大小造型，状态不一，因不甚被人重视，故缺乏记载可稽。

　　过笼，北京又称"串儿"，谓蛐蛐可经两孔串来串去。名贵的过笼同样分万礼张、赵子玉两个系列。

　　万礼张过笼轮廓柔和，造型矮扁，花纹不甚精细，不打戳记而代之以指纹，印在盖背面。下举二例：

　　（一）万礼张菊花纽（亦称葵花纽）过笼　除纽外全身光素，有大小两种（彩图43）。

　　（二）万礼张五福捧寿过笼　纽为高起圆寿字，四周五蝠团簇（彩图44）。

　　赵子玉过笼棱角快利，立墙较高，花纹精细，不加款识。常见盖内印有叶形戳记中有"赵子玉"三字者皆是赝品。

下举真者数例：

　　（一）赵子玉单枣花、双枣花过笼
亦有称之为桂花者，除纽外全部光素。造型有大小之别，小者又名"寸方"，宜用于晚秋较小的盆中。又有扇面式的，月牙形水槽贴着摆放，可为盆内留出较大空间（彩图45）。

　　（二）赵子玉五福捧寿过笼（彩图46）
与万礼张相似而花纹较繁，将光地改为纹地。于此亦可见前后的渊源关系。如过笼正面立墙有刀划花纹，则名曰"五福捧寿拉花"（彩图47）。"拉"，北京方言刀割之意。

　　（三）赵子玉鹦鹉寿桃过笼　寿桃作纽，两侧各有展翅鹦鹉。亦名"鹦鹉偷桃"。如立墙有刀划花纹，名为"鹦鹉寿桃拉花"（图28）。

　　所谓旧串，和旧养盆一样，花色繁多。其佳者为"含芳园制"（彩图48）。盖上印有菊蝶、古老钱、蟠龙、花卉等花纹者（图29）以及红泥、黑花等（图30）又逊一筹。

　　《虫鱼雅集》讲道："水槽亦有真伪。至高者曰蓝宝文鱼，有沙底，有瓷底。次则梅峰、怡情、宜春、太极、蜘蛛槽、螃蟹槽、春茂轩，不能尽述。"其中文

图28 清赵子玉鹦鹉拉花过笼成对

图29 清不同花纹过笼四种

图30 清黑花、红泥过笼两种

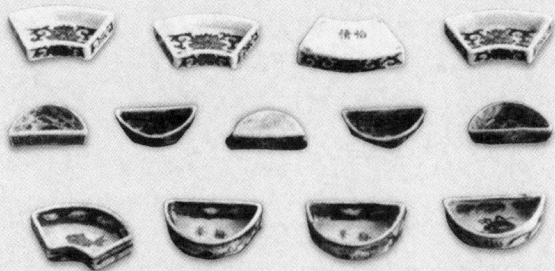

图31 清各式水槽

鱼与梅峰、蜘蛛，瓷胎釉色相似，当为同时期物。螃蟹及青花大水槽亦较早，时代均在雍、乾间，或稍早。怡情朱色勾莲制于嘉道时。春茂轩各式乃太监小德张为慈禧定烧，出光绪景德镇窑（彩图49，图31）。昔年笔者一应俱全，且有德化白瓷、宜兴紫砂以及碧玉、白玉、玛瑙者。"十年浩劫"，散失殆尽矣。

上局用具还有净水瓶，即大口的玻璃瓶。或用清代舶来品盛洋烟的"十三太保"瓶，因每匣装十三瓶而得名。磨光玻璃有金色花纹，十分绚丽。其用途是内盛净水及水藻一茎。蛐蛐胜后，倾水略涮其盆，掐水藻一小段放盆内，供其滋润牙帘。

此外，还有放在每一个罐上的"水牌"。扁方形，抹去左右上角。考究的为象牙制，次为骨或瓷。正面写虫名、买的日期、产地及重量。背面为每次战斗记录，包括日期、重量、战胜某字某虫等（图32）。它分明是为蛐蛐建立的档案。北京的规矩，非经同意不得翻看别人的水牌。

其他用具如竹夹子、麻刷子、竹制食抹等均为消耗品，从略。惟深秋搭晒所用竹帘，分粗细三等。极细者真如虾须，制作极精，今亦成为文物矣。

六 忆友

七十年来由于养蛐蛐而认识的人实在太多了，结交成契友的也不少，而最令人怀念的是曾向我传授虫经的几位老先生。

赵李卿，武进人，久居北京。北洋政府时期，任职外交部，是我父亲的老同事，看我长大的。在父执中，我最喜欢赵老伯，因为他爱蛐蛐，并乐于教我如何识别好坏。每因养蛐蛐受到父母责备，我会说"连赵老伯都养"，好像理由很充足。他也会替我讲情，说出一些养蛐蛐有好处的歪理来。我和他家相距不远，因此几乎每天都去，尤其是到了秋天。

赵老伯上局报"李"字，所有卖蛐蛐的都称他"赵李字"。长腿王喜欢学他带有南方口音的北京话，同时举手用食拇两指相距寸许地比划着："有没有大黄蛐蛐？"他确实爱黄蛐蛐，因为养过特别厉害的，对黄蛐蛐也特别有研究，能说出多种多样的"黄"来——哪几种不中用，哪几种能打到中秋，哪几种才是常胜将军。他想尽方法为我讲解，并拿颜色近似的蛐蛐评比差异。但最后还是说只有遇到标准虫才能一目了然，还要养过才记得住。这就难了，谈何容易能碰到一条。有一年还真是碰到了。陆鸿禧从马坊逮回来的头如樱桃而脑线闪金光的紫黄蛐蛐。他认为是黄而非紫。因是早秋，他说要看变不变。如变深了就成紫黄蛐蛐了，也就不一定能打到底了。如不变深，则是虫王。他的话应验了，金黄色始终未退，连赢八九盆，包括"力"字吴彩霞的红牙青。而"力"字是以特别难斗著名的。每次对阵紫黄都是搭牙向后一勒，来虫六足蹬着罐底用力才挣扎出来。一口净，有的尚能逃窜，有的连行动都不灵了。赵老伯看其他颜色蛐蛐也有经验，但自以为对黄的最有心得。我最早相虫，就是他领进门的。

赵伯母是我母亲的好友，也很喜欢我。她最会做吃的，见我去总要塞些吃的给我。至今我还记得她对赵老伯说的一句话："我要死就死在秋天，那时有蛐蛐，你不至于太难过。"二老相敬如宾，

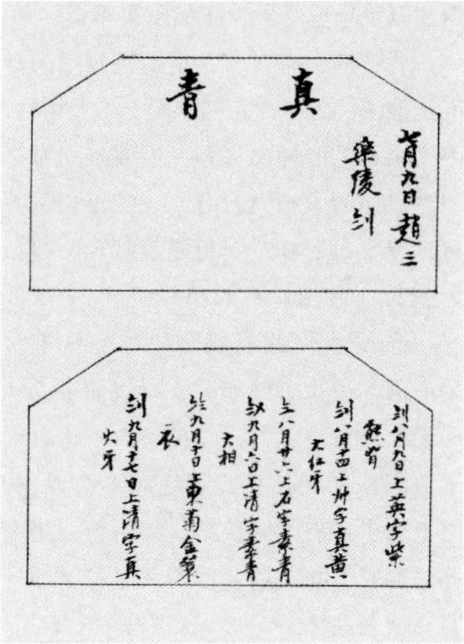

图32 水牌（正面和背面）

真是老而弥笃。

白老先生住在朝阳门内北小街路东，家设私塾，教二三十个启蒙学生。高高身材，微有髭须。出门老穿袍子马褂，整齐严肃，而就是爱玩蛐蛐。上局他报字"克秋"，故人称白克秋，名字反不为人知。

不认识他的人，和他斗蛐蛐，容易拴对。因为他的虫都是小相，一比对方就会欣然同意。但斗上才知道，真厉害！他的蛐蛐通常一两口就赢了。遇上硬对，又特别能"驮口"，咬死也不走，最后还是他赢。我还不记得他曾输过。养家经过几次领教，有了戒心，都躲着他。即使在相上明显占便宜也不敢贸然和他交锋。

我几次看他买蛐蛐，不与人争，总是等人挑完了才去看。尤其是到了蛐蛐店，明言"拿'下水'给我挑"。每次不多买，只选两三条。价钱自然便宜不少，因为已被人选过多次了。不过往往真厉害的蛐蛐并未被人挑走而终为他所

得，真是千里马虽少而伯乐更难逢。

我曾向白老求教，请示挑蛐蛐的标准。他说："为了少花钱，我不买大相的，因为小相的照样出将军，主要是立身必须厚。你的大相横着有，我的小相竖着有，岂不是一样？立身厚脸就长，脸长牙就长，大相就不如小相了。"记得他有一条两头尖的蛐蛐名曰"枣核丁"，是上谱的虫，矫健如风，口快而狠，骁勇无比。每斗一盆，总把对方咬得满罐子流汤。如凭长相，我绝对不会要它。白老选虫还有许多诀窍，如辨色、辨肉等，也曾给我讲过，但不及立身厚那样容易领会理解。

白老每年只养二三十条蛐蛐，因此上局从不多带，少则两条，多则四条。天冷时，只见他白布手巾把一对瓦罐摞起一包，提着就来了。打开一看，两罐中间夹着一块热饼。一路行来，使火恰到好处。蛐蛐过了铃子，他饼也吃完了。他总是花最少的钱，用最简单的办法，取得最好的效果。

宣武门外西草场内山西街陶家，昆仲三人，人称陶七爷、陶八爷、陶九爷，都以养蛐蛐闻名。尤以七爷陶仲良，相虫、养虫有独到之处。当年蛐蛐局有两句口头语："前秋不斗山、爽、义，后秋不斗叨、力。""山"为李桐华，"爽"为赵爽秋，"义"为胡子贞，"力"为名伶吴彩霞，"叨"即陶仲良。意谓这几家的蛐蛐特别厉害，以不斗为是。而后秋称雄，更体现了养的工夫。

我的堂兄世中，是陶八爷之婿，故有姻戚之谊。不过我们的交往，完全由于同有秋虫之癖。

陶家是大养家。山西街离蛐蛐店很近，常有人送虫来。九爷家住济南，每年都往北京送山蛐蛐。他们最多养到十几桌，将近三百头。当我登门求教时，仲良年事已高，不愿多养，但蛐蛐房还是占用了三间北屋。

时届晚秋，"叨"字拿出来的蛐蛐宝光照人，仍如壮年。肚子不空不拖，恰到好处。爪锋不缺，掌心不翻，按时过铃，精神旺盛。下到盆中，不必交战，气势上已压倒了对方，这是精心调理之功。他的手法，主要利用太阳能，帘子遮挡，曝日取暖，帘子分粗、中、细三等，借以控制温度，而夜晚及阴晦之日则用汤壶。前"忆养"讲到的"搭晒"，就是他传授的方法。不过其不可及处在对个别蛐蛐采用不同的调理方法，并非完全一致。常规中又有变化，此又非我所能知矣。至于对爪锋及足掌的保护，他认为和罐底有极大关系。底太粗会挂断爪锋，太细又因打滑而致翻掌。因此后秋所用罐，均经严格挑选，一律用原来旧底而粗细又适度的万礼张。陶家当年藏罐之多也是罕有其匹的。

李凤山（生于 1900 年，卒于 1984 年 3 月 28 日），字桐华，以字行（图 33），蛐蛐局报名"山"字。世传中医眼科，善用金针拨治沙眼、白内障等，以"金针李"闻名于世，在前门外西河沿 191 号居住数十年。

桐华七岁开始捉蛐蛐，年二十七，经荣茂卿介绍去其兄处买蛐蛐罐。其兄乃著名养家，报字"南帅"，选虫最有眼力。因患下痿，不能行动，故愿出让虫具。桐华有心向南帅求教，买罐故优其值，并为延医诊治，且常往探望，每往必备礼物四色。如是经年，南帅爰进言曰："何不教教小李先生？"半晌，南帅问桐华："你认识蛐蛐吗？"桐华不语。南帅说："你拿两把来看看。"桐华从家中选佳者至。南帅命桐华先选一头。桐华以大头相重逾一分者进。南帅从中取出约八九厘者，入盆交锋，大者败北。如是者三，桐华先选者均不敌南帅后选者，不觉耳红面赤，汗涔涔下，羞愧难当。南帅笑曰："你选的都是卖钱的虫，不是打架的虫。"桐华心悦诚服，自此常诣南帅处聆听选虫学，两年后，眼力大进。

桐华一生无他好，惟爱蛐蛐入骨髓。年逾八旬，手捧盆罐，犹欢喜如顽童，此亦其养生之道，得享大年。当年军阀求名医，常迎桐华赴外省，三月一期，致银三千元。至秋日，桐华必谢却赠金，辞归养蛐蛐。爱既专一，研钻遂深。中年以后，选、养、斗已无所不精，运掷更堪称首屈一指。有关虫事，每被人传为佳话。如虫友自天津败归，负债累累。借桐华虫再往，大获全胜，赢得赌注，数倍于所失。余叔岩摆蛐蛐擂台，久无敌手，桐华一战而胜。叔岩竟老羞成怒，拂袖而去。经人说项，始重归于好。李植、赵星两君已写入《京都蟋蟀故事》（共八篇，连载于1990年8月12日至12月2日《中国体育报·星期刊》），今不再重复。惟对桐华平生最得意之虫，尚未述及，不可不记。易州人尚秃子从山东长清归来，挑中有异色小虫，淡于浅紫，蛐蛐从来无此色，无以名之，称之为"粉蛐蛐"。多次赴局，重量仅六厘六，交牙即胜，不二口。是年在麻花胡同纪家打将军，杨广字重赏虫佣刘海亭、二群，以上佳赵子玉盆四具，从天津易归常胜将军大头青，以为今年"五路都虫王"，非我莫属。大头青重八厘四，桐华自知所携之虫，无分量相等者。

图33　李桐华先生八十三岁小影

不料过称儿后，粉蛐蛐竟猛增至八厘四。与大头青对局，彼果不弱，能受两三口，但旋即败走。"广"字大为懊丧。行送神礼，虫王照例放在供桌上。二群三叩首，粉蛐蛐竟叫三声，与叩首相应，闻者莫不咄咄称奇。尤奇者，次日在家再过称儿，又减轻至六厘六。昨之八厘四似专为与大头青对局而增长者。后粉蛐蛐老死，六足稳立罐中，威仪一如生时。凡上种切，桐华均以为不可思议，不禁喟然曰："甚矣哉蛐蛐之足以使人神魂颠倒也！"

我和桐华相识始于1932年他惠临我邀请的小局。次年10月，在大方家胡同夜局，我出宝坻产重达一分之黑色虎头大翅与桐华麻头重紫交锋，不料闻名遐迩"前秋不斗"之"山"字竟被中学生之虫咬败，一时议者纷纷。11月，桐华特选宁阳产白牙青与虎头大翅再度对局，大翅不敌，桐华始觉挽回颜面。"不打不成相识"，二人自此订交。此后时受教益，并蒙惠赠小恭信盆及万礼张过笼等。先生有敬斋盆二十有三，恰好我有一具，即以奉贻，凑成一桌，先生大悦，常向人道及我赠盆事。

1939年后，我就读研究院，不复养虫，直至桐华谢世，四十余年间，只要身未离京，秋日必前往请候，并观赏所得之虫。先生常笑曰："你又过瘾来了。"1982年后，曾念及曷不请先生口述，试为总结选虫养虫及鉴别虫具经验。惟此时正忙于编写有关家具、髹饰诸作，

趋请讲授只两三次，所获已写入本篇，未能作有系统之记录。今日思之，深感怅惘。

编辑《蟋蟀谱集成》，更使我怀念桐华先生。他如果健在，《集成》一定可以编得更好一些，《六忆》也可以写得更充实一些，生动一些。

本文为《蟋蟀谱集成》一书的附录
——《秋虫六忆》

634

冬虫篇

一 鸣虫种类与所用葫芦

人工孵育之虫使鸣于冬者，有蝈蝈、札嘴、油壶鲁、蛐蛐、梆儿头、金钟六种，所用葫芦皆不同。其所以不同，乃因其生活习性、身材大小有别。故言葫芦当自言虫始。

六种鸣虫可分为两类。蝈蝈、札嘴餐风饮露于丛草之间，求侣觅食于枝柯之上，不妨称之为"缘枝类"。油壶鲁等四种，夏末蜕衣于乱草瓦石之底，秋凉藏身于土穴石隙之中，不妨称之为"穴居类"。兹分别述之于下。

1.缘枝类

（一）**蝈蝈**（彩图50）亦写作蟈蟈、聒聒或蛞蛞，字书称之曰络纬。络纬实蝈蝈一类鸣虫之总称，包括札嘴及南方之纺织娘等。

明刘侗《帝京景物略》称："有虫，便腹青色，以股跃，以短翼鸣，其声聒聒，夏虫也，络纬是也。昼而曝，斯鸣矣；夕而热，斯鸣矣。秸笼悬之，饵以瓜之瓤，以其声名之，曰蛞蛞儿。"[1]潘荣陛《帝京岁时纪胜》曰："少年子弟好畜秋虫，曰蛞蛞。……此虫夏则鸣于郊原，秋日携来，笼悬窗牖，以佐蝉琴蛙鼓，能度三冬。以雕作葫芦，银镶牙嵌，贮而怀之，食以嫩黄豆芽，鲜红萝卜，偶于稠人广座之中，清韵自胸前突出，非同四壁虫声助人叹息，而悠悠然自得之甚。"[2]按所谓"能度三冬"，未必是"秋日携来"之虫，而为人工孵育者。秋虫活至冬杪，百无一二也。

（二）**札嘴**（彩图51）似蝈蝈而小，翼较长，耸而尖，南方称之曰"札儿"。徐珂《清稗类钞》云："札儿全体绿色，长寸许，触角颇长，前胸背绿色带褐，翅梢短于体，上有凹纹如曲尺，发声器在右翅，薄膜透明，略似小镜，以左翅摩擦作声。尾端有毛四。栖息草间，秋日儿童多饲养之。"又曰："乾隆年末，有货札儿于江宁之市者，镂葫芦为笼，盖以玻璃而贮之，盖来自粮艘，天津德州间物也。"[3]按札嘴产山东中部，实在德州之南。刘侗未言及之，因北京原无此虫。五六十年前罐家多孵育之，种虫即来自鲁中。近年北京已无人畜养，秋日街头亦未见有卖札嘴者。

缘枝之虫，高离地面，依其习性，

❶ 刘侗、于奕正：《帝京景物略》卷三，《胡家村》条，北京古籍出版社1982年排印本。

❷ 潘荣陛：《帝京岁时纪胜》，《蛞蛞》条，北京古籍出版社1983年排印本。

❸ 徐珂：《清稗类钞》第十二册《动物》，页5667—5668，中华书局排印本。

容具宜有绰裕空间，故葫芦腰多偏上，且任其中空，不垫土底。正因其中空，故口上只安体质极轻之有孔瓢盖，不加框子及蒙心，以免头重脚轻，容易倾仄。瓢盖更具备有利发音，便于更换诸优点。葫芦口内设铜丝簧，以防盖脱虫逸。此一设施，亦惟蝈蝈、札嘴葫芦有之。至于葫芦尺寸，蝈蝈大故大，札嘴小故小，其造型则基本相同也。

2.穴居类

（一）油壶鲁（彩图52）有油胡鲁、油乎卢、油胡卢、油壶卢等多种写法，似蛐蛐而大。刘侗曰："促织之别种三，肥大倍焉者，色泽如油，其声呦、呦、呦，曰油胡芦。"❶富察敦崇《燕京岁时记》曰："又有油壶芦，当秋令时，一文可买十余枚。至十月则一枚可值数千文。盖其鸣时铿锵断续，声颤而长，冬夜听之，可悲可喜，真闲人之韵事也。"❷

（二）蛐蛐（彩图53）即蟋蟀，亦名促织。刘侗曰："考促织，《尔雅》曰：'翰，天鸡。'李巡曰：'酸鸡。'郭璞曰：'莎鸡，一曰樗鸡。'《方言》曰：'蚟蛛，一曰蜻蛚。'《尔雅翼》曰：'蟋蟀生野中，好吟于土石砖甓下，斗则矜鸣，其声如织，故幽州谓之促织也。'"❸按北京养田野天生蛐蛐，以其善斗；畜人工孵育蛐蛐，只为能鸣。前者入冬已老，甚难养到岁末；后者身屡牙软，全无斗志也。

（三）梆儿头（彩图54）刘侗曰："促织之别种三：……其首大者，声梆梆，曰梆子头。"❹身材似蛐蛐而略小，头部宽阔成三角形，向前突出，状似棺木之前端，故南方称之曰"棺材头"。性野善跃，迅捷不易攫捉，其声短促，无悠扬之致，故养者少而育者稀。

（四）金钟（彩图55）刘侗曰："有虫黑色，锐前而丰后，须尾皆歧，以跃飞，以翼鸣，其声蹬棱棱，秋虫也。暗即鸣，鸣竟刻，明即止，瓶以琉璃，饲以青蒿，状其声名之，曰金钟儿。"❺富察敦崇曰："金钟儿产于易州，……七月之季，贩运来京。枕畔听之，最为清越。韵而不悲，似生为广厦高尚之物。金钟之号，非滥予也。"❻按北京秋日卖金钟，多称来自十三陵；实处处有之。喜群居，与蛐蛐大异。多在乱石中，或刺刺秧下❼，甚难获得。捉者以去瓤西瓜扣如覆磬，夜置晨取，群聚其中，一举可得多头。

穴居类四种鸣虫，终其身不离土壤，为适其习性，所用葫芦皆垫土底。腰多偏下，俾可与底之斜坡相接，否则有碍发音。垫底葫芦，重心在下，故口上可以安框子及蒙心。油壶鲁葫芦粗于蛐蛐葫芦，乃虫之大小有别使然。梆儿头葫芦视蛐蛐葫芦细而高，为防其逃逸。金钟葫芦又粗于油壶鲁葫芦，因每养必双，且可两对雌雄同贮一器。所有鸣虫，一器一畜一雄，喜群居者，仅金钟一种。

兹取六种葫芦之比较标准者，依原大绘图，并标明各部位名称于侧，俾读者一览可得（图1—3）。明乎此，则葫芦入目便知为畜养何种鸣虫者。电视剧《末代皇帝》有幼年溥仪玩蝈蝈一幕，即误用油壶鲁葫芦作为蝈蝈葫芦。近年海外拍卖图册，文物广告，以至博物馆刊物，对各种葫芦一律称之为 Cricket Cage，仿佛鸣虫只有蟋蟀一种，而且常将四种穴居类鸣虫葫芦之框子、蒙心安装在蝈蝈葫芦之上，实因昧于虫之习性，缺少养虫知识之故。今不辞喋喋絮絮，盖欲辨正谬误，并阐明其所以然。养虫虽小道，亦积数百年之经验，方法之沿袭，器用

❶❸❹❺ 刘侗、于奕正：《帝京景物略》卷三。

❷❻ 富察敦崇：《燕京岁时记》，北京古籍出版社1983年排印本。

❼ 刺刺秧为一种茎上有小刺之蔓草。刺，音lá。

之定型，皆有科学根据，始逐渐形成习惯，故个中大有讲究。不作调查研究，只凭想象以为如何如何，则未有不误者矣。

二 畜虫葫芦各部位分述

葫芦各部位名称已见前图，兹自下而上，分别述之。

（一）平托　平托，一名底托，惟切去蒂柄之倒栽有之，用象牙、牛角或硬木圆片粘贴底部，使葫芦直立不倾，兼起加固保护作用。如栽切较多，切口中空，则圆片宜起小台，镶入切口，有如榫枘相接。倘蒂部突出不高，则不必栽切，而用厚托挖凹槽以承之。平托之制，悉视葫芦之造型而定。

（二）肚　葫芦下半圆形部分为肚。蝈蝈、札嘴葫芦肚皆中空，油壶鲁等四种葫芦肚内垫土，通称"垫底"。底有二十至三十度斜坡，斜坡高处与腰之内壁相接。中心微凹，略如圆匙。底用三合土（黄土、白灰面、细沙）垫成。垫前须筛细并加水分，以捏之成团，搓之即散为度。如纯用三合土嫌底太重，可用粗草纸润湿后，捏成团垫入葫芦底，其上再垫三合土。垫底有特制工具，细木棍一端旋成马蹄形，名曰"压子"，用以按压三合土，使结实成形并研押光洁。底干透后用孩儿茶（儿童用中成药）煎汁涮过，染成深褐色，宛如多年陈底。

（三）腰　葫芦收束细小处为腰，在肚之上。腰之内部空间曰"膛眼"。蝈蝈有大小不同品种，故膛眼出入较大。大者可容四指，小者只容二指。札嘴葫芦如小型蝈蝈葫芦，膛眼约二指。油壶鲁葫芦膛眼一般为二指半，蛐蛐为一指半。梆儿头葫芦膛眼与蛐蛐同，只身材较高。金钟葫芦膛眼可容三指至四指，

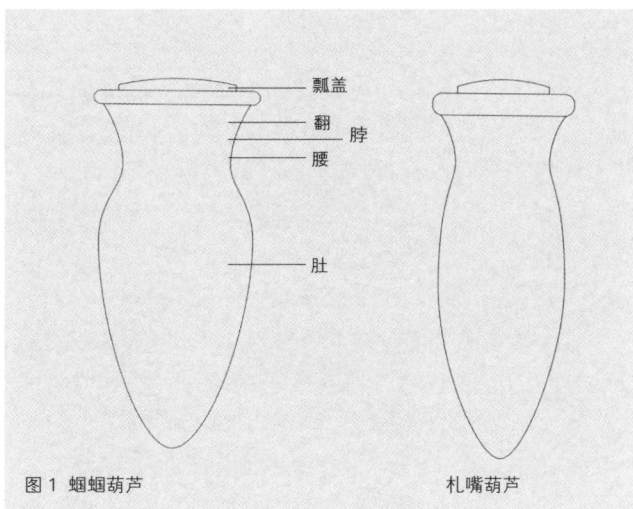

图 1　蝈蝈葫芦　　　　　　　　　　札嘴葫芦

宽大以适其群居习性。

（四）脖　自腰而上渐渐向外舒展部分为脖。葫芦之长脖者曰"雁脖"。

（五）翻　自脖而上直到葫芦口曰"翻"，言其向外翻出。脖与翻皆贵在线条柔婉，即所谓"活脖活翻"。翻之大小须与肚相称，如小于肚，曰"亏翻"，如大于肚，曰"叉（音 chǎ）翻"，皆不足取。肚、腰、翻三者比例适当，曰"三停匀称"，方是佳品。

（六）口　葫芦上所镶之圆圈曰"口"，六种鸣虫葫芦均有之，用硬木、象牙、虬角等物质旋制，胶粘牢固。清至民初时期口扁而薄，有时有棱。本世纪三十年代以远，口尚肥厚，圆而无棱。故据口之状态可判断葫芦安口之时代。亏翻之葫芦可用口顺翻势向上接出，名曰"接翻"。

（七）簧　蝈蝈、札嘴葫芦口内设铜丝盘成螺旋形装置，其名曰"簧"。有此，葫芦盖虽脱落，虫亦不致逸出，且可保护虫之长须（触角），不致因伸出盖孔而断折。或谓铜丝颤动，可以发音，纯属欺人之谈。油壶鲁等四种鸣虫葫芦无此装置。

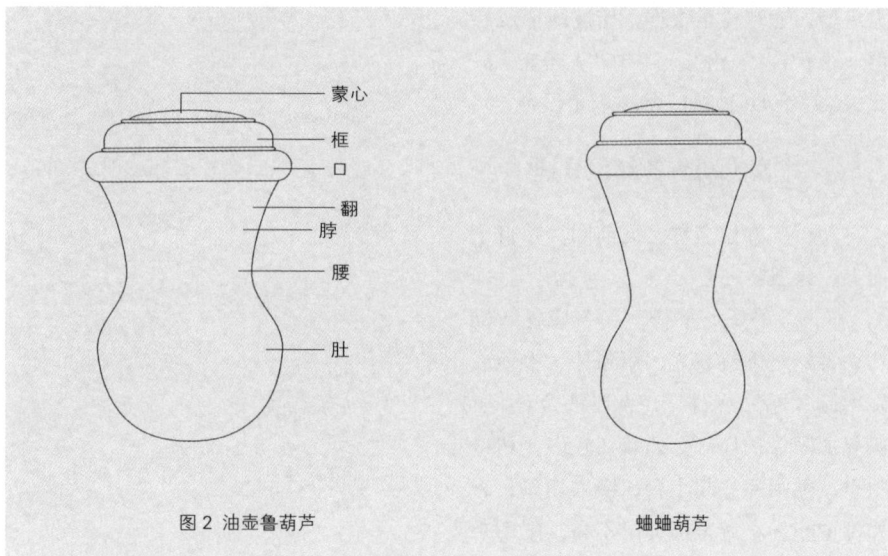

图 2 油壶鲁葫芦　　　　　蛐蛐葫芦

（八）瓢盖　亦惟蝈蝈、札嘴两种鸣虫葫芦有之。裁切大匏，锉成圆片，钻圆孔若干即成。制成后，染红色或紫色，本色者尤为朴雅。瓢质轻而松，有利发音，真正养虫家无不用此，其值甚微，却大有讲究。为使鸣虫发音达到最佳效果，须不断试用不同厚度、不同孔数（一般非五即七）、不同孔径及孔聚、孔散之瓢盖以求之。故一具葫芦往往备数块瓢盖。善试用不同瓢盖，能分辨音响之异并选用其效果最佳者，方是行家里手。而夸豪斗富，追求华美，用象牙作盖，甚至将油壶鲁葫芦之厚框子、高蒙心安装到蝈蝈葫芦之上，设非为卖与洋人，谋求高价，与好龙叶公何殊！

（九）框　亦称框子，安在口上之圆圈，惟油壶鲁等四种鸣虫葫芦有之。用料厚薄之变化与口同。近年天津更流行特高之框，尤不足取。

（十）蒙心　为使虫鸣声闻葫芦之外，框子之内镶嵌圆形镂空雕刻，名曰"蒙心"或"蒙子"。此饰件唯油壶鲁等四种鸣虫葫芦有之。蝈蝈、札嘴葫芦口

上安瓢盖，不用框子，故无法安装蒙心。

蒙心用槟榔瓢、象牙、玳瑁、虬角、黄杨、硬木、玉石、翡翠等材料制成。

槟榔瓢乃北京养虫家通用名称，实即椰子壳。因椰子、槟榔树形相似，同属棕榈科，故有此名。所制蒙心，简称"瓢蒙心"或"瓢心"。常见者为深褐色，间有黄色者，曰"黄瓢心"。瓢蒙心受材料之限制，多为平片，或微微隆起。少数利用壳上突出之尖，雕出稍高之花纹。瓢蒙心一般用两片粘成，朝上一片纹饰较繁，朝下一片，其名曰"屉"，只镂简单图案如胡椒眼、古老钱之类。屉之设为遮挡虫须伸出蒙心，以免伤损，并可防止油壶鲁啮伤蒙心。以下将述及之各种蒙心，大多数亦设屉。

象牙蒙心不受材料之限制，故有高有低，相去悬殊。平片者与瓢心同。稍高者平起如圆台，曰"平顶式"，穹然隆起者曰"馒头顶"。有高起一寸乃至两寸余者，曰"高蒙心"或"高牙心"。亦有物象周匝镂剔空透，又不使其脱落，故一触即动，名曰"动心子"或"动蒙心"。

❶ 按"茜"为茜草，乃红色染料，故象牙染红有"茜红"之称。后人不解，将茜作为动词，加于各种颜色之上，遂有"茜色"、"茜绿"等称。

实例如晚清制刘海戏蟾蒙心。刘海立蟾背，两手握钱串，钱皆可旋转。蟾三足，滚滚海涛卷而过之，故人与蟾皆可活动。其刀工虽精，人物形象则殊庸俗。唐三藏取经活动高牙蒙心亦为同一时期之制品。牙蒙心有染绿者，通称"呛绿"。清宫内务府档案有时写成"茜绿"或"茜色"，不知何据❶。实物如文三制染绿梅花纹牙蒙心。亦有绿白两色者，其制法为雕后通体染色，染成后，地子铲去一层，露出象牙本色，遂成白地绿文。亦有染红、染绿等多种颜色者。

玳瑁，即海龟甲，多为紫褐色。有浅色者，名曰"冰糖玳瑁"；有紫红色者，颇似琥珀；有深浅两色相间，可据颜色分布，设计花纹，巧制文图。清代玳瑁蒙心多为平片，本世纪初始出现高蒙心，乃将甲片加温，以模充顶成形后再施雕镂。其活动者以双龙、海八怪、十二蝠、十二鹤等为题材，名曰"两动"、"八动"、"十二动"。凡生物之翼、足、颈、尾，皆有云气或波涛环绕，镂镂空透，故皆可活动，轻摇之簌簌有声。据雕工言，玳瑁加温，柔韧不脆，故小形物象得另取零星材料雕后嵌入，并非全仗镂刻，不知底蕴者每为所绐。亦有象牙蒙心嵌玳瑁雕饰者，或玳瑁蒙心嵌象牙雕饰者，乃失手伤损后，借此补救。故真正精制之蒙心，却是不动、不嵌、不镶者。此惟真识者知之，不足为浅人道也。

槟榔瓢、象牙、玳瑁三种物质为制蒙心主要材料，虬角以下几种物质制者比较罕见。玉石、翡翠等太重，根本不适宜作蒙心。好事而斗富者或不惜重金定制，不值养虫家一笑也。

制蒙心亦有名家，虽从不署名，识者亦能知其大略。最有名者为白二、文

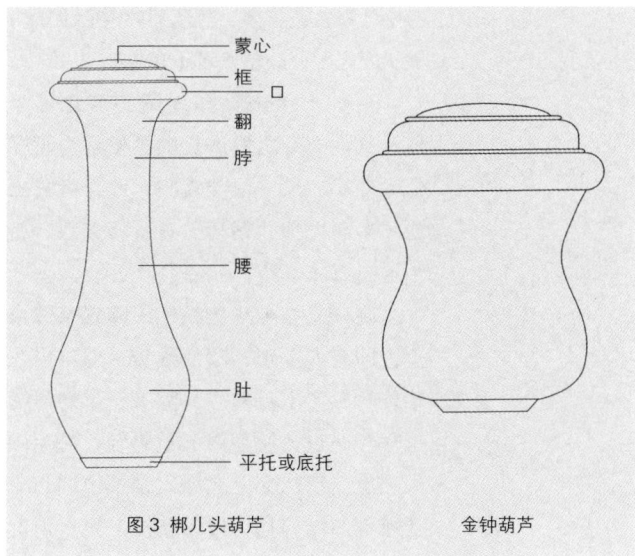

图3 梆儿头葫芦　　　　　金钟葫芦

三、常连祖孙三代。白二所刻多瓢心或平面牙心。刀法简练，貌似粗糙，却见神采。实例如太狮少狮瓢蒙心。文三常刻象牙，用料厚于乃父，平顶者居多，刀法圆润精到，构图亦有法度。实例如龙凤纹牙蒙心。父子火画风格之差异，亦正是雕刻风格之差异。常连刻件兼用瓢、牙、玳瑁三种材料，至本世纪二十年代始专制高玳瑁蒙心，穿枝过梗，叶叠花重，精细绝伦，仁义顺葫芦店诸工，难与抗衡，遗作有牧牛图瓢心及梅花纹、牵牛花纹等玳瑁心。北京沦陷后惜染海洛因恶疾，竟潦倒以终。

象牙高蒙心首推李润三。所谓"叫五子"乃其首创。鸡笼疏透，中伏一雌，翼下覆五雏，或探头，或紧偎，或半露，喔喔唧唧之声，仿佛相应。老友金疯子有所制圆雕月季花蒙心，高二寸，一花一蕾，一枝一叶，无不玉润珠圆，宛如浥露。在当时象牙雕刻艺人中，润三亦堪称高手。

象牙、玳瑁蒙心均有所谓"广做"者，雕制年代自清中期至民国初期，刀不藏锋，多见棱角。高牙蒙心中亦有广东制者。按

粤中牙雕技艺甚高，颇疑葫芦蒙心出于一般工匠之手，故精美者不多见。

百数十年来除高牙蒙心变化不大外，其他蒙心之发展趋向可概括为直径由大变小，尺寸由矮转高，此与听鸣虫之"本叫"抑"粘药"有直接关系，将于《鸣虫之畜养》一章中言之。

高牙蒙心虽华美精细，陈置茶肆桌上，即有人围观，啧啧称赞，但只堪炫耀外行，实不足取。其弊有三：妨碍鸣虫发音一也，使葫芦头重脚轻，易于倾仄二也，葫芦套上之绦索稍不慎即与象牙雕刻纠结勾挂，极易伤损三也。何况雕刻艺术多不高，庸俗不耐观赏，即使有佳者，亦不过一件晚清牙雕而已。故真正养虫家宁可为上好葫芦耗资，不愿为高牙蒙心破费。论其价值，实不及白二之瓢，文三之牙，常连之玭珺诸制也。

（十一）套　葫芦有囊护之，其名曰"套"。套可用锦、缎等丝织品为之，其高约与葫芦口框相等。缘套口缀双层薄绸两片，细绦穿之，可抽紧挽结，以防蒙心及框子脱落。套墙有实纳者，针密如鱼子；有素缎绣花者，如用旧锦，尤为古雅。墙及底宜软硬适中，太软葫芦难以立稳，太硬不便入怀。套里及套口薄绸，大忌颜色鲜艳，水湿走色，沾染葫芦，悔之莫及。

三　秋山捉蝈蝈

冬日鸣虫，皆购自罐家，唯蝈蝈有取诸野生者。盖因蜕衣成虫（俗称"脱大壳"[音 qiào]，此后始有翅而能鸣），早晚不齐，如得晚蜕者，饲养得法，可活至冬日。更以山中所生，身强体硕，力大声宏，远非人工"分"者所能及。故养虫家皆谓："要过瘾，只有

山蝈蝈。"30年代，管平湖先生过隆福寺，祥子出示西山大山青，其声雄厚松圆，是真所谓"叫顶"者。惜已苍老，肚上有伤斑，足亦残缺，明知不出五六日将死去，先生犹欣然以五元易归（当时洋白面每袋二元五角），笑谓左右曰："哪怕活五天，听一天花一块也值！"此时先生以鬻画给朝夕，实十分拮据。1955年与先生同就职中国音乐研究所，每夜听弹《广陵散》。余于灰峪捉得大草白，怀中方作响，先生连声称"好！好！好！"顺手拂几上琴曰："你听，好蝈蝈跟唐琴一弦散音一个味儿。"时先生已多年不畜虫，而未能忘情，有如是者。

野生蝈蝈有数种。南郊平原所产小而绿，花生地者尤青翠欲滴，老年妇女多钟爱。西北郊野亦处处有之，身稍大而色较深，曰"地秸子"，所值均不过数文。唯山蝈蝈索高价，问津者皆为此道中瘾君子。

西山蝈蝈曰"西大山"，著名产地近有灰峪、孟窝，远有代城峪、安子沟。东山所产曰"东大山"，东、西葫芦峪颇有名。北山以秦城牛蹄岭、上庄、下庄产者为佳。北京罐家及虫贩多于处暑前后由京郊或山东捉蛐蛐归来，至秋分业已售罄，再上山捉蝈蝈，寒露前后回城，此后专心"分"虫，不复外出矣。

养虫家绝少自捉自养者，捉蝈蝈之劳累不亚于"拉练"急行军，而余独好之，不以为苦。50年代，灰峪、孟窝即有佳者，或当日往返，或寄宿军庄小店，次日回城。"十年浩劫"中，除非禁锢在"牛棚"，秋分、霜降间，晴朗之日，常在山中。生逢乱世，竟至国不成国，家不成家，无亲可认，无友可谈，无书可读，无事可做，能使忘忧者，唯有此耳。惜西山近处，由于污染，蝈蝈已稀少，

且无佳者，不得不远往安子沟或牛蹄岭。当时每月领生活费二十五元，实无余资乘长途汽车，只有骑车跋涉。半夜起程，抵沟嘴或山麓，日初升，待入沟或越岭，已上三竿，而蝈蝈方振翅。午后三时即返回，入城已昏黑多时。骑车往返百数十里，入沟登山，往往手足并用，亦不下二三十里，迨至家门，臀腿早已麻木，几不知如何下车。巷口与邻翁相值，见我衣衫零落，狼狈不堪，笑谓："你真跟打败了的兵一样。"此语诚对我绝好之写照。私念得入山林，可暂不与面目狰狞、心术险恶之辈相见，岂不大佳。夜蜷铺板（床已被抄走），虽力尽精疲，亦未尝不默感上苍，于我独厚，使又得一日之清静也。

山村童竖捉蝈蝈，只用两指捏虫项，十得八九，瞠乎莫及。顾余所用具，亦殊简陋。罩子一把，线手套一只，席篓内纸盒数个而已。此外干馍五六团，清水一壶，可尽一日之游矣。

养虫家捉蝈蝈，要好不要多，得一二叫顶者，三五亮响，分赠同好，便不虚此行，自与虫贩多多益善有别。故涉涧穿峡，登坡越岭，一路行来，聒聒之声不断。待听有叫顶者始驻足侧耳，分辨传来方向，循声蹑足，渐趋渐近，直至所栖之丛木枝柯。山蝈蝈随时序而变颜色，与周围之草木多相似，虽近在咫尺，不闻其声，不知其所在。且性黠而动捷，或闻步履，半晌寂然，或窥人影，倏忽下坠，落入草中，疾驰遁去，不可踪迹。闻其声也佳，见其形也美，故逸去而志在必得，则只有就地蹲伏，耐心等待。有顷，始再作声，初仅三五响，短而促，或尚在近处，或已移往他许。此时仍不可少动，应俟其惊魂稍定，鸣

声渐长，徐徐爬出草丛，又缘枝柯而上，攀登已稳，泰然振翅不停，始可看明方向位置，枝叶稠疏，相度如何接近，如何举罩相迎，方可攫捉。此时往往荆棘在前，芒刺亦所不顾，故血染衣袜，或归来灯下挑刺，皆不可免。捉时左手擎罩，右手戴手套，骤然掩之，受惊一蹿，正入罩中，此时我与蝈蝈，皆怦怦心动，只一喜一惊，大不相同耳。倘袭而不中，又落草中，只有再等待，而所需时间，必倍于前。倘天色有变，浮云蔽空，则更不知将等到何时。因唯有阳光照射，蝈蝈方肯振翅。余尝于某周末在秦城大山包阴坡喜遇叫顶大山青，三捉三逸而日已西趋。次晨须出勤，竟不惜请假一日，终为我得。

以上云云，尚属山坡岭背，有径可通者。如蝈蝈绝佳，又高在峭壁危崖，则只有腰围绳索，一头在树石上系牢，始敢探身攫捉，此又非手脚矫健、捷如猿猴者不能为。当年刁元儿、陆鸿禧皆以善捉他人所不敢捉者闻名。尝见渠等在东西庙，游人正多，手托蝈蝈，大声宣讲虫声之优异，山形之险恶，攫捉之艰难，不禁唾花横溅，色舞眉飞。以此招徕主顾，夸诩侪辈。

京郊诸山，安子沟最险，蝈蝈最大。由潭柘寺折向西南，迎面高起者为松树岭。越而过之，健者亦须半日。又五六里，抵代城峪，下坡再三里，入安子沟。沟长三十里，陡坡峭壁，聒聒之声不断。此为五十年前光景。"文革"中，骑车前往，岭下凿山洞，公路已通，飞车而过。交通虽便，但沟中蝈蝈稀而小，大不如前。迨1973年干校归来，汽车直达代城峪，而入沟一二十里，只闻两三蝈蝈声，败兴而返。山村人言，果树皆施农药，

❶班固:《汉书》卷八十九,《列传》第五十九《召信臣传》,上海古籍出版社1986年《二十五史》本。

生态破坏,殃及蝈蝈。至于京郊平原,"地秸子"更早已绝灭。当年朱六爷、管平湖大葫芦叫大蝈蝈,其声嗡嗡然,已成陈迹,只堪缅然追忆矣。

四 育虫与选虫

《汉书·召信臣传》:"太官园种冬生葱韭菜茹,覆以屋庑,昼夜燃蕴火,待温气乃生。"❶此为我国用温室培植冬日蔬菜之较早记载。以同法育虫,使喧唧于夏秋者,破严冬之沉寂,始于何时,有待考证,但至迟明末已有从事培育者。刘侗《帝京景物略》称:"促织感秋而生,其音商,其性胜,秋尽则尽。今都人能种之,留其鸣深冬。其法土于盆,养之,虫生子土中,入冬以其土置暖炕,日水洒绵覆之,伏五六日,土蠕蠕动,又伏七八日,子出白如蛆然。置子蔬叶,仍洒覆之,足翅成,渐以黑,匝月则鸣,鸣细于秋,入春反僵也。"

培育鸣虫,京中称之曰"分"(音fèn),专业者用直腔瓦罐作工具,故曰"罐家",三四百年来其法无大异,今不妨更言其详。

蝈蝈、札嘴与油壶鲁、蛐蛐等习性不同,故"分"法亦分别言之。

蝈蝈及驹子(蝈蝈之雌者曰"驹子",背上无翅,尾有长枪,可能状似马驹,故有此名),山中捉归,置大罐或篓子中,底垫土层,使生子于内。筛土取子,似米粒而细长,植入浅盆(俗称瓦浅儿)沙中,置温室炕上,不时水洒日晒,促其生长。唯自秋徂冬,为时过短,即使催育,破卵后尚须蜕衣(术语曰"脱壳")七次,方能成虫,故最快已是来春3、4月间,早逾冬日养虫季节。罐家验知催育不可行,改为推迟,使本

当来春破卵出土者,推迟至8、9月间,于是成虫恰好在初冬,此罐家所谓"压子"法。故冬日上市之蝈蝈,乃出自去年所生之卵,甚至有出自前年或更早所生者。

蝈蝈卵呈绿色,经培育,由细而粗,迎日照之,可见两黑点自一端生向另端,此为蝈蝈之双目。待达彼端,名曰"封顶",而破卵将出矣。育者每据双目之高低,预测破卵之时日,决定温湿度之增减。总之,罐家日夜以求者,乃使蝈蝈成虫于初冬,非如此不能利市十倍。而不早不迟,恰如人意,端在温、湿度调节与控制。

蝈蝈蜕第三壳,已可分辨其性别,雌者被淘汰,雄者放入小瓦罐或花盆中,每器一头,上蒙冷布,饲以羊肝豆泥。待蜕五六壳,器内架秫秸两段,横直各一,供其栖止。蜕大壳(第七壳)多在夜间,六足抱秸秆,窍自背脊裂开,倒悬而蜕。此时须张灯看守,经心护理。因初蜕出,孱弱无力,倘失足跌落,难免腿弯翅卷,蜕成畸形,前功尽弃矣。蝈蝈每蜕一壳,必须将蜕下之衣,趁未干时食尽,通称"吃壳",最后一壳尤为重要,否则数日内必死去,通称"落(音là)"。死后身软如泥,因赖以支撑身躯之物质,竟在蜕下之衣中。此则札嘴、油壶鲁、蛐蛐等鸣虫皆然,不仅蝈蝈一种。

近年天津有人创大棚分蝈蝈法,温室内播麦黍,秧瓜豆,任其自行觅食,自由生长。虽突破陈规,获得成功,可节省人力,大量培育,惟成虫体小,与旧法培育者相去颇远。

札嘴分法与蝈蝈同,惟雌雄成虫均须从山东捉来生子。当年常有贩虫者来京,沿街叫卖,而将成对札嘴送往罐家,

供生子蕃孳。

同为分蝈蝈，优劣大有等差。相虫者要求翅宽而长，或虽不太宽而甚长，曰"筒子膀"；翅贵厚，翅上有筋，筋贵粗；盖膀近项处有沟，沟贵深；两翅交搭贵严，不严者曰"喝风"，不足取；两翅至尖贵高耸，低而贴在肚上曰"叭拉膀"，不足取；身贵大，尤贵头大，因头大身自大。蝈蝈初脱壳，肚收缩未下，但观其头，即可知其下肚后身之大小。

油壶鲁、蛐蛐等四类鸣虫，皆分别生子瓦罐土层中，因太细小，不复筛土另植，是为"子罐"。上炕水润后，破卵出土，密如游蚁，人口嘘气吹入另罐。罐内土层上叠放榆树皮，片片交搭，凡四五层。上铺白菜叶，调玉米面煮成糜粥，敷叶上饲之。菜叶每日一换，榆树皮两三日洗刷一次，是为养罐。三四壳时，油壶鲁色黑如墨，只腰间有白线一匝。蛐蛐色较浅，脱大壳后始转深，故有"黑虫"与"白虫"之称。此时已可用鸡翎拂之入瓷盏，将雌者汰去。至五六壳，择其大者，集中一罐，加食喂养，待其脱大壳，是为"脱罐"，又称"起罐"，言将从此起出成虫也。自出卵至成虫，约七日脱一壳，共需五十日。其中除梆儿头养者不多，所需甚少，每附生于蛐蛐罐中，余皆分罐培育，不使厮混。

油壶鲁、蛐蛐生子后即催育，成虫亦常恨太迟，而压子又难压至次秋，于是罐家又创"倒子"之法。即当年之子，使提前在今冬或明春成虫，再用其子孵化，据其出卵之迟速，决定倒一次或两次，总之，务求其成虫恰好在初冬，故曰"倒子"。其理易晓，法亦易行，但

老罐家告我清末民初，知"倒子"者不多，尚属不传之秘，仅少数罐家年年以此获利，其后则广为人知矣。

大罐家多辟专室，筑暖炕，大罐小盆，高叠过人。室内灯火通明，热蒸如浴室，赤背短裤，操作达旦。未晓，行贩已围坐外室，帘开送虫出，每人取数十头而去，名曰"发货"。其最佳者，早已装入小瓷缸，罐家将亲自持送特殊主顾。次佳者则在茶馆出售。特殊主顾者，每年供给煤火之资，而青黄不接时，亦不免登门求贷。二三十年代，罐家甚多，四面陈、长腿王在前，继有赵子臣、润瘸子、杨永顺、小祥子、小梁子、怯郭、小寇、王更子、戴八等不下数十户，已不能尽忆矣。

虫以翅鸣，故贵贱等差，除身大胜于身小外，悉视其翅为稀有抑寻常而定。其中尤以油壶鲁之佳者价值最高。所谓稀有乃指两翅生长异常，不知者将误以为另一品种。最难得者曰"大翅"，后端宽而长，覆盖其身。曰"尖翅"，长若大翅而宽略逊。曰"长衣子"或"长膀子"，宽长皆不及大翅，但仍超过常虫。以上均千虫万虫，难有一二，故罐家统称之曰"邪相儿"。以下则为"好膀儿"，实指一般油壶鲁之佳者。复次则为寻常之虫，名曰"笨油壶鲁"（彩图56—58）。

大翅、尖翅等虽非畸形，亦属变体，故难免有翅动而不发声，或发声而不悦耳。但亦确有鸣声雄而宏，恍若黄钟大吕，不同凡响，其可贵正在此。据余所知，30年代赵子臣曾以一大翅所得，易麦穗羊裘一袭，其身价可知。惟罐家送呈特殊主顾，多在油壶鲁初蜕壳，尚不能鼓翅之时，此后是否一

鸣惊人，抑徒有其表，尚难肯定。一旦知为弃材，罐家从不归还所得，不过相见时跪腿请安，说一声"某某爷，下回补付您"而已。

"大翅"、"尖翅"实非我辈力所能及，罐家亦不出以相示，而好膀儿及笨油壶鲁中自有鸣声甚佳者。

选油壶鲁贵在身大、翅宽而头小。色贵青（黑色）或紫，黄者多因脱壳时过热所致，名曰"顶火"，其翅透明而薄。翅贵长而宽，翅筋贵粗而突起。两翅交搭贵严，以利相擦发音。不严者曰"落（音 là）膀"，罕有佳者。飞子（翅下两片色较浅之翼，可借此飞行）贵在合成一线，伸出翅外，曰"线飞子"。粗糙不齐者曰"烂飞子"，不为人喜。

选蛐蛐法与上同，亦有大翅、尖翅、长衣子等，价格不及油壶鲁之半。梆头儿、金钟甚少有翅大异常者，一般只以大小论优劣。

五　鸣虫之畜养

霜降前后，已凉未寒，罐家榆树皮下已有脱大壳者，此后成虫日多，渐入

图 4　王世襄听秋图
（袁荃猷速写）

分虫旺季。养虫家似有无形之手搔其心曲，竟不耐家中坐，巡庙市，诣罐家，冀有所得。秋声不感人于秋而感于冬，畜虫之癖使然也。

油壶鲁、蛐蛐壳初蜕，色苍白，随食壳而转黑，此时慎勿受寒，入葫芦而纳于怀，温而不燥，于虫最适。第衣衫内外，冷暖不齐，蝈蝈、札嘴宜在贴身最暖处，油壶鲁次之，蛐蛐、金钟又次之。当年不论御长袍或短袄，皆右衽，以带束腰，围身皆可揣葫芦。养虫家怀中不过三五具，多则两肋不适，气迫难舒。罐家则有揣至前胸突出，后背如驼者。

养虫家多备圆笼、汤壶、毡棉裹之，周匝安放葫芦及山罐（有釉小陶罐，薄铁为盖，底垫土，可养油壶鲁、蛐蛐等四种鸣虫），每日晨昏或一昼夜换沸汤一次。此为"蹲虫"之具。"蹲"者谓暂置于此，俟其振翅发声，再选其佳者入怀。

初蜕虫不能鸣，旬日后方振翅，半晌一二声，名曰"拉膀"。又旬日，连续而渐长，曰"连膀儿"，选虫斯其时。顾一二十虫在一笼，鸣声此歇彼起，不知入选者究在何许。予每坐圆笼旁，卷长纸筒凑近葫芦，侧耳寻之。老妻笑我嬉戏如顽童而静肃又若老衲，拈笔速写如图（图4），并以"听秋"名之。

为使虫鸣，亦另有法。选兔须之长而有锋者一茎，用蜡粘于长针针鼻一端，名曰"鞭儿"。两指捻针，针转须动，须锋拂虫身，虫以为雌来相亲，或雄来进犯，遂振翅而鸣。借此亦得知虫之翅力及音响。惟其声或柔或急，与其平时鸣声不尽相同耳。

连膀后之四五十日，其鸣最佳，此后声渐小而嘶，曰"落（音 lào）调"。

迨其将死，又默不作声矣。

油壶鲁、蛐蛐等鸣于夜，如不嫌其扰人清梦，则不妨听其自然。若欲以虫会友，鸣之于茶肆，则惟有夜晚降温，使其噤声。如是数日，方能颠倒其习性，鸣于白昼。

蝈蝈、札嘴乃日间鸣虫，以其聒耳，只养一两头，亦可入圆笼，惟在怀时为多。犹忆就读燕京大学，邓文如先生在穆楼授《中国通史》，某日椅近前排，室暖而日暄，怀中蝈蝈声大作，屡触之不止。先生怒，叱曰："你给我出去！是听我讲课，还是听你蝈蝈叫！"只得赧然退出。同学皆掩口而笑。此后谒先生，未再受呵责。两年后季终命题《论贰臣传》，呈卷竟予满分。盖先生未尝以学生之不恭而以为终不可恕也。

饲养油壶鲁、蛐蛐等，每日用水或茶洗涮葫芦一次。白菜嫩帮切成小块，约三四分见方，厚分许，豌豆面调水成泥，抹其上，镊子夹入葫芦饲之。有菜垫底，可保持葫芦清洁。蝈蝈、札嘴则须放出葫芦，将豆泥送到嘴下饲之，曰"捅着喂"。尤喜食活虫，玉米秧、苇子秆中剥出者为佳。

欣赏虫鸣，分"本叫"与"粘药"（亦称"点药"）两种。本叫乃天然鸣声，粘药则点药翅上，变其音响。所谓"药"，乃用松香、柏油（或白皮松树脂）、黄蜡加朱砂熬成，色鲜红，近似缄封信函之火漆，遇热即融，凉又凝固而酥脆。虫连膀约半月，翅干透，音亦定型，始可用药点之。

粘药之目的在借异物之着翅以降低其振动频率，于是虫声之本高者，低矣；尖者，团矣。能使一般之虫声预而沉，恍若大翅、尖翅。当然，大翅、尖翅之佳者，自非粘药之虫所能及，至多差似而已。

粘药不知始于何时，其设想之巧妙，非殚精竭智不能得，而方法之符合声学原理，又不禁使人惊叹。相传清末宫中内监悬蝈蝈笼于松树下，一日忽闻鸣声大变，苍老悦耳。谛视之，乃松脂滴虫翅上。自此悟出蝈蝈点药法。行之有年，始施之于油壶鲁、蛐蛐。其广泛流行则在本世纪二三十年代。

蝈蝈粘药须先冻之使半僵，以迟缓其行动。左手中、无名、小三指托手帕，置虫于上，如是方不为所噬，拇指与手帕下之中指相抵，捏住蝈蝈之后腿，食指横按虫项，如是可妨其挣脱。粘药由右手操作。长针一根，蜡烛一支，药在瓷碟中碾碎备用。右手拈针，在烛焰上一过，以针尖挑碟中药屑，药融附着针尖。针腰再就烛增温，急速直立，使融化之药顺针尖流下，点在蝈蝈上翅右上侧，药落下即凝固，似粟米而大，宛若小红珠镶在翅上，此为"盖药"（彩图59）。改变左手手腕角度，稍向外转，亮出蝈蝈底膀之背面，如前再用针将药点在底膀背面透明圆膜（名曰"镜儿"）上部之膀筋分岔处（名曰"三岔"），此为"底药"。至此蝈蝈粘药便告完成。

油壶鲁、蛐蛐粘药，方法与蝈蝈略同。惟虫小而弱，故难度较大。粘时不须垫手帕，用食、拇两指捏住两大腿下截（必须同时捏住两腿，如只捏其一，虫用力挣扎，腿即脱落），将药点在上翅右上角第三道膀筋之中部，此为"盖药"（彩图60）。粘底药则取细铜丝弯成支架，状似阿拉伯数字之"7"，名曰"支子"，用右手支起虫之底膀。支起后，支子交由左手食、拇两指，与虫腿同时捏住，以便腾出右手，将底药点在底膀

背面左上角。

粘药之动作，只须眼明手捷，便可胜任，故不难。难在对虫之观察与理解。因天生鸣虫，并不尽同，其上下两翅（盖膀与底膀）虽大都力量相等，亦有上大于下者，下大于上者，其粘法皆不同。上下力量相等者，一般盖药大于底药；上大于下者，则只粘盖药，不粘底药；下大于上者，则底药大于盖药。故必须对虫之膀力有充分理解，始能粘好。惟充分理解，往往经几次粘药失败后始能获得。

其更难者为如何用已有之葫芦，粘已入选之虫，使鸣声达到最佳效果。盖虫与葫芦及虫之粘法，三者存在十分密切之有机联系，而必须有全盘之考虑。善粘虫者量材粘虫，量虫选器，务使虫尽其材，器尽其用。经多日之观察思考，几次之对烛拈针，果然按拟定之方法粘此虫，入此器，一一获得成功。携入茶肆，妙音溢出，四座为惊，斯时粘者之乐可知，而其难亦不言而喻矣。

为求得最佳效果，自难一举而得，

故粘蝈蝈有"甩药"法，粘油壶鲁、蛐蛐有"续药"、"撤药"法。所谓"甩药"乃当蝈蝈既粘之后，发现膀力尚可胜更多之药，于是在已有之药旁再点小药一处或数处。在此过程中，并试用五孔、七孔、孔聚、孔散不同瓢盖，比较何者为佳。所谓"续药"，乃指油壶鲁、蛐蛐之膀力尚可胜更多之药，于是在已粘之药上再增少许。"撤药"乃指虫之膀力不胜已粘之药，只得用热针吸去少许。以上之加减损益，均要求准确无差，减少反复，否则可怜虫将不胜人之蹂躏，此难之又难也。

予幼年畜虫，只知听本叫。后学粘药，性急不耐续药、撤药。且压颈捏足，虫之大厄，心实悯之，故终不能善其事。七十以后，目昏手战，虽欲粘药亦不可能，故频年所畜又尽是本叫。但求冬夜不寂寞，有曲为我催眠，高、低、尖、团，既均为天籁，岂不应一视同仁，而转觉粘药为多事矣。

养虫家性情习惯，各不相同。有斗室垂帘，夜床欹枕，独自欣赏者。有一年四季，每日到茶肆，与老友纵谈古今天下事，冬日虽携虫来，其鸣声如何实不甚介意者。有既爱己之虫，亦爱人之虫，如有求教，不论童叟，皆竭诚相告，应如何养，如何粘，虽百问而不烦者。更有无好虫则足不出户，有好虫始光顾茶馆，不仅听人之虫，且泥人听己之虫，必己虫胜人虫，始面有喜色而怡然自得者。当年如隆福寺街之富友轩，大沟巷之至友轩，盐店大院之宝和轩，义懋大院之三和堂，花儿市之万历园，白塔寺内之喇嘛茶馆，皆养虫家、罐家聚会之所。如到稍迟，掀帘入门，顿觉虫声盈耳。其中部茶座，四面围踞者，均为叫虫而来。解衣入座，店伙送壶至，洗杯瀹茗后，自怀中取出葫芦置面前，盖先至者已将葫芦摆满桌面。老于此道者葫芦初放稳，虫已鼓翅，不疾不徐，声声入耳，可知火候恰到好处。有顷，鸣稍缓，更入怀以煦之。待取出，又鸣如初。如是数遭，直至散去。盖人之冷暖与虫之冷暖，已化为一，可谓真正之人与虫化。庄周化蝶，不过栩栩一梦，岂能专美于前耶！

茶馆叫虫，三冬皆盛，均在白日，惟正月十三至元宵，特为开夜市三夕，名曰"叫灯"。与会者不惜以最佳葫芦贮最佳之虫，俗称"亮家伙，比玩意儿"，实有评比竞赛之意。养虫家于此盛会，倘有观者瞩目，里手垂青，将以为有始有终，未虚度一岁，且兆来年畜虫大吉。故颇有一两月前即物色佳虫，专备叫灯之用者。元宵过后，天渐转暖而虫事阑珊矣。

鸣虫畜养，略如上述，养虫人物，亦不可不记。

养蝈蝈高手，首推朱六，能使管平湖心折者唯此翁耳。人尊称朱六爷，名与字反不为人知。每年深秋至初冬，必有极佳蝈蝈，响彻京华茶肆。所养多为西山大山青，东山大草白。葫芦一大一小，蝈蝈皆叫顶，大者雄而沉，小者宏而亮，互唱如对答，人或称之曰"阴阳音"。粘药并不大，竟有不粘药者，甚至凭蝈蝈外貌，不信能有如此妙音者。故金谓六爷相虫，别具只眼，有独到之处。其最钟爱之葫芦乃其大者，松脖本长，色泽紫红，花脐一侧有小蛀孔鼎足而三为记，后竟为予所得。惟此后数十年，竟无一虫能发音如当年者。蝈蝈因污染退化，固可为我解嘲，但北京语云：

"有千里马，还须有千里人！"朱翁诚不可及也。

古琴国手管平湖（图5），博艺多能，鸣虫粘药，冠绝当时，至今仍为人乐道。麻杨罐中喜出大翅油壶鲁，其翅之宽与长，数十年不一见。初售得善价，旋因翅动而不出声被退还。平湖先生闻讯至，探以兔髭，两翅颤动如拱揖状。先生曰："得之矣！"遂市之而归。不数日，茶馆叫虫，忽有异音如串铃沉雄，忽隆隆自先生葫芦中出，四座惊起，争问何处得此佳虫。先生曰："此麻杨的'倒拨子'耳！"（售出之虫因不佳而退还曰"倒拨子"）众更惊异，竞求回天之术。先生出示大翅，一珠盖药竟点在近翅尖处，此养虫家以为绝对不许可者。先生进而解答曰："观虫两翅虽能立起，但中有空隙，各不相涉，安能出音！点药翅尖，取俗谓'千斤不压梢'之意，压盖膀而低之，使两翅贴着摩擦，自然有声矣。"众皆叹服。先生畜虫，巧法奇招出人意想者尚多，此其一耳。

讷翁绍先，身材雄伟，白皙无须，乃铜锤名净，享盛名远在裘桂仙、金少山前。喜养蛐蛐，出怀置桌上，即琅琅有声。随身必带小葫芦，内贮雌虫三尾，名曰"三尾筒"。到茶馆后，先用雌触其雄，须一交搭即起出，于是蛐蛐长鸣不已。人称此老讷叫蛐蛐法。黄鸟赵，一温醇长者，瘦小有须，出必长袍马褂，提黄鸟相随，故得此名。养蛐蛐从不带三尾，亦出怀即鸣，声缓而长，有秋残凄楚之意，格外动人。人称此黄鸟赵叫蛐蛐法。二老皆养虫耆宿，而手法迥异，可见畜虫虽小道，亦不妨凭各自之经验体会，采用不同方法，达到相同之目的。或有论者，以为赵翁全凭人体温暖将养调节，使虫悠然长鸣。而老讷须求助于三尾，引逗出求偶之音，故赵翁实高出一筹云。

金某，号仲三，但无人不称其"金疯子"。喜放风筝及畜虫，性执拗而好胜，年老犹气盛，凡事不甘居人下。茶馆有人粘得佳虫，必思粘一更佳者，移座相就，与之较量。较而不胜，则白日巡游庙市，出入罐家。夜间燃烛拈针，重粘已粘之虫。于是翅上之药，续而撤，撤而续，所有葫芦，一一试过，兔须鞭儿，一捻再捻，不知东方之既白。故日日夜夜，竟无宁刻。人问："岂不以为苦？"笑而答曰："不冤不乐！"以是人称之曰"金疯子"。

"不冤不乐"，北京俚俗语，却合乎辩证，富有哲理。大凡天下事，必有冤始有乐。历尽艰辛，人人笑其冤之过程，亦即心花怒放，欢喜无状，感受最高享乐之过程。倘得来容易，俯拾即是，又有何乐可言！揆以此理，吾之捉虫养虫固冤，铁鞋踏破，走遍鬼市冷摊，搜求葫芦，乃至削木制模，开畦手植则更冤。以望八之年，骑两轮车，出入图书馆及师友之门，查阅图书，求教问字，乞借实物，拍摄照片，归则夜以继日，草写此稿，衬纸复写，力透四层，头为之眩，目为之昏，指为之痛，岂不冤之又冤。但驱吾使然而终不悔者，实因无往而不有乐在。故吾以"不冤不乐"终吾篇。

本篇为拙作《说葫芦》一书下卷的文字部分

貛狗篇

"貛"（图1），或写作"獾"，似狗而矮，有利齿锐爪，穴居，昼伏夜出，食农作物，是一种害兽。貛油可治烫伤，皮可作褥子，肉古代认为是美味（《吕氏春秋·本味》"肉之美者，猩猩之唇，獾獾之炙"）。不过我曾尝过，并不好吃。

经过训练，用以猎貛的狗曰"貛狗"。养狗猎貛是清代北京社会中下层，尤其是八旗子弟中摔跤习武以及游手好闲之辈的一种癖好，目的纯为娱乐而不为猎取皮肉，故远出郊野，夤夜猎貛，称曰"逛貛"，无异说这是一种玩乐享受或体育活动。此风一直延续到本世纪二三十年代。

本篇包括两个内容：甲章 貛狗谱；乙章 训狗与逛貛。参阅二者，可对绝迹已逾半个世纪的北京这一习俗癖好，有一个基本了解。

甲章 貛狗谱

貛狗要求壮硕勇猛，必须经过严格的挑选。在积累了多年的相狗经验后，有人总结出一套顺口溜，名曰《貛狗谱》，又曰《相狗经》，流传在养狗家们口中。五六十年前，有不少人能背上几句，而以荣三记得最多，背得最全。荣三是本世纪初著名养狗家胖小荣的三弟，京剧艺术家四大名旦之一程砚秋的三叔。他一生耽鹰爱狗入骨髓，豢养技艺，堪称双绝。精于相狗，与白纸坊的聋李四齐名，有北荣南李之称。

我十七八岁时学摔跤，拜善扑营头等布库（满语，或写作"扑户"、"扑护"）瑞五爷、乌二衮为师。受他们的影响，开始遛貛狗、架大鹰，并结识了不少位养狗家如小崇、亮王、王老根、大马把、聋李四、菜胡、白把等，而和荣三过从尤密。为了学习相狗，请荣三口授，把《貛狗谱》笔录下来。后又请其他几位背诵，把荣三口授所无的及字句有出入的记了

图1 貛

下来。合在一起，在分段上稍作整理。经过记录，我也琅琅上口，能背上几段。

事过境迁，我不再养獚狗，手录《獚狗谱》遂束诸高阁，其中字句也渐渐淡漠了。

"文革"洗劫，家徒四壁，《獚狗谱》不知去向，亦不复忆及。不料去年打开最后领回被抄的烂纸捆，此谱竟在。暌违一甲子，见此蠹余，恍如隔世。一时兴起，拈笔重抄。随后又想到局外人未必能读懂，故增添了不少解说，成了下面的样子：凡用楷体分行写，行首空两格的是原谱，不分行连着写的是我的解说。

　　獚狗有谱自古传，

"自古传"，古到何时，颇难稽考，因有关獚狗的文献记载尚待发现。据荣三说清兵入关后就有人养獚狗，狗谱也已传了多少代了。但他未能说出具体的时间。

六十年前曾见道、咸间（1821—1861年）民间画工所绘逮獚出围图、摔跤图成对横幅，乃一手所作。画中摔跤人物即牵狗人物。可见布库喜养獚狗是时已然，故遗风至清末不替。但两幅画只能说明养獚狗在1840年前后是流行的。

安在狗祥上的铁转环，天圆地方磨盘式，佳者密不间发，錾刻龙头，传为造办处制。从金工工艺及龙头造型来看，当不晚于乾隆，可作为清中期养獚狗之证。

狗谱有清文"希里哈"一语（详后）。据说雍、乾之际八旗子弟已渐汉化，日常生活中很少用满语。若然，则谱中某些字句可能为清前期人所作。

谱中字句文雅俚俗颇不一致，当由多人增续而成。昔年曾访求，未见亦未闻有刻本或写本，看来是以歌诀的形式流传在养狗家口中的。百数十年间，究竟有多少人参加过创作？一共创作了多少句？恐怕和其准确年代一样，都无法得到具体的答案。

　　如何挑选听我言。

　　一作：愿上贼船听我言。

北京对沾染上某一种癖好曰"上贼船"。尤指必然要耗费时间、精力、钱财的癖好。它还是一个双关语，带有坦白承认的味道。因为獚狗绝大多数是偷来的。只有极少数因找到关系密切的人肯为说项，或因偷而未成，才转而请客送礼，用所谓"寻"的方法请求赠给。

　　后腿有撩（儿）名叫犬，

　　撩儿不去惹人嫌。

养狗家对狗和犬的定义是：十八个脚趾的为狗，二十个脚趾的为犬。犬在后腿上比狗多两个不着地的脚趾，名曰"后撩儿"。切勿小看狗谱的作者，以为起起武夫，不识字知书。他对狗与犬的定义和《说文解字》完全相符。《说文第十》写得明白："犬，狗之有县（悬）蹄者也。"两个后撩儿就是不着地的悬蹄。

獚狗养家既然养的是狗，自然绝对不能要犬。否则会遭人耻笑，被人问一声："您养的是狗还是犬？"将无言以对。因此遇到可以入选的犬，必须把两个后撩儿剪去，或用老弦勒扎，血脉不通，坏死后自行脱落。这样也可以消除一个隐患，奔跑时不会因两个后撩儿兜碰而流血。上述手术容易做，去掉后也不会留痕迹。

以上四句可谓是开宗明义，为狗正名。

　　先相狗神后相形，

行动坐卧看分明。

此两句及以下六句皆所谓"相神"，即在相形之前先仔细观察它在行动坐卧中所表现出来的神态，看够不够入选为獾狗的条件，颇有九方皋相马，"识之于牝牡骊黄之外"的味道。

毛里毛糙缺心眼（儿），

稳中有巧智多星。

狗的确和人一样，有的毛手毛脚，勇而无谋。有的稳健善斗，以巧胜敌。其品质性情在训练和咬獾的过程中都会明显地表现出来，而善相者观察狗平时的行动坐卧已能窥见端倪。乙章中的《遛与蹲》《勤瞧懒逛》亦有所述及。

春秋争槽时机好，

一招一式看得清。

掐架不能占魁首，

日后咬獾也无能。

獾狗从来要公不要母。荣三告我光绪间有名德子者，养一黑色母狗，健而剽悍，咬獾不让雄者。从此他赢得了一个绰号——"母狗德子"。德子每欲与人结伴出围，屡遭谢绝。人曰"我们只咬獾，不配狗"。一时传为笑柄。

养狗家称母狗曰"槽"。农历二、八月发情期，雄狗逐雌，曰"跑槽子"。雄狗相争，曰"争槽"。此时正好观察雄狗是否善于掐架，故曰"时机好"。"掐架"，北京俗语，即打架或咬架，如谓"两个蛐蛐掐架"。狗善掐架者必善咬獾。

以上八句讲相神。

头号狗长三尺六，

二号狗长三尺三，

三号狗小别小看，

长得筋豆也咬獾。

南城菜胡养黑狗，小于三号，赢得"獾虼蚤"美名，言其像虼蚤一样，獾无法将它摆脱掉。小狗咬獾，必须长得筋豆。"筋豆"，北京俗语，一般指食物强韧耐咀嚼，例如说"这碗面吃起来很筋豆"（见《国语辞典》页1912）。此处用来形容狗的短小精悍，并有禁得起磕碰、挫折之意。

选狗选头最要紧，

好比相面看五官。

筒子头长似柳罐，

牛头舒展脑门宽。

又长又宽除非画，

百里挑一难上难！

一作：千里挑一难上难！

狗头贵大。头大不仅勇猛，而且威武好看。头大不外乎长和宽。晋傅玄《走狗赋》"丰颅促耳，长叉缓口"，实际上在赞扬头之又大又长。养家称长者曰"筒子头"，谓其像柳罐。柳罐有两种。一种径大而圆，用于大口井。一种径小而长，用于小口井。此处指后者。

细腰吊肚大前胸，

此语与傅玄《走狗赋》"修颈阔腋，广前捎后"正合。

与上语相通的有北京形容习武者的一句话："细腰扎背"，即腰细而肩阔。体格得之天生，来自锻炼，亦与年龄有关。人到中年，腹肌松弛。狗到四五龄，体形亦发生变化，失去其初长成时的英姿，即使有种种可取之处，年龄一过就不堪入选了。

尾巴摇摆一条鞭。

赶上砸腰螺丝转，

抖开骨节也冲（chòng）天。

要命就怕压根（儿）压，

没辙难倒活神仙。

一作：没辙愁死活神仙。

为了美观、边式，狗尾巴要求直而

稍稍有弯，高高矗起，活动自如，大忌僵直，故曰"摇摆一条鞭"。傅玄《走狗赋》有"尾如腾蛇"一语，形容绝妙，可见自古对狗尾巴就有高而活的要求。养狗家还有"两头翘"的说法，亦可写作"两头俏"。一头指狗头，一头指狗尾，可见尾巴的重要。另外还不要尾巴有虚尖。故总是把末一节剪去，结顶形成一个钝尖。

有的尾巴搭在狗背上，名曰"砸腰"。有的卷成圈，名曰"螺丝转"，都不合格。如狗堪入选，只是尾巴长得不好，则须请老行家来治理。其法是将尾巴的骨节撅一下，并把筋抽去，术语叫"抖搂开，捋直了"。要撅哪几节，使多大劲，须根据具体情况来制定手术方案，其中大有学问。成功的手术尾巴长好了直而不僵，即所谓"也冲天"。失败的手术不是因撅过了头以致虽直而僵，便是撅得不够以致依旧砸腰或卷转。老行家不愧是一位獾狗整容师。局外人可能想不到为了治理一条狗尾巴，事前要请客送礼，事后要登门叩谢。

无可救药的是狗尾巴被人去得太短了，甚至齐根剁去，即所谓"压根儿压"（"压"读yà）。尾断不能复生，也无法嫁接，故曰"没辙难倒活神仙"。记得1935年前后，王府井八面槽一家羊肉床子养了一条大狼青，长成足够头号，柳罐头，真是长绝了。一时在养狗家中传开，都要到八面槽来看看。可惜大青狗尾巴只有两寸来长，太秃了。行家们围着狗转，为之扼腕，为之跺脚，不禁说："太损了，怎么剁得那么苦，哪怕给留一拃（"拃"读zhǎ，即张开手，拇指尖到中指尖的距离，接近20厘米）也好！"因为一拃刚够"棒槌尾儿"（"尾"读

yǐ），是养狗家对尾巴的最低要求。狗主人羊肉床子掌柜的说不定正在一旁暗笑，心里说："要不是我给剁短了，早被你们偷走了！"

> 两眼掉坑筷子戳，
> 眼角瘀肉似血鲜。
> 泡子眼珠耽误事，
> 嘴滑不咬尿又奸。

獾狗眼睛要求深陷小而圆，养狗家用"筷子戳似的"来形容它。眼角积肉，色红而厚，名曰"瘀肉"，也是性情刁狠的特征。哈叭狗以眼大努出者为贵，獾狗恰好相反。"嘴滑"亦称"滑口"，一咬就撒嘴，是胆怯怕受伤的表现，故曰"尿"（读sóng，害怕、懦弱之意，见《国语辞典》页3734）。"奸"有偷懒、惜力之意。

某年城北李某得黄狗，外貌雄伟，但为泡子眼。荣三断定为弃材，李某盛赞为神獒，二人争辩不休，终至打赌。经人作证，以白板羊皮袄博胜负。来春出围沙河，獾从黄狗一方潜返，虽出击，但咬一口，松一口，直将獾送入洞穴。荣三谑曰："这哪是咬獾，简直是送情郎！"李某大惭，甩下皮袄，不顾而去，从此不言獾狗事。荣三眼力固高，亦见谱诀不虚。

> 耳根要硬不要软，
> 硬根摘帽不碍难。

将狗耳上部剪去一块曰"摘帽儿"，是为獾狗的标志。北京狗种，两耳上部多下垂，撒毛时拍打有声，易惊獾逸，故必须剪去一部分。耳根软者，剪少仍下垂，剪多狠秃短，难于下剪。耳根硬者，下剪容易奏功，故曰"不碍难"。

> 毛糙抹拭能挡手，

"抹拭"，读作māse，北京常用语，

如说"把衣服抹拭平了"。

狗毛贵硬而糙，逆向拂之，仿佛会阻碍手向前进。柔软者，术语曰"毻"（读 rǒng），不可取。

　　皮松骨头一身圆。

狗未长成时皮松。年老肌肉萎缩也显得皮松。此处当然指的是前者。皮松说明狗龄只不过一岁左右，还有长（"长"读 zhǎng，为生长之长）头。皮松，不紧紧包着骨骼，故显得"一身圆"。骨头圆和皮松有连带关系。

　　馒头爪儿高桩样，

狗站立时，尤当后肢坐地，前肢拄地时，足趾形状容易看清，要求如高桩馒头模样。此为趾掌之下肉厚而有弹性之证，善于奔跑。

　　腿似硬弓绷上弦。

似硬弓的部位在后腿的上半截，即臀肘之间的一段。弯度越大，奔跑起来越有力。

　　黑花舌子性猛烈，
　　　　拉出一遛显不凡。

北京狗种，舌头一般为红色，仅少数舌上有黑斑，曰"花舌子"，为性猛善斗之证，故备受重视，身价十倍。

狗平时口闭不张，舌上有无黑斑，无从得见。只有遛它时拽着人向前爬行（参阅乙章《遛与蹲》一节），一程下来，舌头耷拉下嘘嘘出气，于是花舌子便一览无遗。如被行家看见，定啧啧称赞。故曰"拉出一遛显不凡"。

　　虎牙第一要完整，
　　　一作：虎牙第一要完好。
　　缺了咬獾合不严。

狗有四个长牙，位置在上下牙床的前方，左右各一，名曰"虎牙"。虎牙有时因啃骨头或掐架而断折伤损，咬獾

遂难合拢扣严，故选狗时必须注意虎牙的完整。

　　颏下长须有说词，
　　　要一去二还留三。

"有说词"即有讲究之意。

在狗的咽喉之上，下颏正中，长有长须约二三寸长，数量一根、两根或三根不等。经多番考验，一根、三根者多勇猛善咬獾，两根者多懦怯缺少斗志，颇为灵验，但也有例外。曾求教于老养家，只知其然而不知其所以然，未能获得令人信服的答复。

　　还有一点不用讲，
　　　要是四眼全玩（儿）完。

四眼为养狗家之大忌。只要是四眼，其他部位长得再好也白费，故曰"要是四眼全玩（儿）完"。荣三讲到清末有名广子者，家有四眼狗，居然咬獾。它给主人招来了绰号，"四眼广子"，伴其终生。

以上三十四句皆言相形。

　　黑狗准，
　　　青狗狠，
　　　狸狗机灵黄狗稳。

"准"是说多数入选的黑狗都咬獾，比其他毛色的更有把握。"狠"是说入选的青狗往往有狠口，能置獾于死地。狸狗的机灵和黄狗的稳亦为此二毛色常具之特点。以上可视为四种毛色的总论，只能理解为大抵如此而不宜绝对化。

"狸狗"指有深浅两色条纹的狗。因猫亦有此花色，名曰狸花猫。且常写作"狸猫"。又黄、黑相间之牛曰"犁牛"（"犁"音 lí）。疑"狸"、"犁"二字有关联或相通。

以上三句为毛色总论，以下分论各色。

653

黑有几种黑，

闪红彤毛黑，

"彤毛黑"还有一个比较通俗的名称，曰"火燎烟儿"（读 huó le yānr）。谱中不用此称而用较为典雅的"彤毛黑"，也使人感到狗谱作者中有知书识字之人。

闪灰是曹黑，

"曹旧"，北京常用词，例如说："这件衣裳穿得曹旧了。"此"曹"字究竟应如何写，辞书未能查到。故宫所藏清代宫廷衣物，往往贴有太监所书黄色纸笺，有时出现"曹旧"字样，或写作"糟旧"。可见亦随意采用谐音字而无规定写法。或谓其意近"糙"，但"糙"无 cáo 的读法。

白爪送炭黑，

"送炭"乃"雪中送炭"之简称，指白爪或有小截白腿之黑狗。北京亦称白爪黑猫曰"雪中送炭"。

白胸瞎子黑，

北京称熊曰"黑瞎子"。熊胸口有白毛一撮，故与此花色相同之狗曰"瞎子黑"。

白腿黑点豹花黑。

"豹花黑"指黑狗白腿，腿上有黑色碎点。

青有几种青，

闪黑叫铁青，

闪白叫狼青，

闪红叫火青，

上青下黄马粪青。

"马粪青"为青中之下品，从名称也可以知道不为人重。

白青本名希里哈，

燕蝙蝠在脑门挂。

荣三告我"希里哈"为满语，指青

中之最浅，四足呈白色者，其额顶却有深色如蝙蝠花纹，在青狗中属上选。近因为谱作解说，特向第一档案馆满文专家屈六生先生请教，承告"希里哈"即"精选"之意，与白青色无涉。看来《獾狗谱》口授相传，字句难免有夺脱。原意或谓"白青"乃从青狗中选出之至佳者。背诵者对满语渐不知晓，遂误解其本意。

燕蝙蝠读作 yànbóhǔ，北京对蝙蝠之俗称。

铁背苍狼真不赖，

自古人称乌云盖。

"不赖"，不差也，且有很好之意。

铁青狗背色之深而匀者名"乌云盖"。凡乌云盖均属铁青，但铁青未必是乌云盖。

青狗难得白脸狼，

獾子见了准遭殃。

青狗白脸无不勇猛刁狠，而且勇中有巧，堪称獾之克星。

青狗最怕黑乌嘴，

摆忙只会瞎汪汪。

"黑乌嘴"之"乌"，读作 wù。马粪青往往伴有黑乌嘴，越到嘴尖色越深，几成黑色。

"摆忙"（见《国语辞典》页52），讥人妄动之词，如言：你安静一会儿罢，别摆忙了。獾狗大忌摆忙，不耐心看守，动作频繁，甚至吠叫有声，将獾吓走不归。

狸狗又叫虎皮豆（儿），

道儿要真色要透。

北京称狸猫、狸狗之毛色曰"虎皮豆儿"。《国语辞典》页1644：虎皮豆为"豆之一种，形似黄豆，色黑赭，作虎皮纹，故名"。按另有大于蚕豆一种，有条纹，亦名"虎皮豆"。

狸狗之色（读 shǎi）透，条纹自清晰，亦即所谓"真"。

条纹真，其色自透，故二者实为一事。

> 狸有几种狸，
> 闪黄叫火狸，
> 闪青叫青狸，
> 道儿不真叫浑狸，
> 十年不遇是白狸。

狸狗不论为火狸或青狸，均少于黑、青、黄诸色，故较名贵。至于白狸，更为罕见。凡条纹深浅反差较大，浅纹灰中呈白者即为白狸，并非真黑、真白相间如斑马之纹。

> 黄有几种黄，
> 浅黄为草黄，
> 深黄为酽黄，

酽者，浓也。此字较文雅，却是北京俗语。如说："多放茶叶，沏一壶酽茶。"大鹰黄色深者曰"酽豆黄"。

> 不深不浅是正黄，
> 黄狗白脸金不换，
> 初八晾狗人争看。

黄狗白脸，性最猛烈，咬獾百无一失。胖小荣一生养狗不下二三十条，以得自西四牌楼北大街柳泉居饭馆之白脸黄狗为第一。事隔数十年，荣三讲到它时还眉飞色舞，不能自已。

为狗摘帽，须将狗嘴及四足捆住。耳朵剪去一部分后，用烧红烙铁熨炙伤口。凡狗经受折磨，遭此苦难，解开绳索后难免疼痛萎缩，数日始能恢复。荣三为柳泉居黄狗摘帽，照例安排好三人同时为它松绑，他自己则手持瓢勺，口含井水，准备喷向狗头，在这刹那间，呼唤为狗新取的名字。这都是养狗家的规定程式，目的使狗忘记过去。不料荣三一口喷出，水花未落，黄狗突然跃起，

张口扑向荣三咽喉。他急闪身，大褂领口被狗叼住，裂帛一声，大襟从领口到下摆撕成两片。荣三为摘帽老手，阅狗多矣，但性情如此猛烈者，不仅为前所未见，亦非意中所有，故被它吓出了一身冷汗。此狗被胖小荣名曰"狼儿"，后来咬獾创最高纪录。并往往一人一狗"逛独围"。某年秋逛牛栏山，追一只大獾上坨子，多半个身子已钻进洞中，狼儿竟一口叼住后腿又把它拖了出来，真可谓力大无穷。故名扬九城，养狗家无不知此白脸黄狗。

正月初八为白云观晾狗日，养狗家都牵狗赴会。凡毛色出众或咬獾得力者皆有人围观，受到称赞。

> 三块黄，
> 四块黑，
> 豹花碎点满身飞。

养狗家喜爱养花狗，尤其是块块分开，不搭不连，所谓"单摆浮搁"（"搁"读 gē）的花狗。"三块黄"、"四块黑"均属此。花狗中有一身碎花者，有片块之间分布碎花者，皆罕见。"满身飞"形容碎花大小、疏密之漫无规律。

> 青花狸花真少有，
> 遇见谁都不撒手。

花狗中黑花最多，黄花次之，青花又次之，狸花最少。

> 眼镜、偏儿、抓髻花。
> 谱上有名人争夸。

"眼镜"指一眼或两眼周围有色毛，仿佛戴上了眼镜。如是黑色则有如熊猫。"偏儿"亦称"阴阳脸"，即半边脸有花。"抓髻"指耳朵上有花，最好是花到两耳耳根，有如儿童的双髻。如耳部花得太少，容易因摘帽而被剪去。

> 诧色还有一身紫，

老爷赤兔想如此。

"诧"读作 chà，北京俗语，有特殊、不同凡俗、使人惊异之意。如白鹰、脯红红靛颏儿（鸟名），皆被称为"诧毛"。曾见有人写作"岔"或"差"，似去本意稍远。紫色皮毛在洋狗中甚多，北京狗则十分罕见，故视为"诧色"。"老爷赤兔"指关羽之赤兔马。关羽北京通称"老爷"，或"关老爷"。京剧中所谓"老爷戏"即关公戏。

> 难得紫毛一堂（儿）灰，
> 灰鼠皮袄反转披。

"堂"读 tǎng。"一堂儿"，完全浑一的意思。灰色狗亦极少有，以短毛者为正品。

> 要说盖盖（儿）数白狗，
> 各色皮毛它居首。
> 鼻子顶个屎蚵螂，
> 白狗黑鼻真叫棒。
> 紫鼻、红鼻太可惜，
> 不算白狗不为奇。

"盖盖儿"即压倒一切、高于一切之意，可能是现在流行的"盖帽儿"一语的前身。于此可见北京语言的变化。

紫鼻（亦称"豆腐干鼻子"）或粉红鼻的白狗不为罕见，而只有黑鼻子才算是真正的白狗，最为难得。"顶个屎壳螂"，形容狗鼻之黑如黑色甲虫。

数十年来，只听说西城石老娘胡同军阀张宗昌宅邸出过一条黑鼻子白狗，为回族摔跤家大马把所得。为追查失狗，四名马弁提着盒子枪到处搜寻。马把为养此狗，匿居远郊回民区，频频迁移住所，不仅避开了缉捕，还多次出围逛獾，在养狗家中被称为硬汉子。我认识马把时他已不养狗，在东四牌楼南大街本司胡同口开烧饼铺。问起当年的白狗，他顿

时精神百倍，谈笑风生。他说："豁出命养活它也值，这一辈子只有这一个乐儿。"

以上五十二句讲不同毛色。

> 只要古谱背得熟，
> 好狗牵来不用愁。
> 春秋两季（儿）把獾咬，
> 挂在茶馆齐叫好。
> 里外三层人围观，
> 人更精神狗也欢！
> 一作：人又精神狗又欢！

"熟"读 shóu，与愁谐韵。逛獾分春秋两季。春季自獾出蛰开始，至初夏庄稼长起停止。秋季自庄稼收割开始，至初冬獾入蛰停止。

咬獾归来，一路上总要进茶馆喝水吃饭，将獾挂在茶馆天棚下，狗拴在一旁，名曰"挂獾"，有凯旋得胜之意。围观者颇众，有时里外三层。

京剧《珠帘寨》有两句戏词："华喇喇打罢了二通鼓，人又精神马又欢。"狗谱末句只把"马"字换成"狗"字。此句可能为知京剧者所作，亦可能为梨园行中养狗者所作。我们确知著名花旦路玉珊（艺名"路三宝"）就是一位养狗家。承朱家溍兄见告，梅兰芳先生曾师事路玉珊，并亲聆梅先生说路能头顶满碗水跑圆场而水不倾洒，可见武功造诣之深。逛獾夤夜牵狗出猎，什么样崎岖的地形都可能遇到，没有武功功底是不可能参加此种活动，享受其乐趣的。

最后六句，归到咬獾，挂獾，总结全谱。

（荣三等口授，王世襄笔录、解说）

乙章　驯狗与逛獾

（一）狗种与狗源

獾狗皆就地取材，用中国狗种。

中国狗由来已久。现在广泛生长在南北各地的狗，和汉画像、壁画、陶俑描绘塑造的颇多似处，可看到千百年来血统的延续（图2—4）。不过当年北京地区的狗比南方的要大得多，壮硕勇猛，有的是长毛或半长毛，显然混进了蒙古狗种（图5，图6）。蒙古狗又名"鞑子狗"，体大毛长。体大故能驱狼护羊，毛长才能御风耐寒。徐珂《清稗类钞》有所述及："内蒙之犊，大如犊而性猛，鸣声如牛，俗呼为'鞑子狗'，汉商多养之。日中锁以铁链，晚放之，使守门户，盗贼多不敢近。"汉商既多养之，自然会把它带到汉族聚居地区来。

我自幼在洋学校读书，却是什么都是中国的好，月亮也是中国的圆。那时不少亲友同学都养洋狗，什么 police dog（警犬）、terrier、spaniel、bull dog 等等，而我觉得只有北京的笨狗（养洋狗者对北京大型狗的贬称）好，后来知道能训练它咬獾，就更加喜爱了。

北京狗可能不及警犬聪明，但绝不比未经正式训练的警犬差，而体形要比警犬魁伟，毛色也好看。它对主人忠诚友好，但又不贫（北京俗语，指无休止地向人表示好感），不像某些外国观赏狗那样下贱，一身媚骨，扭来扭去，絮烦可厌。它勇敢坚强，吃苦耐劳，对生活待遇要求很低，真是优良品种。当然以上指的是经过挑选的北京狗。全国解放后，为了防止狂犬病流行，北京地区的狗惨遭捕杀，一只不留。那时我已不养狗，但为之十分痛心，又自恨无能为力。我感到这与拆掉北京城墙和某些重要古代庙宇同样可惜。但愿北京远郊区及偏僻乡镇还有幸存者，待人们认识到它可贵可爱时，花力气去繁殖恢复它，

不使它绝种。

当年北京养狗之风甚盛，主要是用来看家而不为观赏。养得最多的是一些大买卖家，如粮栈、布铺、皮局子、山货店、砖瓦铺、饭庄子等等。往往多到十来条，几代兼收并蓄，叫做"窝子狗"。其次是官商宅第、大户人家。就是一般

图2 东汉中期石刻狗图像

图3 东汉晚期陶狗俑

图4 东汉晚期陶狗俑

657

图 5　黑花獾狗

图 6　黑花獾狗

住户和商店也大都养狗。加上远近郊区农民所养，数量确实不少。故在大街小巷乃至农村乡镇，都可以看到三五成群的狗，有足够的狗源供獾狗养家从中挑选。

我曾问荣三，过去白云观、太阳宫晾獾狗能有多少条参加。他说在他年轻时（约 1900 年）有五六十条，听老辈说早年间能有一二百条。北京狗总数当以若干万计。一二百条入选，也不过是在几千条中取其一二而已。

（二）"偷猫盗狗不算贼"

北京有句老话："偷猫盗狗不算贼。"这是偷了别人的猫或狗，而又想减轻罪责编造出来的一句话。明明是偷了，怎么不算贼呢？简直是强词夺理！不过这一类盗窃者的心理是可以理解的。首先偷者认为所偷的只是猫或狗，而绝不偷其他东西。其次认为偷猫或狗动机纯粹出于极端的喜爱，但又无法花钱或其他方法求得，百般无奈才出此下策。偷来

之后，只作为宠物喂养，绝不牟利或作他用，而且对它的爱护要远远超过其原主人，这和一般的窃贼又不相同。存在着上述心理，便认为这种偷有不无可原谅处，于是就编造出这句歪话来。

说起偷狗，北京过去有两种人。一种人称"坐狗的"，主要在冬日偷盗，剥狗皮，卖狗肉，谋财害命，罪不可赦。此种人为数不多而贼技特高。他们独往独来，徒手作案。只要一把掐住狗嘴，不论狗有多大，用力一甩，另只手攥住后腿就能把狗围在腰里，向后一坐，狗命已经呜呼，披上皮袄，扬长而去，竟难发现身上还围着一条狗。这是真正的狗贼，獾狗养家恨之入骨。原因是有些被选中的狗遭到他们的毒手，实在可恨、可惜。当年北城曾有一条上好的黄花，被卖了狗肉。养家纠集了几个人，找岔把坐狗的打了个半死。从此他们也有了戒心，对够材料的狗不敢再下手。另一种偷狗的就是养獾狗的人。

挑选獾狗首先要在茫茫狗海中发现

可造之材，《獾狗谱》就是为此而编的。养狗家一般都养鸟或架鹰，清晨有遛鸟的习惯。即使不养鸟，一早也要绕个弯儿进茶馆。如果有人存心物色狗，他不辞踏遍九城。恰好看家的狗在院子里关了一夜，清晨也要跑出门去拉屎撒尿，往往颠儿颠儿地跑遍儿条胡同才回家。因此，清晨是一天之中觅狗、选狗的最佳时刻。

养狗家不论住城南城北，也不论曾经养或正在养，多数都相识，或至少有个耳闻，经介绍便一见如故。除非他还想拴一条狗，故有所发现也秘而不宣。否则相遇于路途，聚会于茶馆，话题往往离不开狗。有一次遇到一位中年养家，在路上碰见荣三，连忙上前跪腿请安，然后凑到一起低声絮语起来。事后知道原来他在某处发现一条狗，要请荣三给他掌掌眼，看够不够獾狗条件。

在茶馆里我曾听到一位说，某天在北新桥冒出一条黑狗白前胸，长得如何俏式。另一位说在西华门看到一条乌云盖，大概是路南粮栈的。又有人插嘴，那天在平则门（即阜成门）看到跟着驮灰骆驼进城的一条花狗，简直长绝了，肯定是门头沟石灰窑的等等。茶馆可算是獾狗情报交换站。

又一次我和荣三从西华门茶馆出来，碰到小阎来找他，非请他吃饭不可。饭后一起去看一条狗，因两耳耳根软硬不一，尾巴有个弯儿，所以请教荣三如何拾掇。狗尚未到手，他们已在研究如何为狗整容了。

常来茶馆坐的养狗前辈更爱拍老腔儿，说什么哪里哪里一条狗准干活儿，"谁要养活它不咬獾，我替它咬去！"这一句话不要紧，可非同儿戏。如果真

有了主儿，到时候竟不咬，岂不栽了。一世英名，将付诸流水！我养的一条青花，名叫"雪儿"，就是瑞五爷给相中的。出围西沙屯，可谓一口定乾坤。这也成了瑞五爷的得意之作，提起雪儿他就拍胸脯儿，"怎么样，我老眼不花吧！"

狗被选中，首先要查明它来自何方，常在哪里，找到它的家，行话叫作"脖眼儿"。其次是摸清它每一天的行动规律，并在此过程中进一步观察它的形态神情。下一步是食物引诱，行话叫"本"。例如说"今天我本上它了"，就是今天我喂上它了。食物用盒子铺卖的酱肝或小肚，取其不糟不软，可切成丁儿像儿童弹玻璃球似的弹到狗脚下。喂过几次，狗跟人走，到一个合适的地方，如小巷拐角、墙旮旯、关着门的门洞儿等，将带着的食全部抖搂给它，名曰"放食"。如此数次，经过脖眼儿，不喂它也会跟人走，时机已渐成熟了。

曾听人说，当年吴佩孚之弟吴四爷住宣外保安寺街，家中有一条头号大青狗被聋李四看中。吴宅大门出入频繁，人多眼杂，无法向狗投食。后来出钱请了一个叫花子常在门口乞讨，把狗喂熟了，终于偷走。又听人说有的狗对食不亲，喂它也不跟人走。只好改用"美人计"，特地养了一条母狗，待到发情期，让它发挥作用。北京老话说："不怕贼偷，就怕贼惦记。"养獾狗的什么招儿都有，真是防不胜防。

如能把狗喂熟，跟人到家，是乃上策，人省事，狗也不受罪。不过多数狗远了不去，只好在"脖眼儿"❶附近找个"坑儿"。所谓坑儿就是借用人家一个院子，把狗带进去，可以"关门打瞎子"。名曰借，可能得到院主人的同意，

❶ 养獾狗者术语，即狗主人家。

659

也可能他根本不知道。借不到坑儿时，或许利用胡同里的一个拐脖或哑吧院（胡同中与别处不相通的凹进地段），要求以"打闪纫针"的速度完成。技术高的在比较空旷的地方也能完成任务，手艺潮的即使关门打瞎子也会演出"狗急跳墙"的闹剧来。

养狗家套狗会使它受些苦，但绝不肯伤害它，故一般要有三个人参加并有较周密的部署。套狗的工具名曰"条子"，清代用羊肠制的弓弦，穿过设在一端的小铁圈，形成一个活套，另端用布缠成把手。本世纪初改用四股或六股铅丝拧成的麻花条。它可围在腰里，有如腰带。一人设法用条子套住狗颈，一人抓狗后腿，一绷就把它放倒在地。套者随即松开条子，抓住狗耳，按住狗头，一腿跪压狗肩，倒手攥住狗嘴。第三人抓前腿。三人同时掏出大线（松软不易还扣的麻绳），将嘴和前后腿捆住，行话叫"码上"，装入麻包，搭上人力车簸箕。一人坐车上，揪住麻包口，注意狗情，既不使它挣开，也防止它窒息。一人拉车，一人护送，向目的地飞驰而去，如是冬天，一定用的是有棉篷子的人力车。

荣三告我庚子（1900年）前北京各城都有偏僻的胡同，行人稀少。老养家绰号"獾狗恩子"，套狗技术特高，不像上面讲的那样费事。只见他解开大褂纽扣，把条子藏在大襟之下，远立街心，脸背着狗。他示意后边的人捡砖头打狗，狗奔驰而来，经过身旁时，他下腰探臂，一个卧鱼儿就能漂漂亮亮地把狗套住，赢得同伙们的喝彩。他也不把狗嘴和腿捆上，只用条子半提半曳地拉着狗走。性烈的狗这时会扑他咬他，他不慌不忙地借势把狗拖个滚儿。几次之后，狗就不敢扑了。就这样他能把狗对付到家。不过荣三说，这是那年头儿，现在北京人多了，恩子要是活着，也露不了这一手了。

有时得狗却"踏破铁鞋无觅处，得来全不费工夫"，被养狗家称为"飞来凤"。那就是乡间的狗跟随运送物品的车马人众进城，被养狗家诱拐截走。凡此，大都是一年左右，刚长成，活泼好动的狗。1942年我由学校搬回家中，獾狗已经不养了，而爱犬之心未灭。一日去参加同学的婚礼，在东华门附近遇见一条黑狗，浑身圆骨头，已长到三号出头，毛糙而深黝，只胸口有一撮白毛，活泼非凡，无一处不具备獾狗条件。婚礼我不参加了，到宝华春买了酱肝，把狗喂到了家，成为我最后一条观赏狗。为了纪念这个值得纪念的日子，我从一对新人的名字中各取一个字，名黑狗曰"小宝"。我发誓决无亵渎同学之意。小孩的乳名和猫狗本多相同，外国用人名名狗更为常有。谁要用我的名字名狗，我也绝不介意。

（三）摘帽儿——入伍的"洗礼"

为了不使獾狗撖毛时两耳拍打出声，必须将耳朵上半剪去一部分，名曰"摘帽儿"。

剪耳朵是獾狗的标志，人们一见便知它已摘了帽儿，参加到獾狗的行列。从此任何养家都不得再偷它。如需要它当师傅，带领新狗咬獾，倒可以登门向它的主人求借。这里面有哥儿们义气，也是玩獾狗的行规。

帽儿摘得好坏有关狗的仪表，故养家甚为重视。两耳如何剪始能和头相配称，应当各剪多少，是否左右相等，还是为了校正两耳的差异，一边应略为多去或多留，这些事先都经过研究。有时还请客送礼，烦求老养家掌剪，仿佛有一种仪式，显得相当隆重。狗为此要遭受一场苦难，而它将由一条看家狗变成猎獾的狗，改换门庭，有了新主人，生活也有很大的改变。这一切使人感到摘帽颇有受"洗礼"的味道。

在一般情况下，狗运回家，跟着就摘帽儿，因嘴和腿都已经捆好。只有因路途遥远，或天气炎热，怕狗受不了，才为它解开绳索，换上锁链，将息休养几天再摘帽儿。

摘帽儿用的工具是剪刀一把。笔子一个，拆下两根竹梁，对劈后用以夹住耳朵，两端用小线捆牢，沿着竹梁上缘下剪，以求平直。小铁烙铁一把，在煤球炉上烧红，剪后用烙铁熨烫伤口，这是十分有效的消毒方法。熨烫后，解下笔梁，经过十天到两周，伤口脱落一条硬痂，再过一周到十天，又脱落一层血痂，伤口便完全愈合。狗如有后撩儿或尾巴有弯儿，一般都在摘帽时顺手为它拾掇好，也是为了省去再捆绑折腾一次。

狗在摘帽儿后，换上铁锁链，三个人同时为它松绑，一齐撒手，以免遭它噬咬。这时还有人朝狗头上喷凉水，呼喊为它取的名字。据说经过这番苦难折磨，喷水使它猛然清醒，听唤新名，容易记住，并会忘掉过去。

狗宜安置在罕有人到的院子里，窝宜向阳，上有遮蔽。拴锁链的橛子要紧贴地面，切忌钉在高处。否则狗向前扑，锁链勒咽喉，难免受伤，甚致死亡。铁链套狗颈一端，采用可紧可松的装置。制作简单而便于套上取下（图7）。贴着狗颈的一段细布缠裹并用线缝牢，减少

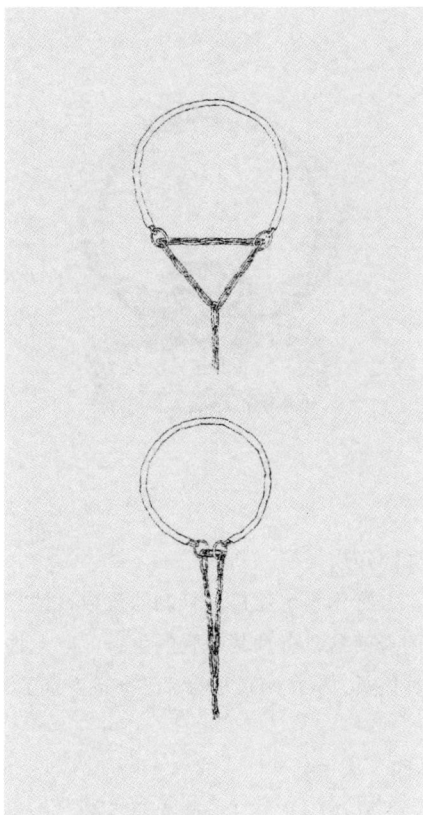

图 7　拴狗锁链示意图

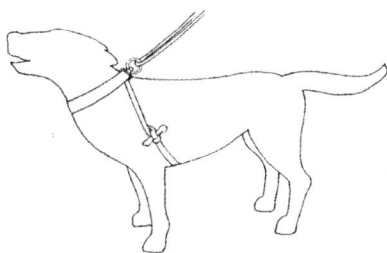

图 8　遛狗用袢示意图

图 9　铁转环

磨擦伤损颈毛。

　　狗用食水盆具，宜掘地置放，使它俯身就盆，有利其前胸的生长。以上种种用具，早在摘帽儿前都已准备齐全了。

（四）遛与蹲

　　在摘帽儿后耳痂两次脱落的二十多天中，是人和狗初步建立感情的时期。每天几次给它喝水，夜晚喂它食（一般是凉水泡玉米面窝头），用锁链牵着它放屎放尿，随着伤口的愈合，狗渐渐精神起来，此后即转入训练阶段。

　　训练狗可以概括成"遛"与"蹲"两个字。

　　遛狗总是在夜晚进行，更深人静，避开灯火为宜。为遛狗制的祥，粗布重叠八层或十层，密针实纳。颈祥宽一寸有余，乃一整圈，穿过铁转环下部的扁方。胸祥宽不及寸，也穿过转环，开口，大小松紧用别子来调整（图8，图9）。遛狗绳，骆驼毛打成，粗如手指，长二丈四尺，对折使用。中间一段正当转环处，皮革包裹，名曰"耐磨"。绳穿好后，两股在握，长一丈二尺，最后三圈留在手中，以备倒步放绳。由于狗昼夜拴在院中，只有夜晚遛它时是唯一活动时间，其兴奋振作，自不待言。故时辰一到，总是急不可待。给它换上绳祥，会拉着人冲向大门，脚下稍不利落，躲闪不及，很可能被门坎绊着，或撞到门框上。这时要松放手中的绳圈，借以得到缓冲。来到街上，它更会用力向前拉拽，恨不得把胸脯子贴到地面，术语曰"爬"。人不能跟着它跑，只有挺腰稍向后仰，把绳子绷得像一根棍，压着步向前走，隔着老远，就可以听到狗哈哈嘘气的声音。这时街上如有积水或层冰，也要放绳一跃而过。狗的奋力前拽，说明它上了性儿，而人拉着它，也显得特别威武。掼跤家们说，遛狗的放绳倒脚，左右跳跃，有助摔跤脚下工夫的锻炼。这也是布库门喜欢养獾狗的原因之一。

　　1932年我开始养狗，第一条是德胜门大街小崇送来的黑花，半长毛，足够二号，黑头，身上有三块黑，白腿，长得特别壮硕雄伟，圆乎乎的，可以用"浑得鲁"三个字来形容。更因它浑头浑脑，掐架时，不挑地方，逮着就是一口，口很重，咬住就不撒嘴，但有时也被别的狗咬伤，故名之曰"浑子"。不久，由回族杨把送来又一条黑花。它长得不及浑子那样虎头虎脑，而从其行动坐卧来看，特别刁钻乇（读 gǎ）古，掐架老占上风，故名之曰"乇子"。

　　我把浑子拴在家中，又在附近一条死胡同尽头租了一间房，后院拴着乇子，由荣三照管。从是年九月投入训练，每晚九时以后，我们拉着一对黑花，从朝阳门南小街进北小街，穿过东直门大街，进东直门北小街，直到俄罗斯馆（读作俄罗素馆，后来苏联大使馆即在此地）

北墙外的城根，也就是北京城墙东北角的里侧。

那时城北颇偏僻，过了东直门大街，夜晚已路静人稀。到了城根，更是一片空旷，杳无人迹。我们拉着狗坐在泊（读 bó）岸上（泊岸即城墙墙基），要到午夜后才回家。这就是所谓的遛与蹲。狗和儿童一样，开始蹲时，它坐不住，时而面向着人，时而急躁起来，吱吱扭扭，鼻中出声，闹着要走。蹲就是要磨炼它不耐烦的性儿，使其知道既来之，则安之，一任月黑风高，寒风刺骨，也要蹲够时刻才回去，闹是没有用的。

从城根到俄罗斯馆北墙，有一大片空地，长着杂草，堆着瓦砾垃圾，夜里有小动物野猫、刺猬、黄鼬、狸子等出没。蹲过二三十天后，狗不再出声了，头转向外，时坐时立，把注意力转向了外界。不同的狗对不同的小动物会有不同的反应。或两耳向后一背（读 bēi），挑起鼻尖，辨别气味；或脊毛立起，前爪不停地踏地；或全身紧张地颤抖起来。这时它可能向后稍退，突然出击。为助其声势，叱其向前，举手扬绳，如马脱缰而去。它可能一口把野猫咬死，也可能追得无影无踪，是否动作敏捷，勇敢坚强，是日后咬不咬獾的一种预测，也是对它的一个考验。

经过上述几个月的训练，狗出门，尤其是蹲后回家，不像过去那样傻爬了，而在途中也会注意四周的动静。如爬上一个坡，会拖下尾巴，立定抬头环顾一下。过一条沟，会跳下去寻找一番，这就是所谓"遛出劲儿味儿来了"。达到此种程度，可在适合的地方，将它放开，术语叫"捯（读 liè）开"，任其驰骋，看它在奔跑中有无搜索的意识。养家称

其自由奔跑曰"围头"。围头要大要好，大指跑得远，好指动作细腻机警。

经过上述的训练，对狗的性情和动作会有进一步的了解，人狗之间也渐渐有了默契，出围逛獾的时机便已成熟。如狗选得好，训练肯下工夫，两条生狗完全可以把獾咬回来。生狗咬獾又是养狗家认为值得夸耀的事。

（五）勤瞧懒逛

逛獾应先从北京气候、獾的习性及所居洞穴说起。

北方天寒，冬日田野找不到食物，故獾有冬眠习性。立冬以后，它蜷伏不再出洞。来春地暖，开始蠕动，惊蛰前后才出洞觅食。经过一冬的消耗，春獾瘦而灵活，反扑迅捷，狗每为所伤。秋獾饱餐数月，体重膘肥，奔跑稍缓，但力大制伏较难。早春獾不耐夜寒，出洞不久即返回。随着天气转暖，往往终宵觅食，拂晓尚在田野。深秋以后，归洞又渐提前。暮春到中秋一段时间因草木、庄稼茂盛，障碍物多，故不出围。而在暮春前、中秋后所谓春秋逛獾季节，也必须了解气候冷暖和獾的活动关系，才能准确掌握其出洞归洞时间，纵狗擒之于洞穴之外。

獾既穴居，山中洞窟多在坡高土厚处。京郊平原，坟圈子里的土丘，常被钻洞作窝。养狗家通称獾窝曰"坨子"，而坟后土丘，又依其环抱之状，名曰"围脖儿"，盖属坨子之一种。山中陂陀起伏，洞壑纵横，只有少数熟悉地形者会在戒台寺、妙峰山等地逛獾，一般养家出围只在平原。当年溥心畬常住戒台寺，府中仆从有人养狗，曾在山中咬獾。

养狗家流传着一句话——"勤瞧懒

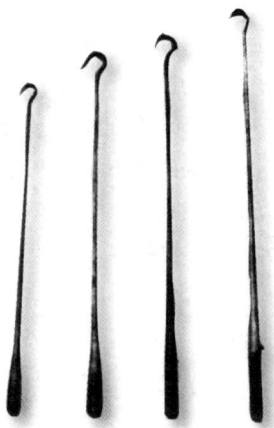

图 10　逛獾用的钩子

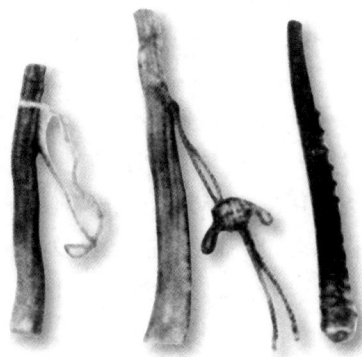

图 11　逛獾用的棒子

逛"，堪称是尊重科学、符合辩证法的经验总结。因为只有勤瞧，也就是仔细观察，才能掌握獾的活动规律。在观察阶段，不要急于牵狗上阵，故曰"懒逛"。否则会弄得人困马乏，徒劳无功。观察是为逛獾作必要的准备，并不会耽误逛獾。这和"磨刀不误打柴工"同样道出了值得玩味的道理。

当年京郊有不少住着獾的坟圈子，如京东的三间房、燕郊；京南的固安、廊坊；顺义的牛栏山；沙河的西沙屯等等。养狗家通常是邀集三四人，拉着两三条狗，换下遛狗的绳子，改用出围用的皮条，皮袄打成包，把钩獾用的钩子和打獾用的犴达罕（驼鹿）角棒子（图10，图11）也打在包内，背在背上，带着水和干粮出发，正是那幅逛獾出围图所画的情景。

第一天至少要走几十里才能到达落脚的小店。第二天狗倒可以拴在小店里休息，人却须立即开始"勤瞧"。

坟圈子离小店近则三五里，远则十来里，一早步行前往。围脖儿多在坟头之后，大者高三四丈，广数十步，多年无人照管，上下前后被獾掘了无数洞穴，远看竟如漏勺一般。首先要对这些洞穴进行仔细的观察分析。其中绝大多数是"老洞"，土质松干，有的还张着蜘蛛网，久已不从此进出，只备救急时钻入。洞口狭小，角度接近垂直的是"气眼"，留着通风并窥听动静。经常出入的只有一两个，名曰"活洞"，光滑潮润，有出入脚印，还可以发现蹭落在洞壁的獾毛，乃至活跳蚤。活洞确认后用细土在洞口铺平，术语曰"拾掇窟窿"，使夜晚出入留下踪迹，供来朝勘验。有人还立草标，把几茎草扦在洞口，据其倾倒方向辨别獾出獾入。老养家则不屑为之。

拾掇完窟窿就要登上坨子观察四周地形，辨明方向。根据回窝可能性的大小，定出看守方向的主次，制订狗力分布的方案。

其次是走出坟圈子去寻找足迹和因觅食而留下的"扒子"和"拱子"（指

用爪子扒出、鼻子拱出的地面泥坑）一直追踪到主要觅食所在。接着要寻找它饮水的水源和排泄粪便的处所，即所谓"茅厕"（"厕"读si）。前者因泥软，脚印清晰，有助于判断獾的重量和只数的多少。后者因獾有固定在一地拉屎的习惯，茅厕也可以作为守候袭击的地点。更为重要的是查明獾的"截窝"，相当于狡兔的三窟。它在归途中听到动静，便悄然逃走，潜入截窝，数日不归。截窝往往不止一处，每一处都要把窟窿拾掇好。

所谓勤瞧就是要查明上述各处，并不间断地进行观察勘验，借以摸清獾的活动规律。在摸清了规律之后，往往对最初制订的狗力分布方案又要作一些调整或修改。

我第一次逛獾在1933年春分前几天，地点是三间房。荣三认为这里有老窝，哪一次来也没有漂（指失败，空手而归）过。他拉着生子，我拉着浑子，西华门小阎拉着黑狗熊儿，加上一位帮忙的玉爷。整整走了一天，掌灯时分才住进了小店。

坨子在店东北五六里处。第二天一人留店，三人去看窟窿。荣三说这里变化不大，活洞还是在围脖的阳面半中腰，朝着西南。地形是西面沟渠较多，且有小树林。西北一里外有三五户人家。东面是大片耕地，空旷开阔。南面有个苇塘，只中间有水，苇芽已长到约半尺高。苇塘之外是一条大道。两个截窝，一在东北，一在西北，各有两个洞穴。由于荣三熟悉这里的地形，不到一天就观察了一遍，并把活洞及截窝都拾掇好了。

根据以往的经验，荣三作了如下的部署：他拉着生子看守地形比较复杂的西面。让我拉着浑子面对东面。小阎和黑狗守南面打接应。北面因有人家，放弃看守。

当晚约十一点我们拉狗上了坨子。首先查看活洞的脚印。查看的方法是两人披着皮袄，左右手提着衣襟，面对面，手挨手，向下一蹲，两件皮袄形成一个罩，罩住洞口，然后用手电筒照看，这样光线不致外射。一看荣三说不好，分明有出进两道脚印，而且是进脚压出脚，说明我们来晚了，獾出洞后又回去了。

第二晚我们提前上坨子，不到十点已经到达。查看活洞，清清楚楚有一道出去的脚印，于是我们悄悄坐下。三条狗表现都不错，聚精会神地看守着。不料坐了许久，风越刮越冷，三星倾斜，已到了后半夜。按季节说，獾早就该回洞了。荣三说我明白了，因来时希望早些到坨子，取道正北，经过人家，招出几声狗吠，惊动了獾，因此住截窝了。天亮后下坨子，我们去看截窝，果然西北的一处，洞口有一道入脚，说明荣三的判断是正确的。

第三晚仍提前出发，但避开人家，绕道从东面上坨子。静候到午夜，我忽然看到浑子脊毛立起，浑身颤动起来，往后略退，冲向前去。我一扬手，皮条单根在握，它向东面田野飞奔而去。这时忽然听到呼噜的声音，我提着钩子追下去。好在这时荣三也已听到了声响，报了一声"獾子"，接着是一声"叱喝"。我还是第一个跑到前面，借着朦胧的月亮，看见浑子大口叼住獾的后腿，而獾则转回身。两只利爪抱着浑子的头，用利齿去啃前额。浑子忍着疼痛却咬得更牢了。这时生子跑到，一口咬住獾的耳门子，獾才放开了浑子。黑狗接着赶来咬住了獾的前腿。我已经看呆了，手中空攥着钩子，不知所措。荣三跑到。真是老把式，顺着乇子脚下伸钩子，一翻腕子就钩住了獾的下颏，提起来震了两棒子獾就老实了。荣三只说了一句话："没有想到獾从东面上来了。"

原来逛獾的规矩是只要听到呼噜声，说明确实有了獾，这时应立即用力报声"獾"，好让大家都把狗撒开，齐力投入战斗。倘狗冲出去，而听不到呼噜声，则不得报獾，可能是别的动物，狗没追上，又回来了，名曰"谎皮条"。此时如误报了獾，别人把狗放开，因前无共同之敌，狗和狗会打起架来，乱成一团，把围给吵了。不但谎报者要受到责难，传出去还遭人耻笑。

这次胜利回城，我们在朝阳门外大街荣盛茶馆挂獾吃饭，三条生狗咬回獾来，随即传遍了九城。

1934年我就读燕京大学，成府刚秉庙东有我家一个园子，朝南十间花洞子拴狗最为理想。荣三、小崇搬进园子来住，浑子、乇子之外，青花雪儿也已入伍，三条狗可自成一围了。是年秋我们逛了另一处荣三熟悉的坨子——沙河西沙屯。小阎因狗被人借走，空身随往。

这里的地形是围脖儿高大，洞穴甚多，找到了活洞，脚印不止一只，老獾之外还有小仔。前面有一片松林，树高参天，下多蔓草。再往前是一条三里多长的沟，东西两头各有一处截窝。坨子四周留下了许多扒子、拱子，把我们带到了花生地白薯地及两处水塘。说明这里獾十分猖獗，危害着农作物。

一连三夜我们守候在围脖上，直到天明，杳无消息。经过查看，荣三、小崇发现了问题。原来獾回坨子总是先到松林里潜伏，窥听动静。只要稍有声响，便退回沟里，溜向截窝。只因林密沟深，守在坨子上不易发现。两人用了一天的时间，找到了茅厕，决定不再蹲围脖，改为咬茅厕。

茅厕所在，也很蹊跷，在沟南水塘西边的一片旱苇子中，那里有不少粪便，尚有未消化的花生和青蛙骨骸，有陈有新，说明它不断地来此。旱苇子之南是一道缓坡，有几株老柳和三五个坟头，决定将狗埋伏在这里，面对北方，兼顾东西两翼。

我们蹲到后半夜，獾从把守西翼的浑子那一方上来。它飞奔出击，立刻听到了呼噜声，四个人都报了"獾"。跑近一看，黑乎乎好大一团。原来浑子并没有吸取三间房的教训，又是一嘴咬住了獾的后腿，而把自己的脑袋整个地交给獾了，被它回身抱住，乱抓乱啃。幸亏雪儿、乇子来到，一个咬住了头，一个咬住脖梗子，三狗协力，外加两把钩子，才把这四十来斤的大公獾给拿住了。回到店里，发现浑子满脸是血，受的伤比前次还要重。而抬回来的獾，后脚提（读dī）棱（lēng）搭棱地摆动，骨头都被浑子给咬碎了。大家不禁地说："这浑子可真够浑的！"

事隔两年，我又逛了一次獾。此时小崇已病故，荣三也因患疝气而回家休养，又一位精通鹰狗曾在庆王府当过差的王老根和他的儿子二海来到园中。浑子、乇子已年满七八龄，退役看家。雪儿有人求借，当师傅去了。换班的却是三条实力更强的新狗——名叫狼儿的柳罐头青狗，名叫熊儿的半长毛项上有一撮白毛的黑狗，名叫愣子尾巴多少有些砸腰的火青。它性格有点鲁莽，故名字取"愣头青"之意。每条都够二号，而且长相都很好，因此王老根有信心用这三条生狗把獾咬回来。

我们没有想到离园子只有五六里的老公山子住上了獾子。坨子在海淀西南，长河东岸，隔河就是有不少住户的蓝靛厂。老公山子因靠近太监茔地而得名，但并不是围脖儿而是挖稻田堆起的土丘，高四五丈，长二三百步，东西向形成一道屏障。

养狗家都知道离人家越近的獾越难咬，特别狡猾，不易捉摸，行话称之曰"柳"。为了练兵，离家又不远，从初秋起，三天两头拉着狗去。王老根说得好："有一搭，无一搭，我们只当是遛狗。要是真碰上了，也就不客气了。"过了中秋节，狗也训练得差不多了，我们才带着钩子、棒子正式出围。

老公山子的地形是洞穴不多，活洞在阴面半中腰，面对着一大片稻地，有好几顷，是獾觅食之地。截窝在山子东南方。

从八月下旬到九月中旬有十来个夜晚我们守在山子上，天亮才离开，竟终宵平静。奇怪的是清晨看稻地，却有新扒的拱子。经研究才知道当月下弦，田埂的阴影在东边，獾就在东边觅食。当月上弦，田埂的阴影在西边，獾就在西边觅食。故在土山，虽居高临下，也不容易发现它。直到九月中旬，那夜月明如昼，天气已凉，约到半夜，獾从稻田爬上来，意欲回窝。狼儿冲下山去，獾受惊向东逃窜。月光下看得清楚，只见狼儿追到和它并肩，头一斜就把獾头咬住，使劲往地下杵，獾屁股朝了天。熊儿赶到，正好叨住后腿。两狗用力一绷，竟把二十多斤的獾抻离了地面。因使劲太猛，两狗一獾形成了一条直线，滴溜

地像走马灯似的转了起来。这真是我平生第一奇观。愣子来了，因无处下嘴，急得用两爪去扑，这才停止了转动，一口咬住了肚囊子。王老根钩獾，将它打死。这是我出围时间最长，咬得最艰苦的一次，也是最精彩的一次。

我们在海淀三叉路口的茶馆挂了獾，生狗咬柳獾❶，又在养狗家中传开。王老根很得意，他说："我没有让荣三给比下去！"

如果要对逛獾作一个结语，倒可以引用荣三爱说的几句话："想看咬獾这个乐儿，不能走不行，不能跑不行，怕受累不行，怕冷不行，怕老婆不行，胆小怕鬼不行，不能捱渴捱饿不行，不能憋屎憋尿不行，不能熬夜不行，怕磕了碰了不行，没有耐心烦儿不行，不会用心琢磨不行！"可见是要付出很大代价的。

（六）"人更精神狗也欢"

"人更精神狗也欢"是《獾狗谱》描写出围归来，拉着狗、抬着獾，在茶馆门前高高挂起那种兴高采烈的情景。据我的亲身体会，确实很高兴，有胜利凯旋，值得炫耀一番的心情。看的人、问的人越多显得越来劲儿。不过，说实在的，接连几日夜的奋战，又步行了多少里才渐近家门，没有一次不是精疲力尽，浑身酸懒的。真是"谁累谁知道"！说到狗，它也累了，拴在天棚下直冲盹儿。要是像浑子那样挂了彩，就更可怜了。脑门、腮帮子都肿了，一按就从伤痕中冒血，眼睛也眯成一条缝，它欢不起来了。但獾总还是要挂，这早已成了养獾狗的一个定例。

不妨一提的是同为挂獾，颇有差异，

❶ 柳獾，为养狗者术语，指警惕性强，很难被咬到的獾。

它显示不同养家的气质禀性，火候修养，社会的世态人情。有人回到城郊，过一个茶馆挂一次，不渴不饿也要沏壶水，被人讥为"挂臭了街"。有的人回家故意绕了远儿，例如该进东直门，他却进了德胜门，把獾挂到别位养家的眼皮底下。这叫惹是生非，别家咬了獾回敬，心里的劲儿越摽越大。接着是你咬一个我得咬两个，你咬两个我得咬三个。因此有人把獾狗和鸽子、蛐蛐一样，都叫"气虫儿"。这气都是由人招出来的。

荣三说过，真正让人伸大拇哥的不是上述养家。早年北京有一两位只养一条狗，逛独围，早春抢咬第一只獾，咬完只在茶馆挂一下就收围了。早春因獾出洞的时间短，最难咬。到晚秋，再咬难度很大的末一只獾，也只在茶馆挂一下。此后如无人再咬到，也就收围了。这叫咬两头，才显出老玩家的分儿呢。

（七）白云观晾狗

北京晾獾狗，原有两处——正月初八白云观，二月初二太阳宫。等我养狗时，太阳宫已无人与会，只剩白云观了。

白云观为道家寺院，在西便门外一二里许。西墙外高坡上一片松林，枝干多欹偃，故其地曰"磨盘松"。届期日上，养家络绎牵狗至，拴松树上，任人观看。午后陆续散去。

初八这天，实际上只有半天，对养狗家来说却是一个十分重要的日子。南征北战，屡建殊勋的狗，老养家固然要牵来晾一晾。新得到的生狗或在去年一年中咬了獾的狗，也要拉出来显摆显摆。晾狗的为了行动利索，往往穿的是大襟短棉袄或皮袄，腰里系着骆驼毛绳。扎腿裤子，外穿犴达罕皮套裤。头上扣个

毡帽盔儿。狗也换上专为这一天用的绳祥。考究的是青色或宝蓝丝绳，绿皮子耐磨。实纳缎子祥，针脚密如鱼子，上安天圆地方造办处铁转环，饰以各式皮革花纹。我每年去白云观总把最心爱的绳祥牵最心爱的狗。环子是独一无二、广为人知的五毒转环。它原为京剧名旦路玉珊所有。中部磨盘上踞一蟾蜍，其上圆环梁外分别錾蜈蚣及蛇，其下扁方，肩上各錾蝎子、壁虎。祥上缉绿谷子皮五毒花纹，乃出小崇之手。他不是皮匠，但双线行对他的手艺无不佩服，自叹弗如。可惜此祥连同七八副龙头含珠转环祥"文革"中遭劫夺，至今下落不明。

到磨盘松看热闹的人不少，哪里有老养家到来就有意思了。尽管他已多年洗手不玩了，可这一天准到。甚至说"要是我不来就是听蛐蛐去了（意即死了）"。在这里可以听狗主人向老养家介绍有关狗的一切——叫什么名儿，原来是哪儿的，如何逮到的，谁摘的帽儿，哪里见的獾，咬的如何如何等等。也可以听到老养家说老事儿——这条狗和过去的哪一条相似，哪里强点儿，哪里差点儿，哪一条狗咬得如何等等。老养家之所以要来，你说他为会会老朋友也好，过过老瘾也好，说说当年勇也好，拍拍老腔儿也好，给后辈开开讲也好，以上动机可能都有。总之，初八是新老养家，各路英雄，群贤毕至，少长咸集的一天。有几位养家如白纸坊的聋李四，南苑的李宝宸，小红门的郑三，豆腐脑白把，九隆斋炮仗铺铺东韩掌柜等，我就是在白云观相识的。

从1933年到1939年我一连去了七年，明显感觉到人和狗一年比一年少。使人感到养獾狗和白云观庙会一样，到

了初八已是残灯末庙了。

　　一种民间习俗癖好的衰亡消逝，有种种原因，是不可抗拒，也无法挽回的。遗憾的是我当年再也没有想到有一天会把老北京社会中下层这种摸爬滚打，抓土攘烟的土玩意儿用文字写出来。如果曾想到，我一定要多作些笔记，把掌故轶事写下来，多拍些照片配合文字，一定能比现在所写的丰富得多,精彩得多。

原载《中国文化》第 9 期，1994 年 2 月

大鹰篇

养獾狗、玩大鹰是过去北京同一社会阶层的两种娱乐癖好，二者有不可分割的联系，故俗语有"獾狗大鹰"一词。

"鹰"，其广义被用作猛禽的总称，包括体形最大的雕（别名曰鹫）类；体形次大的鹰（即所谓"大鹰"）和鹘（北京称兔虎，乃兔鹘一音之转）；体形最小的隼类（鹞子、细雄、伯雄、松子等皆属之）。狭义的"鹰"把雕和鹘排除在外，只包括捉兔的"大鹰"、捉雉的"鹞鹰"和捉鸟雀的隼。因各种隼都不大，故通称"小鹰"，捉兔的鹰大，故通称"大鹰"。

人类养鹰，历史悠久。中外文献记载及形象材料十分丰富。全国各地区不仅所养鹰种不同，打鹰、驯养、出猎亦方法多异。经过搜集、采访、记录，可以写成数十万言的专著。不过本篇只讲我亲身驯养过的大鹰，分为打鹰、相鹰、驯鹰、放鹰、笼鹰五节。

一　打鹰

凡是对鹰感兴趣的，都愿意知道鹰是如何打到的。因此讲玩鹰当从打鹰说起。不过讲打鹰只有打鹰人最有发言权，其次是鹰贩子，也有机会看到。至于一般养家，恐怕只有少数人见过。

打鹰可真不容易，一上山就是一整天，带着星星出家门，踏着月色回村子，爬过十几道山梁，饿了啃几口干馍，渴了喝几口随身带的凉水。要是喝光了，只有去捧山沟里漂着羊粪蛋、绿不绿、黄不黄的积水喝。养鹰家很少愿为看打鹰去受这样的罪。至于打鹰的地方，远在二三百里外的塞北"大山"不用说了。即使是较近的"小山"，如冷风口、天桥、西陵、九龙山等，离京也百里开外，不去上几天不行。最近的地方也在香山卧佛寺之间的山头上和宝珠寺上坎，不下五十里。近虽近了，鹰却少于小山各地，很可能守上一天见不到一只大鹰飞过。有谁肯不辞徒劳往返而去看打鹰呢！

我很幸运，1938年秋曾去西山看打大鹰，居然一去就看到了。欣喜之余，随手把这一天的经历写了下来，可算是一篇纪实。久庋故箧，遭劫而未失。今日取读，还历历如昨。不然的话，事隔五十多年，即使是赏心惬意之事，也不可能记清了。

以下约四千言均录自旧稿。但有些

关于打鹰知识，当年写纪实时还不知道，现在觉得应补充进去。特用方括弧［］括出，作为后增的标志。

我今年买的第一架鹰是我看它俯冲入网的。养了六年鹰，还是第一次开眼。尽管它长相平常，抓兔本领也一般，不及我后买的鹰好，而直到隆冬才送给了朋友，多少有些缘分和感情。

去年我在护国寺，买过赵凌青（行四）一架青鹰，从此和他相识。赵四家住青龙桥西北镶红旗北门。今年农历八月十八日，我前往拜访的目的倒不是为看打鹰，只想给他留个信儿，摞些定钱，打着好鹰好给我留着。

镶红旗北门迤东一点，路北三间破瓦房是他的家。院墙坍了一大半，花墙子门楼也没了顶儿。但从村子的格局来看，官房栉比相连，当年旗营子确实兴旺过。我隔墙喊了一声："赵凌青在家吗？"一位老太太拉着个小姑娘走出屋来，对我说："儿子打鹰去了。"她迈出大门，回身指给我看西北山坡上的宝珠寺，寺北半山腰上一条白沙沙的路名叫白道子，是去三招（当地称烽火台碉堡曰"招"）必由之径。擦着三招西墙一直往上走，绕过山环就到打鹰的地方了。

我觉得路途不远，故未加思索便解开大褂的纽子，撩起大襟，向白道子大步走去。真是"望山跑死马"，看着仿佛很近，走了半天，再看反而更远了。八月的天气已不热，太阳也不高，走忙了照样出汗。好容易爬到了白道子，原来只是青石头被钉鞋踩成砂砾，远看竟如有雪一般。从白道子上三招，更不好走，路窄而曲折，待我背靠碉堡往山下看时，汗已浸湿了衣衫。稍稍歇歇脚，又往上爬，以为打鹰的地方已不远了。

不料过一个山头又一个山头，没有赵四的踪影。不由得埋怨起自己来。此行既为买鹰，留话就行了，何必跑上山。既要上山，又为什么不问清道路，免得在山上乱转。接着我又想开了，今天只当来逛山，多转转总不至于找不到。顶多饿一天，渴一天，又算得了什么？！

对面来了个打柴人，挑着山草要下山。我向他打听赵四，他说半个月来天天碰到他，只要顺着俺下山的道路往上走，准能找到他。我的精神马上来了，道声"劳驾"，三步当两步，又往上爬了。

打柴人说得不错，上去不远，有用石块垒的矮墙，是打鹰人隐身之处，名叫"鹰铺"。但是墙内没有人，墙外也看不见网。

我心里有点纳闷，赵四哪儿去了呢？只希望等等他会来。于是靠在岩石上望着云彩出神，不知不觉地睡着了，不知在那里靠了多久。

太阳到了正午，靠久了被山风一吹，又有点凉，把大褂纽子扣上，掸了掸土，无可奈何，只好下山回去了。

没有走半里路，又碰上打柴人。他很诧异我会在山上呆那么久。待告诉他赵四没找到，他迟疑了一下说："来、来、来，跟我走。"经过方才靠着休息的岩石，贴山环往北绕，连小道儿都没有了，只能找石头缝和草根多处下脚，走不远，发现面对正北深谷的山头上，矮墙后面蹲着一个人，正是赵四。我轻轻地走过去，坐在他身旁。他已在此守了一个上午，连只小鹰也没有看见。

待我来描述鹰铺的地形和鹰网设施。

鹰铺位在距顶峰不远的山坡上，坐南朝北，居高临下，在稍有小坳可容一二人处垒起一道石墙，高三尺余，宽约六七尺，打鹰人就呆在墙后。墙上留两个洞，靠下的洞一根铁丝由此穿出，名曰"弹绳"，是用来拉网的。靠上的洞，两根绳索由此穿出，是用来提拉"油子"的。油子就是活的诱饵，鸽子、胡伯喇各一。胡伯喇比麻雀大不了多少，一名鵙，即所谓"伯劳燕子，各自东西"的伯劳。

网约六尺见方，周匝粗线作纲，张挂在四根斜偎着的竹竿上，贴近网边的两根粗些，网中间的两根细些。弹绳和网上缘的"网纲"及竹竿上顶相连。网纲另端又和一根铁丝相连，约有两三丈长，拴在一根桩子上，名曰"脑橛"。经观察，发现竹竿下端有孔，夹着它是两个栽入山坡的橛子。橛子架着穿过竹竿孔的横轴，故整片网下有四个活轴，使网像一张书叶子似的能向左或右翻转。由于鹰从东方飞来时为多，网总是东面敞开，向西倾斜。翻扣过来，被网覆盖的坡面名曰"网窝子"，两个油子就安放在这里。从石墙的洞向坡下望去，弹绳和脑橛遥遥相对，在一条直线上。竹竿下的橛子则向西偏出两三尺，如果将几个点连起来，就形成一条近似弯弓的曲线。正因如此，当鹰来攫捉油子，猛拉弹绳，网就会迅速地向东面扣过来。

再说油子。鸽子和胡伯喇分别拴在一个⊥形木架上。木架的直棍上端拴绳，通到石墙靠上的小洞。横棍的两端被有孔的一双木橛子支起，使它起着轴棍的作用。只要提拉木架，就可以牵动油子。更因另有短绳连着直棍和栽入山坡的橛子，故架子只能拉到一定的高度，约和坡面成70度而止，不致被拉翻。可怜的油子，眼皮都被细线或马尾缝上，不

使透光。只有如此才能任凭打鹰人摆布，要它什么时候飞，提拉木架，它就扑漉漉地拍几下翅膀，随又跌落到坡面。如果油子眼睛能见天，有鹰飞来，它早已吓成一摊泥，趴在地上不敢动，又怎能引诱鹰来入网呢？赵四告诉我，要是来了小鹰，他就提拉胡伯喇；要是来了大鹰，他就两只油子一起拉，因为大鹰既抓鸽子也抓胡伯喇。

［有关鹰网及其设施的最早记载当是唐段成式《酉阳杂俎·肉攫部》中的一条："鹰网目方一寸八分，纵八十目，横五十目。……有网竿、都杙、吴公。磓竿二：一为鹑竿，一为鸽竿。鸽飞能远察，见鹰常在人前。若辣身动盼，则随其所视候之。"[1]可见当时的网为长方形，也有网竿。"杙"字本意为系畜之桩，疑指钉网的橛子。磓竿为拴油子的木架。油子用鸽子和鹌鹑，不用胡伯喇。鸽子也可当看雀使用。一切足以证明，现在打鹰的网及其设施早在一千多年前已经有了。］

［我曾把当年写的纪实念给老友常荣启[2]（彩图61）听。他认为我所见到的是京西小山的鹰铺，和大山的设施颇有出入。如明、清两代为官府进鹰的赤城（在河北北部云州附近，距内蒙古不远）鹰户，鹰铺不垒石墙而用山草树枝搭成窝棚。网竿只有两根（图1）。可见各山自有它的传统方法而彼此时有差异。大山鹰铺还用大鹰和兔子皮作油子，引诱大雕来袭击，将它扣入网内。因大雕有和鹰争抢食物的习惯。更有使用截然不同、无需人看守的"攒叉网"和"锅网"等，设计简单而巧妙，值得采访记录，但非专著不能详及。］

打鹰难，难在必须手捷眼快，心手

[1] 段成式：《酉阳杂俎·前集》卷二十《肉攫部》，页193，1981年中华书局排印本。

[2] 常荣启，比我小几岁，但养鹰数十年未间断，且得到王老根的真传，深谙鹰性，技艺精湛。曾多次去大山、小山买鹰，知识渊博，经验丰富，非我所能及。他壮年时因追鹰撞在田野的电线杆上，碰了个"大窝脖儿"，从此落下了一个绰号"窝侯爷"，北京养鹰玩鸟家无不知晓，本名反不为人知。

相应。鹰来时，快如电，疾如风，真是"飞将军自天而降"。手稍一慢，油子就可能被鹰抄走或攥死。人怕眼睛跟不上，早就想出了好办法，利用鸟来替人站岗放哨，搜索长空。被利用的鸟即所谓的"看雀"。又是一只胡伯喇，一只不缝眼皮的胡伯喇。

赵四又开讲了。他说："打鹰必须分辨风向。鹰和鱼抢上水一样，总是顶着风走。今天早晨刮北风，鹰擦着阴坡向西飞，所以网安在北铺。现在眼看风要转变方向，说不定我们得往南铺搬呢。"他叫我注意山上的草，果然连动也不动。可是再看山头上受得着南风的草，都已向北偃倒了。他用手远远一指，远，远极了，差不多在东头望儿山上面，有鹰飞过。他一望而知地说："是鹞子，它一定向南飞，擦着阳坡走。没有北风，这里休想过鹰。别在这里白耗着，我们赶快起网吧。"

赵四跑下坡解开网竿的绳，把网在竹竿上绕成一个球。弹绳盘好了，油子也拿了。我替他举着看雀，背着兜子，不慌不忙地往南坡行来。路上我发现他兜子里的干馍已经吃完，水壶里有半下子水，据说是刚打的。我渴急了，呷了一口，差点没呛死，真难喝，不禁想起飘着羊粪蛋的山沟积水，再渴我也不喝了。

南铺安好了网，赵四说，这块鹰铺有来历，隐老头传给他父亲，父亲传给他，别人是不得占用的。因为山头有块大石头向东南方突出个包，尖头尖脑，人称"黄鼠狼"，是西山六七块南铺中最好的一块。秋天很少刮南风，但只要刮，这里打鹰就有几分把握。我听他如此一说，又把渴和饿给忘了。

图 1　河北赤城山上的打鹰网

图 2　胡伯喇（即伯劳，打鹰时用作"看雀儿"）

南风越刮越大，赵四也越来越高兴。他说，现在差不多四点钟，正是好时候。鹰来时，说话不要紧，可千万身体别动，更不得和鹰对眼神。注意看雀，它会告诉你什么时候鹰来了。

我全神注视着看雀（图2），真太有意思了，人想出来的办法太妙了，不愧是万物之灵。但随又想到正因为是万物之灵，也能成为万恶之首。人常常利用动物来陷害动物，油子、看雀都是明显的例子。

看雀胡伯喇拴在一根长长的枣树枝上，赵四将它扦在离人不远而视野广阔的地方。胡伯喇脖下拴着线，线下端有个铜圈套在枝子上，它可自由地顺着枣枝上来下去跑。枝底有个凹坑是它的防空洞。当天宇澄清，平静无事，它神色自若，气度安详，理理毛，拉拉膀，伸伸脖子，颠颠尾巴，好不自在。忽然眼神一愣，毛儿一紧，说明发生了情况，远处有鹰出现。它一边密切瞭望，一边一段一段地往枝下出溜。蓦地掉进了凹坑，这时鹰也来到了当头。赵四在胡伯喇开始紧张时已经接到了警报，一手将弹绳握紧，一手把油子提拉得乱飞。果然把饥鹰从远方引诱到山前。我也看明白了，原来是一只花狸豹（比大鹰小，鹰中最不中用的一种，不堪驯养），在离网五六丈的空中"定油"（两翅紧扇，定在空中不动为"定油"）。忽然它识破了巧机关，"飕"地两翅一斜，往南掠空而去。胡伯喇顿时解除了警报，从坑中跃上枣枝，越爬越高，直到顶端，又自由自在，神气起来了。

我不由得责怪自己，花狸豹八成是被我给看跑了，连忙向赵四表示歉意。他却故意安慰我道："不一定，有时没有对眼神它也跑。再说就是看跑了又算老几，花狸豹卖给植标本的只给两毛钱。"

正说着，忽然看雀扑地一声掉进了凹坑。抬头看，只觉得眼前一黑，仿佛一块砖头从半空扔了下来。赵四站起来喊："好大个的儿鹰子！"（当年的雏鹰叫"儿鹰子"）定睛再看，大鹰已扣在网窝子里，唧溜唧溜地乱叫。我愣住了，竟没看见从哪一个方向飞来的。

赵四跑下坡，从网里把鹰掏出来，用绳儿"紧上"（一种暂时性的缚束法，翅、爪都贴身捆好，使鹰不能动弹而又不会伤害它，便于携带）。淡豆黄，窝雏眼，大黑趾爪，慢桃尖尾（详后），足有三十二两。虽长得不甚出色，却也挑不出大毛病，只颜色淡了些。赵四笑着对我说："鹰是从西北方向上来的，我早就看见了，只是没有对你说。"我心里明白，准是怕我再给看跑了，所以不言语。

赵四高兴，我更高兴，为买鹰而看见打鹰，看打鹰而居然看见打大鹰，真是做梦也没有想到。赵四钉了半个多月网，小鹰打了不少，大鹰这还是头一个。

太阳转过山头，偏东南的山坡，比平地黑得还要早，山影已经快把三招遮上。赵四说咱们起网回去吧，晚了鹰要入林，再说鸽子刚才被鹰攥了一下，受了伤，飞不动了，不能再当油子使了。

下山还是我给赵四背着兜子，因为里面有大鹰，走山道加倍小心。

回到镶红旗，老太太拉着孙女早在那里等候，头一句便问："打着大鹰吗？""打着了！"赵四回答也透着精神。大鹰就是油盐柴米呀！

我们以十二元成交。我笑嘻嘻地捧着鹰走，他们笑嘻嘻地送我上路，真是"皆大欢喜"。

走到青龙桥，早已掌灯。连忙进茶馆，吃饱喝足了才回成府东大地。

二 相鹰

判断鹰的好坏，全凭它的形象长相。古代定有《相鹰经》一类谱录，惜未能传至今世。惟辞赋歌诀，论说笔记，乃至片语只言，亦复不少。内容涉及雌雄、年龄、颜色、形相等方面。以下分别述之，先引古人之说，次取北京养家相传之经验口诀，意在参较印证。经发现上下千百年，竟绝大部分吻合一致，足见师承传受，屡验不爽，故能世代相传。间有参差抵触，不相契合者，则据个人所知，试论以何为是。

（一）雌雄

鹰类与一般禽鸟相反，雌大于雄。隋魏澹（字彦深）《鹰赋》已有"雌则体大，雄则形小"❶之句。《酉阳杂俎·肉攫部》亦称："雉鹰虽小，而是雄鹰。"此话只说了一半，另一半应为："兔鹰固大，却是雌鹰。"因雉鹰、兔鹰乃同一鹰种的雄与雌。当代鸟类学家对此自然早有所知，《大英百科全书》将两性大小之异写入 Falconiform 条，指出鹰类一般雌者比雄者体重大百分之二十至百分之一百❷。北京养家知小鹰中之"松子"为雄，"伯雄"为雌；"细雄"为雄，"鹞子"为雌。而"伯雄"、"鹞子"均大于"松子"、"细雄"。至于大鹰，承窝侯爷见告："老辈相传鸡鹰是公，大鹰是母。"而鸡鹰、大鹰即古人所谓的雉鹰与兔鹰，故与《肉攫部》之说完全吻合。

大鹰、鸡鹰，一大一小，不难分辨。北京养家为了猎兔，只在大鹰中挑选优劣，而鸡鹰则不屑一顾。因其体小力弱，猎雉又须远入山中，故无人养它。

（二）年龄

偶检字书，有"一岁曰黄鹰，二岁曰鹎鹰，三岁曰鸧鹰"❸之说。鹎、鸧二字，《肉攫部》不断出现。如："凡鸷击等，一变为鸧；二变为鹎；转鸧；三变为正鸧。自此以后，至累变皆为正鸧。"除"变鸧"

一语费解，有待查考外，所谓"鹎"乃二年之鹰，"鸧"为三年及三年以上之鹰，该书各条可以互证，其义甚明，且可知为唐代养家所习用。即此一端，已足使我惊异。因任何动物，如果古人为其不同年龄命名造字，那末它一定是和人的关系非常密切，如马、牛、羊等家畜才会有。今鹰亦然，有力地说明在古代鹰和人的关系是何等的密切。其密切程度超过了我的认识和估计，因而使我感到惊异。

《肉攫部》讲到鹰"一变背上翅尾微为灰色，臆前纵理变为横理"；又曰"一变为青白鹎，鹎转之后，乃至累变，臆前横理转细，则渐为鸧色也"；完全符合大鹰羽毛文理变化的规律。原来大鹰自幼到老，每年换羽毛一次，每次换羽毛纹理都有变化，而以第二年第一次的变化最为显著。鹰初长成，胸部（即臆）每根羽毛上都有上细下粗的长点，即所谓纵理（彩图62）。次年换羽毛，长点变成了横道，即所谓横理。以后每换一次羽毛，横道就变得细一些，毛色也白一些。故养家一看纹理是纵点，就知道是刚刚长齐毛的当年鹰，通称"儿鹰子"。如横道较宽，而且有退落未尽的纵点羽毛，就知道是脱过一次毛的二年鹰，通称"一脱"。此后据横道的宽窄，白色的等差，估计其为三年鹰、四年鹰、五年鹰……，而称之为"两脱"、"三脱"、"四脱"……。当然两脱以上的估计未必完全正确，但亦大至不差。还有凡是脱过一次毛的鹰统称"破花"，脱过三次、四次或更多次的曰"老破花"（彩图63）。

每年中秋以后选购新鹰，多数养家爱买儿鹰子，取其稚气尚存，野性未固，

❶ 魏澹：《鹰赋》，见《全上古三代秦汉三国六朝文·全隋文》卷二十，页4132，1958年中华书局影印本。

❷《大英百科全书》第七册，页152，1974年第十五版。Encyclopaedia Britannica, Vol.7, 15th Edition, 1974 Hemlen Hemingway Berton Pub1isher.

❸ 陆佃：《埤雅》卷六，页11下，《玲珑山馆丛书》本，清刊本。

较易驯养。但也有人爱买破花乃至老破花，取其价钱便宜，攫捉本领又非儿鹰子所能及。但野性难除，工夫不到家，就会远走高飞，逃之夭夭。记得1934年我初入燕京大学那一年，在大沟巷鹰店花了十多元买了一架酽豆黄之后，荣三偏要我再花六元饶一个老破花，因为长相太好了。下地之后，果然本领不凡，几乎每拳不空。后被人借走，前夜上架早了，后夜上胳膊晚了，次日竟盘空扬去。气得荣三直跺脚，当着许多人对借者很不客气地说了句："懒骨头别玩鹰！"

以上关于大鹰年龄的识别，对养家说来是基本知识，而非此道中人自然未必知道。1936年鹰店来了一架白色儿鹰子，与《肉攫部》所载北齐赵野叉进的白兔鹰十分相似，"头及顶部遥看悉白，近边熟视，乃有紫迹在毛心。……翅毛亦以白为地，紫色节之。臆前以白为地，微微有缥赤纵地"（图3）。一时养家争看，轰动京城。我费了许多周折，向亲友借贷，始以百金购得。当时有位画家，并以谙悉都门风物著称，撰文刊

图3 清朗世宁绘白鹰（台北故宫博物院藏。名曰白鹰，毛心有淡紫色痕）

登在《北平晨报》，对此白鹰大为赞赏。但末了来了一句"看来它年事已高"却露了大怯。语云"隔行如隔山"，外行而想充里手，总难免要弄巧成拙的。

（三）颜色

魏彦深《鹰赋》有"白如散花，赤如点血"语。前一句当即《肉攫部》所谓的"散花白"，是脱过几次羽毛、胸前呈灰白色的老年紫鹰。后一句指紫色儿鹰子，其纵点颜色深于他处，故予人点血的感觉。紫鹰当然属于上品。

《肉攫部》有多条以不同颜色的鹰作标题。计：黄麻色、青麻色、白兔鹰、散花白、赤色、白唐、黄色、青斑、赤斑唐、青斑唐、土黄、黑皂骊、白皂骊等。并注云："唐者，黑色也，谓斑上有黑色。"其中被认为是"下品"的只有青麻色，当即青不青、黄不黄，北京养家所谓的"白花子"。余未加评论，似均堪名登谱录。此外还有以产地命名的，如代都赤、漠北白、房山白、渔阳白、东道白等等。各种名色今已难知其详。有的即使现在能见到也不可能知道就是《肉攫部》讲到的某一种。据此可知唐代养家对鹰色分得很细，对产地记得很清，足证当时养鹰风气之盛，对鹰学研究之深，都远远超过清末以来北京的养家。

30年代东西庙（隆福寺、护国寺）及大沟巷鹰店所见可分为紫、黄、青三色。所谓紫，色如作画用赭石，自然亦可称之曰"赤"。一般体重不到三十两（以落网时之重量为准，秤为十六两制），短小精悍，攫捉巧捷，公认是好鹰。黄色深者曰"酽豆黄"，次为"豆黄"，浅者曰"淡豆黄"，以色深者为佳，体重在三十二两至三十六七两之间。青鹰色

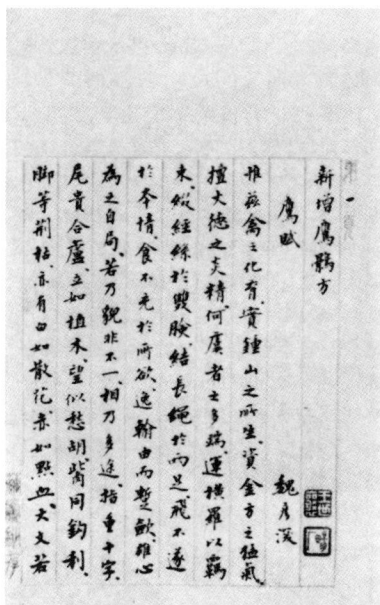

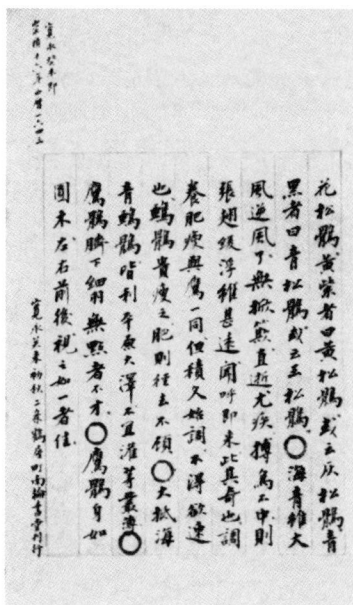

图4　朝鲜李焰纂辑《新增鹰鹘方》首末两页，王世襄据日本宽永癸未（1643年）南轮堂刊本手抄

深者背色黑，色浅者胸色近白，或称之曰"黑"及"白"。青鹰有大至四十两以上者，倘是儿鹰子，胸前深色纵点如垂珠，大而稀，十分醒目，力大而猛，又是上品，但颇难得，或数年一见。

（四）形相

魏彦深《鹰赋》确是重要文献，论形相一段不假辞藻堆砌，亦摒典故铺陈，而言之有物，内容翔实：

> 若乃貌非一种，相乃多途。指重十字，尾贵合卢。立如植木，望似愁胡。嘴同剑利，脚若荆枯。亦有白如散花，赤如点血，大文若锦，细斑似缬。眼类明珠，毛犹霜雪。身重若金，爪刚如铁。或复顶平似削，头圆如卵。臆阔颈长，筋粗胫短。翅厚羽劲，髀宽肉缓。求之群羽，俱为绝伴。

在详陈种种可入选的形相之后，又列举若干不可取的长相：

> 或似鹑头，或如鸥首。赤睛黄足，细骨小肘。嫩而易惊，奸而难诱。住不可呼，飞不及走。若斯之辈，不如勿有。

《肉攫部》篇幅虽长，言及形相的只两句：

> 细斑短胫，鹰内之最。

朝鲜李焰纂辑的《新增鹰鹘方》（图4）是一本罕见的书[1]，中有《相鹰歌》：

> 论鹰何事最堪奇，贪驯居上疾次之。
> 胸轩脊分定快骏，目光如电爪如锥。
> 若知禀性柔且驯，吻欲短兮头欲规。
> 两脚枯粗枝节疏，竞道能攫真不欺。
> 大者头小小者大，毷毷欲见羽参差。
> 刷翎跳身伸脚攀，名为弄架定应良。
> 趾成十字尾合卢，彦深著赋为赞扬。
> 羽毛要欲善折破，坐则尾短飞则长。
> 伦类亦有数般色，黑白间见黄赤常。
> 人言小驯大则悍，在山驯者在手翔。
> 头修嘴长善回顾，虽云能捕终飞扬。
> 猎家所诀略如此，余详大好眼中看。

[1] 李焰：《新增鹰鹘方》，1942年笔者据日本宽永癸未初秋二条鹤屋町南轮书堂刊本手录。其中《鹰鹘总论》、《调养杂说》、《养鹰鉴戒》三篇均署名"星山李爓编"。查字书无"爓"字，疑是"焰"之误。按"爓"同"焰"，故今简为"焰"。卷中有两处用朝鲜文作注，李当为17世纪朝鲜人。

677

《相鹰歌》后还有《闻见常谈》，当为李焰所记，摘录有关形相数条：

鹰鹘身如圆木，左右前后，视之如一者佳。

鹰上则圆大，下则尖杀，如菁根者良。

小者足粗大胫长者良，大者足清劲胫短者佳。皆贵瘦硬无肉，鳞甲粗而怒起者良，最忌软细而伏。

指如十字，爪短而直者佳。指同川字，爪曲如钩者下也。

剑翮干劲，叶薄尖如铦刀，末端直挺不内曲者快。

颊欲圆短，项欲秀长。

目向前而深者良，若向脑而凸者性悍。

收入《古今图书集成》的《鹰论》[1]，署名"臣利类思"，乃西洋人，汉译及呈进时期可能在康熙年间。内容分鹰与鹘两部分，中有《佳鹰形象》一则，所记为欧洲养鹰经验。综观全论，多言猎鸟雀，绝少涉及攫兔，可知所养以鸡鹰及鹘为主。论形象亦未见超出前人之说，故不录引。

古人论形相，只能择其重要者，试为阐述。

"立如植木"，"鹰鹘身如圆木，左右前后，视之如一者佳"，"上则圆大，下则尖杀，如菁根者良"，都是指鹰的整体形象而言的。菁根又名芜菁，俗称蔓菁，近似芥菜疙瘩，身大尾尖。北京对这种体形往往说："这鹰都长在头里了。"凡此生相，前胸必宽广，即所谓"臆阔"。

古人相鹰，均尚头圆、顶平、嘴短。头小如鹑如鸥，皆不可取。北京选鹰，以雕头为贵。雕头之顶即平于一般鹰头。又谓头大主憨厚，头小主奸狡。古今相法，基本一致。

足胫（膝下至踵曰胫）宜长宜短，古人似无定论。《鹰赋》、《肉攫部》尚胫短，而《闻见常谈》则谓："小者足粗大胫长者良，大者足清劲胫短者佳。"北京称胫短之鹰曰"短桩"，善于掠地攫捉；胫长之鹰曰"高桩"，能离开地面下把。窝侯爷以为高桩鹰逮得花哨，下跑上飞，显得好看；矮桩鹰有一股撮劲，连尾巴都能兜上，起截堵的作用，论实效短桩为优云。至于骨骼，不论高、矮，足胫均以粗壮为贵。

胫足颜色或正黄，或黄中偏白，或黄中偏绿。北京分别以黄、葱白、柳青名之。《鹰赋》将黄足列入"不如勿有"之列，而北京以为胫色无关优劣。胫足鳞片，北京名之曰"瓦"，粗糙为佳，与古人"脚等荆枯"，"两脚枯粗枝节疏"，"鳞甲粗而怒起者良"，"最忌软细而伏"，完全吻合。

"指重十字"，不可如"川"字，不难理解。鹰爪有四趾，"十字"谓左右两趾长得开张，几成直线。"川"字谓迎面三趾不开张，并拢在一起，遂近"川"字之形。《闻见常谈》以趾爪短而直者为佳，曲如钩者下。北京选鹰宁要趾爪粗而短，不要细而长。细者无力，长爪易伤。爪色尚黑如墨，与《鹰赋》"爪则如铁"俌合。

"尾贵合卢"曾久思不得其解，近日始有所悟。字书释"卢"，乃矛戟之柲，而古人制柲常用积竹法。长沙浏城桥东周墓出土铜戟，柲中心为菱形木柱，外包青竹篾一周，共十八根，周围用丝线缠紧，再髹漆粘牢[2]。江陵天星观楚墓出土戟柲，中为木心，外包长条竹篾两层，丝绸缠裹后再髹漆[3]。故"合卢"乃形容鹰尾有如由多根篾条合成的戟

[1] 利类思:《鹰论》，见《古今图书集成·博物汇编·禽虫典》第十二卷《鹰部汇考》，页63131，民国影印本。本书亦收入王韬辑《弢园丛书》，署名"西洋利类思译"，现藏上海图书馆。

[2] 湖南省博物馆:《长沙浏城桥一号墓》，《考古学报》1972年第1期页64—65。

[3] 湖北省荆州地区博物馆:《江陵天星观1号楚墓》，《考古学报》1982年第1期页86。

柄。如此理解，便觉古人描绘颇为形象了。北京养鹰称赞好鹰有"尾巴拧成一根棍儿"的说法，与"合卢"词异意同。

关于鹰翅膀，《鹰赋》有"翅厚羽劲"之说。北京相法，膀拐子（即从正面看，鹰胸两侧可见的翅膀部分）贵薄，大忌臃肿肥厚，似与魏氏大相径庭，而与《闻见常谈》之"翻宜薄尖如铦刀"并无矛盾。膀拐子厚者起飞迟而回旋欠灵活，累试皆验，故养家深信不疑。

最后待我拈出北京相鹰流传最广一语："雕头鹅背桃尖尾。"雕头前已言及。鹅为鸿雁之一种，俗有"天鹅地鹅"之说。"鹅背"谓鹰背羽毛有与鹅背相似之花色，每片中部色深，外有浅色边。"桃尖尾"指尾上花纹。鹰尾翎十二根，上有四道深色斑纹。其正中两根自下向上数第二道花斑合成桃形或元宝形为桃尖尾。无白边，花纹不突出者为"慢桃尖尾"，价值远逊。桃尖尾鹰捉兔时能"犯哨"，即忽然腾空而起，又俯冲疾坠，砸中兔身，动作惊险，成功率极高，故为人重。口诀"十个桃尖，九个上天"亦指其能犯哨而言。

三　驯鹰

驯鹰始于买到鹰之日。

"小山"鹰，网家打到即送鸟市去卖。"大山"因路远，要凑够一挑才进城。每挑前后的两个大草圈上，可以拴八头鹰。鹰户乐意整挑卖给鹰店，好立即回山继续钉网。老年间北京鹰店不少，30年代只剩下东四大沟巷一家。门外三根长杠，鹰都戴着帽子，一字儿排开，拴在上面。买妥后先问明落网时重量多少，往往还要称一下，看所说的是否可靠。此鹰日后熬到多少分量下地捉兔，

这原始重量是一个重要依据。例如落网时重三十二两，熬到二十六两，也就是说约减去其体重的五分之一，下地较为适宜。重于二十六两鹰有逃逸之虞，轻于二十六两又将因体亏而无力搏兔。称的方法用秫秸扎一个三角形架子，横梁承鹰，顶角钩秤，简便易行。

生鹰怕人，白天必须戴上帽子，不使乱飞，翅尾方能保全，入夜则把帽子摘掉。看看这顶扣在头上的小玩意儿，已令人对始作帽者的聪明才智赞叹不已。它由一块长方形的皮革制成，正面留一个三角形口，鹰嘴和鼻孔由此伸出。沿着帽口上下边缘切几个小口，一根窄长的皮条贯穿切口一周匝后又互穿到帽口的另一侧，把长长的头伸在外面。再用两根宽而短的皮条和窄长皮条系牢。这样两侧各有两根一窄一宽的皮条伸出。只要拉一下窄皮条，帽口就抽紧；拉一下宽皮条，帽口又松开，便于给鹰戴上或摘掉。更为巧妙的是帽子前方靠上有两个鼓包，只有裁剪缝缀得法才能形成。无此鼓包，便会磨伤鹰的眼睛，所以十分重要。有的鼓包像螺蛳转儿那样转成的，更为精美。帽顶垫一个皮钱，翘起两根皮条尖。考究的代之以一簇红缨，显得更加英姿飒爽（彩图

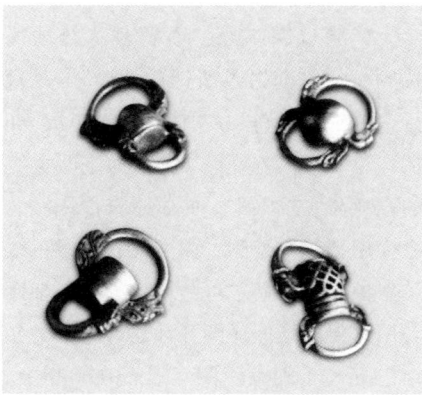

图5　铜制鹰转环四种
（清宫造办处制）

图 6　鹰具（包括两开、蛤蟆、转环、五尺子、水瓢）

64）。这不只是装饰，两指捏之，便于戴上或摘掉。

鹰的脚下也被人加上了许多零碎儿。套在爪腕上是一拃来长的两条东西，名曰"两开"，因并不相连而得称。两开用棉线或丝线编成，但下地时必须换上皮革制的，取其柔韧而不会被枳荆剐住。两开下与一个二寸多长的绦结挽扣相连，绦结之名为"蛤蟆"。转环穿在蛤蟆的下半圈。转环古人称之曰"镟"（杜甫《画鹰》诗"绦镟光堪摘"）。转环或铜或铁，或银合金，亦有鎏金者，有磨盘、瓜棱、花篮、盘肠、天球诸式。清代造办处制錾雕龙头的尤为精美（图5）。转环下与线编的"五尺子"相连，由一根长丈许的绦绳双折而成，外加两条细而短的穗绳，近似飘带。"五尺子"因双折后的长度而得名（图6）。

架鹰也叫举鹰，右臂戴"套袖"，长约二尺，即古人所谓的"韝"（元稹诗"韝鹰暂脱羁"）。"韝"从"韦"，亦从"革"，知古人多以皮革为之。考究的则用锦，"锦韝"亦常见于古诗。北京多用紫花布缝制，内絮棉花，黑色线纳斜象眼纹，套之可防鹰伤人臂。架鹰者用食拇两指捏住两开和蛤蟆之间的扣结，五尺子则盘两圈半后套在中指上，

握在手中。这样就可以举着鹰各处行走了（图7）。从这时起鹰算是"上胳膊"了。不到鹰熬成下地抓到第一只兔子，鹰是不下胳膊的。

鹰自落网，受人折磨，损性劳形，内热郁结。此时对鹰说来，水比食更为重要。故李焰《调养杂说》将《水》列诸篇首。他的办法是新鹰如摘下帽子，乱飞不止，气喘口张，可将它坐在水盆上，让它自己喝水。如不肯喝，则用鸡翎蘸水滴在鼻上，自然会频频张嘴，慢慢吞咽。北京养家甚至口含清水，把鹰喷成"落汤鸡"。这也于鹰无害，不仅喝下一些水，还会理毛梳翎，老实半响。

喂生鹰，羊肉切得细而长，蘸水往鹰嘴尖上兜挂，逗它张嘴。如一再拒绝进食，只有强迫它吃。暂时将它拴在杠上，双翅一拢，夹在胳膊下。两脚也因被两开抻直，无法活动。此时可两手并用，掰开嘴，把肉填下去。一天只喂一顿，约羊肉三两。如此两三天，它会羞答答地自己把肉吃下去。由不吃到肯吃，名曰"开食"，是人和鹰打交道的第一个回合。

熬鹰也叫"上宿"，因不仅白日，整夜都不让睡觉。要防止它对着人的一只眼睁开，而背着人的一只眼闭上，偷偷地休息。至少需要三个人，实行车轮战，一人管前半夜，一人管后半夜，一人管白天，被称为"前夜"、"后夜"和"支白"。如只有两个人，那就很辛苦了，弄不好人没有熬倒鹰，鹰却把人熬倒了。

熬鹰总是到最热闹的地方去，来往车水马龙，灯火照耀，人声喧阗，深山老岳来的鹰哪里见过，眼睛真有点不够使用的了。

想当年我熬鹰喜欢值夜班。农历九

月，天气已凉。吃过晚饭，穿上广铜扣子大襟青短棉袄，腰里系根骆驼毛绳，头顶毡帽盔儿，脚蹬实纳帮洒鞋，接过鹰来，溜溜达达，从朝阳门走向前门。五牌楼是九城熬鹰的聚处，贴着鲜果摊、糖葫芦挑子一站，看吧，东西南北都有鹰到来。养鹰的彼此都认识，见面哪能不高兴！请安、寒暄之后，彼此端详端详臂上的鹰，问问分量，评评毛色长相，往往扯到某一位、某一年养的某一架鹰上去。一下子到了五六位，穿着打扮都差不多，个个儿挺着胸脯，摇头晃脑顺着大街往南走。警察老爷对我们侧目而视，行人免不了瞪我们一眼，心里说："这一群不是土匪也是混混儿！"到了天桥，打了一个转儿又往回走，来到大栅栏、鲜鱼口站住了脚，一直等到中和、华乐散戏，眼看着包月车、马车、汽车像潮水似的往外涌。渐渐夜静人稀，灯也暗了，我们才分手。

分手不回家，往往接着熬后夜，一个人顶（读 dīng）了。出门已经几个钟头，走了十几里路，能不饿吗？走进大酒缸，不喝酒也要来碗馄饨，四个烧饼。

我认识养鹰西城较多，离开大酒缸，多半去西城。反正熬鹰遛的越远越好，所以喜欢绕远儿。从前门到天安门的石头道，又平又直，踩着落叶，簌簌地响，怪有意思的。

走西长安街，拐西单，奔西四，到面对太平仓的夜茶馆，又是我们熬鹰的聚处。鹰怕热，不能进屋，门外的条桌条凳全是给我们预备的。沏一包叶子，来两堆花生，一边剥，一边聊。因为右手举着鹰，仅有左手闲着，只好咬开花生往嘴里倒，往往连皮儿也吃了下去。

东方一挑哨，鹰又来劲儿了。地下一发白，它又乱飞了，只好掏出帽子给它戴上。

我们又出发了，上德胜门晓市去。过新街口往东走，天越来越亮，路上又碰上几位架鹰的朋友。太阳上了后海的柳梢，支白的人来了，把鹰接过去，我回家睡大觉，傍晚再接前夜。

照上面所说的熬过五六天，鹰的野性磨掉了一些，白天在胳膊上不乱飞了，帽子可以不戴了，行话叫"掉帽儿"，这是人和鹰打交道的第二个回合。

由于熬鹰总往人多处走，故不论白天或夜晚都要注意一件事——鹰拉屎，北京叫"打条"（鹰屎自古就叫"条"，见《肉攫部》）。只要它稍稍向后一坐，尾巴一翘，一泡稀屎就蹿出老远。老养家的胳膊对打条能有预感，连忙蹲身沉臂，让条打在地上。初学乍练的措手不及，便会滋周围人一身，人家自然冒火。荣三告我某年某月十五日，酱菜洼傅老头，一位世代养鹰的老行家，带着家人架鹰来到东岳庙山门外。那天天气晴和，摊贩生意兴隆，游人正多。他家人一时走神，一泡鹰条打在豆汁挑子的大锅内。傅老头抄起勺子在锅内一搅和，说了声

图 7　鹰举在臂上情况

681

"治病的"。卖豆汁的一愣，随即有所会心而没有吭声。喝的人也没有理会。这锅豆汁一直卖到见锅底。按《本草纲目》称鹰屎曰"鹰白"（其色白，故名），可以"消虚积，杀劳虫"❶。尽管傅老头言有所据，鹰屎也吃不坏人，他也未免太恶作剧了。我初架鹰时也露过怯，打条脏了人家衣裳，赔礼还不答应，把衣服洗干净登门道歉才了事。

生鹰开始喂的是鲜红的羊肉，两三天后羊肉泡水后才喂，越泡时间越长，直至全无血色。这是为了降低养分，使鹰消瘦。俗云"饥不择食"，鹰饿了才肯吃白肉，并连颜色浅淡的"轴"（音zhòu）也吃下去。这是人和鹰打交道的第三个回合。

说起"轴"，需要作些解释。这是鹰必须吃下去的一样东西，养家无不知之。但这个字如何写，问谁也说不出来，我也未能找到一个音与义和所喂之物沾点边的字，只好暂用读作 zhòu 的"轴"字了。

"轴"，北京用线麻来做，水煮后捶打再入口咀嚼，务使柔软，然后做成如两节手指大小，略似蚕茧，喂晚食时裹肉让鹰吃下去。不同地区制轴用料各异，或用苘（音 qīng）麻，或用布、谷草、鸟毛为之，求其柔软不伤鹰喉则一。

原来鹰不论大小，捉到猎物都大口撕食，连鸟羽兽毛一起吞下。血肉筋骨都能消化，惟独羽毛不能分解吸收，也无法排泻出来，只有在嗉、肠里被紧成一团再从口中吐出，这一昼夜的食物消化才算完成。鹰在大自然中即如此，故山林中也能拾到鹰吐出的球状物体，养家称之曰"毛壳儿"。鹰落人手，开始只喂肉，吃不到羽毛，故须给补上一个

轴。待驯鹰成功，捉到兔子，虽能吃到一些皮毛，但终不及野生时多，故麻轴须继续喂下去。

宋代大科学家沈括对自然现象观察敏锐缜密，他发现鹰不能消化毛羽并写进了《补笔谈》❷。更早的是东汉许慎，《说文解字》收有"䲮"字："鸷鸟食已，吐其皮毛如丸，从丸咼声，读若骫，于跪切。"❸"䲮"字的始创自然远在东汉之前。"䲮"就是北京所谓的"毛壳儿"。李焰在《调养杂记》则将"䲮"作为一节的名称，内容都是关于轴的材料、制法等。实际上他已经把鹰在野生中吐出的䲮和人工泡制的轴等同起来而视为一物了。

北京养家流传着一句话："熟不熟，七个轴。"意思是生鹰喂过七个轴，不熟也差不多了，可以开始捉兔子了。魏彦深《鹰赋》有"微加其毛，少减其肉"两语，意思是把做轴的毛加多一些，喂鹰的肉减去一些。可见自古以来养鹰即用轴和肉来控制其摄入的营养数量，维持消化系统正常运行，以期达到驯养成功，为人捕捉的目的。不过据我所知，北京绝大多数养家认为轴的作用只在刮去其膛内的油脂，消耗其体重，使鹰饥饿，供人驱使。如此理解恐怕不够全面，因而也就不够正确。因为忽略了吃毛吐轴原是鹰本能的、天然的消化过程中不可缺少的一环。

记得 1932 年前后在美国学校读书时，校长请来了一位美国鸟类专家做演讲，题目是《华北的鸟》，讲到了大鹰。讲后我提问：鹰吃了它不能消化的毛怎么办？养鹰为什么要喂它吃一些不能消化的东西来代替毛？他因闻所未闻而瞠然不知所对。由此看来，我国千百年前

的古人比二十世纪的某些外国鸟类科学家，对猛禽的知识究竟谁知道得更多一些呢？

喂白色肉并控制分量，使鹰体重逐日下降，它自然越来越饿，这时开始训练"跳拳"。办法是将鹰放在杠上，或由另一人举着。喂者左手拿着五尺子，右臂套袖上搭一小片鲜羊肉，凑到距鹰一尺来远的地方，一边晃动套袖引起鹰的注意，一边"嘿"、"嘿"地叫它，让它跳到套袖上来。跳过来即喂它，如此多次，每次距离拉大一些，直到把五尺子由双折打开成单股，距离超过了一丈，鹰还是很快地跳过来，"跳拳"算是训练成功。这是人和鹰打交道的第四个回合。

下一步训练"叫遛子"。遛线足有十来丈长，风筝线框子成了驯鹰的用具。双折的五尺子下端套个铁圈，穿在线上。叫鹰人和举鹰人的距离从三四丈开始，加大到十多丈，每次都按下面的方法叫它从举者的臂上飞到叫者的臂上。

叫者将遛线围腰系好，脸背着鹰，来个蹲裆骑马式，把穿套袖、搭羊肉的右臂横向伸直。举者左手拿好线框子，侧身弯臂，将鹰隐在胸前，暂不让它看见前方。直待叫者摆好架式，喊出"嘿"、"嘿"的叫声，才转身将鹰亮出，使它看清叫者，展翅飞去。

叫遛子要求鹰飞得又正又低，擦着地皮，待临近叫者才向上一扬，稳稳当当地落在套袖上，一心去吃上面搭的肉（彩图65—67）。不许它在中途摇头晃脑，左盼右顾，或偏离遛线，侧翅而飞。更不许到中途一下子冒了高，想要逃离羁绁，远走高飞。好在有遛线管着，要跑也跑不了，只能以噗地一声跌落在地而

告终。一切不符合要求的轨外行动都说明它野性未除，居心叵测，训练必须回炉，考虑是否再减些肉量，降些体重，直到符合要求为止。因为放大鹰不同于放小鹰，小鹰可以拴着线捉麻雀，名曰"挂线"。而大鹰下地，脚腕只有一拃来长的两开。如果真个跑了，还是真没辙，只好手拿五尺子，"目送飞鸿"了。因此下地前必须经过叫遛子的严格考验。叫好遛子是人和鹰打交道的第五个回合。

架鹰下地去抓第一只兔子，名叫"安鹰"。这一定要等它性起，斗志杀机无法按捺才行。仅仅驯熟，见到猎物是不会出击的。说也奇怪，只要熬得认真遛得透，食量得当，体重适宜，出轴正常，快则十多天，慢也不消一个月，鹰自然会"上性"。上性的表现十分明显。倘身边有小猫、小狗经过，它会耸身凝眸，跃跃欲试。开门关门，吱扭地一声，它会猛地抓紧套袖，仿佛猎物就在脚下。

❶ 李时珍：《本草纲目》卷四十九《禽部》，1957 年商务印书馆排印本。

❷ 沈括：《补笔谈》卷三，页 12 上："鹰鹞食鸟兽之肉，虽筋骨皆化，而独不能化毛。"清唐氏刊本。

❸ 许慎撰、徐铉校定：《说文解字》九下，丸部，光绪七年刊本。

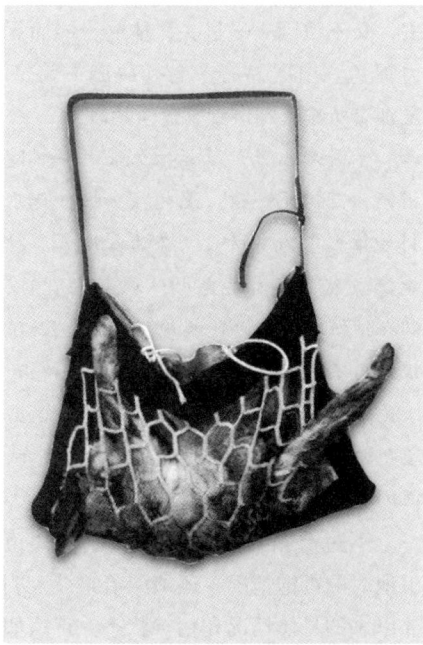

图 8　猫兜子（出猎时盛兔子的袋兜）

甚至嘴爪并用，撕扯套袖，如架者不及时将胳膊抽出，竟有被抓伤的可能。

捉到第一只兔子，或叫"安上了鹰"，算是初战告捷，是人和鹰打交道的第六个回合（彩图68）。此后进入日常放鹰的阶段，而熬与遛仍不可少，轴仍须喂，体重仍须称，和鹰的交道还要继续打下去。如养放得法，鹰会越来越驯熟，攫捉本领也越来越大。随着严冬来临，天气日寒，鹰的体重也应随着增加，直到接近落网的分量。到那时它体力充沛，猛勇矫健，每天能捉四五只乃至更多的兔子（图8）。过去北京有以此维持一冬生活的，名叫"买卖鹰"。偏远山区，兔子、山鸡（雉）一起抓。北京则避免猎雉，怕抓惯了连家鸡也抓，会带来麻烦。伤了老太太的鸡，碰上难说话的，赔鸡赔钱还不依不饶，十分尴尬。

养了七八年鹰，使我感到为了驯鹰，熬夜遛远，只要豁得出去，并不难。难在调节食水，控制体重，掌握分寸，恰到好处，使鹰不致因火候欠缺而背人飞去，又不致因火候过头，体弱身孱而无力捉兔。白居易有一首《放鹰》诗[1]，虽别有所喻，却讲到了这个道理：

十月鹰出笼，草枯雉兔肥。下鞲随指顾，百掷无一遗。鹰翅疾如风，鹰爪利如锥。本为鸟所设，今为人所资。孰能使之然，有术甚易知。取其向背性，制在饱饿时。不可使长饱，不可使长饥。饥则力不足，饱则背人飞。乘饥纵搏击，未饱须縶维。所以爪翅功，而人坐收之。圣明驭英雄，其术亦如斯。鄙语不可弃，吾闻诸猎师。

不过严格说来，放鹰不仅要知道下地时的饥饱情况，还须深谙它被人驯养以来的身体情况和精神状态。正因如此，善调鹰的老把式自鹰买到手即密切注视着它的体重变化，并无时无刻不在观察它的动作神情。以我曾经相处的荣三、王老根、窝侯爷三位来说，他们都能在最合理的时间安上鹰，从拒不进食到抓到兔子。这里强调"最合理"三个字，是因为太慢固然不好，太快会伤鹰、死鹰更不好。在驯成之后，每天喂晚食时喂轴，此后还要在胳膊上举一两个小时才拴到杠上。次晨约四时又举起，不久即出轴，随即称分量，天天如此。人不懈怠，鹰也好像生活有规律的人一样，进餐、如厕都有固定的时刻。打条、出轴都要留心观察，借知身体是否正常。条打得长而远，白多黑少，不杂他色，尽端成片则无病。轴团得很紧，色正无异味，说明消化良好。如带绿色，膛内有油，肉量宜减；颜色发红，内热所致，清火为治。李焰《调养杂说》有一节以"安"名篇：

鹰呼吸与人同节。每食连下，食袋上则柔软，下则坚硬，健拂羽，一足拳，左右伸气，肩背羽不动，肛门窄小而冷，一日二三屎，屎茎粗长，末大如掌，黑白相间，宿则回头插背，此平安之候也。他把健康鹰的判断法传授给了后人。

《肉攫部》、《鹰鹘方》、《鹰论》还记录了多种诊治疾病的方法和药方，有的药如龙脑、朱砂都十分名贵，说明前人对鹰的爱护和医疗经验的丰富积累。

驯鹰养鹰可归纳成两句话：它是一门艺术，也是一门科学。

四　放鹰

本节将使用一个前面没有用过的名词——"猫"。猫者，野兔也。北京习惯称野兔曰"猫"或"野猫"，尤其在

[1] 白居易：《放鹰》，《全唐诗》页1038，1986年上海古籍出版社影印本。

出猎的时候。在某些场合，如下地放鹰，不使用这一名词，就好像脱离了实际生活而感到十分别扭。

放鹰从"安鹰"说起。这是野鹰经过驯养，第一遭下地捉兔，以两三人为宜，多了鹰会害怕，术语曰"臊"。更因人多蹚地面积大，猫起脚远，新鹰体弱，力不能胜。故只盼运气好，遇上个"脚踢球"（详后），不太费劲就顺顺当当地把鹰安上。

放鹰，尤其是安鹰，宜在树木不多，人家稀少的平原。平原一望无际，视野开阔。树木少，兔子无处藏身；人家稀，免得狗来捣乱。一垄一垄的麦苗，生地夹着熟地（庄稼已收并经犁耙过的为熟地，未经犁耙的为生地），是放鹰好去处。北京养家流传着不少口头语："两熟夹一生，猫儿在当中"，"两生夹一熟，兔子在当头"，是说未经整过的地容易找到食物，所以兔子爱呆。"拐弯抹角儿，地头地脑儿"，是说越是不起眼儿的地方越可能隐藏着兔子。"和尚不离庙，兔子不离道"，语似费解，因道多行人。但事实确实这样。田地土松，兔子跑起来费力。道路地面硬而平，蹬得上劲，它能跑得快。这些口头语是养家的经验总结。

鹰安上之后，每天出猎，待见过七八个猫，吃到了活食，体力有所恢复，本领渐能施展，和人也有了些默契，行话叫"鹰放溜（读liù）了"，下地就以人多为好了。

我在高中读书时，鹰始终没有放痛快过。家住城里，好容易盼到一个星期天，清早出城，下地已过中午，掌灯后才回来，时间大半耗费在路上。待上燕京大学，却有了特殊的放鹰条件。我住在东门外一个二十多亩的园子中，出门就放鹰，周末不用说，周间下午没有课也可以去。加上逃学旷课，每周都可以去上两三次，真是得其所哉！得其所哉！

时值冬闲，邻近的老乡们都爱看放鹰。成府的吴老头儿，西村的常六，蓝旗营的秃儿、大牛子，还有五六个十四五岁的毛孩子，一凑就是十来个人。中午前后，他们已吃过午饭，各自拿着柳木杆或荆条棍，到园子等候。只等我和荣三准备齐全，说一声"走"。我举着鹰，穿着打扮和熬鹰时差不多，只加上一副鹿皮套裤。荣三挎上水壶，背上猫兜子，里面装着水瓢和白菜叶包好的羊肉和麻轴。

凡是跟我们走的，不论老少，一不求财，二不问喜，只为了玩，肯追肯跑，真卖力气。收围后各自回家吃晚饭，送他们兔子也不要。顶多隔上五六天，弄几斤棒子面，柴锅贴饼子，炖一大锅猫肉，又烂又香，大家坐在花洞子前卷起的蒲席上，大筷子吃猫肉，饼子焦疙渣咬得出声儿，真解馋。有人连饼子也不扰，自带窝头或馒头。

下地后总是一字儿排开，每人相隔约两丈远。我举鹰在中间，稍稍落后，成一个倒人字。为的是猫被任何人蹚出来，鹰都看得见。举鹰看似容易，也须练个三年五载。因兔子潜伏田野，不知何时何地会跳出来，一刹那间，鹰已抢下胳膊去。举者必须眼快手疾，心应眼，手应心，鹰在套袖上一蹬，胳膊必须向外一挺，为它添劲助势，还要高声报出一声"猫"，让大家都知道。倘若稍稍一愣，手指未及时松开两开，等于已经把鹰扽（读dèn）住了才撒手，鹰必然

685

摔在地上，行话叫"放垂头"。鹰从地上再飞起，兔子已经蹿出去四五十丈了。出围的都是自家人还好，要是被别的养家看见，传出去不光彩，说什么："别瞧某某玩了几年鹰，还尽放垂头呢！"再说手太松也不行。田野里有一种落地不落树的鸟叫"鹅鹑儿"，和土地一色，大小近似鹌鹑。正当你一心一意以为有兔子跳出来，忽有鹅鹑儿飞起，眼前黑影儿一晃，心怦然一跳，加上鹰一抢，不由地把鹰撒了手。如再谎报出一声"猫"，又不免要落话把儿了。

放鹰有意思，刺激性强，百放不厌，是极好的运动，对锻炼身体大有好处。我现在已过七十九岁生日，赶公共汽车还能跑几步，换煤气还能骑自行车驮，都受益于獾狗大鹰。

下地只要一撒鹰，就是鹰追兔子人追鹰，有时要跑二三里，管它积荆棵子刺不刺人，玉米茬子扎不扎脚，都一冲而过，跑得气呼呼，只觉得两耳生风，鼻端出火，汗湿衣襟。地形随时有变化，上坡下坎，迈垄越沟，环绕坟场，出入树林，踏泥涉水，蹈雪履冰，不胜备述。狡兔利用一切地形和风向来脱逃，大鹰则施展各种技能来搏击，时时有变，回回不同，很少是过去的又一次重复，有意思也就在这里。如果以为放鹰还不就是伸开爪子抓兔子，一把就抓住，未免想得太简单了。真是这样，也就没意思了。

下面记几次放鹰的实况：

先说"脚踢球"。原来兔子夜间在地里觅食，白天就刨一个小坑卧下，名叫"卧子"。坑并不深，背脊露在外面。头前土高一些，可以遮住头及双耳，名叫"隐头土"。它皮色和土地完全一样，很难察觉。往往是放鹰人走近，快踩上它了还未发现，而兔子以为人已找到它头上，再也呆不住了，才一跃而起。这时胳膊上的鹰一下子抢下去，兔子尚未伸开腰，鹰已经砸到它身上，翻滚在尘埃。因兔子仿佛是被人一脚踢出来的，故曰"脚踢球"。这使我想起盛夏雨后，站在屋檐下看滴溜。一滴雨水从瓦垄掉下来，还未到地，下一滴又下来了，两滴差不多同时着地。鹰的这种迅疾狠准的动作，真是扣人心弦，使我对古人所说的"兔起鹘落"有进一步的体会。当然以上云云，只有放溜了的鹰才能行。安鹰时遇见"脚踢球"，虽能抓住，但不会有如此精彩的表演的。

要是兔子起脚远一些，鹰就要花些力气了。只看它飕飕地擦地飞去，翅膀紧扇几下忽然不动了，名叫"掐葫芦"，可是身子还在空中很快飘着。等它再紧扇时，已来到兔子的上空。猛然一斜，侧身而下，尘土起了个旋儿，却并未抓到。原来兔子停止前进，就地转了一个圈儿，名叫"划魂儿"，接着开腿又跑。鹰扑个空，起来再追。兔子索性放慢了速度，不是转弯就是后退，名叫"拉抽屉儿"。看吧，鹰上下翻飞，兔子腾挪躲闪，真使人眼花缭乱。人追近了，兔子不敢再要花招，连忙穿向人行道，想扬长而去。入道虽然跑得快，可是鹰更快，眼看它在兔子后腿猛然一撩，把屁股掀起一尺多高，拿了一个大顶。落下来时，另一只利爪已把兔嘴箍住，这一手名叫"撩裆箍嘴"。兔子被弯成了弓形，后腿登起，插在鹰膀子里，名叫"插旗"（单腿曰"单插旗"，双腿曰"双插旗"），别住了，鹰和兔子都动弹不得。这时兔子出了声，呱呱地叫，说明它已逃脱无望。人赶到了，抽出兔子腿，鹰迅速地把撩裆的爪子倒到兔子头上，尚未开始撕啄，已经是满嘴兔子毛了。

如果兔子在远处跑过，名叫“跑荒猫”，鹰照样要抢下胳膊去抓。这时是否撒鹰，全凭架鹰人做主。一是估量鹰的体力；二看地形好坏，天时早晚；三看人是否跑得动、追得上。不消说，撒手就要跑上三五里，可能还逮不着。有时出围脚背（不顺利之意），一天都没有蹚起猫来，好容易碰见一个跑荒的，怎肯放过？问题往往就出在这里。人没有跟上，不是找不到鹰，就是逮着猫又被狗冲开了，甚至连鹰带猫被人拣走。架鹰人要在刹那间作出正确决定，并不容易，全靠经验阅历。也有“鹰高人胆大”，跑荒猫照放不误。20世纪初荣三举着一架大青鹰在杨村一带出围，地势寥廓，鹰的能耐又特别好，多远的猫也撒手，不但没有丢鹰，而且十放九不空。

往往田野中间有一大片荒草，二三尺高，赭黄色，黄得发红，夹着荻子和枳荆棵，名叫“黄片草”，这是兔子喜欢藏身的地方。到这里才显出鹿皮套裤的优越性，枳荆剐上一道白印，扎不透，划不破，可以放心在里面蹚。在此举鹰，要高高擎起，猫从哪里出现，鹰都看得见。兔子绝不肯轻易跑出去，老在草里穿来穿去。鹰在草上扇着翅，低着头，随着兔子转。忽然到了一个草稀的地方，鹰猛然扑下来，抓着不用说，抓不着，兔子便溜之大吉。鹰在草中，两爪还紧紧抓着干草，瞪着眼睛发愣，满以为兔子已在它掌握之中。鹰也有被兔子诓了的时候。

鹰放溜了，带树林的坟圈子也不在话下。在搜索林子之前，必须先相一相地势，哪一方向开阔，人家少，举鹰人就在那一边等候。余下的人都进树林，排开向举鹰的一面推进。一边打草，一边“咧呼”、“咧呼”地喊。举鹰人要侧着身，解开棉袄大襟的扣子，拿出虮蜡庙费德公的架式，左手提着衣襟，将鹰遮住，给兔子让开出路。林子里报了“猫”，先不撒手鹰，要等兔子钻出来而且跑出一段才放下衣襟，挺胸脯，伸胳膊，让鹰追下去。

狡猾的兔子有时硬是不出林子，出来了还是绕道回去。鹰黏着它不舍，追进了林子，是否能抓着不敢说，可是有看头。翅膀时张时捩，飞行忽正忽斜，在树空当中穿来穿去。老友吴老头会说：“真好看呀，活赛过大蝴蝶儿呀！”

遇见上述情况，窝侯爷会不断念道他养过的一架豆黄鹰，在八宝山松树林（当时尚无公墓）出围，兔子在树底下转，鹰在树梢上飞，一连砸下来七次，终于把兔子抓住。他说这叫“盘着逮”，和桃尖尾的犯哨又不相同，而与兔鹘的逮法相似。求之于大鹰真是百年不遇，千架难逢。

放鹰放到跑荒猫敢撒手，密树林敢进去，就会认识到训练“叫闷拳”和系铜铃的必要性了。

“闷”就是看不见的意思。鹰放溜了，喂晚食时正好训练一次。其法是不使鹰见人，只让听到叫鹰人的声音，自动地飞起来找人，落到叫鹰人的胳膊上，然后喂它一顿。训练时举鹰人和叫鹰人隔着一个坟头或土坡，或一在林内，一在林外，谁也看不到谁。待喊出“嘿”、“嘿”几声，鹰即循声而至。练好后，如追鹰未能跟上，一时不知它在何处，凭这几声喊叫也能把它叫回来。

图9 鹰铃铛及骨制
垫板

系铃是将一块象牙或兽骨制成的葫芦形镂空垫板连同一枚有舌铜铃拴在鹰尾正中的两根尾翎上（图9）。拴法用针线穿缝打结，和给鸽子缝哨尾（读 yǐ）子相似❶。但须注意其高低尺寸。过高铃能磨伤鹰尾皮肉，过低又因下坠而影响飞行速度。铜铃和坚硬的骨质垫板接触，轻轻一动，即清越有声，而且达远，自与垫在茸软的羽毛上效果不同。有此设施，看不见鹰可听到鹰，几次放远了，鹰在黄片草中攫兔饱餐，全仗铃声才把鹰找到。

我还记得有一次在清华园北大石桥靠近圆明园放鹰，那一带有不少菜园子，地势不好，猫却不少。顺着河边一大片棉花地，我们五个人，勉强排过来，每人相隔三丈，东西两边距地头还有好几丈远。兔子真鬼，擦着东边往北溜了出去。鹰看见了，我却连影儿也不知道。直等鹰使劲向下抢，我才看见一道子白，进了坟圈子。我把鹰拉回到胳膊上，站住了脚，用手一指，常五、大牛子点了

❶ 缝鸽哨哨尾子法，请参阅王世襄编著：《北京鸽哨》页21，插图五。1989年北京三联书店印本，已收入本书。

点头，弯着腰，放轻脚步，蹑蹀着前进，往北兜坟圈子，好让兔子往南跑，岂不就离鹰近了。谁知坟圈子无树也无草，藏不住身，没有等到有人抄后路，兔子已经开腿跑了。坟圈子围脖上有个豁口，兔子影子在豁口一晃，鹰和我都看见了，一挺身，鹰飞过了围脖。往东追下去，有间草房，兔子在前，紧追是鹰，随后是我，走马灯似的围着草房转。兔子一看大势不好，一个拉抽屉，缩头一转，又往东一长，进了菠菜地。一畦畦的菠菜，夹着风障，向前倾斜离地面约60度，兔子紧贴着它，一纵一纵地跑。鹰不舍食，在风障上跟着飞，却又因有风障而无从下把。老菜农看见了，扯开嗓子喊："放鹰的，瞧道儿呀！别踩了我的菠菜呀！"这一嗓子不打紧，不开眼的四眼大黑狗从玉米秸堆上跳下来，加入战团。兔子跑到风障尽头，顺着浇水的干垄沟跑，鹰一斜身，一爪子已经撩上它的后腿。但兔子大，不回头，另只爪子倒不上去，被兔子拉着往前跑。这时狗已赶到，我看得真切，捡了块黄土疙瘩，照准了狗腮帮子就是一下，打得它藏藏地跑了。鹰怕狗，一松劲，兔子又开了。鹰一挺身上了树。我掏出羊肉刚要往下叫，鹰看见了兔子又追下去了。这回离开了菜园子，兔子进入人家场院的篱笆栅。它还是贴着篱笆跑，鹰跟着飞。眨眼来到场院尽头篱笆转角处，兔子使足了劲，想要蹿越而过。好鹰，它好像知道兔子要干什么，不再黏着它而忽地翻身入空，起来一两丈高，两翅一抿，尾巴朝天，闪电般地俯冲下来。兔子往上跳，鹰向下落，两个碰个正着，滚作一团。我慌忙赶到，气喘不过来，一手把住兔子后腿，一屁股坐在地上，连边

上有位摘棉花的老太太都没有看到，差一点坐在人家的三寸金莲上。上面说的正是所谓桃尖尾鹰"犯哨"的逮法。"兔起鹘落"，刹那间即使有照相机在手也很难将它拍下来。好在有一幅古画可以作为插图，那就是宋赵子厚的《花卉禽兽图》（图 10）。

不要以为鹰总是胜利者。我遇到过五六斤的老猫，鹰撩上裆而未能箍上嘴，被兔子拉进了枳荆塘。鹰张着膀子，翅翎被刺剐坏了，胸脯还扎出了血，兔子终于跑了。最厉害的兔子能回头等着鹰，待到来突然跃起猛撞，使鹰膆受伤。《肉攫部》在列举鹰病中就有"兔蹋伤"一种。荣三告我过去南苑有一只老兔撞坏了三四架鹰，谁要去那里都存有戒心。后来一架老破花加两杆火枪才除了此害，称一称重达七斤，为前所未有。

下雪放鹰别有一番情趣，空气清新，皑皑无际，看雪景加逛围，神仙都不换。地上有雪，找兔子特别容易，脚印子一对一对，小桃儿似的清清楚楚印在雪上。兔子在雪中趴"卧子"之前，总要远远跳一下才卧下。因此当追踪兔子脚印到忽然没有的时候，正是离它不远了。遗憾的是下雪天不能多放，鹰在雪地上滚扑，翅膀一湿，只好收围了。我借钱才买到的白鹰就是在一个下雪天放丢的。老玩家都笑我，下雪放白鹰，真是"找丢"！白鹰的本领并不大，几把没有抓住，越逮越远，接着雪越下越大，以致白茫茫无处追寻。后来我听到动物学家说，异常的白色动物属于"白化体"（albino），乃畸形变态，故多低能。窝侯爷也听老辈说过，"白鹰只是玩个'名儿'，论本领比一般的鹰软而无力"，只是物以稀为贵而已。

图 10 宋赵子厚《花卉禽兽图》（《支那名画宝鉴》页 182）

放鹰最怕刮大风，只好休息。兔子能辨风向，总是顶着风跑。它伏身擦着地皮，所以不甚费力。而鹰在空中张着翅膀，好像帆船想要逆风而行，是不可能前进的。

按照清末民初的规矩，腊月初八那一天，养家集中到南苑放"腊八围"。这一天抓到的兔子要一律无偿地交给药铺配制"兔脑丸"。这是一种妇科的良药，据说有催生的作用。说起来此为公益义举，无形中却成了养家比武的日子，人要显人的本领，鹰要显鹰的威风。"是骡子是马，拉出来遛遛"。很遗憾我生也晚，没有赶上当年的盛况。

五 笼鹰

中秋以后到隆冬，是放鹰的季节，最晚可放到来年早春。此后须将鹰放进一具大笼子，在人工饲养下，脱换羽毛，长出新生的钩嘴和利爪，秋天又可以下地猎兔。这就是所谓的"笼鹰"。

鹰在笼中长达半年以上，须精心照管，天天用小鹰捉鸟雀，为它打活食，有时还须喂鸡和鸽子。每年养的鹰到不了入笼已经出了毛病，逃跑、病死皆有之。有的本领一般，觉得不值得下工夫笼它，饱食几天之后，放它飞归山林。只有鹰的性情、本领都好，舍不得放掉，才不辞辛苦，甘愿费时费事把它笼出来。

我必须声明没有笼过鹰，只向三位老养家询问过，他们是荣三、潘老胎（北京称弟兄排行最末者曰"老胎"，见《国语辞典》页998。潘翁除善养鹰外，更以能训练比麻雀略大的山胡伯喇捉麻雀闻名。久居崇文门外白桥，受到玩鸟家的尊重，是一位人物）和窝侯爷。只不过感到谈大鹰而不及笼鹰，未免有些欠缺，故就所闻，记之于下。因非亲身经历，难免有误。

笼鹰始于何时，有待考证，至唐则十分盛行，有文献可征。如张莒有《放笼鹰赋》，柳宗元有《笼鹰词》，白居易有"十月鹰出笼"、王建有"内鹰笼脱解红绦"诗句等等，不胜枚举。而《酉阳杂俎·肉攫部》言之尤详：

鹰四月一日停放，五月上旬拔毛入笼。拔毛先从头起，必于平旦过顶，至伏鹑则止。从头下过扬毛，至尾则止。尾根下毛名扬毛。其背毛并两翅大翎覆翮及尾毛十二根等并拔之。两翅大毛合四十四枝，覆翮翎亦四十四枝。八月中旬出笼。

再看该《部》三十七条中有十七条讲到鹰换毛后花色纹理的变化，这些都是逐年笼养才能获得的结果。我们相信唐代养鹰、笼鹰之盛，远远超过20世纪初的北京。

北京笼鹰，在向阳的地方用竹竿、篾条扎一间似小屋的笼子，名曰"栅子"。栽两根桩子，上架一根横杠。杠上捆青蒿或鲜艾，时常更换，尤其在长出新趾爪时，必须注意保护其锐尖。潘老胎则主张砍粗细合适的柳树作杠，一端套一个装有泥土的筐，不时浇水，使皮色常青并萌发枝芽，活木得天然之气，谓优于枯木的杠。栅子内必须设大瓦盆，盛清泉供鹰饮用并洗澡。

鹰三月停放，即可入笼，随即减少食量，使其消瘦，至夏至前后拔毛。如不减肥，肉满皮紧，拔毛疼痛，竟致死亡。德胜门老养家恩三有两次笼鹰拔毛后死去，窝侯爷认为是未减肥之过。

北京笼鹰只拔小毛，从头顶及颏下开始，顺着往下拔，至腰部而止，留底层绒毛不动。膀翎及尾翎均不拔。此与《肉攫部》所称"并两翅大翎覆翮及尾毛十二根等并拔之"大异。颇疑《酉阳杂俎》古本流传，难免讹夺。或大翎可拔，但须分若干次进行，而《肉攫部》未交待清楚。总之，尚未听北京老养家说过翅尾大翎可以一次拔完。尽信书每为古人所误，慎之慎之！

拔毛之外，北京笼鹰还用香火头烫鹰嘴的钩尖和爪尖，烫后其端会出现白色物质仿佛小棉花球。烫的作用亦在促其退故生新。

笼大鹰必须同时养小鹰。这些小隼春天来到华北，恰好可在春夏季节为大鹰打食，每天须喂麻雀等小鸟十几头。倘遇阴雨天气，只好喂鸡及鸽子。

大鹰在笼内不予系絷，任其自由活动。如拴在杠上，难免坠杠拍动翅膀。换毛时毛锥内充血，如翎管破裂，冒出血浆，羽毛即干瘪萎脱，前功尽弃。

经过自春徂秋的精心饲养，中秋前后羽毛换齐，重新为它系上两开五尺子，举它出行，真是所谓"八月出笼一身霜"，将受到人们的赞赏。此后仍须和新鹰一样下工夫熬、蹓，只是较易驯熟而已。下地猎兔，迅捷猛准，又不是一般新鹰所能及的。

我爱鹰，举着它已觉得英俊飒爽，奕奕有神，更不用说下地捉兔了。这使我想起了一位古人——晋代高僧支遁。史籍说他"常养一鹰，人问之何以？答曰：'赏其神俊！'"❶（彩图69）不过我很怀疑他是否只爱看杠上的鹰和鞲上的鹰而不爱看捉兔的鹰。恐怕未必。大概他是怕说多了会触犯佛门清规，开了杀戒，岂不将遭人物议？！如果我的臆测尚有是处，那么这位方外看来还是不够旷达，也不够坦白老实。唐突古人，罪过！罪过！

我爱鹰，也爱支遁。他毕竟把鹰的可爱，只用四个字就给概括出来了。

原载《中国文化》第 10 期，1994 年 8 月

本文的一部分作于 1939 年，在《华光》杂志连载（1939 年第一卷 4 期、6 期，1940 年第二卷 1 期）。后被海洪涛、刘衡玑剽窃抄袭，题名《捕鹰、驯鹰、放鹰》，刊登在北京市文史资料研究委员会编印、1985 年 8 月出版的《文史资料选编》第 23 辑。本文在《中国文化》发表后，有人询及何以其中一部分和海、刘署名之文相同。为了澄清事实，以正视听，辨明谁是原作者，谁是剽窃者，本人不得不致函该会《北京文史资料》编辑部，提出其抄袭证据，揭露其剽窃行为。此函经编辑部加编者按刊登在 1995 年 12 月《北京文史资料》第 52 辑，向本人深致歉意，并转载了本文的全文。

1997 年 1 月又记

❶ 沈约：《袖中记》，见《说郛》卷十二，清顺治宛委山堂刊本。

南宋墓出土三件蟋蟀用具

1966 年 5 月镇江市官圹桥罗家头南宋墓出土了陶制过笼等三件蟋蟀用具。最早由苏镇同志撰稿在《文物》1973 年第五期封三发表，描述如下："都是灰陶胎。两只为腰长形，长 7 厘米，两头有洞，上有盖，盖上有小钮，钮四周饰六角形双线网纹，其中一只内侧有铭文四字，残一字，'□名朱家'。另一只为长方形，长亦 7 厘米，作盝顶式，顶中有一槽，槽两侧饰圆珠纹，圆珠纹外周斜面上饰斜方如意纹，一头有洞。长方形的蟋蟀过笼，一头有洞，当是捕捉蟋蟀时用的；腰长形过笼两头有洞，宜于放置圆形斗盆中放蟋蟀用的。"

拙撰《秋虫六忆》一文，引用了这一现知最早的考古发现，并提出一些个人的看法：所谓腰长形即外壁一边为弧形，可以贴着盆腔摆放。一边是直的，靠着它可以放水槽。这是养盆中的用具。报道谓用于斗盆，实误。长方形仅一端有洞的因不能穿行，故不得称之为过笼。北京有类此用具名曰"提舀"。竹制，上安立柄，是提取罐中的蟋蟀时用的，捕捉蟋蟀时是用不上的。

最近见到镇江博物馆保管部提供的补充说明，认为过去在《文物》上的报道实物尺寸不全，且部分说明有误，并将长方形一具的用途改为"顶中有一槽，可插入蟋蟀草搔斗蟋蟀赶入过笼中"。

笔者认为以上对长方形一具用途的解释仍有未当，而有经验的蟋蟀养家都不难说出南宋时人是怎样使用它的。养家们都知道在罐中放过笼，是因蟋蟀喜暗畏光，一打开罐的盖，它就会迅速钻入过笼，不致跳逸。斗蟋蟀时，为了便于提取蟋蟀出罐，就要用此长方形工具。其步骤是：先打开罐盖，让蟋蟀钻入过笼。然后将此一端有孔的长方形工具放入罐内，再打开过笼的盖，让蟋蟀离开过笼钻入长方形工具。此时便可将它提出，把蟋蟀倒入斗盆。如一时蟋蟀不肯出来，可用蓻（音欠）草探入顶上的透槽将它拂逗出来。待咬斗完毕，仍用此工具将蟋蟀从斗盆提回罐中。因此其用途是提取蟋蟀，而补充说明中所云：将蟋蟀"赶入过笼中"一语，未能将其用途及使用过程讲述清楚。长方形用具可视为现在北方常用的竹舀的前身。竹舀体轻有柄，底面光滑，容易将蟋蟀倒出，不须借助于蓻草，故比陶制用具轻巧方便。

我国养蟋蟀历史悠久，何时开始流行，因缺少确据，尚无定论。我们不难想象，开始养蟋蟀只用一具空罐，后来为防止开盖时蟋蟀跳出来，才发明了过笼，使它有藏身之处。过笼也不是一开始就和南宋墓所发现的那样，而是有更早的形式。台北故宫博物院所藏苏汉臣《秋庭戏婴图》（见《婴戏图》图九，1980 年出版。画手似晚于苏汉臣，但可信为忠实摹本）中就画有正面和两侧端都有孔，但没有底，近似一具瓦罩的过笼（见图一）。蟋蟀从任何一孔都能钻入藏身，达到防止开盖跳逸的目的。但因无底，不能用它将蟋蟀提出罐外。为增加其功能，予以改进，正面不开孔而下面加底，于是成了宋墓发现的式样。此后为了更便于将蟋蟀取出咬斗，又发明了只在一端有孔的提取工具，此长方形陶制品即是。竹笝又是长方形陶制品的改进或发展（见图二，竹笝示意图，取自拙编《蟋蟀谱集成》）。

我们相信，蟋蟀用具的每一次发明改进，都要经过漫长的岁月，短或数十年，长则一二百年。这三件用具中，一件过笼印有"□名朱家"戳记，可见是小商品，烧来供应养家的，足以说明南宋时养虫习俗之盛，并进一步可推知早在南宋之前三四百年，即北宋或唐代，就已有养蟋蟀的习俗。它们是现存最早的蟋蟀用具。在考古发掘中又是绝无仅有的一次发现，故弥足珍贵，确实是有关民俗学的重要文物。

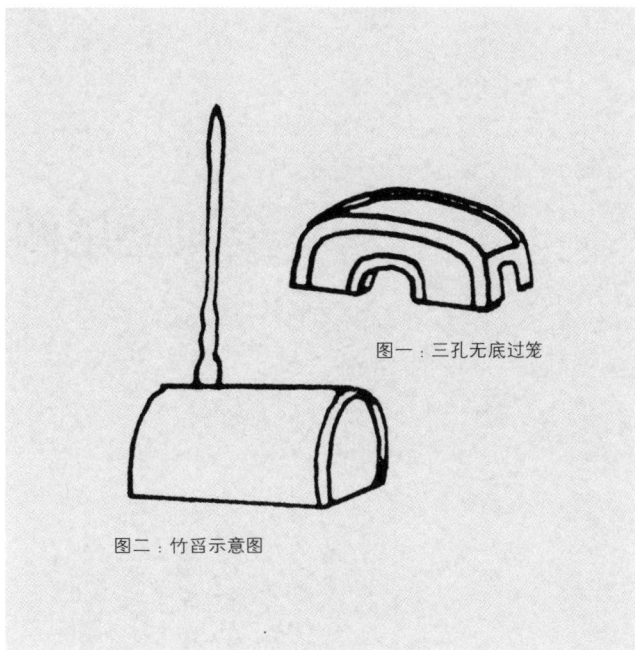

图一：三孔无底过笼

图二：竹笝示意图

南宋墓出土陶制蟋蟀用具 长 7 厘米，镇江博物馆藏

1996 年 5 月病目后作

全须全尾两虫王

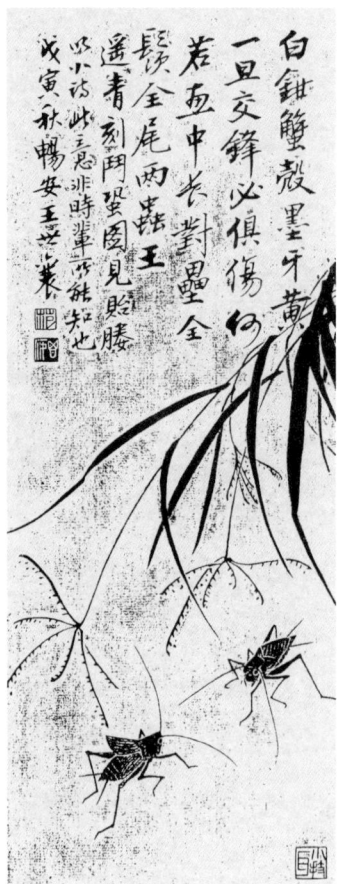

竹臂搁蟋蟀图　王世襄题诗　范遥青刻

　　白钳蟹壳墨牙黄，

　　一旦交锋必俱伤。

　　何若画中长对垒，

　　全须全尾两虫王。

　　遥青刻斗蛩图见贻，媵以小诗，此意非时辈所能知也。戊寅秋畅安王世襄

　　昔年闻赵李卿先生言，某秋得黄蛐蛐，牙如焦炭；陶仲良得蟹青，白麻头钳比霜雪。各七厘许，三秋无敌。立冬后，津沽两客求借，拟携沪上赌大注，均遭拒绝，恐两王相遇而互伤也。前辈之爱虫如此。有人告我，今之养者企冀侥幸获胜，竟有撒食、水，烤火电、饲兴奋剂，直至海洛因，未分胜负，六足已僵。继以争执，终致斗殴。唯利是图，骇人听闻。不仅虐待动物，且有伤人格。世间败类有负此虫多矣。可叹可叹！

　　王世襄又记　时年八十有四

鴿 話

鸽话二十则

序

遍查我国古今图籍，有关观赏鸽专著，只有明张万钟《鸽经》及近人于非厂《都门豢鸽记》两种。三百年来，前后辉映，为子部增色不少。前者详于品种，略于养育。后者述及品种、豢养、训练、用具等等，可谓无所不赅。盖因于氏对此文禽，情有独钟。事必躬亲，甘为鸽奴，故所记咸得自经历感受，弥足珍贵。此后于氏为《晨报·副刊》撰稿，谈京华风物，每日一篇，数载不辍。为时既久，遂难免有耳食臆测之处。读者倘因此而谓其言鸽亦尚侈谈，谬矣！

非厂先生于书末谓遣散鸽群约在1920年前后。区区养鸽则在1924—1953年，同在本世纪前半叶。故对其所记，备感亲切，正复缘是，有关鸽事，已无容我置喙处。今草《鸽话》，短札零篇，不过记儿时之情趣，抒垂老之胸怀而已。实不敢亦未尝有续貂之想也。

1999年2月王世襄
于芳草地西巷　时年八十有五

一　吃剩饭　踩狗屎

回忆儿时，北京的观赏鸽远比现在要多。不论是哪条街巷，从早到晚，总有两三盘儿在那里飞翔。不用看颜色，从它们的飞法就知道是观赏鸽，不是信鸽。说到养者，老幼贫富，不同阶层，不同职业，什么样人都有。他们大都爱鸽成癖，甘心为它操劳，其甚者竟达到忘我的程度，连生活起居都受鸽子的制约，乃至不能按时吃饭。待吃时，残羹冷炙，扒拉几口了事。他们还养成了一个习惯，出屋门就抬头仰望，看房顶，看天空，就是不注意脚下，踩上什么东西弄脏了鞋袜都不知道。因此人们送给这些鸽子迷六个字："吃剩饭，踩狗屎。"多年以来，这"六字真言"竟成了养鸽者的"雅号"，虽语含嘲讽，听者却不以为忤，或笑而默许，或自豪地反唇相讥，说什么："你哪知玩鸽子的乐趣！你没那个造化，亏了！"

鸽子迷为什么会吃剩饭、踩狗屎呢？试说一二。飞盘里来了别家的鸽子，落在房上，千方百计要诱它下来，为我所有。如果它是和我有仇隙之家的鸽子，则兹事体大，要借此来报仇雪恨。可气它就是不肯乖乖地下来，这时必须全神注视其神情动态。如尚安详自在，未显出局促紧张，身在异地，则不妨诱之以食以水。如羽毛缩紧，引颈探头，东张西望，浮躁不安，则殷勤相待，反会促使其惊逸，只有视而不见，一若不知其存在，待它松弛下来，再诱其就范。但又必须时时防其突然飞起，好随手打起鸽群，将它再次围裹，落到瓦上。在尚未抓到它之前，岂止自身顾不上吃饭，连家人都须放慢动作，低语噤声，真好像过皇上似的。实际上来鸽未必是名贵品种，值不了几文钱。可是许多养家，包括区区不走，硬是如此认真，如此贪婪，岂不可笑！又如清晨傍晚飞盘，由于朝雾暮霾或风向的关系，一个劲儿地往某一方向摔盘，越摔越远，不知道回来。养家未免着急，生怕远方鸽群四起，混战一场，把盘儿扯散，要吃大亏。这时只有再飞起几只打接应。不料没起作用，连打接应的也随了过去。这时真希望有架云梯，好爬上去看个究竟。更恨不得有个咒诀能把盘儿拘回来。鸽群不回，就如断送了身家性命，哪里还有心吃饭！

鸽子迷看高不看低，由习惯变成本能。房上、天上，不论有没有鸽子总要看一眼。鸟儿飞过，以为是鸽子，也要看一眼。当年北京居民店铺，几乎家家养狗，故大街小巷三五成群。如不留神脚下，自然会踩上狗屎。脏了鞋，一般都悄悄地自己刷洗。烦劳他人是难免要遭到埋怨和奚落的。

爱鸽成癖也有不吃剩饭、不踩狗屎的，只是能如此，必须有较高的修养，确实很不容易。有人说起得鸽子、

丢鸽子，仿佛大爷满不在乎，但事到临头却原形毕露，与平时的侃侃而谈，判若两人。故真能不患得患失的实在很少。我十几岁时认识一位苏老头儿，住在朝阳门内东城根儿。他年近七旬，养着三四十只点子和玉翅，飞得极好，每天三次都高入云霄。不走趟子，只在头顶盘旋。由于飞得高，不容易和别人家的鸽子撞盘。如撞上盘他也不垫（即掷鸽上房，使鸽群急速落下），任其分合。裹来了鸽子，不论好坏，落到房上就被他轰走。他说得好："我不怕丢，更不想得。我玩的是鸽子，不让鸽子玩我！"因此他有自由，生活起居不受鸽子的牵制。说穿了只有一句话，吃剩饭，踩狗屎，是受患得患失之累。

我早就明白这个道理，可是直到将停止养鸽之时，即已届不惑之年，还是不能摆脱此累。近日也曾想过，假如我现在还在玩鸽子，能否达到苏老头儿的境界，把落在房上的好鸽子轰走。我承认还是做不到，而且宁可饿半顿也要把它得到手。可见说起来容易做到难。透过小小的宠物癖好，也能窥见人生修养的大道理呀。

二　目送飞鸽　手扔五吊

记得我第一次得到较好的鸽子，是上小学时在隆福寺买的一对点子，花了五吊钱。公的荷包凤，白凤心，母的平头，都是算盘子脑袋，阴阳墩子嘴，白眼皮，长脖细相。公的长约一尺二，母的也过尺，去年头一窝的仔儿，真够精神的。

我因疼爱它们，缝膀子舍不得把线抽紧，免得驯熟后，打开膀子时会勒出印儿来。蹲房半个月，渐渐合群，看不出要飞跑的样子。不料一日清晨，两只

先后爬上房脊，择毛梳翎，都把线择开了。公的突然飞起，一叫膀儿，母的随即腾空，比翼盘旋，绕房两圈，转向西北飞去。我登高目送，直到无影无踪。这使我十分懊恼，掉下了眼泪。但也长了经验，缝膀子不可因心疼它而手下留情。

正是丢点子的那几天，家馆陈老师教我念古诗，讲到嵇康的："目送飞鸿，手挥五弦。俯仰自得，游心太玄。"我对老师说，我也有四句：

> 目送归鸽，
>
> 手扔五吊。
>
> 俯仰自叹，
>
> 膀缝松了。

老师莫名其妙。我把经过讲给他听。老师说："不对了，要是鸽子飞走，那就该是'目送飞鸽'而不是'归鸽'。"我说："没有错，因为'归'是说鸽子回归到它原主人那里去了。"

三　飞盘儿与撞盘儿

鸽群飞起，在院落上空盘旋，是为"飞盘儿"；飞盘儿而与他家鸽群遭遇，合后又分，返回房上，是为"撞盘儿"。二者说起来简单，却各有许多讲究。总的说来，仰望飞盘儿赏心悦目，养性颐神，确是一种享受。撞盘儿有得有失，如好胜负气，竟能惹是生非，但有的养家却偏要从这里寻找刺激。

鸽群如喂养有方，训练得法，每次飞盘，三起三落，可长达一小时有余。当其乍起，仅过树梢，盘旋未远。某为某鸽，看得分明，是认识各只飞翔习性的最好时机：看它是常飞在前，还是每拖在后；是喜欢冒高，还是沉底；是居盘儿中，还是常被甩在盘儿外；转换方

向时，是起带头作用，还是随大溜等等。能在低飞时看清楚，高飞时也就不难辨识了。观察所得，可为精选队伍成员，孰去孰留，提供依据。

低飞一般五六个盘旋便升到半空，鸽子约如燕子大小。此时当注意看它是飞死盘儿，还是飞活盘儿。前者只朝一个方向旋转，久久不知变换。后者不时左转，不时右旋，圆婉自如，饶有韵律。是死是活，关键在领队飞翔的几羽。它们是一盘儿的骨干，即使花色欠佳，也须保留。同时还须认出拗执孤行，偏离滞后之鸽。数鸽也十分重要，尤其在撞盘儿掰分之后，只有过数，才知道得失盈亏。认鸽、数鸽，我都是跟王老根学的，但自叹弗如。他年逾古稀，我正当壮年，认鸽不如他看得准，数鸽也不如他数得清。四五十只一群，他一瞥便报数不误，而我只能数清三十来只的盘儿，更多就难免有误。

盘儿飞到高空，术语叫"挂起来了"，这时鸽小于蝶，要仰面极目，才能看到。往往时值盛夏，地面炎热，上方清凉，鸽子也爱风清气爽，挂得特别高，久久不肯下降。观者也忘记酷暑，仿佛服了一剂清凉散，仰望移时，竟全无感觉。待盘儿落下，才觉得颈项酸痛。

观赏鸽鸽群，白色多于他色，故值夏日暴雨初过，严冬彤云四垂，天际黝黑如墨，那时鸽群在头顶盘旋，已感到与平时景色大有差异。倘盘儿飞到远空，引颈斜眺，星星点点，栩栩浮动，被深色的云天衬托得如银似雪，闪烁晶莹，显得格外幽旷冷峭，清丽动人。此情此景，深入我心，岁月虽邈，常忆常新，闭目即来，消受不尽。

如果把各家的鸽群看成军队，那么

撞盘儿就等于军队之间的遭遇战。撞盘儿包括进攻和撤退。我盘儿飞向他盘儿并与之掺和，即所谓的"撞"，等于进攻。合后又分开，术语称之曰"掰"，听令返回家中，等于撤退。知兵者贵在知彼知己和训练有素。这对养鸽者指挥撞盘儿也完全适用。

训练有素的鸽群，只只精练，牢记家中巢舍，绝不会被他群裹走，即所谓的"透"。起飞后，它会"追盘"，主动地冲向他群。有时一冲而过，他群中的弱者很容易被拐带过来。有时虽与他群合盘儿，但实际上还是各自保持着自己的队形，掰盘儿时，整整齐齐，泾渭分明。有时合盘儿盘旋，时逾半晌，两群已经掺和到一起，而掰时各不犹豫，自然分成两盘儿，各自归巢。上述两种情况可谓势均力敌，打个平手。如果一盘儿训练有素，一盘儿编队不久，强弱不齐，掰盘儿时很可能弱者被扯得游离于两盘儿之间，一时失辨，误随他盘儿而去，成了俘虏。其甚者，竟有全盘儿被扯乱，七零八落，溃不成群。倘天空尚有其他盘儿，更弄得不知何所适从，终至全军覆没，只羽无归。可见只有对自家之鸽，心中有底，确知其记性耐力都很强，则无论怎样撞盘儿也无妨，冲锋陷阵，百战不殆。我在高中读书时，已能把三十来只点子、玉翅等训练得很有战斗力，敢与任何鸽群周旋，成为邻近养家不敢轻视的一盘儿。他们盘儿中如有欠透之鸽，总是躲着我飞。后来王老根来到我家，为了证明驯鸽能如人意，在两三个月内竟训练出一支"兜上就走"的奇袭部队。其特点是当有别家鸽盘儿围着宅院低飞，正好往里续生鸽时，他打起精选的二十来只，不绕圈，擦着房，

直奔该盘儿而去，撞盘儿之后，拨转头往回飞，故曰"兜上就走"。对方还不知道哪里冒出来的盘儿时，有的生鸽已经被裹走了。王老根说："这玩意儿不局气（即不正派），挨骂，得鸽子也不体面。日久了，它就不爱挂高儿了，妨碍正式飞盘儿，不上算。"故随后这编队就被王老根解散。看来他只为露一手，说明不局气的玩法他也会而已。

如上所述，可见撞盘儿的全过程是合而后分，即所谓的"掰"，掰后落到自家房上。撞盘儿我有得而无损，是见高低、决胜负的关键。原来观赏鸽的习性只是只要看见自家房上出现鸽子，不论飞得多高，都会抿翅下降。因此命令它们掰盘儿十分简单，只须抛一两只鸽子上房，术语称之曰"垫"，盘儿便会迅速落下。不过什么时候要它掰，什么时候垫，却又有学问。指挥者必须审时度势，争取到对我最有利的时刻，也就是等候全盘飞到能见其巢并便于落下的角度，抛鸽上房，并力争垫在对方垫鸽之前。惟最重要的还在训练有素。没有好兵，指挥者再好也无能为力，只有徒唤奈何。

四　走趟子

观赏鸽放飞除了飞盘儿、撒远儿外，还有"走趟子"。"走趟子"即清晨起飞后，盘旋三五匝，便已挂高，如燕子、如蝴蝶，栩栩入云。倏忽间朝某一方向飞去，杳无踪影。此去少则数十分钟，多则半日；归来已近中午。

走趟子必须精选健翮修翎，最善飞翔之鸽，其桀骜不驯者尤佳。年龄在幼鸽已圆条（十根大翎已换成新的）后至二三岁之间。逾此便须更换，否则将牵

制整体，不复远去。鸽数不可多，十羽以下为宜。其一不妨带小哨，二筒、三联之类，取其体轻而音高，归来时，未到顶空已闻其声，且有助测知其往返行程。哨切忌大，莫使负担过重，以致离群，或遭鹰隼袭击。

我十八九岁时，住朝阳门内芳嘉园，有七羽走趟子——四只黑点子，两只黑玉翅，一只黑皂，戴一把祥字小三联。每日清晨，飞盘儿之前先放此七羽。它们回来时或与飞盘儿的会合，一起落到房上。或飞盘儿的落下许久，它们才回来。

七羽每天都往西北方向飞去。为了解其行程，曾骑自行车试图追踪，并在交道口、鼓楼一带盘桓等候。几次都毫无所得。鸽友们笑我说："您太逗了，简直的在学'夸父追日'。"我自己也觉得头脑简单而愚蠢。后来我把走趟子的鸽数、品种、哨形、时刻等，告知德胜门外马甸的鸽友，才知道这七羽有时经过北郊天空，还继续往西北飞去。算来距朝阳门至少已有三十多里了。

五　续盘儿

续者，增续也。盘儿者，鸽群飞起结队如盘也。将新来之鸽增续到鸽盘儿之中一起飞翔曰"续盘儿"。

新来之鸽首先要"蹲房"。捆膀扔到房上，置之不理，但须观察其神态，看有无逃逸之意，借以知其驯狎程度。待其认清环境，熟悉栅窝，可打开捆膀，任其自由上下房。下一步训练飞盘儿，但不使它从房上和鸽群一同起飞，以免进不了盘儿，或进而又被甩出。此时倘有邻家鸽群来袭，容易被裹走。故宜采用续盘儿之法，从地面直接将它抛入盘

儿中。

当鸽群尚未起飞时，戴上白手套，将待续之鸽装入竹挎，放在院中。待飞盘儿已三起三落，降到低空，只绕房盘旋时，从挎中掏出一只，握在手中，头朝内，尾向外，等候鸽群将到，下腰、垫步、拧身、转脸，仿佛摔跤使用"别子"一招的架势，将手握之鸽垂直地抛入盘儿中。这一连串动作，说起来简单，完成得好坏，却大有差异。续得好，能把鸽子不高不低、不前不后、稳稳当当、舒舒服服地抛入群中，它一展翅就能随盘儿飞行。续得不好，不是赶前，就是错后，不是冒高，就是沉底，进不到盘儿里。我十五六岁时已能优为之，总能将鸽子续到最合适的地方。注意事项是雌鸽要松握轻抛，以免伤裆。产卵前必须停止续盘儿。

据传闻，晚清有一位鸽迷原是善扑营布库，后来在戏园子工作，每天扔手巾把，渐渐把日常的动作运用到玩鸽子上，续盘儿由他始创。可惜已无人知其姓氏了。

六　竹竿的差异

养鸽子一般用竹竿来驱使其起飞，或阻止其降落。不同养家，用竿长短大不相同。我的体会是竹竿越长，竿上的零碎儿越多，越说明养家的资历浅、本事差。

我童年养鸽，用的竹竿有两丈多长，上端拴过红布条儿、也捆过鸡毛掸子。晃动它如挥大旗，觉得很威风，但也感到吃力，几下子胳膊就酸了，咬着牙还晃，而鸽子却不甚怕它。于是我就用竹竿磕房檐，啪啪作响，三间瓦房整整齐齐的檐瓦，都被我敲碎了，但鸽子还是

鸟舌

不听指挥。我索性上房骑在屋脊上，挥竿呐喊，逼得鸽子往邻家的房上落。为了追赶它，常从正房跳到相隔数尺的厢房上。一次被母亲看见，她几乎晕倒在廊子上。

到了十七八岁，我用的竹竿只有一丈来长了，竿顶不着一物，感到反比过去的长竹竿好用。等我上大学，在燕京东大地的园子里养鸽子。那时已请到王老根帮我照料鸽群，我才学会用三尺来长的细竹竿拨鸽子出栅并示意要它起飞；或为了续鸽子，用竹竿示意要它围房多转几圈。鸽子却变得悉如人意。竹竿长短，效果好坏，差异如此之大，其奥妙究竟在哪里呢？

飞翔是鸽子的本能。正常的鸽子都能飞，而且喜欢飞，其飞翔久暂，有关体力，则因鸽而异。养好传统观赏鸽，飞好盘儿，和养好信鸽是完全一样的，必须了解每一只的体力强弱，健康情况，乃至性情习惯。飞盘时先把体力最强的若干只集中在房上。小竿刚一示意，就腾空而起，几次回旋，便直薄云霄。半晌之后，高度下降，再放飞体力次强的若干只。和第一批合盘后，又挂高入云。待其下降，再放飞体力又略逊的第三批。合盘后再度上升，最后全部落到房上。这就是所谓的"三起三落"。如果经过训练并淘汰其弱而无用者，把整盘鸽子调整到最佳状态，则不必分批，全盘同时起飞，也能三起三落，历时一小时有余。这将使邻家生羡，行人驻足，行家里手，不由地说一声"有功夫"！

在三起三落之后，鸽群已完成飞翔任务，理所当然应让它落在房上休息。此时如还挥竿迫使飞翔，那就是养家的不是了，又怎能怪鸽子乱飞乱落呢。

总之，知鸽性才能养好鸽子。适其性，不用竿也能指挥自如。违其性，竿再长，也无济于事。这个简单的道理，我懂得比较晚。有的人养到老还懵然未能领悟。

七　和重要文物同等待遇

鸽子，只须看它的品位、外观，便知道其养家大概是何等样人。有一次从护国寺庙会上买回一对花脖子，不为观赏，只用它抱窝，当"奶妈子"。一进门，王老根就问："您买孩子的吧？"我说："您怎么知道？"他说："您看玩得多脏，一身渍（读 zī 平声）泥，膀拐子上还沾着梨膏糖呢。"

当年几次看人家提着扣布罩的拷上庙。打开一看，紫漆拷装着两对黑点子；或是黑漆拷装着两对紫点子；或是白茬拷装着两对黑玉翅。当然也有铜膀、铁膀和各种白尾巴。不仅拷与鸽子不靠色（读 shǎi），显得格外鲜明夺目，鸽子更是品位甚高，个头、花色、脑相、嘴头，无一不佳；而且干净利落，一尘不染，像刚下架的葡萄，一身霜儿。人家带鸽子上庙，不为卖，不为撒远儿，只为"晾"，只为"谝"（《新华字典》注音为 piǎn，北京口语读 piǎ），总之是为了炫耀；从围观者的啧啧称赞，鸽贩、鸽佣的恭维奉承中得到满足、快慰。不用问，主人一定是一位玩得考究的资深养家。

孩子们玩鸽子，买不起也换不到好的，一天不知道要摆弄多少回。养家之鸽，不长出个模样来不要，指挥出栅，只凭一根竹竿，根本不上手。二者所养的品位、外观，自然有天渊之别了。

鸽子也有不得不上手的时候。如：缝膀子、续盘儿、缝哨尾子、戴或摘哨子、喂药治病等等。上手时一定戴手套，以一种白线薄手套为宜。

我儿时养鸽子，和一般孩子一样，也是大把攥，十多年后，才懂得戴手套。后来到博物馆工作，接触重要文物时，都必须戴手套。我曾想：好鸽子也很珍贵，为了保持它的净洁美丽，供人欣赏，接触它时戴手套也是完全必要的。它理应得到和重要文物同等待遇。

八　刚雄与柔媚

鸟类的雌雄，有的羽毛花色差别显著，例如孔雀、雉鸡。有的雌雄并无差异，如麻雀、喜鹊。鸽子属于后者，不论是何花色，雌雄相同。

自己喂养的鸽子，成双成对，孰公孰母，自然完全清楚。对新增添的或准备购买的就须予以分辨了。例如买成对鸽子，首先要查明是否为原对，即使非原对，至少应该是一公一母。如要为单只找对偶，买时更须辨明性别。买错了，不但配不上对，反而又多了一个单奔（bēn）儿。

北京传统的公母辨认法，非厂先生在《都门豢鸽记》中有所述及："左手持鸽，右手以拇食两指轻捏其头之下、颈之上，以观其睫开合之状，雄者眼必凝视，甚有神，睫之开合至速；雌者眼颇媚，若盈盈然，睫之开合弛而缓。然在生鸽，亦往往不甚准确。"此外还讲到摸扪裆眼，雌者宽于雄者。但又谓"雄鸽裆眼亦有较宽者，须视为例外"。

据我所知，北京的老养家分辨公母，偶尔也捏脖、摸裆，而更主要的在"相其貌、观其神"。貌是有形的，简单明了，如公的比母的个头、胸围都大些，腿高些，脑袋也大出一圈等等。神则比较抽

象而无形，通过感觉、体会，才有所得。鸽子的公与母，神情确实不同。老养家不用上手，数步之外，乃至高在房上，一眼望去，已能说出公母，而且很少失误。我看行家辨认公母，观其神占有相当大的成分。

年轻力壮的公鸽子，确实有一种阳刚之气，几步走儿已经显露出来，不只是在打咕嘟时才雄赳赳，气昂昂，不可一世。长相好的母鸽子，总带有几分妖媚娇娆，举止顾盼，都会流露出女性的美。当然只有观其神才能知其美，而知其美者，一定是鸽子的真正爱好者，爱到把鸽子看成人了。《鸽经》作者张扣之讲到佳种之鸽："态有美女摇肩，王孙举袖……昔水仙凌波于洛浦，潘妃移步于金莲，千载之下，犹想其风神。如闲庭芳砌，钩帘独坐，玩其妖媚，不减丽人。"他不就是把鸽子看成名姝佳丽了吗？

我开始养鸽子就学分辨公母，也曾捏脖摸裆，但难免出错。买过一对黑乌，售主告诉我原窝原对，拿回家两只都打咕嘟。想配一只母点子，市上遇见大母儿不敢买，怕是公的，结果放跑了一只好母儿。后来懂得相其貌，更须观其神的道理，辨认的准确性比过去提高了，觉得鸽子更耐看了，更美了，更富有人性了，爱它也更深了。

鸽友中有人比我执着，认为我对例外讲得不够，好像"相其貌、观其神"便可辨明所有雌雄，绝对无误似的。我说例外当然有，即使是老行家也难免有看错的时候。作为万物之灵的人，不也有女的长得粗壮魁梧，性格爽朗，大有男子气；而男的也有长得白皙纤弱，举止忸怩，颇有脂粉气吗？人犹如此，何

况鸽乎？

九　喷雏儿

育雏之鸽将嗉中食物口对口、喙衔喙，反刍给雏崽，北京称之曰"喷"。嗉中食物早在孵卵时期已开始分泌、合成，故可称之为乳汁或营养液。北京则曰"浆"。浆随雏崽之成长而由稀转稠，兼旬之后，渐含有米粱碎屑，直到完整颗粒。循时增长，无不适合雏崽之消化吸收。造化之妙，天伦之爱，令人惊叹。

非厂先生《都门豢鸽记》对育雏注意事项，包括如何选择孵卵之鸽等，讲述颇详。惟对喷雏不得法、不尽责，甚至弃而不养，应如何抢救，殊少言及。所谓不得法，指未能将浆喷入雏崽食道，反将空气喷入，致使小小嗉囊鼓胀如塑料薄膜球，张口嘘气，奄奄待毙，后果与被遗弃同。凡此，必须以人代鸽，喷喂雏崽。

王老根曾在庆王府任鸽佣二十余年，喷哺鸽雏，允称一绝。出卵不足二十日之雏，只能喷，不能喂。浆亦须泡制。小米煮烂成糊，漱口务净，含糊口中，以嘴角衔雏喙，运舌尖推舐，使浆输入嗉囊。出卵逾二十日，雏身已长出毛锥，始可试喂煮烂小米。左掌托雏，头右向。右手食、中、无名三指并拢，中指为底，其形如槽，置小米少许于槽中，凑近雏喙，俟其张口，以右手拇指指甲，推米入喙。如喙不张，可试用左手食、拇两指稍稍触其嘴叉，诱其张开。一切动作必须轻而缓，耐心尤为重要，日三四次，不厌不烦，始见成效。

老根喷喂幼雏，我曾多次仔细观察，耐心仿效，终难得其要领，故效果远逊。予喜短嘴拆灰，因难购得，全仗自家培育。两三年内，只成活三四羽。待老根来吾家，自春徂秋，六七对拆灰，窝窝传宗接代，羽数翻番，一竿挥起，已占全盘儿之半矣。

十　观浴

浴鸽作为工笔花鸟题材，由来已久。五代黄筌有《玛瑙盆鹁鸽图》，《竹石金盆鹁鸽图》；黄居宝有《竹石金盆戏鸽图》；黄居寀有《湖石金盆鹁鸽图》等；仅经《宣和画谱》著录的就有八幅之多。足见浴鸽是园林庭院、竹外花前，耐人观赏的一景。

鸽子喜欢洗澡，只要天气晴和，虽严冬不废。倘得偷闲，抄一把小椅子，找地方一靠，静静地看鸽子的动作和表情，可以觉察到每一只的习惯和性情，有时还能领会到人禽之间的相通处。这不仅是很好的享受，也可引起我们联想和思考。

浴盆径二尺有余，高约一尺，用木块拼成，取其边厚，便鸽站立。外加铁箍，浸以桐油，不用时也贮水，以防渗漏。日将午，置盆院中砖面地上，倾入清水，深约半尺，打开鸽栅子，全部放出，不一会儿，鸽子便聚到盆边。

有两三只先跳上盆沿，似乎只想清漪照影，并无入浴之意。它先探身用嘴勾水，勾了几下才勾着，摇头又把水甩掉。这时盆边上的鸽子已多起来，有的偏往挤的地方跳，跳不上去，才换个地方，不由得感到颇像街上看热闹往圈里挤的人。

有一只好像很勇敢先跳下水，愣了一下，才伏身以胸触水，一触即起，几次后才伸展两翅，拍打水面。随后有两三只开始仿效。这时盆沿上因太挤而打

鸽挎

起架来，互以喙啄。有的被挤下水，这倒好了，落得下来，不再打架，也开始洗澡。霎时间盆中已满，早下去的不顾周围索性散开尾翎，摇颈簸身，恣意扑腾起来，水花四溅，如雨跳珠，直到羽毛尽湿，沾并成缕，才跳到盆外。后下水的也都洗个痛快才舍得出盆。这时水面浮起一层白霜，盆外地面也都已溅湿了。

跳出盆外的鸽子总是先抖擞几下，把羽毛上的水抖掉。好多只都跑到砖地外的土地上晒太阳。我喜爱的一只母点子，看中了花池子土埂外长着浅草的斜坡，用爪子挠了几下，侧身而卧，偎了一偎，感到已经靠稳，拉开一翅，在和煦的日光中，回头半咬半嗑地把背上的小毛蓬松开，并一根一根地梳理着翅翎和尾翎。接着又转身卧下，拉开另一翅

膀，重复前面的动作。这时有一只不识相的花脖子跑来，边打咕嘟边围着她转。她不予理睬，花脖子反来劲了，鼓起颈毛，兜着尾巴往前一跃，几乎踩上了她。守在一旁的大公点子，看到这不怀好意的动作，愤怒万分，急忙赶上来，连啄带鸧（qiān）把花脖子撵跑了。

每一只鸽子晾干羽毛后，都自由自在地活动起来。有的沿着墙根儿啄食剥落的石灰，它是在补钙。有的回到窝中呜呜呜叫，呼唤伴侣归巢。有的双双飞到房上，公的回旋欢叫，炫耀它雄壮轩昂的姿态，母的则频频点头，报以温柔，两吻相衔，双颈缩而又伸。交尾后，公的飞起，翅拍有声，即北京所谓的"叫膀儿"。母的随之腾空，绕屋几匝后，又落到房上。这也算是"夫唱妇随"吧。

坐在小椅子上已有一个多小时了，我的感受是"万物静观皆自得"，一切都按照其自身的规律在运行，故显得和谐、安详而自然。不仅是鸽子，不只是一竹一木、一草一花，也包括我自己。

十一 挎

北京鸽舍，内有界成方格的窝眼，外有围成小屋的栅子，用不着笼具。不过为了上市买卖、远出放飞、生鸽续盘、雌雄配对、伤病隔离等等，都必须使用笼具。

鸽笼长方形，长约三尺，宽、高各尺数寸，顶面两开门，中有高拱提梁，便于伸臂屈肘，挎之而行，故不曰"笼"，而称之曰"挎"。

北京巧匠制鸟笼已有数百年历史，与南方制品的主要区别在不尚精雕细琢，而贵朴质无华，只偶在局部略施装饰。惟竹材之选用，做工之精密，要求

特别严格。常见者有水磨白茬，本色不上漆，以年久色如琥珀者为贵。合竹，笼圈及条均由两片或两根留皮去瓤之竹粘合而成。麻花圈、麻花条，圈条均由两根竹材拧成。漆者有黄、紫、黑诸色，尤以傅家紫漆笼最有名，收藏者舍不得使用，视为珍贵文物。

鸽拌与鸟笼相比，只能算是糙活儿，但受益于鸟笼的成就，也达到相当高的水平。白茬的同样能拂拭得如"一汪水儿"似的润泽。漆拌务求颜色纯正，不着纤屑尘埃。考究养家备有日用、晾庙两份鸽拌，后者白布为罩，且不止一具。黑漆者用以笼白色、紫色鸽，黄色者用以笼黑色鸽，取其不靠色（shǎi），鸽子显得格外精神，提到庙上，布罩一揭，观者不禁为之喝彩。

拌上有几处可施装饰。四角立材，下端着地成足，上端出头如柱顶，往往削成"八不正"形，或雕成仰俯莲。两扇门的别子镂成蝙蝠、蝴蝶或盘肠。提梁中部一段，密缠藤篾并编出卍字或回文。处处见匠心，不失为一件精美的民间工艺品。

我不喜养笼鸟，但藏有傅家紫漆靛颏笼。鸽拌则有一具水磨白茬老拌，光亮可爱。"文革"中被曾在街道工作的小脚老太太拿去分别养雏鸡和老母鸡了。

十二　鸽子市

庙会有鸽市，不知始于何时，据云乾嘉以来，早已如此。市在庙会附近，不与其他货摊杂处。庙会有定期，逢九、十隆福寺，市在东四西大街，今民航大楼门前槐树下。逢七、八护国寺，市在新街口南前车胡同口内外。逢三土地庙，市在宣武门外下斜街。逢四花儿市，市在花市大街东段南侧。逢五、六白塔寺，市在寺后门元宝胡同。其中以隆福、护

老北京鸽子市上的"大拌"

705

国两市为盛，人称"东西庙"。北城无庙会，故北新桥曾设市，日期逢六，旋因鸽少人稀而废。60年代以后，各庙或改建商场，或定为保护单位，鸽市无可依附，移往龙潭湖、水碓子、祁家豁子等处，无往日之盛矣。

当年鸽市人物众多，形形色色，指不胜数。先言鸽贩。

鸽贩有大有小，被称为"大挎"、"小挎"。盖因北京鸽笼，通称曰"挎"。大贩用两大挎及数小挎笼鸽，可容百数十头，多雇人肩挑或车推上市，故曰"大挎"。小贩只提一小挎，可容十来头，故曰"小挎"。惟挎之大小并不反映鸽贩之资本多少。大挎有只卖一般品种，无力雇人而须自己挑挎者。小挎亦有以经营佳鸽为主，资本雄于一般大挎者。三四十年代，瑞四、对儿宝列诸大挎之首。出入大户人家，鼓舌如簧，精通夸诩本领，同时亦极阿谀奉承之能事。对一般养家则常露轻蔑之色，直到冷嘲热讽。对同业多行不义，欺凌剥削，刻薄刁钻，实一市之霸。老袁乃大挎而匿于资者。小白为小挎常携佳鸽待价而沽，亦不惜高值收购者。当年大小鸽贩能呼其名者不下数十人，今已随岁月流逝而遗忘殆尽矣。

再言养家。市上所见，中产小康之家及清贫无恒产，藉苦役给朝夕者，实百倍千倍于富商豪绅。其中更有以叫卖谋生，赖拉车糊口，自身难保温饱，而为鸽买粱豆，先于为家市米薪者。彼等常言："我从牙上刮下点吃的喂鸽子。"可见此癖中人之深。盖养鸽实为北京民间习俗，大众爱好，故名贵品种得长期萃集于北京，且不时培育出新奇花色，正因其有广大深厚之群众基础。

鸽市所见又一特点为顽童稚子，直到老叟衰翁，不同年龄，庙庙可见，故知癖之终身者，大有人在。予年十二三即去鸽市，历少壮而届中岁。"三反"中，蒙冤厄，身系囹圄十阅月，自此罹肺疾。随后政治运动频繁，不再养鸽。惟得暇仍游鸽市，积习难除也。见幼童指鸽问值，转身数囊中钱，不敷而有苦色。自思当年我曾如是。见中学生与对儿宝议价，该贩斜睨曰："买不起你别买！"自思当年亦曾受奚落。见中年人买瑞四鸽，已成交。瑞四喜而连声奉承："您真有眼力！"自思当年渠对我亦曾先倨而后恭。见曳杖叟，以巾裹两鸽，手提而行。自思我届叟年，不知有幸与鸽为侣否？今老矣，目眊足跛，早绝畜鸽之想，但不能忘情。"蹁跹时匝芳树，窈窕忽上回栏"，每现梦中。不获已，鸽市仍为常游之地，惟当年名贵花色，已难得一见。愈感宣扬我国悠久灿烂鸽文化，尽力访求、保护传统佳种，实为当务之急。《鸽经》、《鸽谱》之印行，或能收效于万一，吾不可得而知矣！

十三　憋鸽子

市上买卖鸽子既有鸽贩，也有养家。买者大都愿买养家的，不愿买贩子的。贩子卖的价钱贵，而且往往做了手脚，如剪掉杂毛，扦换夹条等。

从养家手中买鸽子，最好不在市上，而在赴市途中。因卖者到市才露面，人们便一拥而上，争相探挎取鸽，问公母，讲价钱，忙忙乱乱，无法看清好坏。倘有人存心哄抬，更闹得难以成交。

当然，买者想要在赴市途中买到称心如意的鸽子，实非易事。要不惜费时费力，耐心等候。坚持守株待兔精神，始能有所收获。因而这一行动有了专门名词，曰"憋鸽子"。

贩子憋鸽子更多于养家。他们不论花色品种，只要有利可图就买，故比养家容易开张，逢庙之日，养家、贩子都在途中"憋"。为了避免"狭路相逢"，诸多不便，养家总是走得比贩子远一些，以期占"先得月"之利。30年代，有一位鸽友，逢九或十，再碰上是星期日，总是坐在朝阳门内的茶摊儿上，憋从通州、东坝等地来鸽。东郊有不少家都畜佳种，当时城墙未拆，故朝阳门是他们去隆福寺必经之路。一般养家憋鸽子多半在东四牌楼、大佛寺附近选点等候。点如何选，大有学问。首先必须是上市常经之路，其次要求视野开阔，行人动态，历历可见。此外，还要为憋者自己找一个可容身休息之处才好。

我的选点在大沟巷把口的汪元昌茶叶店和稍稍迤东的万聚兴古玩店。两家都有玻璃门窗，面临大街，且窗内有板凳可坐。断断续续，憋了四五年，成绩并不佳，只憋到成对的铁翅乌，和最喜爱的粗嘴葡萄眼素闪黑玉翅，还有短嘴素灰及斑点灰等。最得意的为鸽友憋到一对当时十分罕见的双五根、五六根铁膀点子，刀斩斧齐，通身和素点子一样。买到后，故意提到市上走一遭。有人问，大声回答"我刚憋的"，使瑞四、对儿宝等为之侧目。

十年浩劫后期，从干校回到北京，直到十一届三中全会的召开，其间有一段无所事事的时期，我常去看足球比赛，不料却成了买退票能手。不仅场场不空，而且总有三五位相识或不相识的球迷跟随身后，等候我为他们买退票。我也总能让他们高高兴兴地进场。买退票的秘

梅兰芳先生纪念馆中的清代玻璃油画拃灰

诀是要根据得票可遇率来选点；要频频吆喝，遇人便问；遇有退票者，要行动果断，票款在握，立即钱、票两交。买退票当然不同于买鸽子，但不少经验却是从憋鸽子得来的。

十四　拃灰

我喜欢灰色的观赏鸽。它不同于灰色的野鸽（北京通称"楼鸽"）和外来的信鸽。喜欢的原因是虽名曰"灰"，却有多种花色。首先色有深浅之别，粗粗区分，也有"深灰"（或曰"瓦灰"）、"灰"和"浅灰"（或曰"亮灰"）三等。其次，除翅端两道深色楞外，有的浑然一色，曰"素灰"；有的有深色斑点，曰"斑点灰"。复次，有的翅有白翎，曰"灰玉翅"，并视其有无斑纹曰"斑点灰玉翅"或"素灰玉翅"。还有头项部位生白毛，曰"灰花"。再加上有的为白眼皮金眼，有的宽红眼皮睛如朱砂曰"勾眼灰"（《鸽经》曰"狗眼"）。品种实多于他色观赏鸽。

"灰"中我最喜欢的是短嘴、算盘子头、大不盈握的北京所谓"拃灰"。它不仅各种花色俱备，而且娇小玲珑，矫健善飞，堪称"天生尤物"。别看它体形小，却胜任背大哨。我的一只斑点亮灰，系"鸣"字大葫芦，随盘从不落后。是因为一只大公点子承受不了才让它佩戴的。

我幼年养鸽，不拘花色，喜欢就买，品种较杂。1945年回京后，只养点子、玉翅、灰三种。当时城内拃灰，首推东四牌楼东南隅灰铺所畜，其次即数舍下。1953年蒙不白之冤，身陷囹圄，此后不复养鸽，但始终未能忘情，尤其是拃灰。偶经鸽市，必几番巡视，以期一见。至60年代初，已感到有绝迹之虞。

生禽难见，求之于图绘。梅畹华先生护国寺故居，正房西间隔扇上，就挂有一幅朱砂眼浅色拃灰玻璃油画，画得美妙绝伦。畹华先生的《舞台生活四十年》中有一段讲到此图：

有一天一位最关切我的老朋友冯幼伟先生很高兴地对我说："畹华，我在无意中买到一件古董，对于你很有关系，送给你做纪念品是再合适没有的了。"说着拿出来看，是一个方形的镜框子，里面画着一对鸽子。画地是黑色，鸽是白色，鸽子的眼睛和脚都是红色，并排着站在一块淡青色的云石上面，是一种西洋画的路子，生动得好像要活似的。我先当它是画在纸上面，跟普通那样配上一个镜框的。经他解释了，才知道实在就是画在内层的玻璃上面，仿佛跟鼻烟壶里的画性质相同。按着画意和装潢来估计，总该是一百多年前的旧物。据说还是乾隆时代一位西洋名画家郎世宁的手笔，因为上面没有款字，我们也

无法来鉴定它的真假。但是这种古色古香的样子，看了着实可爱。我谢了他的美意，带回家去，挂在墙上，常对着它看。这件纪念品，跟随我由北而南二十几年，没有离开过，现在还挂在我家的墙上。

那幅油画实在动人，画里真真，呼之欲出，故每次往观，必凝视久之而后去。使我十分遗憾的是拨乱反正后，畹华先生故居恢复开放，我再次往观，隔扇犹存，鸽画已杳。经询问，始知早已毁于"打砸抢"。惜哉！今可见者，只有印在《舞台生活四十年》1957年版第一集中的一幅模模糊糊的黑白图了。

1963年，我在文物博物馆研究所任职时，参加考察龙门石窟工作队。假日去洛阳关林，在集上巧遇有人拿着一对拃灰，使我惊喜。当时存有戒心，不敢轻举妄动，但还是忍不住多看了两眼，问了问价钱。果然当晚生活会上过不了关，被"左"得可爱可敬的英雄们狠批了一顿，上纲到"违法乱纪"。我却暗自欢喜，喜的是北京虽已绝迹，外地还有，真是天佑瑞禽呀！将来如有一天容许人活得自由一点的话，我一定专程到洛阳来访求它。

拃灰！拃灰！我实在未能忘情！

十五　鸦虎子

鸽鹰，不知为什么叫"鸦虎子"，难道它也抓乌鸦？

听老友常荣启说，下网打大鹰，用鸽子作油子（诱饵），也打到过鸦虎子。比鹞子大些，深色眼珠，和金黄色眼珠的大鹰、鹞子不同，而和兔虎（鹃）相似，因而应属隼类云云。兔虎即每年秋季国外派遣不法之徒到宁夏一带偷购、盗运出口的猎隼。我所知仅此，正确的分类

要请教鸟类学专家了。

鸦虎子和大鹰一样，八、九月间从塞外飞来。经过华北平原而南去。除在途中攫食鸽子外，有的留下来（曰"存林儿"）专吃北京的鸽子，故为害甚虐。当年有人在天坛柏树下发现鸽子毛、鸦虎子"条"（鹰隼粪便皆作条形，故曰"条"），吐出的"毛壳儿"（鹰、隼每日凌晨都将不能消化的鸟兽毛羽团紧成球吐出，古人名之曰"魉"，见《说文解字》），还捡到过鸽哨。燕京大学水塔顶层檐下也住过鸦虎子，我心爱的一只墨环便死在它的爪下。

鸦虎子袭击鸽盘儿的伎俩不外乎"托"和"冲"。托是在鸽下回旋，迫使盘儿升向高空，然后突然出击。冲是在盘儿上滑行，或速鼓两翅，停在高空，养家称之曰"定油儿"，随即倏忽冲向鸽盘儿。托与冲目的均在打散鸽群，使各自逃命，打着"鬼翅子"，作不规则的飞行，迅速冲向地面。鸦虎子正好借此选择目标，攫捉最容易捉到的鸽子。带哨之鸽往往因身有负荷而遭惨厄。故真正爱鸽者，往往有哨而不悬。

每次飞盘儿前，鸽群集房上，当先观察其神态。倘有多只紧毛兀立，引颈注视某方，就是天空有警之象，当即停止飞放。飞盘儿时如发现回旋失常，翅频紧急，也说明有鸦虎子，应立即打开栅门，迅速"垫"（驱栅中之鸽上房，使飞盘儿之鸽速下，术语曰"垫"）下鸽群，俾得安全降落。

十六　买高粱还是买奶粉

1947年我从日本押运被劫夺的善本书一〇七箱归国，去南京与清理战时文物损失委员会交待清楚后回到北京，开始在故宫博物院任古物馆科长。

说起来惭愧，此时我和荃猷及一岁的儿子住在芳嘉园家中。父亲告诫我："念你刚出来工作，我管你们吃、管你们住。至于你的额外开支，我管不了，必须自理。"实际上父亲已经管了我们生活上的一切，所谓额外开支，是指我买文物标本、古老家具和鸽子食粮的费用。当时零星文物很便宜，古老家具没人要，更不值钱，我买的又大都是残缺不全的，但架不住贪得无厌；数十只鸽子，每天也要吃几斤高粱，还须多少搭上点小米、黑豆；因此我手头总是很拮据。父亲既然有话，有些并非纯属额外开支，也不便启齿了。

有一个月月底，赶上儿子的奶粉吃完了，鸽子的高粱也吃完了。荃猷有病缺奶，奶粉对儿子极端重要，鸽子几十张嘴，也不能饿着；但手中的钱买了奶粉买不了高粱，买了高粱买不了奶粉。我是买奶粉呢，还是买高粱呢？

和荃猷商量后，我们取得一致的意见：花钱给孙子买奶粉，爷爷肯定乐意掏，但不能提。不要说被父亲质问一句，就是稍稍表示不解："为什么不用买家具和高粱的钱买奶粉？"我便无地自容。荃猷有个妹妹，住得不远，借钱救急买奶粉，还借得出来，但如开口借钱买高粱喂鸽子，就太不像话了。

最后决定，把仅有的钱买高粱，借钱买奶粉。

十七　养鸽条件

按照北京的老谱儿，养鸽子要具备一定的条件。就是：平房三间，独门独院，院子较宽敞，有一部分地面是土地，四周无高楼大树，栅子上有遮阴的小树

芳嘉园院内鸽群 1947
年袁荃猷速写

或豆架瓜棚。

平房并不要求高大，瓦房或棋盘心
均可。后者养踩云盘鸽子更相宜，不会
戳断毛脚上的羽毛。独家一户，不受干
扰，免起纠纷。院子较大，有利鸽子活
动和主人观赏。有土地鸽子才能啄食土
壤，挠土扒坑，洗旱澡，晒太阳。无此
便难遂鸽子的天性，剥夺了鸽子的本能，
故十分重要。无高楼免得鸽子不听指挥，
飞上去不下来。无大树免得起飞落下时
成了障碍。棚子有遮阴，夏日暴晒可以
无虞。

上述条件，20世纪初不少养家都大
体具备。时至今日则太难太难，简直是
不可能了。今日的养家，十之七八在楼
房阳台上筑鸽舍。人禽共处，有碍卫生，
不得飞，不得看，一切乐趣，荡然无存，
故不如不养。要圆旧日之梦，恐怕只有
搬到农村去住了。

50年代初，我遣散鸽群，倒不是
由于住房有了变化，而是遭到冤狱。只
因在日本投降后，我为国家追回的国宝
太多了，"三反"中怀疑我有严重问题，
手铐脚镣关入公安局看守所审查十个月
之多。查明没有问题后释放，明明是有
功无罪，却被文物局、故宫博物院开除，
通知我自谋出路。天下宁有此理！不平
则鸣，1957年我注定会戴上"右派"帽
子。60年代初我故态复萌，又犯了养鸽
瘾，未能如愿，则是由于住房有了变化。
房管局、居委会知道我家院中有几间厢
房无人住，天天动员我拿出房来"抗旱"，
也就是出租。如不同意，就要在我家办
街道食堂或托儿所。身为一个摘帽"右
派"如何能扛得住。权衡后果，只好同
意出租，于是我家就成了大杂院。后来
我才明白，动员我出租，是为了加上我
父亲在世时已租出的一所房达到十五间
之数，这样就够上私房改造的法定标准。
一箭双雕，两处私房都成了公房。从此
我不再具备养鸽子的条件。真应当感谢
对我的改造，一下子把我癖爱鸽子的痼

疾给根除了。

十八　王熙咸

　　王熙文，住宣外铁门米市胡同，喜溜獾狗，架大鹰，举"胡不拉"（即伯劳），仪表轩昂，谈笑爽朗，有侠者风。弟熙咸，终身不娶，孑然蛰居和平门内南所，瘦小而讷于言，与熙文同行，孰信其为弟兄。殊不知熙咸乃通臂拳宗师张策关门弟子，后又潜心太极，终成武林高手，能掷猛夫于十步之外，所谓真人不露相者也。

　　熙咸年十五，始养鸽，由鸽及哨，爱之入骨髓，搜集收藏成为平生惟一爱好，竟以"哨痴"自号。惟身为小学教员，中年即退休。性迂直，不善治生产，故家境清贫，俭约殊甚。独于鸽哨，不惜倾囊相易，乃至典衣质物无吝色，非得之不能成寐。如是数十年，所藏乃富，所知乃丰，更得与制哨高手陶翁佐文相切磋，故能穷其奥奥，对惠、永、鸣、兴各家之造型风貌，刀法异同，音响高低，真伪鉴别，皆能言之凿凿，了如指掌，真知灼见，无人能出其右。

　　熙咸撰有《鸽哨话旧》一稿，七千余言，信是记录研究鸽哨之最重要文献，已收入拙作《北京鸽哨》。其中有绝妙之文，可供欣赏：

　　二宝、小六合买绍英家淡黄漆全竹小型鸣字十一眼一对。斯哨有四绝：一曰鸣字，二曰全竹，三曰型小，四曰无疵，即咏西家亦无此尤物。售者居奇，买者恐后。尔时余于旧哨，尚无真知灼见，故质诸佐文。佐文曰："如哨果佳，则君不妨说'尚可留用'，以免彼居奇。如为赝鼎，则君不妨说'此哨绝佳，慎莫轻易出手！'如此虽交易不成，彼无

王熙咸先生小像

怨尤。"予往视，哨固真而且精，屡经磋商均不谐。最后许以十五对小永哨易此一对，二贩沉思移时，始允交易。狂喜之下，徒步归家，恐颠而伤哨，一步落实，方迈下步，返寓入室，心始释然。此后蓄哨名家，接踵而来，每求割爱，余爱之切而未能许也。倘有识者祈一观，则共欣赏而不吝焉。两哨伴我二十余年，竟为小奸赚去，每一念及，五内如焚。

　　凡有玩物之癖者，皆知议价还值，须施心计，擅辞令，方能成交。故往往佯进实退，欲擒故纵，有褒有贬，时实时虚，盖非此不足以应贾贩之狡黠。不意佐文寥寥数语，已尽其旨。获宝之后，欢喜无状，捧之怀之，维恭维谨，竟至行动失常，不知所措。凡有此经历者，读之当有所会心而不禁暗自窃笑也。

　　余曾多次造访熙咸，室晦而隘，罩内窗前，案头桌面，架上柜中，枕边床底，箱箱匣匣，篓篓篮篮，尽是鸽哨，此外别无长物。计成双者不下三百对，无偶者数亦如之，真可谓洋洋大观。余请求

拍照，本拟携摄影师同往，而熙咸曰：「我能知人，带走何妨」，且毫不迟疑，择至精者相借，其待人真诚又如是。余深幸留此形象记录，1989年《北京鸽哨》出版，得用作图版。否则仅附拙藏，名家之制，所缺太多，无足观矣。

熙咸常年茹素，鸡蛋亦在禁食之例。八旬以后，体衰多病。1986年逝世，享年八十有七。据同院邻人言，全部藏哨，被其甥女席卷而去，此后不知流落何处。自有鸽哨以来，两次最重要荟集为乐咏西、王熙咸之收藏，不幸散若云烟，命运竟相若也。

十九　标点鸽名

标点古籍，多由谙悉文言文者任之，虽饱学之士，亦不免有误，可见其难。遇有事物名称，专门术语，则更难落笔，往往反复思考，逗点几番移上移下，仍未点到是处。读者固不能要求标点者事事精通，而标点者也只有不惮辛劳，查阅有关图籍并向熟悉此道者请教，始能不错或少错。误点古籍中鸽名，试举两例。

蒲松龄《聊斋志异》（青柯亭刊本）《鸽异》篇有如下字句：

又有靴头点子大白黑石夫妇雀花狗眼之类名不可屈以指。

1977年人民文学出版社《聊斋志异选》，由北京大学中文系张友鹤选注，标点上文如下：

又有靴头、点子、大白、黑石、夫妇雀、花狗眼之类，名不可屈以指。

按《鸽异》所列鸽名，均见张万钟《鸽经》。鸽名为：靴头、点子、大白、皂子、石夫石妇、鹊花、狗眼。故只须查阅该书，便可标点如下：

又有靴头、点子、大白、黑、石夫妇、雀花、狗眼之类，名不可屈以指。

富察敦崇《燕京岁时记》（光绪三十二年刊本）《花儿市》条有如下字句：

其寻常者有点子玉翅凤头白两头乌小灰皂儿紫酱雪花银尾子四块玉喜鹊花跟头花脖子道士帽倒插儿等名色其珍贵者有短嘴白鹭鸶白乌牛铁牛青毛鹤秀蟾眼灰七星兔背铜背麻背银楞麒麟斑蹒云盘蓝盘鹦嘴白鹦嘴点子紫乌紫点子紫玉翅乌头铁翅玉环等名色。

1961年北京古籍出版社排印本《燕京岁时记》标点上文如下：

其寻常者有点子、玉翅、凤头白、两头乌、小灰、皂儿、紫酱、雪花、银尾子、四块玉、喜鹊花、跟头花、脖子、道士帽、倒插儿等名色。其珍贵者有短嘴、白鹭鸶、白乌牛、铁牛、青毛、鹤秀、蟾眼灰、七星、兔背、铜背、麻背、银楞、麒麟、斑蹒、云盘、蓝盘、鹦嘴、白鹦嘴点子、紫乌、紫点子、紫玉翅、乌头、铁翅、玉环等名色。

其中跟头、花脖子、短嘴白、鹭鸶白、乌牛、七星兔背、麒麟斑、蹒（踩）云盘、鹦嘴白、鹦嘴点子等均被误点。

《燕京岁时记》成书去今不远，故鸽名与本世纪养家、鸽贩所用者基本相同。如赴鸽市访问即可得到正确答案。1938年美国人胡斯（Harned Pettus Hoose）编写英文小册，名曰《北京鸽与鸽哨》（*Peking Pigeons and Pigeon Whistles*）亦曾引用《燕京岁时记》鸽名，"花脖子"、"麒麟斑"等标点竟不误。胡斯阅读古籍能力不可能比排印本的标点者高明，只不过他和鸽贩有交往，可随时询问而已。

二十 《鸽种全书》

美国勒维（Wendell M.Levi）编著鸽谱，名曰 *Encyclopedia of Pigeon Breeds*（1965，T.F.H.Publications，Inc.Jersey City，N.J.），似可译名为《鸽种全书》。蒙香港友人惠借数周，得浏览一过。喜其详备，曾驰书海外求物色一册，因绝版而未果。全书彩图八〇七幅，每幅一鸽，可谓洋洋大观。

《鸽种全书》引起我注意之事有四。

（一）自愧孤陋寡闻，所见不广。某些海外品种，从未见过。如能将嗉囊吹涨如球之 Pouter，全身羽毛鬈曲如落汤鸡之 Silky Sedosa。凤头如满月之 Jacobin，颇疑此即《鸽经》所谓"凤卷如轮"之"凤尾齐"。

（二）《鸽种全书》中不少花色为北京常见品种。惟以北京养家标准衡之多不及格。如点子，西方名之曰 Helmet（头盔），因头上黑羽覆盖头顶如盔而得名，（见图一三〇——一三六）。从审美角度看，远不如中国点子：平头贵"瓜子点"，两侧露白眉子；凤头贵黑凤或黑凤白凤心。它们额头只一点或一簇，俊俏生姿。玉翅，西方称黑者曰 black white——flighted（图五六八）。紫者曰 yellow white——flighted（图一一五）。其头、嘴、眼皮无一佳者，对两翅白翎不宜过多或过少，或一多一少，亦不讲求。各图所见与北京之素闪、粗嘴、葡萄眼黑玉翅之美实无法比拟。又如紫乌头（图二二七），嘴细而尖，竟如野鸽。麸背，西方称 Blue Argent Modena（图二五二），头嘴欠佳，体形臃肿。使人感到西方养家似未能如我国爱鸽者之穷年累月，代复一代，将观赏鸽培育到至美极妍。

（三）西方鸽种中也有头圆如算盘子，嘴短如谷粒者。大抵属于 Satinette（图三〇〇——三〇三，中文译名沙田尼）、Blondinette（图三〇七——三一二，中文译名白朗黛），Owl（图三一四——三一六，中文译名枭鸽）三种。花色有的近似鹤秀，即《鸽经》之腋蝶或麒麟斑，清宫鸽谱之蛱蝶。当年倘在北京市上出现，定被视为无上佳品。

（四）《鸽种全书》后附文献目录，收有明张万钟《鸽经》，但著者并未见到原书。中国观赏鸽仅收墨环、乌头、黑乌、亮灰等数种（图五五七——五六四），由香港何先生（Ho Yan Ning）提供。足见我国鸽文化虽悠久灿烂，但对外宣传十分欠缺，故不为世界所知，使人深感遗憾。

新编鸽书两种

没有想到我在耄耋之年，还能编写出版两本有关鸽子的专书。

一 《北京鸽哨》

1989年曾出版简装小册，没想到这本无关国计民生，只讲技等雕虫、器至纤屑的小书竟有机会再次出版，这不能不感谢辽宁教育出版社。不过，为这次出版，也做了不少修改增订。首先是主要部分由老同学胡世平兄译成英文，成为双语本。其次是文字、插图均略有增加，图版则全部改为彩色。精装十六开，和前者相比已判若两书，可谓"鸟枪换炮"了。全书一百一十页，2000年4月出版，售价四十元。

二 《明代鸽经 清宫鸽谱》

为了宏扬我国历史悠久的鸽文化，拯救有灭亡危险的传统观赏鸽，著书立说，呼吁宣传，实为当务之急。展示高贵美丽的鸽形象，使更多人认识它、喜爱它、养育它，尤为重要。否则等于纸上谈兵，书易成而收效小。故著书言观赏鸽，难就难在必须以图为主。

半个多世纪前，工笔花鸟画家于非闇先生具备著书条件，因为他知鸽善画。可惜他只写了一本《都门豢鸽记》而没有绘制图谱。近年，摄影印刷进步，不须作画，拍彩片制图，真实准确，效果更好。不幸的是鸽子品种却大大减少了。背着相机上鸽市、访养家，奔走几天拍不到三五个合格的品种。继续努力，所见仍此数种，不禁深感危机之严重。我也曾想过，如遍访全国各地，当有收获。但也只是臆测，实效难言。何况我已年老体衰，跋涉维艰，心有余而力不足，奈何！奈何！故自年逾七十，已绝著书编谱之想。每一思及，未免怅然。

不料我年届八十，在故宫博物院藏画中，先后发现鸽谱四种：

（一）蒋廷锡绘鸽谱一百幅（《石渠宝笈》著录，每幅有纸签标鸽名。）

（二）清人绘鸽谱四十四幅（《石渠宝笈三编》著录，每幅有纸签标鸽名。）

（三）沈振麟、焦和贵绘鸽谱四十幅（每幅有纸签标鸽名。）

（四）清人绘鸽谱四十幅（未标鸽名。）

四谱绘制时间历康熙至咸、同，共二百二十四幅。除第二种乃摹自第一种，因重复予以删舍外，尚有一百八十幅之多。工笔彩绘，出宫廷名家之手，写生忠实，如见生禽。不仅是研究鸟类的宝贵材料，也是学画的上佳范本。我没有想到垂老之年，时萦梦寐，以为不可能再有的鸽谱，前人竟已为画就，不禁为之狂喜！

清宫鸽谱虽不可能把当时的品种描绘无遗，但有此一百八十幅，近可与民国时期（1930年前后）我养鸽时的北京鸽种对照比较，远可与明张万钟收入《鸽经》的品种参证核对。在观察、研究、比较中，如注意到古今品种之异同，名称之沿易，好尚之变化等等，记录阐述，写入图说，岂不是能把四百年的中国鸽文化贯穿起来，写出一部前所未有的鸽书？因此认识到应当把《鸽经》、鸽谱、于氏《都门豢鸽记》及本人有关观赏鸽的知识综合而有机地联结起来，用作编写此书的材料。

同声相应，同气相求，从友好处得悉山东农业科学院赵传集教授十多年前已为《鸽经》注释并译成语体文，还撰有两篇关于中国养鸽史和考证张万钟生平的文章。经过函请，承蒙赵教授欣然同意修订旧稿，与鸽谱一起出版。这就是本书的前一部分《明代鸽经》。我对赵老之作，只做了一点点补充，即在可以用鸽谱来为《鸽经》作插图的条款之后，注明《鸽谱图说》的图号，读者可以前后对照参看。赵老也十分高兴，认为从此《鸽经》竟从无图成为有图。

本书的后一部分为《清宫鸽谱》，篇章有二。

（一）《鸽谱四种叙录》叙述记录四种鸽谱的画家、款识、印章、装裱、尺寸、幅数、鸽名等等。

（二）《鸽谱图说》为鸽谱一百八十幅所绘之鸽写说明。

在写说明之前，先列出一张民国时期北京观赏鸽品种表。凡谱绘之鸽为北京曾有的，便将谱标鸽名及编号记在表中鸽名之后（鸽谱第四种未标鸽名，则补题北京惯用名称，加括弧以示为后加）。这样不仅可将谱中相同或近似的品种排列到一起，为写说明提供便利，还可以一眼看出鸽谱与北京均有的有哪些品种，谱有而北京没有的有哪些品种。北京曾有而鸽谱无图的自然也可一览无遗。

鸽谱一百八十幅归入以下四类，《图说》依次编为图一至图一百八十。

（一）曾见品种　所收即鸽谱与当年北京都有的品种，计一百一十五幅。

（二）未见品种　花色整齐规范。某色虽未见过，但他色者有之，说明有此品种。或见《鸽经》著录，证明当年确实存在，后来绝迹。可惜其中不乏名贵品种。计三十一图。

（三）存疑品种　花色虽尚规范，但不宜视为稳定品种。有的可能是为了培育某一品种，在进化过程中出现此一花色，以后又被淘汰。是否能成为一个品种，既难肯定，亦难否定，故归入存疑。计十五图。

（四）杂花混种　花色杂乱无章，根本不能算是一个品种，也根本不应收入鸽谱。计十九图。此类虽不能为观赏鸽增添品种，却从另一个角度说明鸽谱画家忠实可信，没有弄虚作假，美化事物。否则鸽谱对鸽种的科学研究，也将毫无价值。

《图说》为每一幅所绘之鸽写一说明。征引文献自《鸽经》开始，继以《都门鬓鸽记》于氏之说。本人所知堪供补充者，附之于后。偶尔还引用一些外国鸽书材料。鸽谱标名如巧立名目，或重复使用，试为订正。对鸽之身材、花色、各个部位如头、嘴、眼皮、睛色、趾爪等，评论优劣，并定品级。

书后有《附录》，收拙作《鸽话》二十篇，及致全国各省市园林局公开信，呼吁保护拯救传统观赏鸽，除养广场鸽外，应增养观赏鸽。

从 2000 年 6 月 15 日起曾在《新民晚报》第二十版《夜光杯》连载

彩毫尺素写飞奴

——记清宫鸽谱四种

我国有悠久的养鸽历史。唐张九龄养传书鸽，名之曰"飞奴"。五代黄筌父子绘金盆浴鸽等图，经《宣和画谱》著录的就有八幅之多。晚明山东邹平张万钟撰《鸽经》，记录了"花色"、"飞放"、"翻跳"三类家鸽不下百数十种，它是比任何民族或国家都出现得更早的一部文字鸽谱。故宫博物院珍藏鸽谱四种，康熙蒋廷锡居首，继为嘉道至同光沈振麟、焦和贵等所绘，共八册二二四开，每开画鸽一对。时历数朝，鸽种繁多，工笔彩绘，描写逼真，且多数标有鸽名。可以断言它是世界上无与伦比的图画鸽谱。略举数端，已足证我国的鸽文化源远流长和许多成果累累的动植物学科一样，卓然高立于世界之林。

去年初，笔者与赵传集先生合作，完成《明代鸽经　清宫鸽谱》一稿。赵先生考证张万钟生平，并将《鸽经》译成语体文。笔者则撰写《鸽谱图说》。汇合各谱，依品种分类重编，区为曾见、未见、存疑❶、混杂❷四类。每图一说，述评其花色纯驳，形相美丑，标名正讹。上溯晚明，下与20世纪前半叶笔者所畜所见比较印证，可略知三百年来鸽种

之变化存亡，名称之沿袭更易。笔之既久，虽伏几案，恍若置身栏栅巢舍间，翩跹翻影，咕嘟鸣声，时时萦回左右，亦一乐也。今草此小文，只能先介绍各谱概况，并录所标鸽名。次选曾见、未见之鸽数图，均属花色纯正，形相较佳者。名称今昔不同之鸽，亦经选用。限于篇幅，选图不及总数的二十分之一，聊供读者窥豹一斑而已。

第一种蒋廷锡鹁鸽鸽谱（简称"甲谱"），《石渠宝笈》卷二十三著录如下：

蒋廷锡鹁鸽鸽谱二册（上等宙一）

素绢本著色画，每幅有"臣廷锡"、"朝朝染翰"二印。末幅款云"臣蒋廷锡恭画"。每幅签题鸽名，上下各五十幅。高一尺二寸七分，广一尺二寸六分。

册内钤"乾隆鉴赏"、"三希堂精鉴玺"、"宜子孙"、"石渠宝笈"等印玺。

蒋廷锡（1669—1732年），号南沙，常熟人，康熙、雍正年间名画家。画史称其无所不能而尤工花鸟。此册工笔写真，彩绘极精，借阴阳渲染，分羽毛层次，色晕浅深。徐邦达先生认为画师受西洋画法影响，非蒋廷锡手绘而系代笔❸。按册中蒋氏款字印章皆真，又经《石渠

❶ 存疑类所收多数为在形成某一品种之前出现的花色。在当时可能被视为是一个已经定型的品种而收入鸽谱，但后来又因花色不纯而被淘汰。谱中介乎鹤秀与四块玉之间的若干对属此。

❷ "混杂"即混种杂花，根本不入格，不成品种，本不该选而误被选入谱中。这却从另一方面证明画家绘谱乃忠实写生，不论美丑，如实描绘，反而增高了鸽谱的科学价值。

❸ 徐邦达《古书画伪讹考辨》下卷第一八八页，江苏古籍出版社，1984年。

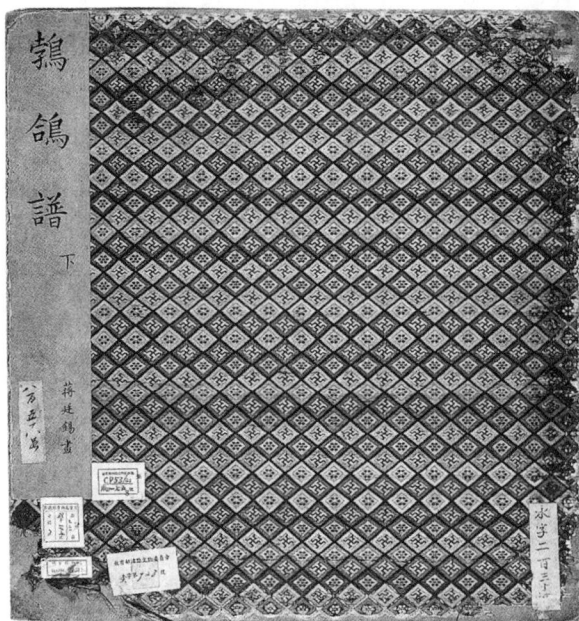

《鹁鸽谱》蒋廷锡著

宝笈》著录，故即使非蒋氏亲笔，也是在其授意下由画院高手面对生禽，精心绘制。年代在 18 世纪初叶。

两册为便于临摹，已拆成散页，次序与当年原装有出入，今据现况列所标鸽名如下：

1. 太极图　2. 葡萄眼铁牛　3. 雪眼皂　4. 黄雀花　5. 勾眼瓦灰　6. 串斑子　7. 燕毛青　8. 朱眼白　9. 银鞍鞯　10. 铁袖　11. 绣背　12. 米汤浇　13. 筋斗白　14. 银尾凤　15. 鸳鸯眼　16. 桃花串　17. 灰翅杂花　18. 雪花银楞　19. 青鯌　20. 鸡黄眼雨点　21. 黑哆啰玉翅　22. 碧玉鳞　23. 虎头雕　24. 踹银盘玉翅　25. 缠丝斑子　26. 喘气揸尾　27. 踹银盘黑雀花　28. 银尾瓦灰　29. 金尾凤　30. 四平　31. 黑胆大　32. 白胆大　33. 醉西施　34. 凤头朱眼　35. 紫蛱蝶　36. 官白　37. 墨雪杂花　38. 砂红蛱蝶　39. 玉环　40. 绣球番　41. 火轮风乔　42. 金剪　43. 紫鹤秀　44. 鹁眼鹤袖　45. 紫雪　46. 嘉兴斑　47. 黑鹤秀　48. 紫靴头　49. 串子　50. 点子　51. 合璧　52. 紫肩　53. 铁臂将　54. 黑靴头　55. 杂花玉翅　56. 芦花白　57. 紫眼焦灰　58. 鹁眼雪花　59. 雪灰　60. 藕丝凤　61. 黑蛱蝶　62. 沙玉杂花　63. 星头串子　64. 灰哆啰玉翅　65. 潮头皂　66. 蒲鸡　67. 雪花　68. 勾眼串斑子　69. 四块玉　70. 鹰背灰星　71. 黄瑛背　72. 红砂雨点　73. 七星负背　74. 黄眼盘瓦灰　75. 佛顶珠　76. 海云斑　77. 麒麟斑　78. 绿玉环　79. 菊花凤　80. 鹰背白　81. 绣鸾　82. 绒花蛱蝶　83. 绣颈　84. 银夹翅　85. 白蛱蝶　86. 日月眼　87. 黑雀花　88. 走马番　89. 紫云星串　90. 银灰　91. 黑插花　92. 蓝蛱蝶　93. 倒插　94. 金裆银裤　95. 紫雀花　96. 蓝鹤秀　97. 玉麒麟　98. 花蛱蝶　99. 银楞　100. 黄蛱蝶

第二种清人鸽谱二册（简称"乙谱"）。《石渠宝笈三编》（御书房四）著录如下：

鸽谱二册

[本幅]纸本，二十二对幅，皆纵一尺二寸八分，横一尺二寸六分，设色画鸽谱，各有签题鸽名。一黄蛱蝶、踹银盘黑雀花。二缠丝斑子、银尾瓦灰。三金尾凤、四平。四紫蛱蝶、官白。五白胆大、黑胆大。六醉西施、凤头朱眼。七玉麒麟、紫蛱蝶。八玉环、绣球番。九火轮风乔、金剪。十紫雪、嘉兴斑。十一黑鹤秀、紫靴头。十二紫雀花、蓝鹤秀。十三合璧、紫肩。十四铁臂将、黑靴头。十五黑雀花、走马番。十六串子

点子。十七倒插、金裆银裤。十八白蛱蝶、日月眼。十九黑插花、蓝蛱蝶。二十紫鹤秀、鹞眼鹤袖。二十一喘气揸尾、银楞。二十二虎头雕、踹银盘玉翅。

两册有“嘉庆御览之宝”、“三希堂精鉴玺”、“宜子孙”、“嘉庆鉴赏”、“宝笈三编”等印玺。经查对，乙谱44开均摹自甲谱。画笔有高下之别，至少出两人之手，当为乾隆时画家，姓氏已难查考。

第三种沈振麟、焦和贵鹁鸽谱二册（简称“丙谱”）。

纸本工笔彩绘，高、宽各46.2厘米。册面贴签楷书“道光庚寅沈振麟、焦和贵合笔”十二字。册内有“养正书屋鉴赏之宝”、“宣统御览之宝”等印玺。

沈振麟字凤池，苏州人。画家传记称其工写照，兼善写生，供奉内廷，奉敕为旻宁（道光帝）画马，又有百鸽图，尽绘物之妙。慈禧太后赐御笔“传神妙手”匾额。焦和贵亦为如意馆画师。

丙谱标鸽名如下：

1. 菊花凤皂子 2. 菊花凤腰翻白 3. 黑鹤秀 4. 四块玉 5. 鹰隼白 6. 孔雀头玉翅 7. 朱眼银灰 8. 丹英碧瓦 9. 腰翻皂子 10. 麒麟斑 11. 乌玉银盘 12. 坤星 13. 铜背 14. 扬州斑 15. 紫蛱蝶 16. 鹭鹚白 17. 绒花蛱蝶 18. 洒墨玉 19. 腰翻紫凤 20. 银尾粤鸣 21. 雨点斑 22. 莲花白 23. 金井玉栏杆 24. 玉岭朝霞 25. 铁牛 26. 乌牛 27. 紫葫芦 28. 雕尾 29. 紫玉翅 30. 青䲠 31. 勾眼瓦灰 32. 腰玉 33. 银灰翅 34. 黑花玉翅 35. 雪花 36. 雪灰蝶 37. 官白 38. 朱眼皂子 39. 杂花紫 40. 倒插点子

第四种清人绘鸽谱二册（简称“丁谱”）。

纸本工笔彩绘，高、宽各46厘米。共四十开，无画家款识，亦未标鸽名，下列名称乃笔者试加，以30年代北京流行名称为据。用方括弧[ ]括出，以示区别。册内有“宣统御览之宝”玺。绘制年代当在同治、光绪间。

1.[黑乌头] 2.[白顶皂] 3.[白头紫玉翅] 4.[毛脚黑皂] 5.[紫鹤秀] 6.[楞子] 7.[紫花] 8.[葡萄眼黑皂] 9.[勾眼毛脚瓦灰] 10.[金眼黑皂] 11.[毛脚白] 12.[乌牛] 13.[雨点斑] 14.[粉串] 15.[斑点瓦灰] 16.[黑花] 17.[毛脚火燎烟玉翅] 18.[黑花] 19.[瓦灰] 20.[葡萄眼黑皂] 21.[紫雪上梅] 22.[筋斗黑皂] 23.[豆眼斑点瓦灰] 24.[亮灰] 25.[筋斗紫鞴] 26.[白毛脚瓦灰玉翅] 27.[粉串] 28.[黑银尾] 29.[紫紫鞴] 30.[斑点亮灰] 31.[筋斗黑四块玉] 32.[黑雪上梅] 33.[花胯墨秀] 34.[短嘴亮灰] 35.[紫楞] 36.[斑点灰] 37.[黑乌] 38.[瓦灰银尾] 39.[瓦灰] 40.[黑盖黑乌]

鸽谱所绘，有不少对是笔者当年曾养或曾见的品种（如图一至四）。现在倘肯下工夫，相信半数以上仍能找到。当然其中也有20世纪初就很稀少，到今天已濒灭亡或不幸绝迹了。

虎头雕（甲谱23）（图1，彩图101）：

北京近代不知虎头雕一称，而只知名为“老虎帽”。它又别名“道士帽”，见富察敦崇《燕京岁时记》。但北京鸽贩读作 dào sè mào，发音不准，遂不知三字为何。按“老虎帽”言其像儿童戴的绣着老虎的帽子，“道士帽”言其像道士所戴风帽。观此鸽头部花色，确实有些像后半下垂可御风寒的帽子。此对白质黑章，故全称当为"黑老虎帽"，以别于白质紫章的"紫老虎帽"。紫者因更稀少，比黑者尤为名贵。

北京养家对老虎帽要求极为苛刻。头顶黑羽绕过两眼，沿颈而下，上狭下阔，直落双肩，名曰"披肩"。披肩上下，不得间有白羽，否则便成不入品的花脖子。眼皮之上，还须生有一弯白羽，把黑羽隔开，名曰"露眉"。喙角，俗称"嘴丫"，须生有黑羽一小绺儿，名曰"飘带"。披肩贵大，但又不得向前延伸到胸嗉部位。黑尾，忌有花裆。故花色合格而整齐者百不得一。

图中一对为双凤头，白眼皮，金眼，嘴粗而不长，上黑下白，乃是"阴阳墩子嘴"。披肩大而完整，均入选。只是"露眉"不够清晰，"飘带"因缩颈不易画出。黑羽闪光为红色，曰"荤闪"，不及闪绿色的"素闪"，但已十分难得，可列为上等。

勾眼瓦灰（丙谱31）（图2）：

灰色观赏鸽，全灰者曰"灰"。两翅有白翎的曰"灰玉翅"。背上有深色斑点的则再冠以"斑点"两字。灰色浅的曰"亮灰"，较深的曰"瓦灰"。

图中所见，通身灰色较深，朱砂眼，眼皮宽而红，是为"勾眼"（《鸽经》写作"狗眼"），与金眼白眼皮同样珍贵，有的养家甚至对勾眼情有独钟。丙谱标名曰"勾眼瓦灰"，与北京现代的名称完全相符。

灰色观赏鸽中，大不盈握，长仅数寸的名曰"拃灰"（拃为张开大拇指和中指两端的距离），矫健善飞，有的且能悬大哨。其头圆似算盘子，嘴短如鹦鹉而无钩者尤为可爱。记得畹华先生护国寺故居上房西间隔扇上，挂有一幅玻璃油画，画着一对短嘴灰，金眼白眼皮，真是天生尤物。每次行经，为之驻足。本图所绘虽比油画中一对稍逊，也可以说各有千秋了。

日寇投降后我第三次养鸽，只养点子、黑玉翅和拃灰三种，后者占总数之半，当时北京已十分稀少，后来则几乎绝迹。1963年，不养鸽已十载而未能忘情。文物博物馆研究所组队考察龙门石窟，在洛阳关林集上我遇到一对短嘴拃灰，当时只多看了两眼，打听打听价钱，生活会上，被"左"得可爱的英雄们狠批了一顿，上纲到"违法乱纪"。我却暗自欢喜。喜的是北京绝种了，外地还有，真是天佑瑞禽呀！

雪花（丙谱35）（图3，彩图82）：

通身黑色，背上有碎白花纹的鸽子，北京曰"麻背"，曰"麸背"。二者很相似，属同一种源，主要区别在麸背的花纹更为细碎。

此图所绘，即北京所谓的麻背。丙谱标名"雪花"，乃古名，北京养家不能接受。因为在北京，雪花是另一品种的名称，它通身黑白或紫白色羽相间，与麻背全无似处。

此图作者特画起飞一头，来展示花色之绚丽，每一片细毛都描绘入微。非对生禽写照，不克臻此。论品位虽为短嘴、白眼皮、素闪，惜为双平头，睛色又太淡，不及金眼或豆眼，故只能列为上等下。

[紫楞]（丁谱35）（图4）：

北京称全身黑色，两翅偏后有两道白色条纹的鸽子曰"楞子"。《鸽经》采用的名称则富丽得多，曰"金井玉栏杆"，又曰"银棱"。此二称亦被鸽谱标名采用。1990年去太原，访延泽桥下鸽市，听到

图 1　虎头雕（甲谱 23）

图 3　雪花（丙谱 35）

图 2　勾眼瓦灰（丙谱 31）

图 4　【紫楞】（丁谱 35）

图 5 【紫雪上梅】（丁谱 21）

图 7 铜背（丙 13）

图 6 葡萄眼铁牛（甲 2）

图 8 【白顶皂】（丁谱 2）

那里人称楞子曰"栏杆"。笔者对山西还保留着部分古名甚感兴趣。在北京则只用"楞子"一称了。

黑身白条纹的楞子现在仍不难见到，黑身紫条纹的"紫楞"则五十年前已十分罕见。此图所绘正是紫楞。今选此图更因它品位甚高，双凤头、短嘴、算盘子头、宽白眼皮、金眼、素闪，可谓无美不具，列上上等。

[紫雪上梅]（丁谱21）（图5，彩图143）：

全身洁白，只额上有椭圆黑点或黑凤，北京称之为"雪上梅"，或"黑雪上梅"。《鸽经》未收，乃稀有品种。倘黑色改为紫色，曰"紫雪上梅"，比黑者更珍贵。

此图所绘，嘴短，算盘子头，皆入格。如易平头为凤头，豆眼为金眼，红眼皮为白眼皮，则可列上上等。

以下四图所绘之鸽（图版6—9）为笔者所未见，全仗鸽谱，开我眼界。

葡萄眼铁牛（甲2）（图6，彩图78）：

读康熙时人李振声《百戏竹枝词》"金铃闲听晴空响，春暖家家放铁牛"句，知当时此鸽甚多。而我幼年只听到老养家讲到铁牛，虽未能详言形貌，但夸其短小精悍，健翮凌云，并慨叹业已绝迹。可见三百年间变化之巨。今捧此册，始睹其真形。睛色深紫而有绿晕，宽白眼皮，嘴虽不长，却细而尖。羽色黑而微微泛红，似铁器蒙有薄锈，可能以此得名。

铜背（丙谱13）（图7，彩图174）：

黑色，翅背有紫黑色相间花纹，谛视乃每片紫羽外缘为黑色，与麻背之黑白相间纹理相似。论品位，头如算盘子，双凤头、短嘴、金眼、白眼皮，已达到最高等级。

[白顶皂]（丁谱2）（图8，彩图179）：

论花色，此对恰好与"黑雪上梅"相反，白身变成了黑身，黑点变成了白点。此品种黑羽远远多于白羽，"黑气儿"既如此之盛，其嘴应是黑色的，而不是白色或肉色。出乎意外，画中的一对嘴却是肉色的。笔者对画家忠实写生，没有任何怀疑，但不能排除他据以写生的乃是一对罕见的、属于例外的白顶皂。可惜无从获见生禽来验证笔者的推断是否正确。

合璧（甲谱51）（图9，彩图180）：

未见作品中使我始而生疑，终而惊喜的就是合璧。

若干年前，在我尚不知故宫藏有鸽谱时已读《鸽经》。读到"平分春色"一条，文曰：

一名劈破玉。……自头至尾，分异色羽一条如线。有紫宜白分；黑宜紫分，或白分；白宜紫分，或黑分；三色。

也就是说："平分春色"又名"劈破玉"，从头顶到尾尖，生有一条细浅色羽，把鸽身界分成两半。有紫色鸽被白线分隔；有黑色鸽被紫线分隔或白线分隔；有白色鸽被紫线分隔或黑线分隔。我曾怀疑，天下难道真有如上花色的鸽子！

为什么其他未见品种，如前已述及的"铜背"（图7）、"[白顶皂]"（图8），即使无图，仅有人告知花色，我也不会怀疑，而对"平分春色"会怀疑呢？理由很简单，因为铜背的纹理实同"麻背"，"白顶皂"的纹理实同"雪上梅"，只是颜色不同而已。但"平分春色"的一线中分，对我说来是一种全新的、出乎想象的，甚至是不可思议的纹理，因而会怀疑它是否真的存在了。直到我看到鸽

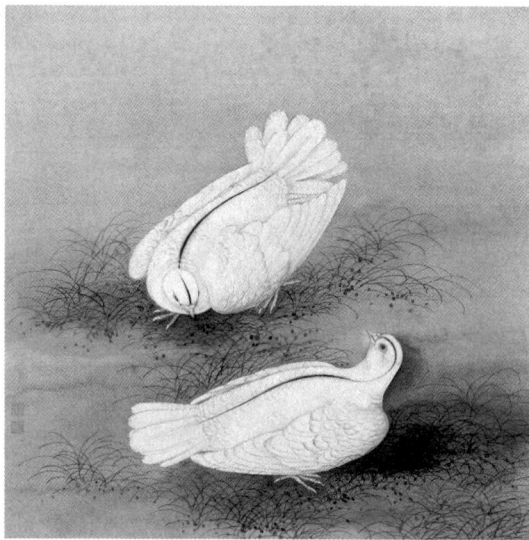

图 9　合璧（甲谱 51）

图 10　紫蛱蝶（甲谱 35）

谱的"合璧"，原来画的就是"白宜黑分"的"平分春色"，证明确有此鸽存在，自然不禁为之惊喜了。

以下三图紫蛱蝶（甲谱 35）（图 10，彩图 156），紫蛱蝶（丙谱 15）（图 11，彩图 155），蓝鹤秀（甲谱 96）（图 12，彩图 158），可为我们提供鸽名随时代推移而更改的例子。其始还须从《鸽经》说起。

《鸽经》有"紫腋蝶"条，其文曰：

白质紫纹，嘴有灰毛，四瓣，如蝶之形。腋有锦羽二团，如蝶之色，故名。

张万钟讲得很清楚，此鸽之所以名蝶，除色如蝶之外，更因嘴侧（即两腮）有灰毛四瓣，如蝶之形。不过此名在蝶字之上还有一个"腋"字，笔者相信此字曾使很多人感到困惑。因为"腋"，一般情况下都理解为肩下臂根与身体相连的部位，即俗所谓的"夹（音 gā）肢窝"。如鸽子的夹肢窝生有锦团，不仅只有展翅飞翔时才能看见，而且根本没有如此花色的品种。显然此处的"腋"，实际

上指的是翅根的上面，而不是腋窝部分。如两翅并拢，则花纹在鸽子的背上。背上有锦羽二团的鸽子就很多很多了。以上并非笔者的臆测，从《鸽经》本身就可以找到证据，该书另一条"麒麟斑"称："即腋蝶，嘴无杂毛，腋无异色，背上斑文如鳞甲"，明确道出"腋蝶"的花纹在背上。

在鸽谱中有画得和"麒麟斑"完全相符的鸽子，且不止一开，如甲谱 35（图 10）和丙谱 15（图 11），但都标名"紫蛱蝶"。可见"紫腋蝶"一称入清后被认为费解而把"腋"字改成"蛱"字了。

另外在鸽谱中还有一种名叫"鹤秀"的鸽子，花色和"蛱蝶"相同，只是嘴侧无灰毛，如甲谱 96（图 12）的"蓝鹤秀"（《鸽经》亦收有此种，也没有讲到它"嘴有灰毛"）。可见清代把嘴有灰毛的曰"蛱蝶"，没有灰毛的曰"鹤秀"。20 世纪初，鸽名又有变化。北京已不复有"蛱

图 11　紫蛱蝶（丙 15）

图 12　蓝鹤秀（甲 96）

蝶"一称，而把嘴侧有灰毛和无灰毛的一律称为"鹤秀"。二者的区别本来不大，同用一称以求简化，似乎也无不可。总之有些鸽名，古今有别，经过考查，是可以知道它在不同时期的变化更易的。

以上只顾讲鸽子的品种，对鸽谱的艺术成就殊少论及，这对付出辛勤劳动的画家们是不公允的。不论他们继承了多少传统画法，吸取了多少西洋笔意，应当承认他们找到了表现鸽子种种形态花色的成功方法，出色地完成了绘制鸽谱的任务。试言鸽之仪态：行止饮啄，翻滚飞翔，舒翅拳足，剔爪梳翎，亦闲亦适，相昵相亲，无不描绘入神。有些动作一瞬即逝，只有攫之于刹那之间。不是耐性静观，默记于心，安能重现之于纸上。再言景物：园花径草，磐石清泉，新篁解箨，老树垂柯，位置经营，妥适佳妙，倘无深厚功力，又安能配合得如此得心应手。总之，它不愧是写翎毛的范本，学画鸽的津梁，岂仅仅为观赏鸽修谱标名而已哉！

原载《故宫博物院院刊》
1999 年第 1 期

延续中华鸽文化　抢救传统观赏鸽

二三十年来我不忍心看着传统观赏鸽日益遭到冷落摒弃，有消亡绝灭的危险。曾编写出版《明代鸽经　清宫鸽谱》、《北京鸽哨》两书，试图引起人们的注意和兴趣，但收效甚微，青年人往往视而不见。考虑到《北京晚报》读者众多，故在《五色土》辟一专栏，以呼吁的口号为标题，自2005年3月31日开始，每周发表一篇。现就已发表各篇略加整理，附在本书之末。可分为三个部分。

第一部分　引言

从老北京的几种民俗游艺说起，谈北京观赏鸽今昔的差异，初步想到的抢救行动及今后的计划和步骤。

第二部分　史话篇

从历史文献（包括诗文、书画、工艺品等）中寻找有关观赏鸽材料，介绍给读者，说明老北京的几种玩好中为什么对观赏鸽特别关注，是因为它已濒临绝灭，不抢救就有消失的危险。而观赏鸽确实和中华历史、文化密不可分，即所谓"中华自古重斯禽，写入丹青载史

文"。找到新材料当随时补充。❶

第三部分　品种篇

介绍观赏鸽品种。用照片或图片展示不同品种的形象，指出它好在哪里，有的与外国近似品种作对比，意在证明中国观赏鸽论品位气质、羽色纹理，确实是世界上最美丽的鸽子，并作为编《中国观赏鸽谱》的开端。编一部完备准确的鸽谱只有在全国普查工作完成后才能启动，当前只能见到什么样的生禽或前人的写生图绘就介绍什么品种。因受材料的限制，介绍难免杂乱无章，要经过较长时期的调查、搜集、访求、积累，才能编成粗具规模的《中华观赏鸽谱》，恐须经过几代人的努力才能大功告成。调整文章排列次序，只有俟诸异日。

应当感谢已经成立网站并有几千位鸽友参加的"中华观赏鸽中心论坛"。网站对保护抢救观赏鸽起重大作用，对编鸽谱有杰出的贡献。

还有一点，谨此声明。我虽一生爱鸽，自幼年十来岁养到二十五岁。那年慈母逝世，给我极大震撼，坚决摒弃一切爱好，专心学习。日寇投降后，从四

❶ 引言和史话篇据《北京晚报》专栏整理收入时，删去先了前出版过的数篇文章。

川回到北京，又养了几年鸽子，因政治运动而终止。此后数十年不过偶尔逛逛鸽市而已。因中断甚久，时期不同，好尚或有差异，故所知未必正确，出言难免露怯。借介绍鸽种机会，向各位方家求教，如蒙不吝指正，尤为感谢。

引　言

一　北京观赏鸽今昔谈

在我玩儿过的几种北京玩好中，过去以养观赏鸽的人数为最多。上自皇亲显贵、富贾名伶，下至小康平民、贩夫走卒，乃至全凭劳力谋生，无隔日之粮者，都酷爱此禽。而且不受年龄限制，稚子幼童至年迈衰翁都有。过去几乎每条胡同上空总有两三群鸽子在飞翔（北京曰"盘儿"）。悦耳的哨声，忽远忽近，琅琅不断。城市各隅都有鸽子市，逢期赶集。逢三土地庙，逢四花儿市，五、六白塔寺，七、八护国寺，九、十隆福寺。如天气晴和，东西两庙（隆福寺、护国寺），买者，卖者，逛者，熙熙攘攘，长达二三百米。全城以贩鸽或制哨为生者，虽难统计，至少也有几百人。鸽贩有"小挎"、"大挎"之别。"挎"就是用竹材制成的长方形有提梁的鸽笼，小型的因适宜一臂挎之出行而得名。小挎鸽贩鸽子不多，在市上流动性较大。大挎鸽贩可带鸽子近百只，装入大小挎各两具，用车推或肩挑上市。到市后把两小挎支架在两大挎之间，鸽贩坐在后面的条凳上，一个摊位便形成了。摊位在市上有固定地方，面对面，中有通道。养家也常把要淘汰的鸽子拿到市上卖，往往用手绢捆，一条可以捆两只，十分简便。电视剧《铁齿铜牙纪晓岚》有和珅上市买鸽子一幕，小挎竟放桌子上，

场面根本不像鸽子市。买卖双方从挎中掏鸽子和攥鸽子的方法都不对，我直替鸽子难受，称呼鸽子名称更不知所云。可见老北京离开我们已远了。

过去北京的鸽子只有两大类——楼鸽和观赏鸽。楼鸽即灰色野鸽，因住在城门楼上而得名。信鸽难得一见，被称为"洋楼"，即"外国的楼鸽"。至于观赏鸽，花色、品种繁多。同一品种，其头、嘴、眼睛、眼皮、颜色、羽毛闪光等等又有许多讲究，好坏贵贱大不相同。珍贵品种，市上会不时出现，想物色，鸽贩总能设法为你找来。

六七十年过去了，近日我问了不少位青年同志："北京鸽子有几类？"多数人回答"有两类"。但不是过去北京那两类，而是灰色的信鸽和白色的和平鸽。二者都是进口物种。白色的美其名曰"和平鸽"，实为美国的食用鸽——"落地王"。他们绝大多数已不知道中国有历史悠久、经过多少代人精心培育、确实是中国文化一部分的观赏鸽。不禁使我大吃一惊，长叹一声！

细想起来，现在很多人对中国观赏鸽茫然不晓也是可以理解的。中国进入商品经济社会，洋玩意儿大量涌入，许多传统民俗和文化被遗忘、消失、抛弃甚至摧毁。解放前西郊动物园有观赏鸽舍，解放后还保留了一个时期。稍后为了盛大节日天安门要放飞鸽群，北京市曾在西华门附近雇专人养观赏鸽。人祸天灾后，因粮食紧张被终止。此后未闻官方再养观赏鸽。近年中国养信鸽的猛增，按人数计算已名列世界之首，原因是竞翔可以获奖，拍卖获奖之鸽可以得高价，养信鸽已成为生财之道。更有不法之徒，利用信鸽赌博。"文革"前信

鸽已成立中国信鸽协会，得到组织保护。观赏鸽因未成立协会，成了"四旧"，红卫兵及街道成员挨户搜查，查获立即捕杀。这是观赏鸽的一大劫。2005年北京为了预防禽流感，又遭一劫。某些地方基层组织动员养者交出观赏鸽，每只付十元作补偿，拿去仍一律宰杀，而信鸽还是安然无恙。同为鸽子，命运竟如此不同：进口的受保护，本国的遭屠杀，更使人觉得倒行逆施，无法理解。主要原因还是因为观赏鸽不被人重视，没有成立全国性的协会，得不到保护。

近年北京大量拆平房建高楼。观赏鸽养者多住平房，迁移时不得不和心爱的观赏鸽挥泪告别。住高楼养信鸽，只要不影响邻居，问题不大。还有信鸽只须向鸽棚交费，便可代养并统一放飞竞赛。养者不用操心费力，就可获奖生财。这是使信鸽日益兴旺、观赏鸽日益凋零的又一原因。但信鸽已成为人的生财工具而不是朋友了。

观赏鸽在许多人头脑中根本不存在，或有些印象，渐又淡漠消失，这和电影、电视广告、各种媒体、公共场合只能见到信鸽和白色食用鸽而见不到观赏鸽的形象有重要关系。节目制作人和报道编写者除了对观赏鸽不了解外，寻找观赏鸽有困难也是一个原因。他们想买或想借观赏鸽都因缺乏门路而有困难。而要白色食用鸽则太容易了，一个电话，肉鸽厂就可送货上门。因此要宏扬中华鸽文化，为需要观赏鸽的人士提供便利条件，也是我们应当做的工作。

二　抢救观赏鸽需要做的具体工作

（一）成立中国观赏鸽协会

成立协会十分重要，但做起来困难不少。首先会长必须是观赏鸽爱好者，认为它是中国的珍贵物种，亟宜加以保护。

（二）希望公私都养观赏鸽

公养鸽舍建议筑在中山公园或工人文化宫（太庙）和奥运会主要场地，即鸟笼式运动场。观赏鸽的习性是飞起后总围绕鸽舍上空盘旋，可长达一两个小时。前者主要为庆祝在天安门举行的重大节日。后者为奥运会开幕、闭幕及各种赛事增添气氛。鸽哨音响悦耳，是和平之音，而且只有中国有。用和平鸽播和平音，是中国人民热爱和平的象征。庆祝节日者、光临运动会者、海内外来宾及天安门平日游人，都会为之兴奋激动。惟因它是中国传统文化，更受海外人士的赞赏，正所谓"只有中国的才是世界的"。鸽舍又可供人参观，成为旅游点。佳种繁殖后可以出口换外汇。上述两处鸽舍都是永久性的，也是一劳永逸的。鸽群训练成功后，每天都放飞，将成为北京的一个蜚声中外的景点。

（三）建立网站

与全国的观赏鸽养者建立联系，了解各地情况，办理入会手续等。

（四）举办全国性或地方观赏鸽评比大会

为佳者颁奖，提高观赏鸽身价，使它升值。只有用可牟利的鼓励才可使养者多起来。

以上是初步想到的几项，办起来有先有后，有急有缓。读者不难看到，要实现以上设想，须有热心的领导和干练的工作人员，所以做起来并不容易。

本人今年九十二岁，连上台阶都需

人搀扶，头脑已接近糊涂。上述工作不论巨细，我都干不了。读到此篇，只当我痴人说梦吧，我绝对衷心接受。只缘对观赏鸽从小就钟情，老而弥笃。说实在的，我现在并不想玩鸽子，因为玩不动了。只是恐怕它有绝灭之虞而有沉重的责任感，因此才喋喋不休。有朋友说：你累不累，歇歇好不好？这是爱我者言，谨此叩谢。

三 抢救观赏鸽我做过的一些工作

我不养鸽子已有好几十年，但常去鸽市逛逛。解放后的几年，鸽市变化不大，后来被一一迁移或取缔，直到八九十年代搬到龙潭湖和玉蜒桥，我还曾去过。现在搬得更远了。总的印象是观赏鸽越来越少，好的更见不到了。

从干校回京后曾想在郊区买房养鸽子，后来在通州买了一个院子，因太小，养不了多少只，卖了准备换一所大些的。但老伴终觉住郊区不方便，只好作罢。

约在此时，我编了一本《北京鸽哨》，在三联书店出版。虽小得像儿童读物，却是第一本鸽哨专著。不少人从此书才知道鸽哨什么样子，如何往鸽尾上缝线扣环。

我想要人们认识、喜爱观赏鸽只有让他们见其形象，因此有必要把貌美色妍的活生生的鸽子拍照彩印出版。我年近八十时，感到不能再耽误了，请了一位摄影师同去鸽市，寻找值得入选的品种。几次出行，大失所望，竟拍不到一两只勉强可用的鸽子。继而多方打听，走访不少养家，仍难如愿。以上经历增加了观赏鸽将绝灭的危机感。有人提出远访外地省市，当有收获。但我年老难以胜任，何况还有家具著作等待完成。

不久，我欣喜地发现沉睡在故宫书画库中有四部宫廷画家用郎世宁笔法彩绘的观赏鸽谱，共二百二十四幅，完全写实，十分逼真。于是我又萌编鸽谱之想，同时还想起明末张万钟有《鸽经》一书，应与鸽谱合编，一前一后，分而又合。因《鸽经》有文无图，鸽谱有图无文，相互补充印证，对研究三百年来鸽文化大有帮助。前此，山东农学院赵传集先生已将《鸽经》译成语体文，经征得同意，编成《明代鸽经　清宫鸽谱》一书。这是我国第一部有大量彩图的鸽书，受到同好者的欢迎，但对不知观赏鸽为何物的人却视而不见。我自己对此书也不满意。因鸽谱漏掉了不少重要品种，所画之鸽有的又欠佳，应当物色更佳者。还有羽毛花色有毛病，根本不入品的鸽子反被画入。总之，要令人满意，还须用生禽重编一部鸽谱。

趁出版著述的间歇，我重编再版《北京鸽哨》。得到老同学胡世平兄的帮助，成了中英文双语本，加了不少彩图。此书对国外的影响竟大于对国内的影响。据辽宁教育出版社人称，外销美国不少册。荷兰弗利苏王子来华，我送他此书和几枚鸽哨，附中文及英译小诗：

> 鸽是和平禽，哨是和平音。
>
> 我愿鸽与哨，深入世人心！

亲王很高兴，他说地球太乱了，应当祈祷和平！美国华盛顿肯尼迪中心今年将举办"中国节"，派员来京，会同文化部外事处的同志来家访问。她说开幕式准备放飞一千只带哨的鸽子，问我哪里可以定制鸽哨。我说你们大概是借别人的信鸽放飞，一放全回别人家了，哨子也没了。所以只宜定做小而简单的鸽哨，否则不合算。我建议今后你们应该在中心建鸽舍，养中国观赏鸽，可以每天围绕中心飞，哨子也不会丢失。她说你的建议很好，回去向中心汇报，认真考虑你的建议。

我因得悉各地园林及公共场所多养广场鸽，大都是白色食用鸽及遭淘汰的信鸽。我赞成这种设施，可使儿童接近自然，但也应辟地养一些观赏鸽。曾写公开信数十封寄给各省市园林局，但连一封回信也未收到。

2000年中央文史馆在郑州开全国文史馆会议。会后活动我未参加，而去参观了解河南的观赏鸽情况。承蒙越秀酒家崔乃信先生举办一次郑州、开封、洛阳三地的观赏鸽评比会，使我认识了三地的鸽友，看见了他们的鸽子（彩图70）。在会上签名赠送我编的两种鸽书，很受欢迎。三地鸽友送给我四对鸽子，包括清末以来北京已绝种的"铁牛"。崔先生派车当夜将鸽子直送北京，我只得转送给北京鸽友喂养，因我既无鸽舍，又无养鸽的精力。随后又访问了开封、洛阳，了解两地的养鸽情况。此行掀起河南养鸽热，电台、报纸都有报道，有一定的收获。两年来开封郭随成先生增加鸽子头数，并上网与各地鸽友联系，还编写出版了一本《中国观赏鸽谱》，中有若干名贵品种。他说是受我的影响，我实在不敢当。

以上我述说了近年为抢救保护观赏鸽做的一些工作。费力不小，收效实在甚微。只因我是一介书生，不会公关联系，又年老体衰，自然难起什么作用。看来我须改变只出书的办法，准备求助于报纸媒体。但书生毕竟是书生，勉强能查一些历史文献资料，写一些短文，恐怕还是起不了什么作用，奈何！奈何！

一 商代玉鸽

1976年中国社会科学院考古研究所在安阳殷墟发掘一座古墓，随葬器物十分丰富。据出土铜器铭文，知墓主为殷王武丁的配偶"妇好"。她生前地位相当显赫，曾参与国家大事，拥有军权，征伐四方。入葬年代约在公元前13世纪末期至公元前12世纪前期，距今已有三千二三百年。

在出土的大量玉器中有一件玉雕鸽。发掘报告称："鸽一件，淡绿色，圆雕。作站立状。尖喙圆眼，双翼并拢，两足前屈，短尾分开。头饰羽毛纹，翼饰翎纹。胸前有左右钻通小孔，可佩戴。高5.05厘米。"（见彩图71，取自《殷墟妇好墓》）玉鸽曾在国家博物馆展出。

此鸽用绿玉雕成，羽毛花色无法表现。它已从野鸽进化成观赏鸽。显著的特征是嘴很短，头圆，眼皮宽，已接近观赏鸽，与野鸽大异。它是现知中国观赏鸽的最早形象。野鸽被驯养应当还远在此之前。

二 东汉玉雕哺雏鸽

母鸽在哺雏，雕刻得惟妙惟肖，栩栩如生。玉色淡绿，质地纯润，良材遇巧工，创造出一件精美的玉雕。实物只有拇指指肚大小，如不说明，读者可能想不到如此微小。它现藏南京博物馆，徐州东汉墓出土，年代约为公元1世纪（彩图72）。

造化生万物，真是神奇到不可思议。母鸽产卵，开始趴窝孵化，公鸽亦参与分劳。十八天后，卵破雏出。公母分别哺喂幼崽，北京通称曰"喷"。（公鸽也有孵与喷不如母鸽尽职的，和社会上有不甚负责的丈夫一样。）最初喷喂雏鸽的食物不是粮食，而是一种营养丰富的流质，通称曰"浆"。原来鸽子在产卵之后就开始在食道系统制造分泌一种适宜初生雏鸽吸收的浆汁，而且随着雏鸽的成长，浆汁也逐渐变化。等到雏鸽长出羽毛可以消化粮食时，所喷的就不是浆汁，而是经过初步消化的粮食了（这时养鸽者也应用小米等容易消化的粮食作饲料）。造化赋予鸽子可以生产适宜幼崽由小到大食物的器官，这难道还不够神奇吗？

鸽子喷食时为了迫使浆汁从嗉子中涌出，须拍动翅膀。幼崽也要做相似的动作，以便吸食。玉雕鸽刻画得栩栩如生，就是因为雕者通过实地观察，着重再现了子母鸽的动作。要观察到上述动作，只有把鸽子养在鸽舍内隔成方格空间的窝中。如果像某些农村那样，把鸽巢吊在屋檐下，想观察其动作只有爬梯子了。据上所云，可以说明哺雏鸽的雕琢是取材于养在院中筑有鸽舍及鸽窝的观赏鸽，而且至迟在两千年前观赏鸽已成为养者的宠物并有较好的鸽舍设备了。

三 唐宰相张九龄用鸽寄信

后周王仁裕《开元天宝遗事》有一则讲到张九龄养鸽寄书：

张九龄少年时家养群鸽。每与亲知书信往来，只以书系鸽足上，依所教之处，飞往投之。九龄目为"飞奴"。时人无不爱讶。

我对上面引文有以下几点看法：

（一）王仁裕距张九龄年代不久，记养鸽传书一事自属可信。

（二）鸽子天性恋巢，故将它带往他处放飞，会立刻返回家中。（在没有电话的年代，钱庄、粮站都带鸽子上市，知道行情后，系鸽放飞，它总比人先回到家。）可是养者不能够指令鸽子要它飞往某地。上述常识连儿童都知道，王仁裕焉能不知？只是他写的文字没有说清楚，"……依所教之处，飞往投之。"好像要它去谁家它就会去谁家，实际上这是不可能的。据我推测，如张九龄想把信送给某一个人，只有把某人家的鸽子拿几只来笼养，待需要通信时系信放飞。倘若张九龄还要收到回信，那只有把自己养的鸽子送几只养在其人之处，回信时由他放飞，否则是无法互相通信的。

（三）张九龄用鸽寄信，可能有人认为用的是现在的信鸽，可以肯定不是。因为我国自古就从观赏鸽中选其善飞者用来寄信。外国信鸽传入中国，是19世纪才有的事。

（四）张九龄是唐代的名宰相，文学冠于一时，曾反对奸臣李林甫为相，并进言安禄山不可不诛，否则后必为患。玄宗迁蜀，深悔未从其言。他以鸽寄书，传为佳话，难道不能为中华鸽文化加一笔重彩？

四 五代花蕊夫人的养鸽诗

花蕊夫人，五代后蜀国君孟昶的夫人。她有才学，曾效唐诗人王建写宫词百首，中有一首讲喂养新生的雏鸽。宋乾德三年（965年）孟昶降宋，此诗当作于后蜀宫中，在亡国之前。诗曰：

安排竹栅与笆篱，
养得新生鹁鸽儿。
宣受内家专喂饲，
花毛闲看总皆知。

四句二十八个字，却给我们提供了

不少有关五代鸽文化的材料。

一、五代时，已用竹材编篱笆做栅子，几乎和北京20世纪初期的鸽舍相似，栅子改用铁丝网是后来才有的。"安排"两字有特意为新生雏鸽建鸽舍的意思。

二、后蜀宫中养鸽，而且花蕊夫人特别喜爱，她指派内宫专人（宣受内家）精心照管雏鸽的成长。

三、五代时四川已有不同花色品种的观赏鸽。花蕊夫人很内行，雏鸽初长毛锥，刚刚冒出翎管，什么花色，什么品种，她一眼已经看出来了。

此诗可视为唐末宋初观赏鸽文化的一项历史记录。

五 西夏元昊用悬哨鸽战败宋军

我没想到，1947年出版的《辞海》竟有一个条目"悬哨鸽"，讲的就是西夏利用带哨的鸽子大败宋军的战役：

宋庆历中，桑怿征元昊，于道旁得数银泥盒，中有动跃声，不敢发，总管任福至，发之，乃悬哨鸽百余自中起，盘旋军上，于是夏兵四合，怿、福力战殁。

寥寥五六十字就简而明地把事件说清楚。当年《辞海》的编辑都是饱学之士，《辞海》一书经常查，一辈子我都离不开它。

不过，为了了解战役的年代和地点，及交战的经过，我们还须查阅《宋史》的《夏国传》。宋军讨伐西夏在仁宗庆历元年二月，即西历1041年。韩琦命行营总管任福、督监桑怿在怀远一带攻击之，循好水川（源出六盘山，流至今宁夏地区）西去，接近羊牧隆城地区，与夏军遭遇。桑怿见道旁有密封银泥盒数具（可能是表面贴银箔的木胎漆盒），中有跳跃声，桑怿不敢打开。任福到来，命开盒，从中飞出百余悬哨家鸽，夏军知

宋军已入包围圈，伏兵四合。桑怿力战，自早晨至中午，夏军忽挥动二丈多高的大旗，指挥伏兵进攻，宋军大败，桑怿阵亡。任福部下劝他突围，福宁死不屈，以身殉国。这是有史可证的把鸽哨用于军事的记载。军事是人文文化，也是科技文化。这次宋夏之战，家鸽担任了重要角色，谁能否认家鸽与鸽哨不是文化的一部分？

也曾有人提出疑问，银泥盒中的带哨家鸽，当然是西夏人置放的，那么，鸽哨会不会是西夏人发明的？我认为不是。因西夏人大量吸收中原文化，包括生活起居。北宋梅尧臣（1002—1060年）有关于鸽哨的诗"谁惜风铃响，朝朝声不休"，张先（990—1078年）词有"晴鸽试铃风力软"之句，二人生年都在庆历前数十年。我敢肯定，中国出现鸽哨，远在宋代之前。宋初和更早的文献中，肯定会发现关于鸽哨的材料，只怪我阅读不广，惭愧，惭愧。倘一旦在汉唐遗址中发现鸽哨，我丝毫不会感到诧异。只是它用竹、苇及葫芦做成，易朽，很难保存而已。

六 曲端放鸽命令部队受检阅

明末张万钟《鸽经·典故》有如下一则：

魏公张浚尝按视曲端军，以军礼相见，寂无一人，公异之。谓欲点视，端以所部五军籍进，公命点其一部，于庭间开笼，纵一鸽以往，而所点之军随至。公愕然。既而欲尽观，于是悉纵五鸽，则五军顷刻而集，戈甲焕灿，旗帜精明。浚虽奖而心实忌之。

我们不难理解，上文讲的是在曲端的"司令部"里笼养着五种不同颜色的

家鸽（例如白、黑、紫、灰、蓝）。指定一队一色，当某队之色鸽放飞时，该队立即集合接受检阅。如五色鸽齐飞，则五队同时集合，而且"戈甲焕灿，旗帜精明"。可见曲端治军有方，纪律严肃。

曲端和张浚约与韩世忠、岳飞同时，是抗金名将。《宋史》均有传（《宋史》卷三六九、三六一），两传均未言及张浚阅军事，《鸽经》亦未注明出处，所据待考。但可知宋代至少有五种颜色明显不同的观赏鸽。

七 历代名家画观赏鸽

近日随手查阅了一些书画著录，从宋代的《宣和画谱》到清代的《石渠宝笈》初、二、三编，证明自古以来最杰出的花鸟名家都把传统观赏鸽作为绘画题材。下面择要列入表格。

此外如《珊瑚网画录》著录元王渊桃竹锦鸡翎毛廿八轴，明吕纪翎毛一百五十轴，明边文进翎毛二十六轴（以上均见该书卷二三），其中均可能有鹁鸽。

有的朋友看见表格，哈哈大笑，说你这才叫"傻小子背碌碡（liù zhóu），吃力不讨好"呢。金人入侵，宋内府那些书画早就和徽、钦二帝一起被掠走了。元、明、清的名家之作即使有少数还存在，也不知今藏何处，不要说原作，就

历 代 名 家 画 观 赏 鸽

画家	朝代	画名	著录	画家	朝代	画名	著录
边鸾	唐	梨花鹁鸽图	《宣和画谱》卷十五	徐熙	宋	蝉蝶鹁鸽图	《宣和画谱》卷十七
		木笔鹁鸽图				雏鸽药苗图	
		写生鹁鸽图				红药石鸽图二	
		花苗鹁鸽图		徐崇嗣	宋	牡丹鹁鸽图	《宣和画谱》卷十七
黄筌	五代	海棠鹁鸽图	《宣和画谱》卷十六			药苗鹁鸽图	
		牡丹鹁鸽图七		赵昌	宋	夹竹桃鸽图	《宣和画谱》卷十八
		芍药家鸽图				桃竹鸽图	
		玛瑙盆鹁鸽图				海棠鹁鸽图	
		白鸽图				牡丹鹁鸽图二	
		鹁鸽图三		易元吉	宋	牡丹鹁鸽图	《宣和画谱》卷十八
		竹石金盆鹁鸽图三				芍药鹁鸽图二	
		鹁鸽引雏雀竹图		乐士宣	宋	牡丹鹁鸽图二	《宣和画谱》卷十九
黄君宝	五代	桃竹鹁鸽图	《宣和画谱》卷十六	李祐	宋	茶花鸽子图卷	《石渠宝笈》初编卷六
		竹石金盆鹁戏鸽图三		李迪	南宋	茶花鹁鸽	《眼福编》三集卷五
黄居寀	宋	桃花鹁鸽图	《宣和画谱》卷十七	林椿	南宋	茶花鸽子图	《南宋画院录》卷四
		海棠家鸽图		吴炳	南宋	山茶鹁鸽图	《式古堂书画汇考》卷四
		牡丹鹁鸽图八		吴廷晖	元	鹁鸽图	《式古堂书画汇考》卷二
		牡丹雀鸽图		明宣宗	明	金盆鹁鸽轴	《石渠宝笈》三编
		踯躅鹁鸽图四		沈周	明	放鸽图轴	《石渠宝笈》初编卷一七
		药苗引雏鸽		蒋廷锡	清	鹁鸽谱二册	《石渠宝笈》初编卷二三
		湖石金盆鹁鸽图		郎世宁	清	鸽一轴	《石渠宝笈》初编卷九
徐熙	宋	牡丹鹁鸽图二	《宣和画谱》卷十七				

是摹本也见不到。你把徒有其名的作品列入表格，又有何用呢？我对名人名作极少存在同意朋友的看法，但认为列表毫无用处，又不完全认同。

历代名人名画现在虽只存下名称，但名称也能开阔我们的眼界，增长我们的知识。例如，黄君宝有《竹石金盆戏鸽图》，明宣宗有《金盆鹁鸽轴》，黄筌有《玛瑙盆鹁鸽图》，这当然是皇家气象。除非宫廷，谁能用如此珍贵的材料制盆供鸽子洗澡，这当然增加了观赏鸽的身价。鸽子所处的环境，不管画名标明与否，绝大多数都有名卉奇葩作陪衬，如牡丹、海棠、茶花、芍药、木笔（即辛夷）、踯躅（近似杜鹃花）等。还有湖石，即玲珑多窍的太湖石，观赏鸽悠游其间，自然相映成趣。这些画名把我们从绘画文化带向园林文化。总而言之，我为鸽画列表，只有一个目的，传统观赏鸽和绘画艺术、园林艺术有密切的关系。绘画、花木、园林都是我国的珍贵文化，因此观赏鸽也是中国的珍贵文化。

最后再引元朱德润的《牡丹鹁鸽图》七绝一首，更有力地证明鸽文化和诗文化也是密不可分的。

> 深苑朱栏覆锦茵，
> 百花开尽牡丹春。
> 粉毛双鸽多驯狎，
> 对浴金盆不避人。

八　谁家风鸽斗鸣铃

南宋诗人范成大《石湖集》中有绝句四首，题目是"自晨至午，起居饮食皆以墙外人物之声为节，戏成四绝"。四首的第一首是：

> 巷南敲板报残更，
> 街北弹丝行诵经。
> 已被两人惊梦断，
> 谁家风鸽斗鸣铃。

大概当年江南的风俗，晚间有人打更，快天亮时有僧人做功德，除念经外还有弹弦乐器作伴奏。他被这两人吵醒后，已经天亮了，接着就听见鸽哨的声音了。全首我只注意一个"斗"字，既然"斗"就有比赛的意思，有多群带哨的鸽子在飞，而不是一群，这说明当时养观赏鸽并带哨放飞的人家相当多。

我还有一个旁证，有关南宋临安的几种著述如《西湖老人繁胜录》、《武林旧事》等，都把鹁鸽铃列入"诸行市"或"小经纪"，也就是小工艺制作者或贩卖者。如果养鸽带哨的人家不多，制哨贩卖也就不能成为一个小小的行业了。一直到上世纪上半叶北京仍有不少以制哨谋生的人，可见在中华大地上这和平之音至少已响了一千多年了。

九　赵构放鸽遭讽刺

在《鸽经·典故》中有如下一段文字：

宋高宗好养鸽，躬自飞放。太学诸生题诗曰："万鸽盘旋绕帝都，暮收朝放费工夫。何如养取南来雁，沙漠能传二圣书。"高宗闻之，立命补官。

按宋高宗赵构（1127—1162年在位），就是被金人掠去的徽宗之子、钦宗之弟。他逃至商丘，迁扬州，后渡江到临安（今杭州）建都。江南物产丰饶，偏安的南宋还繁荣了一个时期。他养观赏鸽当在到了临安以后。

当时太学诸生题诗讽刺高宗，如写成白话诗就是：

> 成千上万只观赏鸽在皇都上空盘旋，
> 早晨放傍晚收该多么费工夫！

我们看还不如养南来的鸿雁，

它从北地沙漠能把父兄皇帝

的信传回来！

我看真讽刺得好，一针见血。赵构身为一国之君，父兄被敌人掠去都不放在心上，竟还有心整天地放飞鸽子！诸生把高宗讽刺得哑口无言，不敢发怒，只好下令给讽刺者加官晋爵。我看这是收买人心，用名利来堵他们的嘴。

这段文字从另一方面说明南宋养观赏鸽之风甚盛，它是珍禽，皇帝才亲自放飞。皇帝不务正业，当然是昏君。但话又说回来，观赏鸽是无辜的，我们不能把错误转嫁到鸽子的身上。

十　元代宫廷养观赏鸽

元代诗人杨允孚，江西吉水人，字和吉，所著《滦京杂咏》中有一首绝句：

窈窕谁家女未笄，

日高停绣出帘帷。

背人笑指青霄上，

认得宫廷白鸽飞。

把这个小家碧玉写得天真可爱。诗一读就明白，没有什么可解释的，对我却还是有用。

说起来可笑，有一天向几位青年朋友宣传中华鸽文化，我说传统观赏鸽貌美色妍，人见人爱，因此历代宫廷都养它。有一位忽然问道："元朝是蒙古族入统中原，游牧民族未必喜欢观赏鸽，你能提出元代宫廷养观赏鸽的证据吗？"我一时傻了眼。后来有朋友为我提供此诗，才去答复问我的青年，总算交了卷。滦京是元上都的别称，因近滦河而得名，乃蒙元四都之一。此时我又饶舌："元代宫廷放飞的鸽子肯定不是今天在电视里和公园广场上能见到的白

色鸽，那是美国培育的食用鸽，长嘴极丑，是吃货，元代怎能会有！"我们如果只知道信鸽和食用鸽而不知道品位高雅、历史悠久的中国观赏鸽，未免有点数典忘祖了。

十一　明王世贞《驯鸽赋》

明皇甫汸有《义鸽赋》，侯一元有《读鸽赋赋》，皆因被人中伤，借鸽来发泄内心的愤慨。只有王世贞的《驯鸽赋》真心爱鸽，用华丽的辞藻来赞美珍禽。王世贞，字元美，号凤洲，嘉靖进士，有皇皇巨著《弇州山人四部稿》传世，是明代中期的文坛领袖。

明末张万钟《鸽经》（清王晫、张潮辑《檀几丛书》本）书末收此赋，但未录赋前《小序》，且文字有讹误。约二十年前山东农学院赵传集先生据此本将《驯鸽赋》译成语体文。1996 年我征得赵先生同意，合编《明代鸽经　清宫鸽谱》一书时，曾对赵先生的译文作了一些修改和补充。此次编写有关观赏鸽文化短文又为《驯鸽赋》增添注释，指出某些辞句讲的是观赏鸽的哪些花色品种。

驯鸽赋

余有驯鸽数十头，颇极美丽，飞雊（按：雊音句，指鸽的鸣叫声）循性，饮啄得所，聊为赋之。

惟中国之珍禽，有兹羽之殊质。

貌皦皦而自分，性温然其如一。

秋则篱菊并丽于浔阳，

春则木药均华于洛室。

指未易屈，谱不能悉。

尔乃玉嘴朱眸，危冠卑趾，

或冰质而彩其双翅。

或雪毛而黔其首尾，

或若汉绣之就机，

或若商彝之出水。

山鸡莫调，家雉无文，

尔独驯狎，云锦成群。

饥而儿女之昵昵，

饱矣童稚之欣欣。

方捐心以委质，忽耸身而入云。

舒徐兮停霞之碎剪，

缥疾兮奔星之叠发。

忽天乐之锵铋，知传铃于尻末，

始顺风而扬声，奈回飚之错节。

若夫昂首耸肩，周旋中规，

婉态柔音，逐雄媚雌，

无别羞惭乎匹鸳，

滔溢少愧乎关雎。

然而知足知止，毋乃天机。

当抱卵之绵绵，若返听乎玄府。

怜弱雏之艰食，更呕哺而不辞苦。

感主人之微禄，日彷徨兮未忍去。

嗟德曜之肥丑，恐终罹乎鼎俎。

彼夫好水之败，以为尔罪。

端阳之射，与器俱碎。

霜风冽野，鹰隼方厉，

托慈荫于佛日，指招提而趋避。

曷若狂夫衽铁，思妇流黄，

辽阳一信，为致君傍。

乱曰：洛中黄耳为日长，

上林雁素竟茫茫。

不辞衢远，衔恩酬稻粱。

翻译如下：

只有中国的珍禽，才有这样特殊的羽毛。

它花色洁净分明,性情无不安详温顺。

秋天可以和浔阳的篱菊媲美，

春天又与洛阳的牡丹争艳。

品种甚繁，屈指无法数清，谱录亦难备载。

请看它嘴如白玉，眼似朱砂，高高

的凤头，矮矮的腿脚。

有的全身雪白而两翅长着彩翎，（按：此句指观赏鸽中的铁膀和铜膀。）

有的中部皎白而头尾黝黑，（按：此句指观赏鸽中的点子或黑乌。）

有的灿烂如织机上的汉代丝绣，（按：此句指观赏鸽中的麻背或麸背。）

有的斑驳似新出水的商代鼎彝。

山鸡唱不出你那和谐的鸣声，家鸡长不出你那美丽的羽毛。

惟独你驯熟可亲，成群结队，绚丽如大片云锦。（按：此句指飞盘的景色。）

饥饿时像小儿女那样亲昵依人，

吃饱了像儿童那样欢喜高兴。

方才还一心一意地贴近人，突然又耸身飞起，高入云端。

慢飞时像剪碎了的彩霞徐徐飘过，

急飞时又如流星般迅疾迸发。（按：北京称此飞法曰"打鬼翅子"。）

忽然听到铿锵的钧天妙乐，知道有鸽哨系到尾翎之上，

开始时随风而扬声，待风向转变又换了音节。

它也常昂着头，耸着肩，圈儿转得那样匀整，

婉约的姿态，柔和的鸣声，雌的在雄后追随，雄的向雌的献媚，

和鸳鸯的终身匹配并无差别，

比雎鸠的亲爱不渝，也相差无几。

而鸽子之容易知足，可算是天然的赋予。

每当它许多日夜的孵卵，不惜把自己隐蔽在黑暗之地。

为怜幼雏的进食艰难，更不辞吐出食来哺喂。

主人所给予的粮食尽管不多，还是衷心感激而不忍离去。

假如遇到孟光给梁鸿举案进食，还难免遭宰杀而成了盘中美味。（按：德曜为孟光字。）

昔年好水川之败，任福战死，系哨之鸽，成了祸首。（见西夏大胜宋军。）

端阳射柳，一箭中的，你与葫芦，都被射碎。（按：射柳为北方习俗，故事见《偃曝谈余》。）

当寒风吹过田野，鹰隼十分暴虐，应当依托佛力的庇护，免遭祸殃飞到寺院去躲避。

倘若有身穿铁甲的边防战士，和在闺中织绢的妻房，

你何不为他们把辽阳的家信，捎带到思妇的身旁。

乱曰：用黄耳传书到洛阳需要时日，（按：古赋篇末有"乱"，即全篇的要旨，《檀几》本"乱"误为"辞"。）

上林苑的鸿雁传书更是事属渺茫。

只有你不顾天高路远将信送到，借以报答主人的稻粱。

（按：末三句仍难免重复对鸽子本性的误解，实际上无法命令鸽子离开家飞往指定的地方。）

十二 张万钟与《鸽经》[1]

明张万钟撰《鸽经》已收入当代学术界、出版界编印的《续修四库全书》，并据康熙间刊印的《檀几丛书》本影印，作为"选粹"（即丛书之外还出单行本）之一，2002 年由线装书局出版，足见此书之被重视。它是古人所写唯一讲述中国鸽文化的专著。我曾为选粹本《鸽经》写出版说明，录之如下：

《鸽经》不分卷，明邹平张万钟扣之撰。清康熙二十五年所修《邹平县志·人物考》称万钟父张延登，屡官工

部尚书，左右都御史，后任太子少保。万钟生于万历中期，卒于崇祯甲申（公元 1644 年），享年约五十岁。其中岁以前，家境优裕，养鸽撰经，当在此时。崇祯十年以后，邹平迭遭兵乱。明亡，万钟移居南京。福王立国，授镇江推官，力图复明，以身殉国。宋琬《张扣之诔》有曰："烈皇帝十有七年，岁在甲申五月某日，扣之张公卒"，并有"六月歊蒸，日中蹞鞋，职是忧劳，遂歌薤露"数语。

《鸽经》一书由论鸽、典故、赋诗三部分组成。论鸽首述鸽之性情、品德，生活习性及羽毛、眼、嘴、脚各部，并及筑巢、治疗方法。此后详列鸽之品种，又区为花色、飞放、翻跳三大类。花色类皆形美色妍，最宜观赏。飞放类修翎健翮，擅长远翔，可千里传书。翻跳类或能空中筋斗若转轮，或阶前跳跃，转滚不离原地，近似杂技表演。每种皆于品名之下描述其花色形态及对头、眼、嘴、风之要求，十分严格。由于同种又有羽色之异，故其总数当在百种之上，可见著录之详备。典故汇辑前人关于鸽之记述传闻，有偏僻罕为人知者。赋诗录历代辞赋吟咏，专题言鸽或有句及鸽者，并蓄兼收。全书篇幅虽不繁浩，而科学人文并重，已为明代以前鸽文化作一翔实之总结。类此之作不仅我国前所未有，在全世界亦属最早之论鸽专著，其重要自不待言。

《鸽经》康熙间收入王晫、张潮辑《檀几丛书》第五帙，此后又有新篁馆刻单行本，均不易见。为保存前代名著及弘扬我国鸽文化，自应重新刊印，以广其传。今据《续修四库全书》本影印。

王世襄 2002 年 5 月

《鸽经》的重要部分在列举品种名

[1] 本篇参考赵传集、顾澄海两先生关于张万钟生平的文章写成。

称及花色形态等。后篇介绍现有、未见及消失品种时将一一征引，故兹不涉及。

张万钟爱鸽入骨髓，理解深刻，欣赏入微，不仅赞美外观形象，更重视内涵神韵。书中一再出现用比拟的笔法、华美的辞藻，来表达超乎象外的感受，非品头论足、沾沾于皮相者所能及。以下试录数例：

《鸽经》一开篇便称赞鸽子的忠贞品德，伉俪情深，终身不渝。人，被称为高级动物，对之反愧不如。

鸽雌雄不离，飞鸣相依，有唱随之乐焉，观是兴人钟鼓琴瑟之想，凡家有不肥之叹者，当养斯禽。

观赏鸽的风韵，用精雕细琢的词句来刻画，反不如借毫不相关、匪夷所思的设想来比拟能给人留有遐想的空间。如：

态有美女摇肩，王孙舞袖，春风摆柳，鱼游上水等类。昔水仙凌波于洛浦，潘妃移步于金莲。千载之下，犹想其风神，如闲庭芳砌，钩帘独坐，玩其妖媚，不减丽人。

简直把鸽子人物化了。

书中还有两段讲对花色、飞放两类鸽子的欣赏，虽未视鸽如人，但着重写人和鸽同处的环境，却能引人浮想联翩。

若曲槛雕栏，碧桐修竹之下，玩其文彩，赏其风韵，去人机械之怀，动人隐逸之兴，莫若花色。

如楼角桥头，斜阳夕月之下，看六翻之冲霄，听悬哨之清籁，起天涯蒓菜鲈脍之思，动空闺锦衾角枕之叹，莫若飞放。

对爱鸽者来说，看鸽并引起遐想都是一种享受。

据康熙三十五年修、道光十六年重修的山东《邹平县志》，张万钟的祖父张一元，隆庆五年进士，官至金都御史，河南巡抚。叔祖父张一亨是著名的乡绅，善于理财，富甲一方。张万钟的父亲张延登，字济美，万历进士，官至工部尚书，左右都御史。所以他生在一个既贵且富的家庭，因而在他少年时代有条件养鸽，并具备广事搜求佳种的可能。

在一般情况下，佳公子在少年时期，养尊处优，很可能成为一个纨绔子弟，玩物丧志，业荒于嬉。张万钟如果是这样，尽管有著作传世，也不值得称赞。但计算起来，他的养鸽经历可能没有太久，只有十来年，即万历末到崇祯初。时局的巨变，国难的临头，迫使他毅然决然放弃优裕的生活，显示出干练的才能，志士的本色，保明抗清到底，以身殉国。后人不禁对这位保家爱国的英雄肃然起敬。

《邹平县志》称万钟英敏有干济才，能任事。1642年12月邹平城被包围，"甲骑兵三千，步兵五六百人，拥云梯而至。梯附城，肉搏便登，捷如风雨。人预缚长杉歧其首，叉梯并力推之，使翻跌濠中。攻者怒，戴楯穴城、或张牛革幕帐、人伏其中，拥近城，便施椎凿，矢石不能制。城人卷柴席，杂硝硫燃火推下烧之。血战方亟，守备张君睹南门有坐交床执旗指挥者，曰：余识其人亦裨帅，可惊而走也。亟发炮碎其交床，其人愕，遽上马驰去，攻者亦去。是役也，城守全局，实万钟操持之"。县志未说明攻城是什么军队，实际是入侵山东的清军。因修县志已在康熙年间，怕招罪祸，不敢明言。

县志《选举表》还讲到明亡国后，其兄万程之夫人逃往南京，万钟举家随往。福王建立南明政权，授万钟镇江推官，继续抗清。盛夏他穿着皮革军衣作战，不幸中暑死亡。（见宋琬《张扣之诔》。）

十三 蒲松龄与张万钟

前述观赏鸽有载入史册，写入诗词辞赋，画成卷轴，琢成玉器等的例子。《聊斋志异》中的《鸽异》则是写入小说的例子。

《聊斋》作者蒲松龄，山东淄川人，生于崇祯十三年（1640年）。四年后，张万钟在南京地区奋力抗清，中暑死于战场。淄川与张万钟家乡邹平毗邻，故蒲对张出身于既富且贵家庭，爱鸽养鸽，撰写《鸽经》，及最后以身殉国等均有所闻。《聊斋》中《鸽异》一篇正是用万钟作为模型来塑造故事的主人。节录如下：

故事开端列举许多观赏鸽名称，邹平张公子品种齐全，应有尽有，接着讲到如何精心喂养及药物治疗等皆取材于《鸽经》。一夜忽有白衣少年来访，自称也有鸽子，不知公子愿看看否？公子喜甚，随同前往。月色暗淡，旷野萧条，不远便到了少年寓所，竟是个道院，只有两间房。少年立院中，口作鸽鸣，忽有两白鸽飞出，边鸣边翻筋斗。少年挥手即飞去。口再作声，又有两鸽飞出，一大一小，差别悬殊，集阶上，学鹤舞。以下有一段精彩的描述，不敢不如实录引：

大者延颈立，张翼作屏，宛转鸣跳，若引之；小者上下飞鸣，时集其顶，翼翩翩如燕子落蒲叶上，声细碎，类鼗鼓；大者伸颈不敢动。鸣愈急，声变如磬，两两相和，间杂中节。既而小者飞起，大者又颠倒引呼之。

上文也出自《鸽经》翻跳一类鸽子，但运用艺术夸张，使情景更加生动而神秘。

公子自愧所养之鸽远远不如，故请求少年割爱。少年坚决不同意，只把刚才飞过的两只白鸽呼唤出来，持以相赠。公子大喜，但还是苦苦请求，希望能得到一大一小两只会起舞的鸽子。正在此时，公子家人举着火把前来寻找主人。霎时间少年变作白鸽冲天飞去，道院房屋也都不见，只剩下一座古墓和两棵柏树而已。

公子对那两只白鸽特别珍爱，还培育出三对。亲朋好友，谁要也舍不得给。

这时有一位长辈，身居高官，偶尔问起公子养鸽多少。公子心想大概是他要我送他几对，既然是长辈，官位显赫，自然不能不送上好的。于是就选了一对培育出来的白鸽，恭恭敬敬地送去。心想这可是一份重礼，日后见到长辈，一定会表示谢意。不料，见面后竟无一语道及。公子实在忍不住了，问了一句："送您的鸽子好吗？"不料那长辈竟说"和一般鸽子的味道也差不了多少"。公子才知道竟被当食用鸽给吃掉了，心中大为懊丧。该夜公子梦见白衣少年前来责问，声色俱厉地说："我本因为你爱鸽才把儿孙送给你，没想到竟被你作为佳肴了，我只好带领儿孙们走了！"第二天公子再看鸽子，果然都没有了。

这当然是一篇编造出来的奇幻小说，篇末蒲老发了几点议论，讲了一些哲理。不过我看他也在讽刺当时的官员，讲究口福，成了老饕，只要有得吃就好，不问吃的是什么，是不是非常珍贵。所以才会发生煮鹤焚琴大煞风景的事来。可叹！可叹！

最后我愿奉告各位，简化蒲公原作，本只为让爱好动物的小朋友们容易读懂一些。以致唐突古人，点金成铁，实在罪过！罪过！家有《聊斋》或可以找到《聊斋》的朋友们，还是请翻出原篇，体会欣赏蒲老的生花之笔才好。

十四 《明代鸽经 清宫鸽谱》

《明代鸽经 清宫鸽谱》是我和山东农学院赵传集先生合作完成的一部书。约在二十年前赵先生已把《鸽经》译成语体文，还写了几篇有关我国养鸽史和张万钟生平的文章刊登在上海《中华信鸽》杂志上。当我八十岁时在故宫博物院先后发现四部鸽谱大画册时，喜其用郎世宁笔法彩色精绘，非常逼真，完全可以用它代替生禽编一本《鸽谱》时，立即想到应征求赵先生同意，将他的《鸽经》译本和文章放在前面，把我据四部鸽谱重编的《清宫鸽谱》置后，合成一本书，两人前后分别署名，即2000年由河北教育出版社彩色精印的《明代鸽经 清宫鸽谱》。两书合成一书，有它的特殊意义。因《鸽经》有文无图，清人所绘大画册中有不少鸽子可为《鸽经》作插图。又因画册无文字，《鸽经》的文字可用来为画册的某些品种作诠释。二者互相补充，相得益彰，增添了我们明清鸽文化的知识。

下面先对故宫所藏的四部鸽经画册作简单的说明。

第一部画册封面题名《鹁鸽谱》，见《石渠宝笈》卷二十三著录。绘者题名蒋廷锡，款识、印章皆真。但他从不用郎世宁笔法作画，故鉴定家认为，鸽子当出画院画家之手，而花卉泉石有的可能是蒋氏之笔。康熙时期，蒋氏享盛名，主管画院。上面的推测是有可能的。第一部共一百幅，每幅有黄纸签标鸽名。

第二部亦见《石渠宝笈》著录（见三编御书房四），题名《鸽谱》。无画者款识，有"嘉庆御览之宝"等印玺，共四十四幅，全部摹自第一部，功力则远逊，故无采用价值，只拍成黑白照片，置第一部原作之侧，聊供参考。

第三部亦题名《鸽谱》，未见著录，册面题签有"道光庚寅沈振麟焦和贵合笔"十二字。共四十幅，亦有黄纸签标鸽名。沈字凤池，苏州人，画史称其有《百鸽图》。焦也是画院画师。

第四部亦题名《鸽谱》，册面有"永字二百三十四"七字，未见著录，无画者款识，绘制年代当在光绪时期。共四十幅，不标鸽名。试为补标，加括号以示并非原有。

我利用"鸽谱"第一、第三、第四部所画的一百八十对鸽子作为实例，编成《清宫鸽谱》一书。编写的方法是把三部图式的原来次序打乱重排。分为"曾见"（曾经见过的）、"未见"（从未见过的，可能已绝种）、"存疑"（花色不规范，似尚未定型）、"杂花混种"（花色混乱不该入谱者）四类。第一类"曾见"最多，先依其主要颜色分，再依其花色品种分。如同一品种不止一幅，则按品位高下排列，下者在前，高者居后。每对有简略的讲解评述。

《清宫鸽谱》编成后自己觉得此书有值得赞许的一面，也有显著缺陷的一面，而二者在当年画谱选鸽时已经造成了。

值得赞许的是谱中描绘了若干可能已经绝种的品种，如一条黑线将通体白色的鸽子分为两半的"合璧"（又名劈破玉）。康熙时如不收之入谱，现在恐怕连影子也见不到了。当然是否绝种，也要看读者的见识。我就误以为"铁牛"已经绝种，将它列入"未见"，而现在河南等地还可以找到"铁牛"。

显著缺陷列出如下：

（一）20世纪常见品种如紫点子、墨环、紫环、铁翅乌等，我们相信清代已有，而三部鸽谱尽付阙如。

（二）主要品种如黑点子、黑玉翅、拃灰等，谱中虽有，且不止一幅，但都很丑劣，没有把上佳的画入谱中。

（三）存疑类中均未定型，似无收入谱中的必要。

（四）杂花混种一类都有明显毛病，根本不该入谱。问题似应归咎于选鸽子的人。因为画家未必懂得鸽子的优劣，而选送者必须懂，否则他不能胜任，根本不及格。

（五）纸签鸽名多半是胡编的，有巧立名目之嫌，甚至有异鸽同名的。

总的说来我对《清宫鸽谱》并不满意。画得再好，也不如用活生生的鸽子拍彩片影印出版为好。现在所谓的传统观赏鸽还不免局限于上世纪以来北京及周围省区豢养的品种，江南及更远地区的鸽子我们所知甚少。真正的中国鸽谱应当在全国普查之后再编。我希望将来有人会完成这一艰巨工作。当然在尚未全国普查之前，先用北方观赏鸽生禽编一本鸽谱也是必要的。

十五 屈大均记广东放鸽会

屈大均（1630—1696年），番禺人，著《广东新语》一书，记当地风俗民情、资源物产等甚详。卷二十有《鸽》篇，论鸽之高下贵贱，从眼睛说起，列举对目底及晶体色泽的要求，和现在对信鸽眼睛的选择，颇为相似。鸽之价值只在善飞获奖，故无一语言其花色。次言"调毛"，即雏鸽更换翅翎，北京曰"动条"。鸽左右两翅各有大翎十根，小翎十根。大翎自内向外更换，至第十根更换后，北京曰"元条"，雏鸽已完全长成矣。但大均谓大翎曰"大毛"，有十二茎，有误。此后专记放鸽会，录原文如下：

> 广人有放鸽之会，岁五六月始放鸽。鸽人各以其鸽至。主者验其鸽为调四、调五、调六、调七也。则以印半嵌于翼，半嵌于册以识之。凡六鸽为一号，有一人而印一二号至十号百号者，有数人而合印百号者。每一鸽出金二钱，主者贮以为赏。放之日，主者分其二：一在佛山，曰内主者；一在会场，曰外主者。于是内主者出教，以清远之东林寺为初场，飞来寺为二场，英德之横石驿为三场，期以自近而远。鸽人则以其鸽往。既至场外，主者复印其翼，乃放鸽。一日至东林而归者，内主者验其翼印不谬，则书于册，曰某日某时某人鸽至，是为初场中矣。一日至飞来而归，一日自横石而归皆如前验印，书于册，是为二场三场皆中。乃于三场皆中之中，内主者择其最先归者，以花红缠系鸽颈而觞鸽人以大白，演伎乐相庆。越数日分所贮金，某人当日归鸽若干则得金若干。有一人而归鸽数十者，有十人千鸽而只归一二者。当日归者甲之，次日归者乙之。是为放鸽会。

尽管有关放鸽会的某些情节屈氏没有交代清楚，给我们留下一些疑问❶，但已经明确知道广州的放鸽会和现在信鸽的竞翔得奖十分相似，都是变相的抓彩和赌博。放鸽会参加的人数和鸽数都很多。六鸽为一号，有人交百号就是

❶ 屈氏没有把赛鸽养在何处说清楚。从"鸽人各以其鸽至"语，似乎都养在养者的家中，不在佛山。若然，则三场放飞的鸽子一定都先飞回各人家中，不可能自己飞去佛山。看来似乎是养者把飞回家的鸽子送到佛山，再由内主者验证登册。养家住处距佛山不可能距离相等，因而究竟哪只鸽子先回来无法确定。现在把信鸽都养在鸽棚，放后回到同一地点，便于准确计时，比广东放鸽会规范多了。

六百只，每只出金（当为白银）二钱，百号须交钱一百二十两。交鸽多和交鸽少者加在一起，鸽数众多，银两数量可观。而且会很热闹，有伎乐庆祝助兴。

《鸽》篇之末，屈氏讲到另一种广东人喜爱养的鸽子曰"地白"。体大色白，不善飞而能地行，故名。其特点是成长期短，繁殖快，宜供食用。使我立即想到美国培育的食用鸽（名曰"落地王"）和"地白"多方面的相似，说不定"落地王"还含有"地白"的基因呢。中国的物种基因被外国偷走的多不胜数。

不用说，我关心的广东鸽子是传统观赏鸽而不是赛鸽和"地白"。惟因对广东的鸽种一无所知，不得不向广州的鸽友刘俐、汪德桂先生请教，二位有多年养鸽经验。刘先生在广州越秀公园辟鸽园，养中外观赏鸽近千羽，供游人观赏，并向儿童讲解介绍。承他见告，园中所养的传统观赏鸽都是从北京及北方几省选购的。广东没有传统观赏鸽。至于广东"地白"鸽现在还有，已经成了广东的观赏鸽，价值很高，不再作食用了。

刘先生的回答使我有以下的推测：因为广东早在17世纪赛鸽之风已很盛，故此后大家都去养可以生财获利的赛鸽，而没有人养观赏鸽了。"地白"则因宜食用而保存下来。结果是广东自古本有的观赏鸽遭到冷落遗弃而绝种。再有需求，不得不求诸北方各地了。

以上仅是我的推测，但得到刘、汪两先生的完全认同。我还想做进一步的考察，看以上的推测是否能成立。

我谨再一次声明：不反对养信鸽，而且认为进一步研究培育信鸽，规范比赛方法，杜绝弊端，还可以更加发展。

但决不能只养信鸽，致使源远流长的传统观赏鸽日益凋零退化，濒临绝灭的危险。若然广东将是我们的前车之鉴。如果全国都和过去广东一样，观赏鸽这一珍贵物种也就退出地球，而悔之晚矣！

十六 周恩来总理幼年放鸽子

刘干荣、宋立勤两同志撰《周恩来从小爱体育》一文，原载1985年1月28日《体育报》第三版。文中讲到周总理幼年养鸽子，节录如下。题目是代拟的。

我国驯养信鸽，据传在汉朝已有了。张骞、班超出使西域时，即用信鸽传递信息，唐朝宰相张九龄幼年就用"飞奴传书"（飞奴即信鸽）。此外，信鸽对气象、地震的反应极为敏感。这些都说明了信鸽的悠久历史和实用价值。

我们回忆敬爱的周总理，自然就会想到他那炯炯的目光。总理的眼睛特别富于神采，以至到了古稀之年，依然像清泉那样的明澈透亮。

家乡人民传说，这与他小时候对视力的锻炼是分不开的。

总理九岁那年，生母万氏谢世。不久，寡居的过继母陈氏，也在孤寂与忧闷之中离开了人间。不用说，这种过早袭来的生离死别之情，在恩来幼小的心灵中，留下了难以平复的创伤。一时，他变得沉默寡欢了。每天，只有在书房里，才能间或忘却一点痛苦。

在孩童时代，恩来有许多要好的小朋友。这时，表兄万叙生来给他解闷了。这位天真热情的小兄长，引着他一起放养鸽子。他们利用课余时间，给鸽子铺窝巢，喂饲料，也欣赏这群温驯的小鸟带着咕声，互相追逐戏闹。万叙生还特地做了几副鸽哨，让健壮的雄鸽背上。

春天到了。这是放飞鸽子的最好季节。小兄弟俩常常来到淮城东门外，把心爱的鸽群带到杂花乱生的田野，抛向白云稀疏的蓝天。顿时，在他们耳边响起了一阵醉人的鸽哨声。暮春，暖风熏人。鸽群一会儿掠地翻飞，一会儿腾向高空，一会儿带着越来越细的哨声消失在天边，一会儿又欢快地飞向这两位小主人的顶际。小兄弟俩高兴极了，他们紧紧追视着这群调皮的小鸟，有时连滞留在遥远天际的似有若无的点点黑影也舍不得放过。放鸽子对于锻炼恩来同志的视力，使他能视远识微，恐怕还真的起过作用呢！

十七　宋庆龄主席爱鸽

宋庆龄主席对人民国家的贡献，早已彪炳史册。如谈到她的生活爱好，会立即想起对观赏鸽的钟爱，但能说出一些具体情况的人却很少。最近有幸访问近年曾义务为宋庆龄纪念馆养鸽达数年之久的郑永真先生，才知道一些细节，而他是从安茂成老先生那里得知的。

安老，回族，尚健在，年逾古稀。他十七岁即进入宋主席宅邸工作。初任花工，并管鸽舍。主席不久发现他有养鸽经验，遂命专司其事。安家曾经营粮业，蓄鸽作飞奴，故有喂养经验。

据安老称主席最喜爱的几个品种是紫点子、紫玉翅、素白等，各有十来对，其他品种仅有三两对而已。她每日清晨开始工作，至上午十时，机关做工间操却是她的休息时间。主席常披紫色风衣，到鸽舍前亲自喂食。她擅吹口哨，声音圆润响亮。鸽子每天听惯，立即争集主席左右，往往落在掌上肩头，此时其乐融融。她常站在院中看飞盘，一般只给雄鸽带小而轻的哨子，如五联、二筒之类。只有到了节日，又遇天气晴朗，才带一把小葫芦。她舍不得鸽子负哨受累。飞盘有时将邻家之鸽裹来落在房上，她立即命挥竿轰走，愿它及早返巢，以免邻家因鸽飞失而焦虑。

宋主席有一个特殊的习惯，出门返回，不论何时何刻，哪怕已逾午夜，必先去鸽舍看看，然后才进门登楼。车开进宅邸，停在楼的西门。下车后，南行几十步就到鸽舍。建鸽舍的选址，就是为了观看方便。她每年要去上海一两次，每次都带几对鸽子同往，回京时又带回。在沪时还时常打电话回家，问鸽子好否。和平之禽已和她结下不解之缘，她是真正爱鸽的人。

十八　梅兰芳先生养观赏鸽

京剧大师梅兰芳先生养鸽受益，对表演大有帮助，早已成为佳话。许姬传先生编写的《舞台生活四十年》第六章《养鸽》有详细的叙述。

养鸽子好处很多，要早起，在院中呼吸新鲜空气，清理鸽舍，做一些劳动活儿，当然对身体有益。放飞鸽子，挥动竹竿，增长臂力，对活动腰腿也有帮助。而受益最大、对演出至关重要的莫过于借仰望鸽子飞翔练得双目灵活有神。嵇康早就有"目送飞鸿，手挥五弦"的诗句。不过鸿雁和一般禽鸟都一直向前飞去，目送也一直送到无边无际的遥空。只有观赏鸽飞盘才不停地在养家的上空盘旋。为了欣赏它的飞翔，为了注意和邻家鸽群合而又分，为了警觉鸦虎子（鸽鹰）的突然袭击，养者总是全神贯注，眼睛盯着鸽群打转，有时右旋之后立即左旋，左旋之后又立即右旋，一连串几个翻腾，北京称之曰"摔盘儿"，煞是好看。仰望者的眼睛自然紧紧跟着运转，不知不觉地眼睛做了运动操。梅先生从十七岁养鸽子起就进行锻炼，移入剧情表演，竟把本来略欠灵活的双眸，变成娇能语的动人秋波。连他自己都认为是出乎意料的收获。

我对看飞盘、练眼睛也有一些体会。虽然十来岁时就开始养鸽子，无奈不会养，飞不成盘儿。十几岁时会养了一些，但天生有些近视，加上总得读书写小楷等，眼睛也受影响。1945 年我从四川返京，又养了几年鸽子。当年，曾在庆王府任鸽佣的王老根儿住在我家中，帮我照管鸽子。他已年逾古稀，我三十刚出头，飞盘数鸽子竟数不过他。和别家的鸽群合成一盘之后又分开，北京叫"掰盘"，总得数一下，好知道谁裹了谁的鸽子。他随口就能说出个数儿，而且不会错。我数得慢，还难免出错。老根儿说："我没有念过书，没念也有没念的好处。"

我父亲留学法国，通几国语言文字，北洋时期在外交部任职，和梅先生相识多年。往往海外朋友来访，梅先生请我父亲作陪。记得有一次美国武侠电影明星"飞来伯"（Fairbank）访华，父亲被邀。我闹着要跟着去无量大人胡同梅家，父亲不同意。后来我说明只看看梅家的院子，决不进客厅，父亲才允许随往。不料到了梅家，大失所望，一只鸽子都没有，原来梅先生从鞭子巷移居后，因事务繁重，不再养鸽子了。

十九　梅兰芳纪念馆中的鸽文物

我写过一小组杂文，仅二十篇，名曰《鸽话》，附在《清宫鸽谱》和《锦灰二堆》之后，中有一篇题为《拃灰》，记一幅画在玻璃背面的油画，主题是一对观赏鸽——"拃灰"，它长得十全十美，画得又惟妙惟肖，虽未署名，当出乾隆时期名家之手，比郎世宁绝不多让。真可谓畹华先生收藏中一件有关鸽子的珍贵文物。

许姬传先生编写的《舞台生活四十年》记梅先生讲述油画来源的一段话，可见对此画何等钟爱，录引如下：

有一天一位最关切我的老朋友冯幼伟先生很高兴地对我说："畹华，我在无意中买到一件古董，对于你很有关系，送给你做纪念品是再合适没有的了。"说着拿出来看，是一个方形的镜框子，里面画着一对鸽子。画地是黑色，鸽子是白色，鸽子的眼睛和脚都是红色，并排着站在一块淡青色的云石上面，是一种西洋画的路子，生动得好像要活似的。我先当它是画在纸上，跟普通那样配上一个镜框的。经他解释了，才知道实在就是画在内层的玻璃上面，仿佛跟鼻烟壶里的画性质相同。按着画意和装潢来估计，总该是在一百多年前的旧物。据说还是乾隆时代一位西洋名画家郎世宁的手笔，因为上面没有款字，我们也无法来鉴定它的真假。但是这种古色古香的样子，看了着实可爱。我谢了他的美意，带回家去，挂在墙上，常对着它看。这件纪念品，跟随我由北而南二十几年，没有离开过，现在还挂在我家的墙上。

梅先生逝世后，我不明白为什么没有在无量大人胡同故居辟纪念馆，而设在护国寺街一座四合院内。北房三间，东西各有耳房。我曾去瞻仰过好几次，每次都要站在油画拃灰之前凝视许久。它就挂在上房西间面对山墙的隔扇上。

短嘴，头圆如算盘子，朱砂眼，公母双凤头，真精神（参见本卷《鸽话十二则》中《拃灰》一节插图）。我恨不得能有一对生禽长得如画中的一样。哪一位养家有，拿黄花梨家具和他交换我都干！

梅先生养鸽时用过的鸽哨，放在西耳房靠后墙的条案上，有三四十把。虽在玻璃罩内，看不见刻在哨底的"字"（制者标志），从哨口形状和刀法也能知道出自哪位之手。中有"永"字的葫芦、七星、九星和"文"字、"祥"字的大小葫芦、截口、二筒、五联等。他们在上世纪初已享盛名，屈指快一个世纪了，自然也是难得的文物了。

"史无前例"时期，纪念馆也蒙光顾。劫后重新布置开放，又曾前往。哪些物件因抄走、砸烂而经更换补充，我说不清楚。只注意到隔扇上的油画已杳无踪影，鸽哨连玻璃罩子都没了。只有黯然神伤而已。

二十　于非厂《都门豢鸽记》

于照（1889—1959 年），笔名非闇、非厂，北京人，满族，著名工笔花鸟画家。著有《都门钓鱼记》《都门艺兰记》《非厂漫墨》等书。《都门豢鸽记》（彩图 73）可能是他最出色当行的一种。

我在《鸽话》小序中有这样一段话：遍查我国古今图籍，有关观赏鸽专著，只有明张万钟《鸽经》及近人于非厂《都门豢鸽记》两种。三百年来，前后辉映，为子部增色不少。于氏对此文禽，情有独钟，甘为鸽奴，事必躬亲，故所记皆得自经历感受，弥足珍贵。此后于氏为《北京晨报·副刊》撰稿，谈京华风物，每日一篇，数载不辍。为时既久，难免有耳食臆测之处。读者倘因

此而谓其言鸽亦尚侈言，谬矣。

《都门豢鸽记》于 1928 年 5 月出版，列为《晨报北京丛刊》之一。平装铅印，共 243 页，简略介绍，内容如下：

（一）序言　北京为帝王之都，虽玩好之事，亦考究而多妙趣，非其他地区可比。此记重点在阐述当年北京豢鸽的方方面面。

（二）原鸽第一　包括鸽之性能；对鸽身各部位形态之要求。鸽之种类，大体分为黑、紫、灰、蓝、白五类，每类又有许多花色，共约五十种。如何鉴别雌雄、善飞与否及健康情况等。

（三）豢养第二　包括食料、饮水、鸽舍之栅、窝等，天敌之防范、疾病之治疗。

（四）孵雏第三　如何选择雌雄配合，孵出花色、形态俱佳之雏；及孵化、喷食、成长期间应注意事项。

（五）训练第四　讲训练飞盘，如何与邻家鸽群对阵即所谓"撞盘"，如何房人之鸽而不为人房。

此后又分四节。

甲、系鸽之铃　鸽铃即鸽哨。

乙、范鸽之笼　即多用竹制成的长方形笼具，通称曰"挎"。

丙、弹鸽之弓　他家之鸽，落在屋上，往往不肯下地就擒。当它发现误落他家时，会立即飞去，必要时用弩弓发泥制弹丸击之，大都伤而不死。与邻家因养鸽而积怨成仇者多备此器。

丁、捕鸽之网　网圆形，用于捕外来之鸽。

粗略统计，全书近十万字，所记多为民国初年北京养鸽情况。

清代中晚期至民国初年，北京的风俗民情、游艺玩好变化不大。20 世纪中

期以后，始有显著的变革。非厂先生能为北京变革前的鸽事留一较详的记录，自然十分可贵。尤为重要的是其经验知识皆从亲身体会得来，虽时过境迁，仍有可供学习、参考的价值。

于氏之作，早已绝版，求之不得。希望不久可再版面世。

二一　于非厂先生画鸽

古代书画著录书中有不少名家画观赏鸽，可惜原迹早已无存。但我相信五代黄筌父子画的鸽子一定非常写实。因为故宫博物院藏有黄筌的《写生珍禽图》，其中虽无观赏鸽，但麻雀、鹡鸰诸鸟无不栩栩如生。宋元以后，除了明宣宗和吕纪，写生的画法恐越来越少了。

清代名画家画鸽子的不多，愧我见闻有限，一时举不出实例。至于近代，任伯年曾画鸽子，随意点染，已看不出是什么品种。刘奎龄画得比较工细，但见到的立轴也有以意为之的地方。齐白石常画鸽子，完全写意，和所画的草虫不同。旅美画家张书旗以画鸽名，画法接近白描，无法辨认其花色。算来画观赏鸽，一看便知画的是何品种，只有于非厂先生了。正因为他养过鸽子，对某一品种的花色长相，了如指掌，才能绘色图形。

以于先生画的一幅《五鸽图》（彩图74）为例，此图以蓝天为背景，五只鸽子均在空中飞翔，这是他常画的题材。最上一只是"兰环"，下面邻左一只是"紫乌头"，左侧一只是"短嘴灰"，最下两只左为"黑玉环"，右为"毛脚白"，嘴比较尖而长，脑后有逆毛，可能会翻筋斗，但画的还是正常飞翔的姿势。五只都是白眼皮，花色准确无误。

我曾见非厂先生画鸽多幅，都能认出其品种，脑相眼皮也尽画得符合要求。不过我认为他有一个习惯，几乎把每一只鸽子都画成凤头，而且凤头圆而大，像一个绒球。这不仅不符合生禽的长相，且有损峭然高耸，所谓"立凤"的形象。鸽子不一定都有凤头，平头也有平头的倩美之处。有的平头，尤其是雌鸽，真是长得十分"喜兴"。倘一律都画成毛茸茸的圆凤头，反觉得重复而缺少对比了。

非厂先生知鸽、爱鸽又善画，一生不知画了多少幅鸽子，遗憾的是他没有画一部鸽谱，《鷔鸽记》中只有极简略的示意图。如果他画鸽谱，把当时能见到的五十种如实地画出来，不会像《清宫鸽谱》那样把不合格或未定型不该入谱的也画进去，岂不是传世不朽之作。

于先生可能没想到在他谢世之后仅仅数十年，中国已经是"洋楼"（当时对外来信鸽的称呼）的天下。现在许多年轻人只知有信鸽和美国培育的白色食用鸽（美其名曰"和平鸽"）。而谈到与文化历史密不可分的传统观赏鸽，则"对不起，不知道！"如果于先生画了鸽谱，把"花色缤纷姿绰约"的观赏鸽留给人们看看，使它不致被人遗忘、淡漠以至奄奄一息，有濒临绝灭的危险，岂不是功德无量！鸽谱还可以译成英文给外国人看看，让他们知道中国观赏鸽不知道比外国的美多少倍！

二二　富察敦崇记花儿市鸽市

历代记岁时风物的书，有的讲到观赏鸽。愧我只查阅了明清时期的几种。满族富察敦崇著的《燕京岁时记》中《花儿市》一条讲到鸽市。此书刊于光绪三十二年（1906年），距今仅一个世纪，和我对花儿市的儿时回忆差异不大。

此书原刊本不易买到，常见的是1961年北京出版社排印本和1981年北京古籍出版社据上述排印本的重印本。

敦崇所记有两方面值得探讨一下：

（一）花儿市出现过黄金色鸽子。

（二）此书原刻本没有标点，北京出版社排印时有几处把鸽名点错，1981年重印亦未改正。标点者对鸽名未必熟悉，错误自然难免。

为了便于改正，只得录引1981年排印本原文。编号是我加的，以便寻找。

按居易录：北京花儿市鬻黄鸽二，毛羽作黄金色，索价甚高云云。盖京师多好蓄鸽，种类极繁，其寻常者有1点子、2玉翅、3凤头白、4两头乌、5小灰、6皂儿、7紫酱、8雪花、9银尾子、10四块玉、11喜鹊花、12跟头花、13脖子、14道士帽、15倒插儿等名色。其珍贵者有16短嘴、17白鹭鸶、18白乌牛、19铁牛、20青毛、21鹤秀、22蟾眼灰、23七星、24凫背、25铜背、26麻背、27银楞、28麒麟、29斑躐、30云盘、31蓝盘、32鹦嘴、33白鹦嘴点子、34紫乌、35紫点子、36紫玉翅、37乌头、38铁翅、39玉环等名色。凡放鸽之时，必以竹哨缀于尾上，谓之壶卢，又谓之哨子。壶卢有大小之分，哨子有三联、五联、十三星、十一眼、双筒、截口、众星捧月之别。盘旋之际，响彻云霄，五音皆备，真可以悦耳陶情。

（一）据本人所知黄色鸽罕见，真作金黄色的恐怕没有。现在只有黄背的秀，其色近黄，但去金黄色甚远。故宫藏蒋廷锡署名的鹁鸽谱第四幅绘有"黄雀花"（见《清宫鸽谱》页424，列入未见），全身白色，惟头背至尾为淡黄色，去黄金色甚远。常见者为偏红的绛（酱）色，北京称之曰"紫"，河南或称之曰"红"，欧美称之曰黄（yellow）。北京对紫色鸽子要求纯正，即所谓"酽"。倘色偏淡便不可取，但此色却略近黄色。类此之色当然不能索高价。或鸽贩欺人，亦未可知。惜《居易录》仅寥寥数语，无法知其究竟。

（二）鸽名误点经改正如下：

9 一般称"银尾"，无"子"字；

12 "跟头"为筋斗鸽的总称；

12、13 花脖子，点子颈后有杂毛者；

16、17 短嘴白；

17、18 鹭鸶白；

18 乌牛；

23、24 七星凫背，"凫"应作"麸"，指背上碎花有如麦麸，与麻背近似，七星指两翅各有七个白点；

28、29 麒麟斑，近似鹤秀；

29、30 躐云盘，一般作"踩云盘"或"踏云盘"，指脚上长许多白色羽毛的鸽子，飞时如鸽踏云上；

32、33 鹦嘴白，上喙有小钩的白色鸽，并非上品；

33 鹦嘴点子，上喙有小钩的点子，并非上品。

建议再版此书时对误点鸽名斟酌改正。

二三 浅谈鸽哨

北京是帝王之都，以明、清两朝养鸽之盛，本以为明代或迟至清初应当已有制哨名家出现及作品传世，不期最早的一位名家是"惠"字（哨下刻的字，等于作者的署名）。据曾目见此翁的晚清遗老计算，惠字当生于嘉庆初年，卒于同治年间。惠字之后有永字父子，人称大永、小永。同仁堂主人乐君咏西（行十五）爱鸽及哨，民国初年即广事搜罗惠及大永之作，并请小永住在宅中，日日为其制哨，长达一二十年之久，年老目衰，始告退回家。

有人统计当年制哨刻字者不下三四十家，但优劣精粗，差别甚大。乐氏发现其中最佳者为刻"鸣"字、"兴"字两家，于是向鸽贩宣布，凡有刻此二字之哨，送来一律高价收购。数年内两家声名大噪，价值不在惠及大永下。咏西家中，北房五楹，条桌整齐排列，上置长方匣，重叠高与梁齐，尽废鸽哨，多不胜数。

略晚于小永又有"文"、"祥"、"鸿"三家，前后共称八大家。"文"字姓陶名佐文（1876—1968年），寄居国会街龙泉寺下院观音寺。"祥"字姓周名春泉（1874—1956年），住白塔寺东廊巷路西小门内。"鸿"字姓吴名子通，住朝阳门外吉市口七条观音寺东庑，"文革"中逝世。三家均为予制哨并合影留念。惜与"祥"字合影一帧置朱漆帽盒中，红卫兵抄走后不知所终。今只有与"文"、"鸿"字及藏哨名家王熙咸先生合影（见本卷《北京鸽哨》图1）。鉴定名家制哨真伪，除试听音响，审视刀工、漆质外，观察刻字结体尤为重要。今试影印八家刻字拓本，藉供参考（见本卷《北京鸽哨》图8.1、8.2）。永字父子，刻字同为永字，亦不难分辨。大永所刻永字末笔一捺，离正中直竖角度较大，故显得舒展。小永所刻，一捺下垂，角度较小，故显得拘谨。以此辨父子之作，屡试不爽。

鸽哨刻字，与书画家款字一样，可辨真伪。音妙形佳，始能成名成家，是

多年精心研究实践的结果。谁能说鸽哨不是文化，名家之作不是珍贵文物！

二四　美国勒维《鸽种全书》

美国勒维（Wendell Mitchell Levi）1941年出版了一本书，名曰《鸽》（Pigeon），1945年再版，1951年重印，共512页，涉及有关鸽子的各个方面，附黑白图数百幅，一举奠定了他的权威地位。1965年他又出版了第二本书，名曰《鸽种百科全书》（Encyclopedia of Pigeon Breeds），似可简译为《鸽种全书》，有图807幅，全部彩色，可谓皇皇巨著。此书蒙香港友人借阅月余，在北京别说买，连看都看不到。幸值惠幅国际赛鸽俱乐部组织者汤际民先生返美之便，通过网上征求，买到两书见赠，使我感谢莫名。勒维之后有无类似或更完美的著作问世，因我和海外的养鸽机构及个人很少交往，有待今后注意联系才能知道。但《鸽种全书》虽以外国鸽子为主，对我还是有学习、借鉴、参考价值。下面分五个方面来说明。

（一）《鸽种全书》先依大类来区分品种。惟因地区、国家的不同，往往又分开讲述。全书基本上是一鸽一图，下注鸽名、颜色、名称、雌或雄、年龄、编号、培育者及所有者姓名、所在地点及国家、拍摄者姓名等等，明确而容易查询。此外还有详细的文字说明，涉及种类的历史起源及分布概况。虽有时不能讲得十分肯定，但说明已经过调查研究。说起来惭愧，我们不要说对世界鸽种，就是对中国品种，有谁下过类似的工夫。鸽子是禽鸟动物中重要的品种，和人关系密切，动物研究机构和业余爱好者应该联合起来对中国鸽种作一个普

查，并及其历史流传情况。这样的研究项目不知何年何月才能提到日程上来。

（二）人们对于事物的爱好，是否看着顺眼，乐于接受，大都有一个标准或准则。它和天性、习惯、审美观念都有关系，也可以说是一种成见。当然也有人有特殊爱好，你不喜欢，他偏喜欢，但毕竟是少数。说到中国观赏鸽，绝大多数爱好者喜欢它具有完美的鸽子形象，干净利落，各部位及羽毛花色长得规格整齐，符合品种的特征。对某些奇形怪状和正常鸽子长相大异的便无法被欣赏接受了。《鸽种全书》所收的Pouter一类，胸部鼓起如吹胀了的气球，翅尖及尾部则瘦如刀削（图341—364）；头部羽毛丛生如满月，头埋在毛内，以致两眼不能见物的Jacobin（图193—197）；全身羽毛鬈曲如落汤鸡的Silky（图807），以及国内也不难见到的扇尾鸽Fantail，头向后翻，与尾贴近（图90—109）。它们已失去了鸽子应有的体形，不能称之为观赏鸽而只能叫观奇鸽了，很难让我们欣赏和接受。我相信外国人乃至中国人有的特别喜欢并专养上述几种鸽子，那是个人爱好，也不足为奇。

（三）《鸽种全书》中不少花色为北京常见品种。唯以北京养家标准衡之多不及格。如点子，西方名之曰Helmet（头盔），因头上黑羽覆盖头顶如盔而得名（图130—136）。从审美角度看，远不如中国点子：平头贵"瓜子点"，两侧露白眉子；凤头贵黑凤或黑凤白凤心。它们额头只一点或一簇，俊俏生姿。玉翅，西方称黑者曰black white flighted（图568），紫者曰yellow white flighted（图115）。其头、嘴、眼皮无一佳者，对两翅白翎不宜过多或过少，或一多一少，亦不讲求。

各图所见与北京之素闪、粗嘴、葡萄眼黑玉翅之美实无法比拟。又如紫乌头（图227）嘴细而尖，竟如野鸽。麸背，西方称Blue Argent Modena（图252），头嘴欠佳，体形臃肿。使人感到西方养家似未能如我国爱鸽者之穷年累月，代复一代，将观赏鸽培育到至美极妍。

（四）西方鸽种中也有头圆如算盘子，嘴短如谷粒者。大抵属于Satinette（图300—303，中文译名沙田尼）、Blondinette（图307—312，中文译名白朗黛）、Owl（图314—316，中文译名枭鸽）三种。花色有的近似鹤秀，即《鸽经》之腋蝶或麒麟斑，《清宫鸽谱》之蛱蝶。当年倘在北京市上出现，定被视为无上佳品。如与中国观赏鸽某一品种交配，或许能培育出合乎传统长相要求的新花色品种来。

（五）《鸽种全书》后附文献目录，收有明张万钟《鸽经》，但著者并未见到原书。中国观赏鸽仅收墨环、黑乌头、黑乌、亮灰等数种（图557—564），只有前三种较好，由香港何先生（Ho Yan Ning）提供。足见我国鸽文化虽悠久灿烂，但对外宣传十分欠缺，故不为世界所知，使人深感遗憾。近年虽有改进，但仍远远不够。

品种篇

一　白

白是传统观赏鸽中的一个基本颜色。如查一下历史文献，似乎白色鸽中有很多不同品种。仅故宫珍藏的清代四部鸽谱中，就有太极图、绣球翻、朱眼白、走马番、官白、蒲鸡、鹰隼白、鹭鸶白、莲花白、毛脚白、白胆大、菊花凤腰翻白、筋斗白、喘气揸尾十几个不同名称的写生。有的名称实在奇怪，如走马番、白胆大，不知为何得名。有的异名而实同种，至少有相同的特点，如"翻"、"筋斗"字样都是会翻筋斗的鸽子。不过我们很难将它们认定为不同品种，因为从画中形象来看，特点不突出，多数养家不会承认有此种品种。有的名称似为随意编造，令人发笑，如"喘气揸尾"，实为外国白扇尾鸽（fantail）。据此倒可证明至少康熙时期已从外国进口此种鸽子了。

要定品种，鸽子的花色或某一器官必须与其他品种有显著的不同，否则养家无法辨认，自然也不会承认了。

北京老养家公认是白色鸽中品格最高、弥足珍贵的，只有头嘴好、细白眼皮、金眼透红的白。豆眼便差许多，因全身皆白，豆眼色深，两个黑窟窿十分明显。此外还有几个白的品种，如勾眼白（宽而大的红眼皮）、毛脚白等，只能处在不重要地位，作个陪衬而已。

这里刊出一张白（彩图75）。它头嘴不错，金眼也对。白的其他品种只有待我找到比较标准的生禽再说了。

二　黑皂

全身黑色的鸽子在明代张万钟《鸽经》中名"皂子"，北京通称"黑皂"或"皂儿"。要求短嘴（或称小嘴）或墩子嘴（比短嘴稍粗而略长），白眼皮，金眼或葡萄眼，后者似与全身更加协调。最重要一点是翅必须素得发蓝，如辇翅发红就不值一顾了。

黑皂健飞，而且记忆力强。我十几岁时曾有一对黑皂，因母的死去，剩单只公的，拿到鸽市处理掉了，不料不到一个月它竟回来了。此后又被我处理掉两次，都又飞回家中。念其忠诚可嘉，舍不得再遗弃，为它配一只母的，留着

飞盘了。

图示黑皂单只的为《中国观赏鸽谱》中的生禽（彩图76），成对的是《清宫鸽谱》丁谱第八开（彩图77），二者几乎长得一模一样，可见鸽种基因稳定不变。画家写真的本领，也值得赞颂。

黑皂虽是观赏鸽中一个好品种，但过去北京养者不多，可能嫌它质朴无文，观赏性差了一些。

三　铁牛

我十几岁时，一位年逾七旬的老养家问我："你见过铁牛吗？"我说："没有。"他说："别说是你，二十多年前我已经见不到了，绝了！"我又问铁牛什么长相，他说："小个儿，大眼睛努着，像黑皂又不真黑，忒贼，可能飞啦！"从此我认为铁牛已经绝种，故编写《清宫鸽谱》时其中有两幅铁牛，都被我列入"未见"类。后读康熙诗人李振声（号鹤皋，河北清苑人）的《百戏竹枝词》，写北京风俗景物，七绝中有两句"金铃闲听晴空响，春暖家家放铁牛"，可知三百年前铁牛是一种各家都养的观赏鸽，为什么会绝种了呢！真是可惜。

2000年10月中央文史馆在郑州召开会议，结束后安排馆员去少林寺等地参观，我请假留在郑州。因企业家崔乃信先生知我爱鸽，特意安排一个郑州、开封、洛阳三地观赏鸽展览大会，到会养家逾百人，展出观赏鸽数百羽，围观者人山人海，电视台记者都来采访，堪称盛举。我则在现场签名赠送出版不久的《明代鸽经　清宫鸽谱》《北京鸽哨》两书。郑州鸽友送我四对鸽子，其中有一对竟是以为久已绝种的铁牛。崔君立即派车连夜把鸽子送往北京，我只得转

送北京鸽友。因年老无喂养精力，且迁往高楼，已无养鸽的条件了。我那天过于兴奋，不能入睡，枕上赋绝句四首，其一是：

> 春暖家家任鸽翔，
> 铁牛名重入词章。
> 多年谓已无踪影，
> 今得携归喜欲狂。

2005年春北京鸽友去开封访鸽，又买回一对铁牛，比前此所得的品种更纯，和《清宫鸽谱》中甲谱第二开（彩图78）所画的完全一样。不仅能飞盘，而且孵出了两幼雏。据养者说铁牛特别能飞，矫健无比，有时冒出盘外，一般观赏鸽跟不上它，而且记忆力特强，真是天生尤物。它嘴尖而长，虽不合观赏鸽的要求，也不宜苛求了。

日前中华观赏鸽中心论坛韩立先生提供一张葡萄眼铁牛（彩图79），与《鸽谱》所绘很相似。

四　楞子

多年前翻阅《鸽经》，见到了一个很雅但又莫名其妙的鸽名——"金井玉阑干"。心想有井又有阑干，它该是什么花色啊？读解说"金眼凤头，翅末有白楞二道，如栏。若银眼、豆、碧等眼者，不入格，一名银楞"，敢情就是左右翅各有两道白楞的楞子。当年鸽子市每次去都可以碰到这个品种，北京鸽贩已不知《鸽经》用的名称了。

1990年我去太原出差，星期天去迎泽桥鸽市逛逛，卖者称之曰"阑干"。晋中尚存古风，保留了鸽名的后半。待见到故宫珍藏鸽谱，题名或作"银楞"，或作"金井玉阑干"。古名如此，已无可疑了。

《清宫鸽谱》丙谱第二十三开所绘的一对（彩图80），金眼，白楞过宽而长，且身材肥大，未能把此品种娇小好动的敏捷灵巧的精神劲儿画出来。这应归咎于选鸽进呈者，没有把标准、有代表性的楞子选送给绘画家。现在多数人认为楞子豆眼要比金眼好，身材必须玲珑挺拔，娇小动人，《中国观赏鸽谱》中的一对（彩图81）较之前者就更胜一筹。

楞子只宜养两三对，不宜多。因它落地时花色明显，飞盘时则就和黑皂一样了。

五　麻背与麸背

全身黑色，背部生长白色带黑斑的羽毛，麻背黑斑较大，麸背黑斑较小，故显得更白。严格说来，有白地黑斑的部位并不是鸽子的背，而是两翅的表面，当两翅贴身时，正好形成鸽子的背。

麸背一称见《鸽经》，列"巫山积雪"条下，谓"背上有白花，细纹如雪，故名"。麻背并未言及。可能因二者黑斑，仅有粗细之分，实出同源之故。但麻背与麸背过去北京养家还是分得清的。

《清宫鸽谱》丙谱第三十五开为麻背（彩图82），原题名"雪花"。双平头，短嘴，白眼皮，淡金眼，素闪，长相尚佳。可贵的是画家下了很大的工夫，把毛片上的黑与白清晰地画了出来。因鸽翅上的羽毛生长在高低不同的地方，如不选用展翅飞起的姿势，不可能将位置不同的羽毛斑点清楚地画出来。画家的苦心是值得称赞并予以揭示的。

丙谱第十二开为麸背（彩图83），原题名"坤星"，乃沿用《鸽经》此类花色的总名。双凤头，墩子嘴，豆眼、素闪，堪称绝佳。背上几乎全白，黑斑极细小，麸背名称由来，盖谓其像磨后面粉中极细小的麸皮碎屑。

我十几岁时在鸽市还见过七星麸背，时隔多年，记忆有些模糊。如没有照片或图绘，说也说不清楚，读者甚至会怀疑是否真有身上有七颗星的观赏鸽。幸得韩立先生寄来由新疆鸽友提供的白背黑身麸背照片（彩图84、85），两翅大膀，从一条到七条，有七个白点，故名七星麸背。此鸽头相好，短嘴，凤头，金眼，真是上上品。

还有惊喜之事，即过去只见过黑身的七星麸背，而现在才知道新疆还有紫色的七星麸背，当地称之曰新疆红麸（彩图86）。紫色鸽子，北京除外，其他省区往往称之曰红。此鸽的头嘴比黑色的一只并不差。

照片中两只七星麸背的背显得很白，其实不然。如看生禽，细花如麦麸的碎屑还是明显可见的。

六 紫翹

《清宫鸽谱》名全身皆紫之鸽曰"紫肩"。"肩"字不妥，明明纯紫，一"肩"字岂能概括。《燕京岁时记》讲鸽有"紫酱"一称，音又不谐。老舍先生《小动物们》写成"紫箭"，他未必养过鸽子，找个同音字用上而已。第一个人称此鸽曰"紫翹"者为于非厂先生。因旁有"羽"字，似可用。但检字书，竟未查到"翹"字。《清宫鸽谱》丁谱第二十九开雌雄相偎的一对（彩图87），原谱未标名，拙编采用于先生命名。此对颜色虽重而偏暗，头嘴尚佳。

《鸽种全书》第209图为外国紫翹（彩图88），勒维称之为黄色皇帝（yellow king），养者为美国新泽西州人。颜色堪

称紫得够标准，但身材太难看，简直像一只老母鸡。观赏动物，尤其是禽鸟，以身体形象为先。不论什么花色，头嘴多么好，体形如此臃肿蠢拙，便全完了。我说中国观赏鸽比外国观赏鸽美得多，此是一证，这和审美观念有关。

七 说灰

灰是观赏鸽中的一个重要颜色，也是所有中外鸽种的原始色，不妨称之为祖色。因为最原始的野鸽颜色就是灰的。经过多年的人工培育，观赏鸽中花色品种繁多，名称也屈指难数，其中包括灰色鸽子。按北京的习惯，灰色本身就有瓦灰、灰和亮灰之分。瓦灰是颜色较深的灰，和砖、瓦之色近似而得名。灰颜色浅于瓦灰而深于浅灰。浅灰又称亮灰，不言而喻亮之灰色更浅，故亦称银灰。上述三种不同的灰色观赏鸽，有的背上有较深的斑点，有的没有；有的左右膀有白翎，有如黑玉翅、紫玉翅之白翅，有的没有；有的有毛脚，有的没有。如再细分，毛脚又有灰毛脚和白毛脚之别（白毛脚又名踩云盘）。如上所述，倘依其不同长相，各给予一个明确的名称，那么就有一大串了。为了简化并藉以示意，试将三种灰色和某些长相分列上下两排，再用线将它们连接起来，说明每一种灰色都可能具有下一排的长相，这样就不必再写出其全称。不知是否有助理解观赏鸽品种之繁多？其实下一排的长相还列得不全，因为毛脚有灰色毛与白色毛之别；灰鸽眼皮有的还特别红而宽，曰勾眼，天津曰"灶火眼"。如严格分类，还应将其他不同的长相一一列入名称。不过，越详细就不免越啰唆、越繁琐了。

至于拃灰，由身材短小、接近一拃得名（即拇指、食指张开形成八字的长度），灵巧精悍，别具神采，拟把它列为灰的一个特殊品种。当然拃灰的灰色同样有深浅及有无斑点和玉翅之别。

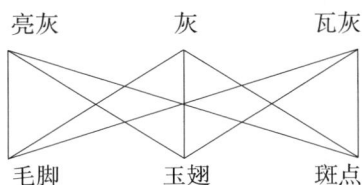

图示有斑点浅灰和无斑点瓦灰各一对。有斑点浅灰见《清宫鸽谱》甲谱第六开（彩图89），原题名"串斑子"。《鸽经》已有串斑子一名，据称特别善飞。无斑点瓦灰见《清宫鸽谱》丙谱第八开（彩图90），原题名"丹英碧瓦"，可能不是通行的名称，而是文人或画家起的名称。此对实为勾眼，因眼皮不够宽而不够标准。它又是灰毛脚，但毛不够长，也不够标准。

八　说勾眼

按理说"勾眼"的"勾"应用汉语拼音gou，因为写作"勾"，本人并无确据。如《都门豢鸽记》就在讲灰一节中写成"钩眼"，解说是"眼皮特宽，红若丹火，且多皱纹"。和我所谓的勾眼完全相同。也有人不从gou音而写成"蟾眼"，不知其所据。

如往前推，也可以在《鸽经》中找到gou眼消息，张万钟写成"狗眼"。他的解说就未免有点离谱了："按狗眼乃象物命名之义。以狗之眼多红，故名。实为西熬眼，俗多不知，姑仍旧呼可耳。"按"熬"，煮也，与狗毫无关系，疑为"獒"之误，并很可能"西"字之下脱一"藏"

字，即藏獒。更难令人接受的是狗眼的红在眼珠，而鸽子的红在宽而且厚的眼皮上，岂能混二为一。故此"狗眼"一称，有待商榷。gou字的正确写法既难找到根据，则写作"勾"或写作"钩"均似无不可。

上篇讲到"丹英碧瓦"为勾眼，但不够标准。现在试展示我认为够勾眼标准的豆眼白，因眼皮既红又宽（彩图91）；不够标准的黑皂，因眼皮虽宽但不红（彩图92），供鸽友们研究评论。

九　灰玉翅与白毛脚灰玉翅

《说灰》中的灰玉翅生禽可以找到，除头嘴、眼睛、眼皮须符合要求外，要注意其白色膀翎是否多少适中。说到白色的翅翎可大有讲究：一是有大小之分。白翎三根以下者曰"小膀"，八根以上者曰"大膀"，再小、再大都不好。二是左右膀白翎根数要均匀，最好多少相同，术语曰"双"（读去声，不作平），如"双五根"，即左右膀白翎都是五根。倘多少不同，只许相差一根，如左七右八，左四右五，都是许可的。如相差一根以上，便叫"偏膀"，价值便差许多。三是绝不许白翎之间夹有灰色翎，曰"夹条"，是大忌，它一文都不值了。

灰玉翅图示选用《清宫鸽谱》甲谱第四十九开（彩图93），原题名"串子"，色为亮灰。外侧一只，白翎为八根，明显可数。

《清宫鸽谱》丁谱第二十六开（彩图94）乃白毛脚瓦灰色灰玉翅。和《说灰》中的"丹英碧瓦"的毛脚相比，毛多而长，颜色也大异。外国观赏鸽有的毛脚更长，已长成硬翎而非软毛，行走都不方便。现在我国鸽友养的点子、白或灰，也有长毛脚，近似外国观赏鸽。它们是否有外国血统，待考。英语国家称毛脚曰"Muff"，乃妇女防寒的皮手筒，借用作为鸽子毛脚之名。

20世纪北京老养家有专养毛脚鸽的，毛脚毛多但软而不太长。为了避免屋瓦戳伤脚毛，前后两坡一律抹麻刀灰，顶刷青灰，没有瓦垄，和平台的做法一样，可见爱毛脚之深而不惜改变居室瓦垄房顶。养者专养白毛脚，洁如棉絮。飞盘时双脚收缩腹下，有如朵朵白云托着鸽子飞，故有"踩云盘"之名。看来我们前辈实在玩得精、玩得雅。难道这不是养鸽佳话而堪称游艺文化吗！

十 拃灰

《说灰》中讲到拃灰，但找一对中意的生禽，殊为不易。找来找去，还是找不到一对比得上梅兰芳曾珍藏的描绘在玻璃油画上的那一对。此画后来陈列在护国寺街梅兰芳纪念馆，"文革"中不知去向，可能被红卫兵砸毁，实在太可惜了！

拃灰生禽用鸽友提供的一对（彩图95），色为亮灰，无斑点，短嘴，白眼皮，头相也不错，已属难得一见了。

说起拃灰还有一个有趣的故事。1963年我在文物博物馆研究所任职时，参加考察龙门石窟工作队。假日去洛阳关林，在集市上碰巧有人拿着一对拃灰，使我惊喜。当时存有戒心，不敢轻举妄动，但还是忍不住多看了两眼，问了问价钱。果然当晚生活会上过不了关，被"左"得可敬的英雄们狠批了一顿，上纲到"违法乱纪"。我却暗自欢喜，喜的是北京虽已稀少，外地还有，真是天佑瑞禽呀！当时的生活就严肃到如此可

爱，连休息日看一眼鸽子都犯法，读者能想象得到吗？

十一 点子

点子是观赏鸽中最重要的品种之一，有黑、紫二色。一般称黑点子将黑字略去，而称紫点子必须有紫字，否则便认为是黑点子了。老气儿的（指传统的优良品种）黑点子身材挺拔，花色整齐，善飞翔，不论在空中，还是落在房上，往来于庭院，都显得那么俊俏矫健。过去北京养家往往飞一盘三四十只全是点子，或加一对黑玉翅或拃灰，真起画龙点睛的作用，使行人伫足仰望，连脖子酸都忘了。紫点子则多几分妩媚秀丽，但一般不及黑点子那样健飞。

可以入谱的点子有短嘴和墩子嘴两种。必须是阴阳嘴，即上喙为黑色，下喙为肉色。要头圆，白眼皮细腻如凝脂，金眼，金中偏红尤佳。如果是凤头，喙后额前耸起一撮黑毛，左右向中合拢，如双手合十，又像荷花含苞欲绽。凤内如有两三茎白毛是许可的，曰"白凤心"。凤外却不得再有黑毛长入白毛。黑毛如往凤头后长曰"座儿"，往两侧长曰"花眉子"，都是毛病。如果是平头，要求正中立一个椭圆形黑点，近似橄榄，但上端圆而不出尖，下与鼻包相接，边缘整齐流畅，和左右眼睛之间被等距离的白毛隔开，以整洁见长，其美观实不亚于凤头。点子尾部十二根尾翎，一律黑色，色要黝黑如漆，与白色之身，不论是腰是裆，分界清楚，如刀斩斧齐，裆间的尖形羽毛，名曰"托子"，也必须纯黑，否则窝分不正（彩图96）。

外国的点子，英文名曰Helmet，即"头盔"，因为鸽子头顶像扣了半个黑色

的蛋壳，连双眼都围在蛋壳之内，又像扣了一顶鲜鱼口黑猴的毡帽盔，完全失去了点子的神采。《鸽种全书》有六张头盔彩图，基本相同，头嘴都长得不好，全是红眼皮。选出较好的一只在此印出（彩图97），请各位看看，认为如何？我看又像一张大膏药贴在头顶，未免有点恶心了。据勒维的解说头盔原产地不详，可能是波斯。西班牙、英国、荷兰、德国都有人喂养。

《清宫鸽谱》丙谱第四十开所画黑点了成对（彩图98），凤头后头顶均有大片黑毛，即北京称之"座儿"，养家视此为疵病。此对尚未进化到额头一点，有少许头盔遗留，据此可证点子之远祖为头盔。

十二 紫点子

说过了黑点子，自然应该说紫点子。对紫点子的要求和黑点子一样，只要短嘴或墩子嘴，上喙浅紫，下喙肉色，即阴阳嘴。如上喙也是肉色，尚能接受，不像黑点子那么严格，如上喙不黑，便要不得了。头如算盘子，金眼，白眼皮（彩图99）。

紫点子最重要的是颜色必须正，浅了不好，发黑也不好，要色纯而浓，术语曰"酽"，有如茶味之纯而浓。更须注意尾翎末端不要有浅色的圆斑，如指肚大小，通称曰"钱"。裆也必须白和紫齐如刀切，否则就是缺憾，皆窝分不正之故。对紫点子的凤头形态和平头头顶长圆点的要求，和黑点子相同。

再举外国紫点子做比较，《鸽种全书》第134图中的一只（彩图100）和黑的一样，也是头顶扣着一个紫色头盔。嘴肉色，长而尖，粉红色眼皮，其长相、品位无一处可与我国的紫点子相比。

十三 老虎帽

老虎帽有黑、紫两种。在我十几岁时，黑老虎帽已十分稀少，紫的更为罕见。我不知当前哪一位鸽友还有此品种可供拍照，估计在短期内不能如愿。既然如此，图示不如暂用《清宫鸽谱》甲谱第二十三开（彩图101），原题名"虎头雕"。此名前所未闻，所据待查。所画实为黑老虎帽，虽不尽合格，也还大致不差。

老虎帽，当年鸽贩又称"倒塞帽"。前两字不知如何写，后读《燕京岁时记》，名曰"道士帽"，始知鸽贩读音不准，以致费解。道士帽、老虎帽都据冬日所用风帽的形状命名，加"老虎"二字，则因儿童之帽常绣老虎之故。道士冬日防寒，外出不得不戴脑后留有大片织物之帽，以防风袭颈部。

对老虎帽长相的要求是阴阳嘴，宜短不宜长；算盘子头，金眼，黑色披肩，宜大而整齐，左右直到肩头；尾全黑，裆间齐如刀切，一切均如点子。

鸽谱所绘，尚有欠缺。即眼皮之上，应有一条白毛与头部之黑毛相隔，术语曰"露眉"。亦有主张嘴角（上下喙相交处）须有小丛黑毛，曰胡子，或称之曰飘带，但飘带岂能如此之短。亦有养家以为胡子之有无，不必苛求。

十四 黑玉翅与紫玉翅

黑玉翅是传统观赏鸽又一重要品种。玉者，白也，因翅膀大翎从最外一根开始有若干根雪白如玉而得名。对头嘴的要求和观赏鸽其他品种相同，眼皮则白中发青，曰"青白眼皮"。眼睛不宜金也不宜豆，而宜葡萄眼。它和豆眼近似，但深色中心之外泛紫色，仿佛紫葡萄。鸽子颈嗉间细毛有闪光，闪光发红者曰荤闪，发蓝者曰素闪，黑色鸽子闪光尤为显著。黑玉翅如呈素闪，显得高雅而宁静；如呈荤闪，则养家不值一顾。也可以说不论什么品种都尚素闪。我看这反映中国的审美观念，宁要高雅而摒弃象征喜庆的红色。除此之外，要注意其白色的翅翎是否适中，不宜偏膀，更忌夹条。凡此已在对灰玉翅的要求中讲过，不再赘述。

当年有一位老养家，要求黑玉翅八个爪尖都是黑的，认为这样才真纯正，但合格者甚少。所以他养了多年，只有十来只，如此严格又未免太苛刻了。对鸽子花色的严格要求，在外文鸽书中尚未发现，我们至少可以说中国比外国考究得多。

图示黑玉翅一对，平头是公（彩图102），凤头是母（彩图103），可称上品，北京已很难见到了，连《清宫鸽谱》中都没有这样好的黑玉翅。它们的白翎多少恰到好处，两只最靠边一根白翎较短，是因换毛，最后换的边条尚未长到应有长度的缘故。

外国的黑玉翅相当多，但不把它作为一个品种，而分别将它们列入所属的鸽种。如《鸽种全书》第118图（彩图104），勒维注明是 American Domestic Flight（美国本土飞翔鸽）品种之一，而"玉翅"则用 White-flighted 即"白翅"来标明。此鸽如依我国鸽名，尽管十分丑陋，但确实是一只黑玉翅。只因它颈嗉间的荤闪红得太厉害，竟被勒维命名为"美国本土飞翔鸽"（这是一个包括几个鸽种的总称）的红色白翅。不用我饶舌，鸡头，长嘴，白眼珠，红眼皮，各位一看便知，和中国的黑玉翅真有天渊之别了。

易黑为紫，两翅白翎依旧，便是紫玉翅。对白翎多少对称，头嘴，眼皮的要求也全同黑玉翅。只紫色有深有浅，正与不正，宜纯而醇，发黑或发灰，要比黑玉翅要复杂得多。须认定标准颜色，辨认才有把握。图示生禽（彩图105），颜色尚可，短嘴，白眼皮，均合格。

《清宫鸽谱》丙谱二十九开（彩图106），紫色显然黑而暗，嘴头长相亦差。但画家绘前面一鸽，以背向人，两翅张开，把左右翼的白翎根数画得清清楚楚，为右八左九（第九根只露一尖），属于大膀，比我用文字讲解，明白多了。

十五　四块玉

北京传统鸽种有三块玉和四块玉。黑三块玉有如黑玉翅，只不过把黑尾巴变成白尾巴。我尚未找到一只生禽，《清宫鸽谱》也未画此种，无法介绍它。黑四块玉有如黑三块玉，但头和颈的一段是白的，加起来有四处白羽，故名四块玉。此外还有紫身的紫四块玉和灰身的灰四块玉。

《清宫鸽谱》丁谱第三十一开为黑四块玉（彩图107），但未题鸽名，我补题"跟斗黑四块玉"。其中腾空飞起一只，正在翻筋斗，可见四块玉中也有筋斗鸽。

《都门豢鸽记》讲到对四块玉的要求也是贵圆头，白眼皮，金眼；两翅白条多少宜相等，或只差一根，和对黑玉翅的要求一样。

《清宫鸽谱》甲谱第四十二开（彩图108），原题名"紫鹤秀"，实误，而是紫四块玉。因鹤秀的胸脯及腹部都应该是白色，而此为紫色，故实为紫四块玉。此对双平头，嘴稍尖，金眼，粉红眼皮，紫色偏暗，但已经很难得，因为紫四块玉多年来就是稀有品种。

中华观赏鸽中心论坛寄来照片中有一对紫四块玉（彩图109）。头和颈、两膀膀翎及尾巴均为白色，符合四块玉之名。胸脯及背亦为紫色，只腹部距离全紫似尚有一些差距，但已是我多年来所见最接近紫四块玉的观赏鸽了。

《清宫鸽谱》丙谱第四开（彩图110），题名仅"四块玉"三字。画中一对红眼皮，豆眼，双平头，墩子嘴。白膀甚大，大条以上的小条有的亦为白色。

中华观赏鸽中心论坛寄来照片中还有一只灰四块玉（彩图111），可以和鸽谱所画的对比一下。此只长嘴，凤头向前倾，粉色眼皮，眼珠特别红，堪称"朱砂眼"。白膀小于鸽谱所绘，可能仅大条为白色。足上长白色短毛。《都门豢鸽记》讲到四块玉如有一双白毛脚，可称"五块玉"，因头尾两翅及毛脚共有五处白色而得名。但此只脚上白毛短而少，仍为四块玉。

黑四块玉北京已多年不见，紫四块玉、灰四块玉更为稀罕，弥足珍贵。

十六　释白尾巴

白尾巴的观赏鸽有多种，如白雪上梅、黑雪上梅、紫雪上梅、黑银尾儿、紫银尾儿；背为紫色、黑色或灰色的秀（有的从外国引进），都是白尾巴。但北京鸽友谈话中讲到的"白尾巴"似乎别有涵义，所指的是有限几种白尾巴鸽子。

十几年前，龙潭湖西街有鸽子市。我去逛逛，听见两位老者在交谈。甲说："多年不见了，您好啊？还有鸽子吗？"乙说："咳！房都拆了，搬楼房了，养不了鸽子了。"乙又问甲："我知道您离开鸽子活不了，总该还有几只吧。"甲回答："别提了，平房也拆了，搬朋友

家住了，院子窄，只剩十来只'白尾巴'了。"甲说的"白尾巴"没有一开头提到的各品种而专指不同颜色的乌头、环儿和压脖儿。乌头和环儿可算是正规的品种，压脖儿的色羽面积或大或小，或偏或正，只能视为附属品种了。

过去听老养鸽子的说当年北京很少见到乌头和环儿。慈禧逃难，跑到陕西，随驾的太监们在西安看到乌头和环儿，为之惊喜。回銮时偷偷地带了若干只回来，此后北京白尾巴渐渐多起来。也不知以上是传闻还是事实。

乌头、环儿和压脖儿有三种羽色，即黑、紫、蓝。下面分别介绍。

十七　乌头

乌头，《鸽经》称之曰"靴头"，见《檀几丛书》本。解说曰："自项平分，前后二色。高脚、雁隼，金眼，纽凤。他种凤头雌多于雄，惟此种雄多于雌，有黑、紫、蓝三色。沙眼、银、碧等眼俱不入格。"《都门豢鸽记》也讲到乌头，"头之形状，与乌同（即两头乌）。其佳者须短嘴、立凤、金眼、白眼皮、算珠头、大葫芦、素闪。忌长嘴、豆眼、白眉、花嗉、夹尾。体愈壮大，愈善飞翔，为冲锋陷阵之上品"。两家所言，有须做些解释者，亦有值得商榷者。所谓"前后二色"太过笼统。乌头实际自头以下，前面自嗉与腹相交处，后面自颈与背相交处均为色羽，背至尾为纯白色。所谓"葫芦"指嗉以下的色羽下的弧线甚圆，仿佛葫芦肚，故名。从正前方看不见腹部的白色，故曰大。《鸽经》谓凤头雄多于雌，可能明代或然，但今则未必如此。还有两家都认为乌头宜金眼，当今则以豆眼为贵，养家成语所谓"豆眼乌

头金眼环"也。

《清宫鸽谱》丁谱第一开中的一对（彩图 112），双平头，金眼。生禽照片（彩图 113）承左力先生提供，凤头，白眼皮，豆眼，短嘴，堪称上品佳禽。

乌头明末至民国初期贵金眼而现在贵豆眼，可见时代推移，好尚亦往往有改变。于非厂先生说乌头善飞翔，但据我的经验，它实在飞不过黑点子、玉翅和拃灰等。

十八　紫乌头与蓝乌头

图示紫乌头，平头为雄鸽（彩图 114），墩子嘴，白眼皮，豆眼。膀拐子前露紫色羽一线，可见其"葫芦"之大，合乎要求。有凤头者为雌鸽（彩图 115），嘴比雄者稍长，也是白眼皮，豆眼。嗉下葫芦也够大，但被膀拐子遮掩，不能看见。雌雄的紫色也正，现在如此一对，已很难得。雌者颈侧有白毛两根，是小疵。当年在鸽贩手中，早已用长尖小剪子把白毛去掉。要等鸽子换毛后才能发现。

蓝乌头，也是平头为雄鸽（彩图 116），接近短嘴，白眼皮，豆眼。雌鸽（彩图 117）立凤，短嘴，白眼皮，豆眼，比雄鸽长得更加挺秀。此对之可贵，尤在蓝色之正，色深且确呈蓝意。

羽色之中，色调差别最多的为蓝色，深浅悬殊之外，有的近灰，有的呈褐色，有的甚至偏紫。何以如此，因我育鸽的经验太少，不敢胡说，只有行家里手才有发言权。我们知道有的蓝乌头或蓝环是经一只黑色和一只紫色配合育雏才出现的，那么哪种蓝色才是真正原始的蓝色，我还举不出实例。依我现在的看法，此对蓝乌头的蓝可算是最具蓝意的，因

鸽子羽色像蓝布那样的蓝色并不存在，非灰非褐而呈蓝意的已经很难得了。

《鸽经》已提到鸽有蓝色，可惜张万钟没有把当年所谓的蓝说得清楚一些。当然用语言文字来仔细明确地说明颜色是一件很困难甚至根本不可能的事。

十九　黑环、紫环与蓝环

图示三尾生禽都堪称上品。黑环（彩图 118），又称"墨环"，凤头，金眼，白眼皮，短嘴，只环儿上缘稍欠齐整，但算不上毛病。紫环（彩图 119）平头，金眼，白眼皮，墩子嘴，紫色甚正。蓝环（彩图 120）凤头，金眼，白眼皮，短嘴，蓝色深而不偏褐、不偏灰，尤为难得可贵，是我所见蓝环中羽色最纯正的。

《鸽经》在"套玉环"条中讲到有"黑白环、紫白环、蓝白环三色"，所指似为黑玉环、紫玉环和蓝玉环，接着又说"一种白质紫环或黑环者最佳，惜不恒有"，才是黑环和紫环。北京无套玉环名称，而分别名之为黑玉环、紫玉环、蓝玉环。短嘴者甚少，被视为稀有品种。《清宫鸽谱》一百八十幅彩图中，只有玉环，而没有黑环、紫环和蓝环，不知是何原故。可能当时环儿稀少，或因疏忽没有把环儿呈送画家收入谱中。

二〇　压脖儿

压脖儿全身白色，只颈后有块色羽，有黑、紫、蓝三色，分别名曰黑压脖儿、紫压脖儿、蓝压脖儿。色羽往往不甚规范：有的宽，有的窄；有的长，有的短；有的偏左，有的偏右。

《鸽经》和《都门豢鸽记》都没有提到压脖儿，可能因为它够不上一个正规的品种，但多年来养鸽子的都知道压

脖儿是什么长相。我的臆测压脖儿和乌头、环儿有血缘关系，也应当算是白尾巴的一种。过去孵雏，一对环儿竟出了一个环儿和一个压脖儿。也有人环儿配压脖儿，竟出了两个环儿。压脖儿可能还有白的血统，当年养家因只有一只乌头或一只环儿，配上一只白，于是出现了压脖儿。压脖儿全身白色多，色羽少，是返祖现象。

两鸽在窝中，雄的是黑环，雌的是黑压脖儿，养家希望孵出一对黑环（彩图121）。一只紫压脖儿，粉红眼皮，豆眼，不是上品，聊以示意（彩图122）。另一只是蓝压脖儿（彩图123）。压脖儿飞时好像一只白，落在房上、地面才知道是压脖儿，其观赏价值也比不上乌头和环儿。

二一 玉环

《鸽经》"玉带围"中称"横有白羽一道如带。有黑宜白围，白宜黑围、紫围，紫宜白围"，讲的分明是北京的玉环。但同条又有"白宜黑围、紫围"，讲的分明是北京的墨环和紫环。"套玉环"中称"色宜纯，环宜细。……有黑、白环，紫、白环，蓝、白环三色"，讲的分明是北京的玉环，但接着又说"一种白质紫环或黑环者，最佳，惜不恒在。一名套项"，讲的又分明是北京的紫环和墨环。张万钟两条都把白质的墨环、紫环和黑质或紫质的玉环（即黑玉环和紫玉环）放在一起说，自乱其例，容易引起混淆。笔者不得不唠唠叨叨，为之分辨清楚，但未免唐突前贤，罪过罪过。

《清宫鸽谱》只有一幅"墨玉套环"（彩图124），见甲谱第三十九开，原题名"玉环"。白环甚窄，只有一指来宽，符合《鸽经》"环宜细"一语。但当上世纪中期我养鸽子时，如此窄环便不受欢迎了，亦可见好尚的变迁。

《中国观赏鸽谱》有黑玉环（彩图125）、紫玉环（彩图126）生禽，均为郭随成先生栅中宠物，北京多年来黑、紫玉环均为长嘴，郭氏两对也嫌嘴稍长，尚未培育到满意的程度。

二二 黑乌、紫乌

北京称头尾黑、中部白的鸽子曰黑乌，是常见品种。明王世贞《驯鸽赋》有"雪毛而黔其首尾"句，我认为指的就是黑乌。黑乌或称"两头乌"，岂不与赋句相符。当然点子也是"黔其首尾"，但头顶黑点太小，不如黑乌更加吻合。

《鸽经》讲到黑乌和紫乌，附在"靴头"一条后。称"又一种两头乌，白身，头尾俱黑。嘴类点子，形如靴头，凤头金眼者佳。豆眼、碧眼者次之。又一种两头紫，最佳"。所谓"嘴类点子"，如指嘴形是对的，因为两头乌和点子都以短嘴为佳。倘指嘴色则误，因为黑点子尚阴阳嘴，即上喙为黑色，下喙为肉色；紫点子也尚阴阳嘴，上喙为紫色，下喙为肉色。而黑乌的嘴只宜纯黑色，紫乌的嘴只宜纯紫色。至于眼睛，黑乌、紫乌都尚豆眼，金眼已随好尚的变更，不为有些地区的养家所喜了。

《都门豢鸽记》有大段文字讲到黑乌、紫乌。其内容与上重复者毋庸赘述，缺少者值得补充。有以下几点：

一、谚云："十个乌，九个差，得着一个就不差。"言乌之善飞者少也。

二、于非厂先生养鸽时，乌已尚豆眼，而明清时期尚金眼，可推知好尚变更的年代。

三、指出乌尚素闪，裆忌花，凤忌倾。

四、紫乌尤贵色正，偏深者曰"炉灰渣"，偏浅者曰"猴儿头"，皆大忌。

《清宫鸽谱》丁谱第三十七开（彩图127）中的黑乌，双凤头，白眼皮，花色整齐堪称上乘。眼睛为金眼，符合清代的要求。紫乌（彩图128）乃当代养家的生禽，雄凤头，雌平头，豆眼，颜色十分纯正。惟嘴肉色欠紫，眼皮不够白腻，但即此已十分难得，堪称珍禽。

二三　两头白

《清宫鸽谱》甲谱第四十七开（彩图129）中的一对，原题名"黑鹤秀"，实误。鹤秀自嗉胸以下直至裆间均为白色，而此对为黑色，故不是鹤秀。回头的一只虽看不见其腹部，但右侧啄食的一只膀拐子之下明显露出黑色的胸和腹，所以与鹤秀不同，谱上的题名是不正确的。其中部黑，头尾白，恰好和两头乌相反，故应名之曰两头白。

甲谱第八十七开还有一对两头白（彩图130），原题名却叫"黑雀花"，又误。"雀"与"鹊"相通，凡名曰"雀花"或"鹊花"，花色总该和喜鹊有些相似，此幅黑雀花花色和喜鹊不沾边，故恐不妥。不过如与两头乌相比，也有不足之处，不足在头部以下。两头乌要求黑到胸部以下，北京曰"大葫芦"。此对前立一只尚可，后站一只，仅白到颈部，显然白得太少了。

二四　铁翅乌与铜翅乌

观赏鸽不同品种的形成，往往是由于某一部位羽毛颜色的改变。如点子头上黑色或紫色圆点及凤头消失，变成纯白色，只有尾巴仍是黑色或紫色，其品种名称就不再是点子而是"黑倒叉"和"紫倒叉"了。如头顶的圆点或凤头颜色不变而尾巴变成纯白色，其品种就叫"黑雪上梅"或"紫雪上梅"了。

上述品种名称因花色的变化而更改，是借以说明黑乌及紫乌如两翼翅翎由白色变成黑色或紫色，它们的名称就该叫"铁翅乌"或"铜翅乌"。从花色由简到繁的发展规律来看，应该是先有黑乌和紫乌，经过养家的培育，给黑乌添上黑色的翅翎（彩图131、132），给紫乌添上紫色的翅翎。

新品种出现，往往身价十倍，因而不少养家在培育品种上下工夫。其主要方法不外是：去掉某部位的羽色，使成为白色；把原为白色的羽色改成色羽；或使其原有的色羽出现一些花纹或颜色上的变化等。以上不免有个人的臆测，未必正确，有待方家指正。

铜翅乌就是把铁翅乌的黑头、黑尾、黑翅翎换成紫色的而已（彩图133）。

《鸽经》没有讲到铜翅乌，可能当时还没有。《都门豢鸽记》有数语及之："在十五年前，京师少此种，后由变种得之，多不佳。吾家得原种，几经变化，始与'铁翅乌'侔，后此鸽遂遍京师。"总之，要鸽子花色符合培育者的要求，就须付出精力和劳动。

《清宫鸽谱》还没有真正的铜翅乌，只能说接近，或许由它开始逐渐演变成完美的品种。它出现在甲谱第三十开（彩图134），原题名"四平"，可能指头尾两翼四处都有紫羽之意。尽管鸽子面部眼睛下的白斑非铜翅乌所应有；腰部白毛过长，紫色尾翎显得短了；紫色翅翎也太大，有十四五根之多，但不能否认它已基本上具备铜翅乌的花色。

非厂先生停止养鸽约在1920年前

后，此时已有与铁翅乌相伴之铜翅乌。我开始养鸽年方十岁（1924年），完全不知道品种之优劣。高中时骑车串九城街巷，只为看鸽。犹记鼓楼后有一盘铜翅乌，三十多只，栩栩如蝴蝶，每驻车欣赏移时，可证于氏之说民国初期北京才有铜翅乌是正确的。1990年我去太原逛迎泽桥鸽市，看到一对铜翅乌，相当整齐，索价二十元，比北京便宜。此时养家为牟利已争养信鸽，观赏鸽被人冷落，太原也受影响。有人去欧洲花几千美元，买一只信鸽，实在相差太远了。传统文化不被本国人重视，不禁为之恻然。

二五　铁翅点子

如果读者同意铁翅乌、铜翅乌是在黑乌、紫乌的基础上崇饰增华而成，那么我认为这两个品种是培育得比较成功的，也就是说比较干净齐整。对比之下，自民初以来不少人想给黑、紫点子和白加上铁翅和铜翅，成为新品种铁翅点子、铜翅点子、铁翅白和铜翅白，但到现在还未达到完美的程度，总不免出现夹条或花的毛病，未能达到铁翅乌的干净程度。如想孵出干净整齐、不花不夹条的铁翅点子、铜翅点子、铁翅白、铜翅白，培育者还须努力。

藏哨名家王熙咸老人在他的《鸽哨话旧》一文中讲到同仁堂乐君咏西买铁翅点子的故事，录引如下：

鸽贩某，居邻能仁寺。曾以三十元赂乐咏西御者，使马车绕道徐行过其巷。乐氏见三十余鸽悬哨盘旋空中，白身黑翅（名曰"铁膀点子"，或"铁翅点子"，民初时为名贵品种），翩翩似蛱蝶，琅琅若玉鸣，惊喜欲狂，叹为奇观。觅得某贩，诡言墨王府寄卖。乐、墨素昧平生，竟以四千元成交。巢中尚有四十余点子，或偏膀，或夹条，（襄按："偏膀"谓只有一翼有黑翎，或一多一少；"夹条"谓黑翎中间有白翎，皆铁翅之劣者。）乐冀其能出好铁翅，又以三百元购之，意在铁翅点子尽归吾有也。贩得金，置房六十余间，获小康焉。

可见培育新品种之艰难及养家寻求新品种之殷切，这也算是北京观赏鸽的一段掌故吧。

乐咏西先生不惜重金买鸽贩的几十只铁膀点子，其中没有几只花色整齐，总不免这里那里有一两簇或几根杂毛。严格说来，真正完美的铁翅点子、铜翅点子、铁翅白、铜翅白，到现在还是很难见到。

七八十年过去了，现在的铁翅点子如何呢？我请摄影师从资深鸽友家中拍到一对。雄的较好，头相够意思，短阴阳嘴，金眼，白眼皮，铁翅及尾巴黝黑如漆，只头顶脑后有几根杂毛（彩图135）。能如此已经很难得了。雌的就差了，尽管头形尚佳，但颏下嗉上有黑斑，膀上长出不该有的大片黑羽，翅翎及尾巴虽还整齐，已瑕多于瑜了。

《中国观赏鸽谱》中也有一对（彩图136），却雌的比雄的好。雄的平头，左右膀拐子都有杂毛。

二六　铜翅白

大家都知道，倘鸽子的色羽部位相同而颜色有别，紫的都比黑的少。如紫点子比黑点子少，紫玉翅比黑玉翅少，紫银尾比黑银尾少，紫玉环比黑玉环少，铜翅（紫膀翎）更是比铁翅（黑膀翎）少。

铁翅点子、铁翅白到现在尚未定型，花色干净、整齐的稀少，铜翅点子、铜翅白就更难得见了。

出我意想，在《清宫鸽谱》甲谱（最早的一部）第四十二开（彩图137）中竟出现一幅相当干净整齐的铜翅白，不能不使我感到惊讶！原题"金剪"两字，似为文人所题而不是通常的名称。因为这一花色偶然出现，此后罕见，根本谈不上定型，更不可能有通俗类似铜翅白的名称了。我在说明中写了如下一段："双平头，半长嘴，白眼皮，金眼，两翅紫翎逾十根，可谓'大膀'。头嘴虽一般，全身却洁净无杂毛，倘此鸽在北京市上出现，定有人围观，啧啧称赞'好一对铜翅白！'"如挑毛病，只是紫翎已多到十三四根，未免太大，紫色也不够纯正。但它竟在18世纪初期出现。民国以来不少养家想方设法培育铜翅鸽子，铜翅白还未见到如此干净的一对，二百多年前竟出现了，怎能不叫我啧啧称奇呢？

有人提出疑问，会不会当年并没有这样的生禽，而是凭想象伪造出来的。我看不可能。宫廷既要画谱，就要求真实。倘故作玄虚，难免要受遣责，所以我想当时不敢弄虚作假。还有鸽谱画了不少幅有显著毛病，不该入谱的鸽子，也足以证明当年画工是严肃认真据实写真的。

二七　倒插与雪上梅

倒插和雪上梅各有黑、紫两色。我认为此二品种都和点子有血缘关系，对不对要求教于方家。点子头顶有点形色羽，尾巴有十二根色翎。如把头顶的点去掉，保留有色的尾巴，便是倒插。如

尾巴变成纯白而头顶的色点还存在，便是雪上梅。

倒插明代已有，《鸽经》称"雕尾"，解说曰"短嘴白身，插黑尾十二。宜金眼豆眼"，句中已出现"插"了，后来演变成插尾。

《都门豢鸽记》也讲到此品种，但将倒插写成"倒叉"，这是因为没有查阅《鸽经》之故。翻阅于氏全书，好像他没有引用过《鸽经》的字句，根本未见过此书。

《清宫鸽谱》康熙时所绘的和道光时所绘的各画了一对倒插，前者甲谱第九十三开题名"倒插"（彩图138），后者丙谱第二十八开则题名"雕尾"（彩图139），时代晚的反倒用了较早的名称。两幅对比，前者白眼皮金眼，腰尾之间有杂毛，后者粉红眼皮，但头嘴远胜前者，且花色黑白分明，十分整齐。

在《中国观赏鸽谱》中还有一对生禽，短嘴金眼（彩图140），视前图尤胜。佳种尚在人间，弥足欣幸。

雪上梅，好文雅的一个名字，不知哪位文人用以名鸽。查《鸽经》未见，《都门豢鸽记》却讲到了"雪上梅，全体洁白，仅于顶巅生有一撮紫羽。凤头者凤为紫羽，平头者，白鼻至顶，为一撮椭圆紫羽，故亦谓之为梅映雪。如头圆、眼金、嘴短、凤立，眼皮白细，紫色纯正，则甚秀丽可观，而价亦至昂，且不恒见"。看来于氏认为只有紫色的才是雪上梅。不过北京过去养家和鸽贩把黑色的也叫雪上梅。至于梅映雪一称，很少有人听说过。

《清宫鸽谱》竟有三幅雪上梅。第一幅见甲谱第八十六开（彩图141），原题标明三字"日月眼"，实在不应该如此命名。画家为了让人能看见一只鸽子

的左右两眼，煞费苦心地画了一只正面向人的雪上梅，其右眼为豆眼，左眼为金眼，为的是符合"日月眼"题名。实际上养鸽者一般都知道两眼一金一豆，并非罕见，尤其是当年的幼鸽，往往飞了一段时期，豆眼变成金眼，左右相同了。一金一豆是暂时现象，所以不能舍弃它的品种名称雪上梅而把不稳定的现状作为题名。

丁谱第三十二开、二十一开也有两幅雪上梅，黑（彩图142）、紫（彩图143）各一对。紫的一对虽为豆眼双平头，粉红眼皮，但头嘴身材却胜过黑者。类此生禽，我已多年没有见到，因为紫雪上梅确实比黑雪上梅更为稀罕。这两幅都未题名，"雪上梅"三字是我补题的。

二八　银尾

银尾全身色羽，尾为白色，有灰、黑、紫三色。

《鸽经》"十二玉栏杆"条："有银灰、青灰二种。……一名半边。宜豆眼，他者不入格。又一种黑者，纯黑。背有银毛梳背，最佳。如止尾白者，为插尾。"但未言及紫银尾。

《都门豢鸽记》述及银尾：

全身均为黑羽，仅尾羽为纯色，曰"黑银尾"。全身均为紫色，尾为白色者，曰"紫银尾"。紫鸽多长嘴，红眼皮，如嘴短，眼皮较白，全身无杂羽，而色泽甚正者，即为佳种。"银尾"之尾，上须至腰，下须至裆，纯为白羽，无间他色。其间杂色羽者，谓之"夹尾"，若翼之"夹条"也。凡购置此鸽，最要须先数其尾之硬羽，是否为十二根（无奇数），或十四根；凡有缺者，概为"夹尾"之拔去者。即或不缺，尤须详审其

著生之臀尖，用以防鸽贩截插之弊。盖鸽之重翼者，须详审其翼；重尾者，须详审其尾也。

非厂先生讲到黑、紫两色银尾，但未及灰色银尾。

《清宫鸽谱》绘有黑银尾三幅、灰银尾二幅，但没有紫银尾。图今各选其一。甲谱第十四开为黑银尾（彩图144），原题名"银尾凤"，一平一凤，金眼白眼皮，嘴嫌稍长。值得注意的是右侧鸽头下探，以喙清理脚爪一只，尾背之间有几根白毛，当即《鸽经》所谓"背有银毛梳背"。但北京养家会认为腰尾之间有杂毛，不够"刀斩斧齐"，成为缺憾，可见古今优劣标准之异。甲谱第二十八开为灰银尾（彩图145），原题名"银尾瓦灰"，一平一凤，亦为金眼白眼皮，嘴胜于上一幅。

二九　喜鹊花

过去的鸽市都知道喜鹊花一名，有紫、黑两种。黑者头、翅膀、尾为黑色，胸脯及肩为白色。紫者头、翅膀、尾为紫色，胸脯及肩为白色。因花色有点儿像喜鹊而得名。但考究养家不视之为正规品种，因色羽有的多些，有的少些，不甚稳定，所以养者不多。

《清宫鸽谱》甲谱第二十七开、九十五开、四开有黑、紫、黄雀花各一图。黑者题名"踩银盘黑雀花"（彩图146），因两脚有白毛；紫者题名"紫雀花"（彩图147），非毛脚；黄者题名"黄雀花"（彩图148）。黑、紫、黄三种翅膀皆白，故与北京所谓喜鹊花不同。不过"鹊"、"雀"两字往往通用，很可能有人把类此之鸽写成"鹊花"。

没有想到外国也有此花色，名叫

Magpie，却好与喜鹊同名，而且黑色一只也有毛脚，说明曰能翻筋斗。人同此心，心同此理，人们总是觉得这种花色的鸽子有点儿像喜鹊，所以中外命名不约而同了。

《鸽经》有一条讲喜鹊花"银嘴金眼，长身短脚，纹理与喜鹊无别，故名。驯顺不减腋蝶，鸽中之良，此其一种。有紫鹳鸽凤，深紫者佳。尾末有杂毛者不入格。黑项下有老鸦翎者，不入格，二色。诸鸽嘴俱宜短，惟此种不拘"。我可以断定张氏所讲的喜鹊花和《清宫鸽谱》画的不是同一品种，两翅的色羽，或黑或紫，要多得多，否则很难说像喜鹊，和"纹理和喜鹊无别"一语相去更远。而"无别"两字也未免过于绝对化了，因为鸽子花色再像喜鹊也不可能完全一样。

为了证明鸽子花色不可能和喜鹊完全一样，我去请教鸟类学家，并观察用喜鹊制成的标本。鸟类学家对喜鹊翅膀花色的描述是："初级飞羽十枚，第一枚较尖狭，初级飞羽内翈具大形白斑，飞翔时明显可见。"用观赏鸽养家语言是：大膀十根，边条尖而窄，每根大膀内侧都有长条白斑，飞时翅膀张开，白边连成一片，明显可见。这就说明了为什么喜鹊飞时，两翅露出大片白色，待落下时因翅膀并拢又成了黑的。因此可以说鸽子的羽毛花色长得和喜鹊完全相同的是没有的。张氏如不用"无别"字样而用"相似"或"近似"，就无可非议了。我又找到一张邮票，印有喜鹊张翅的形象（彩图149），翅翎白色镶黑边，清楚可见，一并印出供参考。

《鸽经》所说的黑多白少的喜鹊花，当年曾见过，接近于非厂所谓的铁翅花，《都门豢鸽记》有示意图，但现在找不到生禽照片，相信今后总会找到的。

三〇 灰寒鸦

北京过去曾有一种乌鸦，比一般乌鸦小一些，胸脯以下是白的，名曰寒鸦，古代名家曾画入手卷。观赏鸽有一种花色和寒鸦一样，也是黑身白脯，因此名曰寒鸦。《都门豢鸽记》有一幅示意图（彩图150），标名"寒鸦"二字，但类此生禽北京却多年不见了。

中华观赏鸽中心论坛寄来照片中有一幅，鸽身不是黑色白脯，而是灰色白脯，如命名似可称之为"灰寒鸦"（彩图151）。对我来说是一个从未见过的新品种，怎能不让我兴奋呢！

三一 粉串

《鸽经》"鹤秀"讲到"土合"色，我认为"土合"可能是"土褐"一音之转。赵传集先生译《鸽经》为语体文，曾对"土合"一词做解释"山东方言称火红色或土褐色为'土火色'或'土合色'"，这是正确的。

北京鸽市往往可以见到这种颜色的鸽子，通身深浅不同，多数前深后浅，红中泛黄，深处近褐，有如国画用褐石点染的颜色。北京无土合一名，而称之曰粉串，且不视为名贵品种，因为花色欠纯正，形象不佳，多为长嘴。而《清宫鸽谱》甲、丙、丁三谱竟收有五对粉串之多：甲谱两幅分别题名"米汤浇"、"鹰背灰星"；丙谱一幅题名"紫葫芦"，似为画者所题而非通用名；丁谱两幅未题名，笔者题名"粉串"。丁谱第十四开（彩图152），因嘴短长相较佳，且两禽同栖梧桐枝，枝不胜其重，下垂摇曳，鸽张翅以求得平衡，画得十分生动。

这里刊出一幅粉串生禽照片，堪称此鸽之最佳者，头嘴极好，朱砂眼尤为罕见（彩图153）。《中国观赏鸽谱》有一尾"紫花斑鸽"，则当为开封地区对粉串的称谓。

三二 从鹤秀说到"蝶"和"秀"

上世纪中期，家中养着鸽子，还常去市上看看。那时候有一个常见的品种名曰鹤秀，它头部两颊有紫色镶灰色边的花斑，背上，也就是两翅自肩到十根大膀翎之间有两块呈芒果形的区域，羽色是紫色镶灰边，予人斑纹的感觉。鹤秀一律长嘴，未见有短嘴或墩子嘴者。论花色体形，和鹤毫无关系。嘴虽长，比仙鹤又太短了。

鹤秀一名，早在《鸽经》就已讲到"银嘴鸭掌，菊凤，头尾俱白，有黑、紫、土合、蓝四色。羽毛如鹤之秀故云"，语多费解，如谓"鸭掌"，鸽中尚未见爪间有蹼者。"如鹤之秀"，含混而不易领会。本人想描绘北京当年常见的那种鹤秀，《鸽经》上文全没有讲到，所讲的实为背上有四种不同颜色的"秀"。

鹤秀生禽照片未能找到，不得只好用《清宫鸽谱》丙谱第十七开聊以示意（彩图154）。该对花色都有毛病，不合格，故被我列入"混种杂色"类。站着一只尾巴应该纯白，而它几乎全黑。卧地一只尾巴也不干净，有两根尾翎有黑色边。还有脸颊色斑向下延伸，直到嗉部，也是不许可的。总之只能看到鹤秀一个概貌。至于原题名"绒花蛱蝶"，却不是毫无来历。原来《鸽经》名此类鸽子曰"紫腋蝶"，谓"白质紫纹，嘴有灰色毛四瓣，如蝶之形。腋有锦羽二团，如蝶之色，故名"。看来"蝶"由脸颊上的斑纹得名。

故鹤秀或其他颜色的秀，只要颊上有斑纹，都不妨称之曰"蝶"。不过我对"腋"字认为不妥，容易引起误解。因为秀的色羽明明长在鸽子翅膀上面，如用"腋"字，岂不色羽长到翅膀里面了。秀或蝶的腋，应该一律都是白的。

丙谱第十五开还有题名为"紫蛱蝶"的（彩图155），花色也接近北京当年常见的鹤秀，脸上也有灰斑，只是翅膀上面的紫色羽毛没有灰色边而已。

《清宫鸽谱》对观赏鸽的题名，有的是巧立名目，匪夷所思；有的又有规律可循，如"绒花蛱蝶"和明代《鸽经》说法是一致的。再如甲谱第三十五开的"紫蛱蝶"（彩图156）和第六十一开的"黑蛱蝶"（彩图157），脸颊上也都有斑纹。而甲谱的第九十六开"蓝鹤秀"（彩图158），脸颊干干净净，看不见一根色毛，故名称中没有蛱蝶字样。

至于我个人的意见则认为只要鸽子背上（即两翅表面）有两块芒果形的色羽，不管它面颊上有无花斑，不妨一律名之曰"秀"。这样可以简化一些。我是受郭随成先生的启发，他在《中国观赏鸽谱》一书中早已这样命名了。

三三 谈近年才在中国出现的几种秀

从上世纪30年代起，我常去鸽市逛逛，从未见过下面说的几种秀。一直到近十来年才在河南养家见到，此后京津各地也陆续出现。它嘴很短，头特圆，眼睛大，身材短小挺拔，全身都非常符合传统观赏鸽的审美要求。花色多种但十分整齐，哪一部位该什么颜色就什么颜色，不像外国观赏鸽往往同一品种，这儿花一块，那儿花一块，漫无规律。别看它是短嘴，特别能飞，而且娇小近人。所以此种秀一出现，便受鸽友们的喜爱。

因为过去没有见过，一旦出现，总不免认为是从国外输入的。经询问，确实是从海外引进，但来自何处，众说纷纭。有人说从中亚、西亚，有人说从土耳其，有人说从俄罗斯，有人说从欧洲。只好查外文鸽书，《鸽种全书》出版已四十多年，对鸽种来源可能又有新的说法，而同一性质的新书尚未找到。此书中的图示至少有两个品种有现在讲的秀，它们是 Owl 和 Turbit。

Owl 中文译为"枭"，即猫头鹰，其实形态和猫头鹰毫无似处，只不过英文称猫头鹰曰 Owl 而已。《中国观赏鸽谱》中印出有黄秀（彩图 159）、紫秀（彩图 160）和黑秀（彩图 161）;后两花色都和《鸽种全书》的图 327（彩图 162）、图 323（彩图 163）完全相同。

《鸽种全书》中观赏鸽和现在国内流行的秀相似的是 Turbit，如据音译不妨名曰"特别特"。它的身材、头嘴和枭十分相似，但嘴尤其是嘴的上半向内收，正面看几乎是平的，在鸽类飞禽中很少见。还有眼睛几乎一律是豆眼，色紫而深。常见的花色是背上芒果形的两块为灰色带黑楞，与一般的秀背上两块通体一色不同。《中国观赏鸽谱》中印出了成对（彩图 164）和单只（彩图 165）照片各一，题名为"蓝秀鸽"，实际上其色近灰。只要和《鸽种全书》的图 778（彩图 166）和图 779（彩图 167）一比较就可以肯定其血缘关系了。

有人提问：你不是专讲传统的中国观赏鸽吗？怎么讲起外国观赏鸽来！我想试做说明：

（一）《鸽种全书》讲到"枭"和"特

别特"的起源都含混其辞。先说是远古鸽种，其原始已难查考，继而说中亚西亚和土耳其有此种。我们不能排除最早中国有此种，后失传而部分保留在中亚地区。正如某种动物原始为中国种，失传后从外国引进而繁殖很多，京巴狗就是一例。

（二）大家都知道，中国观赏鸽符合中国的审美观念是由于它们是中国多少代人费尽心血培育出来的。如果"枭"和"特别特"完全符合中国的美，按推理来说应源自中国。当然要确定它还须有其他的证据。我们对鸽种还缺乏调查研究，仅仅是一种推测而已。

三四　谈沙田尼鸽

差不多和"枭"、"特别特"两种秀鸽同时在国内出现的还有 Satinette 鸽，译名为"沙田尼"。它的头嘴身材也都符合中国审美标准，但和各种秀不同，尾巴为色羽或白羽带花边，不是纯白的。其主要花纹为背部羽毛有较深色的花边，英文称之曰 Laced，有点像鱼鳞，因而与秀大异。

沙田尼进入我国后，不知何时被人名为"东方淑女鸽"。在本世纪初我在开封听到这个名称，以为引进的鸽子如随意给它取一个美好的名称，未必合适，等于割断了它的来源。即使经过考证发现其远祖源于中国，也应该慎重命名，并把其出现过的地点和年代加以说明，以便做进一步查证。

《中国观赏鸽谱》印出两幅沙田尼，一幅两禽并立（彩图 168），背上花边纹很明显。一幅单只（彩图 169），背上如灰秀带黑楞，都题名为"东方淑女鸽"。后者尾巴是黑的，否则就和秀没有差别而不能称之为沙田尼了。此外，除《鸽种全书》印出一只（彩图170），台湾出版的肖松瑞先生译《彩色竞鸽总览》也印有一只，背上花纹十分清楚，尾巴也有黑翎。

三五　说筋斗鸽

《辞海》释"筋斗"一词曰："倒翻身也，亦作'觔斗'、'金斗'。"《新华字典》释"筋斗"曰："身体上下翻转的一种动作，也叫'跟头'。""翻筋斗"、"翻觔斗"、"翻跟斗"往往通用，指的是同一种动作。

鸽子会翻筋斗，没有养过观赏鸽的人大都不知道，甚至连养过鸽子的人也不知道，但它确实是古今中外都有的一种鸽子。

《鸽经》把观赏鸽分为三大类：（一）花色，（二）飞放，（三）翻跳（即筋斗鸽）。张氏用了不少称赞美人的辞藻形容花色，又用"六翻冲天，一日千里"来夸奖飞放的远翔功能，惟对翻跳则不甚重视，认为只能为妇人小儿女针线活之余博欢笑而已。不过《鸽经》另有一段文字叙述翻跳一类中各种技能的特点和差异，又描绘得有声有色，也是一篇奇文：

翻者飞至空中，如轮转动也，有三种：自左至右，平飞转动者为高翻。自上至下，半空转动者为腰翻。飞不逾丈，逼檐墙而转动者，为檐翻。肩宽尾狭者翻高。肩狭头小者翻腰。身长尾狭者翻檐。跳者，飞不逾尺，不离阶砌，跳跃旋转。一种肩宽身短，无倚附即转，有凭藉方止者，名滚跳。一种身长头小，行动四顾，闻声响即转者，为戏跳。一种进退维谷，逐尾即跳者，为打跳。总之翻跳原一种，其名不同，其致则一。

把我都说得心动，倘现在还有赛过杂技演员的鸽子，我都想养几对了。

《鸽经》还列出筋斗鸽的名称有凤头白、凤头皂、毛脚紫、莲花白、沙眼银灰、毛脚白、土合等等。

过去北京养鸽者如爱看飞盘儿，便不养筋斗鸽，因为它和一般的鸽子飞不到一块儿。盘中有了它，飞着飞着翻三五个筋斗，掉出了盘外，如要跟上盘儿，就须努力扇几翅才能追上。倘盘儿将就它，翅子缓下来，必致乱了盘儿的阵形，所以干脆不要筋斗鸽了。筋斗鸽虽不受欢迎，但本人认为既然自古就有此品种，我们就有责任保护这个物种。

幸亏《清宫鸽谱》画了几幅觔斗鸽子，如果他们没有描绘，即使有生禽也难拍照，因为它翻得很快，相机很难摄捉到转动的一刹那。丙谱第二开（彩图171）画了一对白色的筋斗鸽，原题名"菊花凤腰翻白"。全身纯白，脑后有逆毛，肉色嘴，白眼皮，淡金眼，凤头圆而松散，和《鸽经》文字完全符合。正因凤头不形成一簇，才有菊花凤之名。在上一鸽，两爪向上，缩颈张翅，把翻跳之形画得惟妙惟肖。丙谱第九开（彩图172）还描绘了一对黑色筋斗鸽，原题名"腰翻皂子"。全身纯黑，脑后也有逆毛，嘴细而长，白眼皮，白沙眼，花色形态也和《鸽经》的"凤头皂"吻合，只缺少凤头而已。

筋斗鸽除白色、黑色之外，还有一种纯紫色的，即《鸽经》的"毛脚紫"。丙谱第十九开（彩图173）和《鸽经》基本符合，原题名"腰翻紫凤"，只缺少凤头和毛脚而已。所绘脑后也有逆毛，白眼皮，金眼，半长嘴，素闪，紫色暗而深，卧地一只几成黑色，自然不是此品种中之羽色纯正者。

筋斗鸽中，往往脑后有逆毛，可以作为辨认的标志，但也不尽然。我曾遇到头后有逆毛而并不会翻筋斗的鸽子。

外国筋斗鸽统名 Tumbler，品种繁多。惟所见的彩图，鸽子都是静止的，看不见它翻筋斗的动作。外国有专养筋斗鸽的，常举行放飞比赛，以翻者只数多少定名次。对翻跳动作的种种不同，也未见有比《鸽经》讲得更详细的，明代养家已经比现在西方国家玩得考究细致多了。

三六　铜背

准备介绍几种曾收入《清宫鸽谱》，但从未见过生禽的鸽子。第一种就想介绍铜背。不料不久前去王显先生的厂地，一眼就被一对几乎和鸽谱所画完全相同的铜背吸引住了，它的颜色真特别，不是紫玉翅那种紫，褐中透红，真有点像红铜。据说这对生禽是从两地物色来的，这是我第一次见到活生生的实物。

清代画家画铜背的时代，距今已有一百几十年，物种还是保留了下来。丙谱第十三开画中的铜背（彩图 174）和活铜背（彩图 175）两者对比，头嘴都好，花色也相同，只是羽毛不及画中的整齐，尤其是照片中那只雌铜背。雌者如经过喂养调理，定可恢复得更好些。

三七　记《清宫鸽谱》中没有见过的鸽子

赵元任先生有一句名言"说有容易说无难"，对做任何学术研究、科学调查都是应当遵守的。因为说有一定是已经发现了它，自然可以理直气壮地说有了。如说无，万一蹦出一个来，岂不是被事实堵了嘴吗？所以判断事物的有无，还是谨慎一些为好。《清宫鸽谱》中未见的品种，都不敢说它无，而是希望它不断地出现。

（一）洒墨玉

《清宫鸽谱》丙谱第十八开（彩图 176），原题名"洒墨玉"。按"洒墨玉"一名见《鸽经》，有"石夫黑花白地，色如洒墨玉"一语。白色鸽有稀疏的黑色羽毛，短嘴，豆眼，长相甚佳。这一花色我虽未见过，但立即让我想起北京过去曾有的黑雪花和紫雪花。但不论是黑或紫，色羽都比画中的洒墨玉多得多，也就是说色羽和白羽的多少比较匀称，不是几乎全身都是白的。因此洒墨玉和黑雪花不是同一品种。

说到这里，不妨也介绍一下雪花。《都门豢鸽记》早有详细的阐述，并附有示意图（彩图 177）。他认为黑雪花两翼自边条至三、四条宜是黑色。紫雪花贵紫多而白少，且紫色须深浅适中，颜色纯正。他还指出很重要的一点，即不论黑雪花或紫雪花，总是随其年龄增长，白羽越来越多，色羽越来越少。故乍见谱中画的洒墨玉，会误认为是老龄的黑雪花，这和人老头发会变白是同一自然现象。

（二）雨点斑

《清宫鸽谱》丙谱第二十一开（彩图 178），原题名"雨点斑"。远看像黑皂，近看背上有细小白点，如晴空繁星，平漪细雨，静中有动，绚烂而不喧炽，颇具特色。但长相并不佳，鸡头，长嘴，白眼皮，金眼。《鸽经》中有"雨点斑"，名虽相同，是否为同一品种，还有待进一步研究。因张万钟的描述为"墨青，有皂文如雨点"。"皂"疑为"白"之误。试思其质既是墨青,又安能有皂文雨点,倘墨上加皂,岂不黑成一片。我不敢断然下结论。倘"皂"确为"白"字之误,那么《清宫鸽谱》和《鸽经》的雨点斑是同一品种。否则只有存疑,再仔细观察研究了。

(三) 白顶皂

《清宫鸽谱》丁谱第二开(彩图179),此部全都没有标明鸽子的名称,"白顶皂"三字是本人代拟的。白顶皂真是长得很特别,黑皂的头上有一白点,正好和白身头上有黑点的雪上梅相反。尤为难得的是白点长得那样圆,那样整齐。还有全身黑色的鸽子,应该嘴也是黑的,它却是粉红肉色嘴,眼皮又雪白,真是超出我们的想象了。

(四) 平分春色

我阅读《鸽经》,远在发现《清宫鸽谱》之前。当读到"平分春色"一种时,心说真神了,哪里会有花色如此特殊而变化又如此繁多的鸽子呢?张万钟解说"自头至尾,分异色羽一条如线,有紫宜白分(即紫色鸽,自头至尾,被白色一线分开);黑宜紫分(即黑色鸽中被紫色一线分开);或白分(即黑色鸽中被白色一线分开);白宜紫分(即白鸽中被紫色一线分开)"等等。因色线从中一分为二,故名"平分春色",又名"劈破玉"。后来见《清宫鸽谱》甲谱第五十一开(彩图180)画的就是白色鸽中被黑线分开,原题名"合璧"。既有明人的记载,又有清人的彩绘,彼此相符,使我不得不相信当年确实有此鸽种。只不过后来我向多位老养家、老把式请教,都说"没见过,恐怕绝种已久了"。不过我还抱有一线希望,有一天冒出一对或一尾单只来。因为我国地大物博,穷乡僻壤也可能藏龙卧虎。我不就是因为幼年听老玩家说铁牛北京已绝种多年,而信以为真吗?前几年在河南发现铁牛,而且在当地并不是十分罕见的品种。

(五) 缠丝斑子与桃花串

《清宫鸽谱》出自清宫画院名家之手,采用郎世宁写生画法,自然惟妙惟肖。但在编纂上还不够规范,不够严谨。问题出在呈送鸽子者恐怕不甚内行,以致出现许多问题,往往没有选送上好之鸽而把次品劣品送给画家。甚至品种相同而名称不同,品种不同而名称相同,或使人费解。

如甲谱内有两幅我没有见过的观赏鸽,仔细一看,二者却是同一品种。前者为第二十五开(彩图181),题名"缠丝斑子";后者为第十六开(彩图182),题名"桃花串",可见当年命名有些乱。假如用简单而明了的语言为它们取名,不妨称之为紫楞瓦灰或铜楞瓦灰。灰色鸽子常常有黑楞,而此二对都是紫楞(亦可称铜楞)而已。我以为紫楞瓦灰,可能和铜背有血缘关系。铜背配瓦灰,可能孵出铜楞瓦灰。

(六) 青鳍

再如《清宫鸽谱》甲谱第十九开题名"青鳍"(彩图183),丙谱第三十开也题名"青鳍"(彩图184)。两开花色如果完全一样,那就是画重了,还情有可原。但两开花色竟完全不同,这就成问题了。究竟哪一开是青鳍呢?前者显然是一对四块玉，但颜色特殊，背及胸脯为淡紫。不仅没见过此种羽色的四块玉，其他品种有相同色羽的我也没见过。此对嘴较长，粉红眼皮，豆眼，头相也一般，但肯定是稀有品种。后者通体白色，颈嗉、翅尖、尾端泛浅蓝色晕，也十分特殊，可能与灰色鸽有血缘关系。头小，嘴短有钩，白眼皮，白沙眼，长相也不一般。青鷛是一种什么鸟。深愧我不是鸟类学家，说不出正格的。按"鷛"音"zhuāng"，一说"蜀鸟鷛，鸟名，布谷也"，见《集韵》；一说"青鷛乃信天缘"，见李元《蠕苑·物知》。信天缘又名信天翁，究竟什么长相，只有请教禽鸟专家了。

（七）蓝蛱蝶

《清宫鸽谱》甲谱第九十二开题名"蓝蛱蝶"（彩图185），乍看以为是铁翅白，因为从未见过观赏鸽有蓝色的羽毛。它蓝得鲜艳，简直像孔雀，似乎只有用矿质石青才能画出，不要说见，我连想也没有想过鸽子能有此羽色。此对全身雪白，蓝色膀翎超过十根，连副翎（即小膀）也有几根为蓝色。半长嘴，金眼，粉眼皮。再说题名，根本就是错误的。因为蛱蝶自明代《鸽经》开始，背上两块不规则三角形的羽毛为色羽，而翅膀是白的。《清宫鸽谱》有不少幅以蛱蝶命名的，也是如此。而这一对背上却是纯白，翅翎为蓝色，竟和蛱蝶完全相反。最大的疑惑还在夺目的蓝色，我不敢说鸽子是否有此色，但又不敢断然说没有。看来还是遵守"说有容易说无难"的格言为好。暂且存疑，不予肯定或否定。

三八 《清宫鸽谱》中的杂花混种

我编《清宫鸽谱》时把故宫所藏的三部册页共一百八十幅的次序打乱了重编，分成四大类：（壹）曾见、（贰）未见（有的恐已绝种）、（叁）存疑（指变化过程中出现的花色，没有形成传世的品种）、（肆）杂花混种（种混乱不纯，花色有毛病，根本不该收入鸽谱的鸽子）。

北京是帝王之都，过去养鸽子非常讲究。一个基本条件是雌雄两只的花色必须完全一致，不准该白的地方黑了一块，或该黑的地方长几根白毛。当然以上指已经稳定多年的品种，如黑、紫两色的点子、玉翅、两头乌、乌头等。尚未完全稳定的如铁膀、铜翅等不在此列。

通常被认为仅供游乐欢娱、会令人玩物丧志的"花鸟鱼虫"，其中往往蕴藏着许多学问。有人尽管熟读经史，学富五车，却对各种宠物一无所知，恐难被称为博雅之士。皇帝九五之尊，下令画院彩绘鸽谱，应该惟恭惟谨，不敢有丝毫差错，实际上还是有被蒙蔽的地方。下面举几例并说明为什么将它们编入杂花混种。

（一）芦花白

《鸽经》"芦花白"解说："毛泽如玉，间以淡紫纹，若秋老芦花，故名。菊花凤或莲花凤，金眼银嘴，身长脚短，格如鹤秀者佳。有一种银眼者，名'明月芦花'，精美不逊'射宫'。若长嘴高脚，小头，沙、豆眼者为'杂花白'，不入格。"我发现甲谱第五十六开题名"芦花白"（彩图186），高兴极了，以为可以给《鸽经》作插图了。一看大为失望，它颜色黑中透紫，尾巴色最深，几乎是黑的。两只翅膀大翎不一样，一只镶紫黑色边，一只纯白。头部和脖子，色羽凌乱不齐，平头，长嘴，金眼。我怎么也不能把它和芦花联系起来。此对当然不是《鸽经》的上"好芦花"或"明月芦花"，而是不入格的"杂花白"了。类此之鸽如上世纪在北京鸽市出现，一定觉得颜色不正，而且两只花色不一样，被认为是杂花，一文都不值了，但清初还是把它收入宫廷鸽谱。

（二）黑花玉翅

丙谱第三十四开（彩图187）题名"黑花玉翅"，看题名就知道该谱的画者及命名者有点抓瞎了。玉翅就是玉翅，人人都知道这个品种，又给加上"黑花"两字，已经承认不是正规的玉翅了。画中站着的一只明明是四块玉，只头上有几根杂毛。倘飞着的一只花色和它一样，不妨老老实实题名为四块玉，没有问题。问题在飞着的一只花色不同，这就违反了成对的鸽子花色必须相同的成规。飞着的一只尾巴全黑，而且完全张开，显而易见。还有头顶有一大块是黑的，与另一只仅有几根花毛不同。它只能被称为"花头白腰黑玉翅"，完全不合格。这一对过去在北京鸽市如遇识者，会把一只四块玉买走，另一只就没有人买了。

（三）鸡黄眼雨点

甲谱第二十开（彩图188）题名"鸡黄眼雨点"，够新鲜的，非北京惯用名称。首先是鸡黄眼，实际上就是淡金眼。两肩以下灰色较淡处，有略深的小点，可能因此而有"雨点"之名。但嘴近似楼鸽，名称再花哨，过去北京也没人要。我看通俗而符合实际的名称应该是"不合格的灰玉翅"。靠前的一只右翅有五根白翎，左翅纯灰，白翎一根也没有，北京术语称之为偏膀。靠后的一只，仅一膀

外露，第四根为灰色，夹在白翎中间，北京术语叫夹条。二者都是大忌。靠后一只颈上还有一块绿斑，或许它与斑鸠有血缘关系，若然，则更是混种，这有待请教鸟类学家来解答了。

三九 试谈观赏鸽品种分类和品评问题

观赏鸽品种篇漫无次序，杂乱无章，实在惭愧。翻翻前人著作，分类也不够严格，更谈不上科学合理，又多少可以为我解嘲。

《鸽经》依观赏鸽功能分为花色、飞放、翻跳三大类，也就是供人观赏的、可以千里传书的和翻跟斗逗人乐的，每大类不再细分。清宫鸽谱四部大画册，根本没有分类。《都门豢鸽记》依色分类再依状分，值得参考和借鉴。

现在要分类不容易，连尚存哪些种都不知道，谈何分类。照片更缺，离开彩色照片讲品种，等于没说，所以只好有什么写什么，顾不上分类了。

不过分类工作现在虽没法做，也不妨先想着点儿。我初步设想不妨先把纯一色的观赏鸽分成一大类，主要是：白、黑、紫、灰等色，包括通体一色但不同部位又有些差异的如粉串等。每一色可据其局部差异再分，如有无毛脚、勾眼大红眼皮等；或据体形差异再分，如鹭鸶高脚白、毛脚白、勾眼白等。

选一种最常见的品种如黑点子为一类之主，紫点子当然属此类，黑、紫雪上梅，黑、紫倒插都可附后。选黑玉翅为一类之主，紫、灰玉翅附后。选鹤秀为一类之主，不同花色的秀都可附后。不妨把现有的品种都照上述的设想分一下，画一张表，类后列所属品种，或许可以一目了然。意在设计一个有规律但

又不是死规律的分类法，不知可行否？

2006年末鸽友们在郑州举办了一个鸽展，还组织一次有奖评比，这是鼓励保护养观赏鸽的大好事！我想到要评比就须定标准，但不能定得太死，不然会影响鸽友的积极性，对保护延续鸽文化不利。我的初步想法是有的品种早已有一致的标准，如黑点子，以金眼为好，所谓"老气"的甚至要求金得发红；黑玉翅以葡萄眼为好，金眼就差了，白沙眼就不能要了。上述标准似乎值得保留，大家的意见可能容易一致。再说黑乌、紫乌、黑乌头、紫乌头，或尚金眼，或尚豆眼，可能与地区好尚有关。既然如此，似不宜硬性规定非豆或非金不可，而是照顾地方特点，是需要大家讨论协商的问题。愚意如上，供鸽友们参考指正。

四〇 记郑永真先生寄来鸽子照片

为《北京晚报》写的保护观赏鸽连载短篇，调整合并初步完成，坦博艺苑的郑永真先生又送来多张鸽子照片，使我惊喜。

郑先生爱鸽入骨髓，有鸽万事足，曾为宋庆龄纪念馆义务养鸽六七年之久，传为佳话，对培育训练之精通，早已有口皆碑。

郑氏是鸽子世家，昆仲五人，永真行三。长兄永福家在郊区，有个小院，种三四亩地，自食其力，养鸽子，种果树，过的是悠然自得的日子。不过他说如果有人准备认真养鸽子，虽年已六旬，不惜离开家助一臂之力。二哥四弟都有工作，住楼房，无法养鸽，不过四弟把业余时间都用在做哨子上，还是没有离开鸽子。五弟永祺又是一个行家，能辨别鸽子的窝分、血统，常去市上把有出

息的鸽子买回来，为它择偶，出仔就能恢复、接近正规传统。这需要有慧眼识珠的本领。

我惊喜地看到永真采用正确的培育与训练的方向和方法。所谓方向是因为鸽子品种虽多，而历来认为不可缺少的是素白、黑紫两色的点子、玉翅、乌头、两头乌、环等十几个品种。至于稀有花色虽也值得重视，起的是锦上添花的作用，不能取代上述品种，以致喧宾夺主。更因培育稀有品种或试图花色翻新往往弄得色羽杂乱，不伦不类，枉费精力，所以先培育主要品种，是正确的方向。从照片看有的重要品种已繁殖二三十只之多，在不到两年的时间能有此成绩是不可思议的。所谓训练有方，指的每天几次飞盘，二百多只高入云霄，此景北京已多年不见。现在居然常有乘车而来，停在附近路旁，仰望欣赏久久才离去。仅年余能有此成绩，更使我惊喜。正因每天飞盘，鸽子落在房上或地下，只只挺拔、神俊，和笼养者完全不同。这是正确训练的成果。

欣喜之余我把照片刊登出来，尽管各品种在前面短文中已经介绍过，仍值得刊出，供大家浏览欣赏（彩图189—210）。

四一 二印补记

《不成堆》出版后，未想获得更大支持，近来不断有鸽友从各地寄来观赏鸽照片，使我惊喜。为使各品种的形象更加完备，值此重印之际，挑选数帧列印于篇后，并附简要说明，供广大鸽友参考。为前后对照方便，以下诸项序号、标题均与内文各篇对应。

（一）白

金眼白和金眼特写两帧（彩图211）。

（四）楞子

最近鸽友寄来一张楞子带白色大条（彩图212），可称之为"楞子玉翅"，算是一个未见过的品种。

（七）灰

山西北部地区常见一种斑点浅灰，通称为"斑丽"。头嘴颇佳，但多为粉红色眼皮（彩图213）。又有一种近似浅灰，有的为灰玉翅。头顶都有几根白毛，故名曰"孝头"。其名不雅，不如称之曰"白头灰"或"白头灰玉翅"（彩图214）。

（八）勾眼

中外鸽书，都有勾眼，但往往不标准或眼皮不够宽，或宽而不够红。近承韩立同志见告，河南濮阳地区养勾眼鸽者颇多，并寄来照片，颜色为白、黑、灰三种。当地无勾眼称而一律名之为"大眼"。今补充勾眼黑皂、勾眼灰两帧（彩图215、216）。

（二六）铜翅白

最近鸽市出现一对铜翅白，可谓培养成功。花色完全合格，一根杂毛都没有，被人视为珍奇（彩图217）。有人出价六万元人民币，主人不肯割爱。但这对的下一代是否也如此完美，则很难说了，因这一品种基因尚未稳定，可能又有杂毛了。

（二七）倒插与雪上梅

紫雪上梅有一对生禽，不仅头嘴佳，紫色尤酽而正，十分难得，堪称精品，今刊出其中一只（彩图218）。

（二八）银尾

鸽友寄来一张紫银尾幼鸽，紫色酽、正、且匀，亦为难得；尾巴整齐，头嘴也好；因鸽子随着成长眼睛会发生变化，现在的豆眼有变成金眼的可能（彩图219）。

（三〇）灰寒鸦

山东鸽友拍了一张黑寒鸦的照片，但头嘴太难看了。眼珠通红，近似朱砂眼，十分罕见（彩图220）。

致各省市园林局
广场鸽管理处的公开信

广场鸽是我国改革开放后的新兴事物，可以使我们接近自然，爱护自然，尤为少年儿童所喜爱，成为他们的乐园。据悉你局已成立专门机构，管理广场鸽，谨向你们致贺，并预祝你们取得更大的成就。

我是一个鸽子爱好者，今年已八十五岁。虽自中年以后不再养鸽，但对保护观赏鸽勿使消失绝种，和延续有悠久历史的我国鸽文化不致中断，始终十分关注。

养信鸽，从人数来计算，中国已成为世界第一大国，今后会有更大的发展。2000年世界信鸽大赛将在北京举行就足以说明这一点。但数百年来经多少代人精心培育出来的貌美色妍的观赏鸽，有的品种已绝迹，有的正在消失；如不努力抢救，将会永远灭亡，实在使人深感忧虑。

观赏鸽的消失受社会变革的影响，而和当前居民的住房改造更有直接的关系。养观赏鸽需要有观赏的环境，一旦环境变了，观赏价值和意义也就不复存在。过去养家都有或大或小的院子，或高或矮的平房。在院中看鸽群在顶空飞翔，如彩云盘旋，翩翩栩栩，悦目赏心。或看它飞上飞下，走去走来，鲜明的羽色，妩媚的姿容，更予人美的享受。但现在城市居民，迁住楼房的日多，从此失去养观赏鸽的环境。至于养信鸽，养者最主要的追求是远翔夺魁，此外均属次要，故住楼房影响不大。因此近年养信鸽的大量增加，养观赏鸽的显著减少。

观赏鸽的减少致使知道它、识认它、欣赏它的人也越来越少，自然更谈不上重视、珍惜有悠久历史的我国鸽文化了。

试举两例：1999年之前的中央电视台第一套节目晨曲，先播出升国旗的庄严仪式，接着一只白鸽飞来。仔细一看，这只白鸽原来是从外国引进的食用鸽"落地王"，鸡头长嘴，长相丑陋。又电视时常播出妙龄女郎，手握白鸽，曼声长歌。一曲将终，纵鸽飞去。这白鸽还是"落地王"。我曾想，凡是对鸽子有些识认的电视观众，就会发现登上荧屏的不是我国自有的名贵秀美的观赏鸽，而是外国的食用鸽，他也会和我一样，感到遗憾和羞愧，甚至有损自尊心。我相信电视工作者有决心把节目制作得尽美尽善，但可惜他对鸽子缺少认识。或许他认识鸽子，也知道电视节目中用外国食用鸽不如用中国观赏鸽，但不知何处去找，谁能提供。在不得已的情况下，只好求助于可大量供应的食用鸽场了。

不少年来我一直在想如何能让更多的人了解中国的观赏鸽，但深以想不出有效办法为憾。自从知道某些大城市养广场鸽，得到了一些启发。参观了几处后，更感到兴奋、喜悦，似乎看到了希望。我认为只须在各地广场鸽现有设施上加一些投入，就能大大增加游人的乐趣和知识，同时还能为保护名贵观赏鸽种作出重大贡献。下面试分析其可行性并提出具体方法和措施，供各地园林局、广场鸽管理处的同志们研究、参考。倘蒙惠予指正，将更感到欣幸。

一、广场鸽场地一般比较宽敞，有的还有园林之胜。这样就有可能为养观赏鸽提供观赏环境。佳禽美景，相得益彰。

二、目前广场鸽鸽群多由食用鸽、信鸽及各种杂交鸽组成，其体格、习性与观赏鸽大异。故养观赏鸽必须别筑巢舍，自辟场地，而不可和广场鸽混养。否则观赏鸽的美好形象便遭破坏，失去观赏价值。更不用说观赏鸽嘴小颈短，如混养必争食难饱，体弱受欺，且难保证鸽种纯正。上面讲到的在设施上加一些投入，即指增加巢舍和场地。

三、可以肯定待增加的投入并不大，因为养观赏鸽的规模要比广场鸽小得多。在试养阶段有一间可容约五十羽的鸽舍，一块百十平方米的场地已够使用。如在三五年内能收集到十几个较好品种，已经是大有成绩了。

四、管理观赏鸽最多只需两人。有经验者，一人即可胜任。我确知北京就有爱观赏鸽如性命者，因迁居或其他原因失去了养鸽条件，倘能请来管理，必欣然应聘。其难能可贵之处在对选养、培育、训练等方面都十分在行，定能把观赏鸽养好。这样的专门人才北京有，各省市也有，只须查访，就能找到。

五、选购观赏鸽可先在当地进行，特殊品种，则求之于不同产地。有了内行管理人员，又有广场鸽为名贵观赏鸽孵卵哺雏，长成后可供交换或出售。如对我国观赏鸽进行宣传，还可争取到外销市场。

六、观赏鸽应由管理人员对游人观众进行讲解，介绍花色品种可贵之处，并表演飞盘或系哨放飞，增加兴趣。故观赏鸽与广场鸽并不重复而各具特色，游人可获得不同的乐趣。

七、我感到作为一个中国人，凡是你认为中国的美好东西，就有责任去宣传它，介绍它，使它在写作家、美术家、工艺家、影视、戏曲等工作者的作品中出头露面。即使是微小的事物，也是中国的骄傲。各省市园林局在有广场鸽为广大游人博得欢乐的同时，还能为不同行业的工作者提供美好的、足以代表中国文化的观赏鸽形象，再由他们传播给广大人民。我想也是一项十分有意义的工作。

宏扬中华鸽文化 抢救传统观赏鸽
——上北京市及奥组委领导同志书

尊敬的北京市及奥组委领导同志：

请允许我作自我介绍。我名王世襄，生于1914年。曾任国家文物局中国文物研究所研究员，第六、七届全国政协委员。现任中央文史研究馆馆员。

我有一个献议，不知您们认为是否值得考虑。我的献议是在亚运村主要场馆附近辟园建鸽舍，专养我国传统观赏鸽。此举有以下双重意义。

一、我国重要节日常放飞鸽群，由养鸽协会组织养家提供，全部是灰色信鸽。放飞后立即散去，返回巢舍。观赏鸽和信鸽大异，貌美色妍，白、黑、灰、蓝、紫，花色艳丽，飞时成群盘旋，久久不离巢舍上空。且可悬哨，音响悦耳，被称为"钩天妙乐"、"和平之音"。曾是老北京的一个象征，可惜现在已难听到。在奥运会期间，倘有戴哨观赏鸽在上空盘旋，供人观赏聆听，将带来欢欣和乐趣。尤其是外来人士，会觉得这是北京的特色，故具有宏扬中国传统文化的意义，定能为奥运会增色。

二、喂养观赏鸽还有更深远的意义。自上世纪末以来，因养信鸽可以获奖并高价出售种鸽，观赏鸽受到冷落。拆除平房，兴建高楼，庭院消失，对信鸽影响不大，对观赏鸽则失去了生存的条件。因此，近年来观赏鸽数量锐减。现在大多数人，尤其是青年人，似乎认为家鸽只有两种：灰色的是信鸽，白色的是和平鸽，而不知道还有观赏鸽。因此出现在影视、广告、照片、图绘上象征和平的全都是从海外引进的白色食用鸽；高贵、典雅的观赏鸽竟被遗弃而无缘一见，这使关心、重视我国鸽文化的人十分痛心。现在观赏鸽已濒临消失，形势严峻。如再不保护和抢救，一二十年内将绝种。在世界上首屈一指的中华鸽文化也从此断绝，造成无法挽回的损失。

我养鸽并关心中华鸽文化有年。远的不说，明末张万钟著的《鸽经》（山东农学院赵传集先生曾为此书作注释）是我国也是世界最早的观赏鸽专著。清代三百年养鸽者更多，对体形、花色、头嘴、眼皮、眼睛、闪光等的要求也越来越高。可见，流传到今的观赏鸽是经过多少代人精心培育出来的，自然十分珍贵，不能坐视其绝种。

我在七十岁时曾想编印一本鸽谱图

鸟舌

册，目的在让人认识并重视观赏鸽。但携同摄影师去北京各地访求后，大为失望，因已难找到几个值得拍摄的品种。虽知出访全国城乡，可能有收获，惟已年迈，力不从心，只好作罢。为此深感遗憾。

1994年，我八十岁时，意外发现故宫博物院藏有清代宫廷画家用郎世宁笔法精绘的鸽谱四部，共二百二十四幅，生动逼真，宛如生禽，为之狂喜。征得赵传集先生同意，把对《鸽经》、《鸽谱》的研究合编成《明代鸽经 清宫鸽谱》一书。用后者为前者增补图式，用前者为后者探索渊源，并为每幅所绘写说明、定等级。末附致全国园林局公开信，建议在养广场鸽的同时养观赏鸽。前后历时五载，于2000年6月由河北教育出版社彩色精印出版。此外我还出版了一册中英文双语本的《北京鸽哨》，介绍其历史及与北京的特殊关系。此书已引起欧美人士的兴趣，多次来京采访收集。2005年10月美国华盛顿肯尼迪中心将举办中国文艺表演节，决定在开幕式上放飞带鸽哨的鸽群。因鸽哨起源于中国，又有"和平之音"的美称，故对它特别重视。最近中心派员来北京，由文化部接待，协助定制鸽哨事宜，足见海外对中国传统鸽文化的重视。

为了保护和抢救观赏鸽，应早日成立中国观赏鸽协会，在主要运动场馆建立观赏鸽喂养中心。中心以外，多几处喂养自然更好。北京西郊动物园及面积较大的公园，如天坛、地坛、朝阳等都具备喂养的条件，可以创造出品位很高的景点。全国各地，在中心的创导下如能繁殖，还可销售到海外。外国爱鸽者人数众多，但其品种远不及我国的貌美色妍，经过宣传，肯定可以外销，有经济效益。

请恕我絮絮陈词，但仍言不尽意。欢迎随时垂询。

此致
敬礼，并颂
台绥！

王世襄谨上

2003年4月8日送呈

2004年12月15日修改

终生不忘此殊荣

2005 年 6 月某日，中央文史馆约请年逾八旬的馆员便餐小聚，告知温总理的秘书将来馆，转达总理已将德国总理赠送的轿车交给文史馆，供老年馆员需要时乘坐。我考虑到这是一个机会，请秘书同志将拙作《清宫鸽谱》《北京鸽哨》呈请总理垂览。在书首陈述中国观赏鸽所处的危险境地，应大力抢救，否则这一珍贵的物种有绝灭之虞。原文如下：

中国鸽文化源远流长，貌美色妍，品种繁多，统称观赏鸽，自古被人喜爱，在历代文化艺术中有大量的赞美和叙述。惟二三十年来人们争养海外输入的信鸽及白色食用鸽。前者企求竞翔得奖，实为赌博，已出现多种不法行为；后者虽丑陋不堪，却是美食，养殖也能获利。利之所在，人争趋之，以致观赏鸽遭到冷落摒弃，社会上大多数人竟已不知观赏鸽为何物，因此日益退化消亡，已濒于灭绝。这一中华珍贵物种，如一旦消失，将是无法弥补的损失。

目前有少数人为观赏鸽担忧，在访求、培育、宣传等方面做工作，但人微言轻，收效甚微。窃以为观赏鸽之存亡，虽与国计民生关系不大，但其仪容之典雅温和，哨音之谐调悦耳，象征和平，远非外国鸽种所能及。且它确是本国物种，与中华历史文化密不可分，故对它的保护抢救，重要性实不亚于熊猫、朱鹮。襄已年届九十有一，老迈昏迁，但对此未能忘情，谨呈有关观赏鸽旧作两种。敬请垂鉴，不胜惶恐之至。

二千又五年六月
馆员王世襄谨呈

敬爱的温总理 承蒙亲笔赐函喜出望外深受感动情不自禁作小诗四首呈请

垂阁第三首言及在天安门广场上空飞和平鸽播和平音实为多年来之梦想欧美国家广场名胜常有成群野鸽在地面觅食使人坐厂天安门广场则只在上空盘旋飞后全部返巢不落地面惟集会必须与广场

欧隣方能成功 天安门为首都中心地位特殊安全卫生首先要有确实保证访求鸽务管理训练等示须有专人员责以时日一两年内可望渐臻佳境或成为景观后决定将广受欢迎亦可预卜惟一切均须由政府决定并筹划进行上述不过是陈述设想作为献议而已谨此上书叩谢 恭祝
政躬康泰 襄全国人民之幸 王世襄敬上
二○○五年七月十六日

我万万没有想到三天后文史馆送来总理亲自用毛笔写的赐函，对重视历史、文化和物种予以勉勖。我深感殊荣，上书叩谢，并附七绝四首。

附录

温总理的关怀　名学者的心声
——王世襄挥笔抒鸽情

提起中央文史研究馆九十一岁的馆员王世襄先生，都知道他是著名学者，古文物鉴赏家。他除了在明清家具、漆器、音律等方面的研究，在国际上有很大影响外，对中国民间的传统技艺，像什么葫芦、竹刻、蟋蟀、鸽哨这些不起眼的小玩意儿，样样做出了大学问。他的这些成就也越来越受到国内和国际社会的关注。

这几年他对中国观赏鸽的保护问题，忧心忡忡。认为，中国的鸽子种类很多，现在人们只知道有信鸽和餐桌上的肉鸽，不知道还有种类繁多的观赏鸽。现在"炒"信鸽的人比较多，主要是经济利益驱动，里面名堂很多。餐桌上的鸽子就不用说了。而中国的观赏鸽目前形式不妙，如果不再抢救，老祖宗几千年留下的这点物种，就快销声匿迹了。现在世界上有"观赏鸽节"，我们连边也沾不上。为此，他在《北京晚报》上连载文章，呼吁保护和培育观赏鸽。

6月，王世襄把自己研究鸽子的两本书《明代鸽经　清宫鸽谱》和《北京鸽哨》转呈温家宝总理，想请总理空闲时看看。没想到温总理看到书后，很快亲手给他写了回信。当我把信送到他手中时，老人喜出望外，说"真没想到总理这么忙还给我回信，对我的研究给予肯定，还让我保重身体，实不敢当。"他又说："我这些书送出去很多，懂行的如获至宝。我还多次向有关部门建议在北京2008年奥运会的开幕式上，放飞2008只观赏鸽，带上鸽哨，在体育场上空盘旋以壮声威，没有什么回音。这次总理刚收到书，就给我回信，真是太感谢了。"

他兴奋之余，赋七言绝句四首，除感谢总理"两稿竟蒙公许可，终生不忘此殊荣"外，还希望"天安门上晴空碧，愿见鸽群带哨飞"。他兴奋地说："我国鸽文化源远流长，鸽哨清音世界居首，如能在天安门附近养一千只观赏鸽，每天早晨迎着国旗升起，伴着国歌旋律，放飞五颜六色的鸽群，既为首都增添一个和平形象的景观，又保护了观赏鸽物种，可谓一举两得。"愿他的梦想能得以实现。

王世襄书法颇具功力，大有宋人黄庭坚的风骨。应我之请，他不顾年高酷暑，目力不济，坚持抄完了他写的四首诗。特请《羲之书画报》刊发奉献给广大读者。

作者系国务院参事室、中央文史研究馆业务司负责人。本文原载《羲之书画报》2005 年 7 月 20 日（总 179 期）1 版，收入本书时有删节

运外国鸽子放飞
不如养中国鸽子放飞

2007 年元旦《北京晚报》头版头条报道天安门广场首次放飞和平鸽，我十分兴奋，举双手赞成。不过我认为把鸽子运到广场放飞，不如在天安门附近养鸽子放飞。建议理由陈述如下：

（一）天安门是我国首都的中心，放飞的鸽子自然应该是有悠久历史的中国传统观赏鸽而不是外国培育的灰色信鸽和白色食用鸽。

（二）放飞的灰、白两种鸽子是从各地征集来的。开笼后一涌而出，但只能在广场上空飞几圈便都回家了。恋巢是鸽子的天性，人们的意志无法改变它。因此要它不断地在广场上空飞，只有把鸽巢建在天安门附近如中山公园或文化宫等地。如轮流放飞，广场整天都有鸽群盘旋。倘系带中国独有的鸽哨，整天都会为我们播放和平之音。它飞后便归巢，不会落在广场上，污染环境，天安门将成为世界无双万人仰首的特殊景点。

（三）喂养放飞中华观赏鸽不仅证明我国重视传统文化，而且花色繁多、身态优美，比灰、白两色外来鸽美丽得多。如同色的观赏鸽（有白、黑、紫、灰、蓝等多种花色）分组飞起，到高空再合成一大盘，可以体会到中华民族大团结的美好壮丽象征。

（四）天安门附近观赏鸽一次养成，永久存在，是一劳永逸的好事。同时可以拯救目前观赏鸽不景气、濒于绝灭的危险。保护物种是最重要的大事，我们一定要让后代能看见并赞美欣赏历史悠久的观赏鸽！否则我们将是历史的罪人！

（五）天安门特别重要，建在附近的鸽舍一定要有公安局内保局和防疫单位人员进驻，确保安全。当然也须聘精通养传统观赏鸽的老把式管理训练。

本文原刊于《北京晚报》
（2007 年元月 5 日），
题目为《欢呼天安门元旦放飞和平鸽》

彩色图版

图1 左：惠字紫漆九星　　右：惠字黑漆七星

图2 左：惠字大葫芦　　中：惠字十三眼
右：惠字花瓣葫芦

图3 左：惠字浅紫漆花瓣葫芦
右：鸣字浅紫漆葫芦

图4 左：老永字黑漆葫芦成对
右：老永字全竹十五眼成对

图 5 左：老永字小九星成对　右：老永字十一眼成对

图 6 老永字黑漆十一眼成对

图 7 左：老永字黄漆大十五眼　右：老永字黑漆小九星

图 8 老永字黑漆五排十五子成对

图 9 左：鸣字紫漆大葫芦
右：老永字黑漆花瓣小葫芦成对

图 10 左：鸣字浅紫漆葫芦
右：鸣字深紫漆十一眼成对

图 11 兴字紫漆全竹十一眼成对

图 12 左：兴字全竹十一眼成对
右：兴字全竹十一眼成对

图 13 兴字紫漆骨口全竹十一眼成对

图 14 小永字黑漆三截口成对

图 15 左、右：鸿字桂圆壳三排九子成对
中：小永字桂圆壳三排九子

图 16 祥字紫漆黑口花瓣葫芦成对

图 17 祥字本色黑漆口众星捧月成对

图 18 祥字紫漆全竹众星捧月成对

图 19 左：祥字虬角口小葫芦
右：祥字虬角口十一眼成对

图 20 祥字紫漆橘皮胎葫芦成对

图 21 祥字黑漆猪头葫芦

图 22 文字本色黑漆口葫芦成对

图 23 左：文字本色黑漆口葫芦
右：文字截口小葫芦成对

图 24 左：文字十五瓣截口葫芦
右：文字全竹十一眼成对

图 25 左：文字紫漆四筒成对
右：文字紫漆三筒

图 26 文字斑竹梅花七星成对

图 27 鸿字紫漆二筒、七星、九星、十一眼

图 28 王世襄火绘梅花祥字葫芦成对

彩色图版

图 29 王世襄火绘菊花祥字截口葫芦成对

图 30 王世襄火绘双钩竹祥字众星捧月成对

图31 王世襄火绘荷花鸿字葫芦旁哨葫芦成对

图32 王世襄火绘残帖祥字葫芦成对

图 33 王世襄火绘花卉祥、鸿两家制各式葫芦成堂一匣

图 34 王世襄火绘祥、鸿两家制各式葫芦成堂一匣

图 35 祥字紫漆鸽哨成堂两匣

图 36 祥字紫漆七星至三十五眼成堂一匣

图 37 明万礼张罐、万礼张五福捧寿过笼、朱砂鱼水槽

图 38 明宣德高浮雕狮纹蟋蟀盆

图 39 明白山款万礼张蛐蛐罐

图 40 清 "乐在其中" 蛐蛐罐成对

图 41 清 "南楼雅玩" 蛐蛐罐

图 42 白山、古燕赵子玉造、恭信主人之盆、小万张蛐蛐罐四种（自左至右）

图 43 明万礼张过笼两种

图 44 明万礼张五福捧寿过笼

图 45 清赵子玉枣花过笼三种

图 46 清赵子玉五福捧寿过笼

图 47 清赵子玉五福捧寿拉花过笼

图 48 清含芳园过笼、水槽

图 49 清各式水槽

图 50 蝈蝈	图 51 札嘴

图 52 油壶鲁	图 53 蛐蛐

图 54 梆儿头	图 55 金钟

图56 笨油壶鲁	图 57 长膀子油壶鲁

图 58 大翅油壶鲁
图 59 粘药蝈蝈

图 60 粘药油壶鲁

图 61 王世襄与常荣启（中）、朱勇（左）合影（摄于 1980 年）

图 62 豆黄儿鹰子（胸部羽毛为纵理）

图 63 三年或四年老鹰（胸部羽毛为横理）

图 64 革制鹰帽两种

图 65 叫溜子一（鹰离开举者之臂飞向叫鹰者）

803

图 66 叫溜子二 （鹰飞至中途）

图 67 叫溜子三 （鹰落在叫鹰者的套袖上）

图 68 安鹰抓到了兔子

图 69 元雪界、张师夔绘古桧苍鹰图
（局部。炎黄艺术馆藏。此图妙在将鹰之神俊传绘无遗。）

图 70 2000 年郑州观赏鸽大赛上，著者在欣赏紫点子鸽

图 71 商代玉鸽　殷墟妇好墓出土

图 72 母鸽哺雏玉雕　江苏徐州东汉墓出土

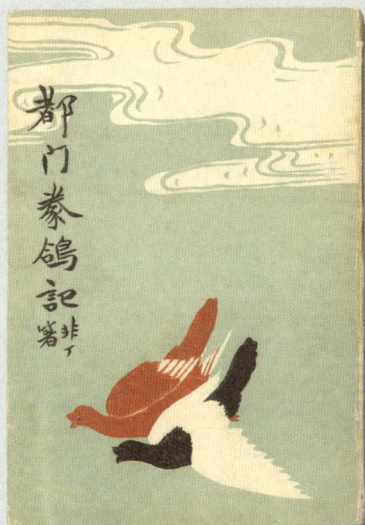

图 75 白（鸽友提供）（上）　图 76 黑皂（《中国观赏鸽谱》页 40 ）（下）

图 77 黑皂 (《明代鸽经 清宫鸽谱》页 97)

图 78 铁牛（《明代鸽经 清宫鸽谱》页 217）（上）
图 79 铁牛（韩立先生提供）（下）

图 80 楞子（《明代鸽经 清宫鸽谱》页 199）(上)　　图 81 楞子（《中国观赏鸽谱》页 42）(下)

图 82　麻背《明代鸽经　清宫鸽谱》页 204)(上)　　　图 83　麸背《明代鸽经　清宫鸽谱》页 207)(下)

图 84、图 85 黑七星麸背（韩立先生提供）

图 86 紫七星麸背（韩立先生提供）

图 87 紫鞑《明代鸽经 清宫鸽谱》页 131

图 88 美国紫鞑《鸽种全书》页 209

图 89 浅灰《明代鸽经 清宫鸽谱》页 113

图 90 瓦灰《明代鸽经 清宫鸽谱》页 127

图 91 勾眼白（鸽友提供）

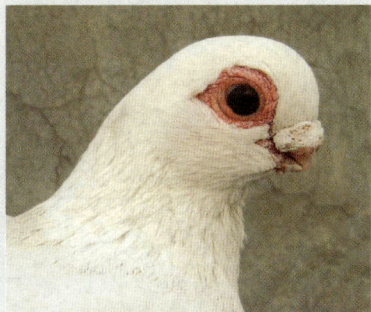

图 92 勾眼黑皂（韩立先生提供）

图 93 灰玉翅（《明代鸽经　清宫鸽谱》页 161）

图 94 白毛脚瓦灰玉翅（《明代鸽经　清宫鸽谱》页 162）

图 95 拆灰（鸽友提供）（上） 图 96 点子（《中国观赏鸽谱》页 65）（下）

图 97 瑞士黑头盔《鸽种全书》页 145）（上） 图 98 黑点子《明代鸽经 清宫鸽谱》页 142）（下）

图 99 紫点子《中国观赏鸽谱》页 67）

图 100 荷兰紫头盔《鸽种全书》页 146） 图 101 黑老虎帽《明代鸽经 清宫鸽谱》页 151）

图 102 黑玉翅（左力先生提供）

图 103 母黑玉翅（左力先生提供）

图 104 美国黑玉翅（《鸽种全书》页 132）

图 105 紫玉翅（鸽友提供）

图 106 紫玉翅《明代鸽经　清宫鸽谱》页 164）（上）　　图 107 黑四块玉《明代鸽经　清宫鸽谱》页 193）（下）

图 108 紫四块玉（《明代鸽经　清宫鸽谱》页 195）（上）　　图 109 紫四块玉（韩立先生提供）（下）

图 110　灰四块玉（《明代鸽经　清宫鸽谱》页 194）（上）　　图 111　灰四块玉（韩立先生提供）（下）

图 112 乌头（《明代鸽经　清宫鸽谱》页 175）

图 113 黑乌头（左力先生提供）

图 114 紫乌头（左力先生提供）

图 115 紫乌头（左力先生提供）

图 116 蓝乌头（左力先生提供）

彩色图版

图 117 蓝鸟头（左力先生提供）

图 118 黑环（左力先生提供）

图 119 紫环（左力先生提供）

图 120 蓝环（左力先生提供）

图 121 紫压脖儿（鸽友提供）

图 122 黑环和黑压脖儿（鸽友提供）

图 123 蓝压脖儿（韩立先生提供）

彩色图版

图 124　黑玉环《明代鸽经　清宫鸽谱》页 172）

图 125　黑玉环《中国观赏鸽谱》页 95）

图 126　紫玉环《中国观赏鸽谱》页 93）

图 127 黑乌（《明代鸽经　清宫鸽谱》页 168)（上） 图 128 紫乌（王学全先生提供)（下)

图 129 两头白《明代鸽经 清宫鸽谱》页 230）（上）　　图 130 两头白《明代鸽经 清宫鸽谱》页 231）（下）

图 131 铁翅乌（系"文"字葫芦鸽哨）

图 132 铁翅乌（系"鸿"字九星鸽哨）

图 133 铜翅乌（《中国观赏鸽谱》页 108）

图 134 铜翅乌（《明代鸽经 清宫鸽谱》页 170）

图 135 有黑色杂毛的铁翅点子（左力先生提供） 图 136 铁翅点子（《中国观赏鸽谱》页 72）

图 137 铜翅白（《明代鸽经　清宫鸽谱》页 88）

图 138 倒插（《明代鸽经　清宫鸽谱》页 148）

图 139 倒插（《明代鸽经　清宫鸽谱》页 149）

图 140 倒插（《中国观赏鸽谱》页 75）

图 141　黑雪上梅《明代鸽经　清宫鸽谱》页 144）

图 142　黑雪上梅《明代鸽经　清宫鸽谱》页 145）　　图 143　紫雪上梅《明代鸽经　清宫鸽谱》页 146）

图 144 黑银尾（《明代鸽经 清宫鸽谱》页 179）（上）　图 145 灰银尾（《明代鸽经 清宫鸽谱》页 182）（下）

图 146 黑雀花（《明代鸽经　清宫鸽谱》页 235）　图 147 紫雀花（《明代鸽经　清宫鸽谱》页 238）

图 148 黄雀花（《明代鸽经　清宫鸽谱》页 239）

图 149 喜鹊落枝上及展翅欲飞图	图 150 寒鸦

图 151 灰寒鸦（韩立先生提供）

图 152 粉串（《明代鸽经　清宫鸽谱》页 139）（上）　　图 153 粉串（鸽友提供）（下）

彩色图版

图 154 鹤秀《明代鸽经 清宫鸽谱》页 268）（上） 　图 155 紫蛱蝶《明代鸽经 清宫鸽谱》页 190）（下）

图 156 紫蛱蝶（《明代鸽经　清宫鸽谱》页 187）（上）　　图 157 黑蛱蝶（《明代鸽经　清宫鸽谱》页 191）（下）

图 158 蓝鹤秀（《明代鸽经　清宫鸽谱》页 185）

图 159 黄秀（《中国观赏鸽谱》页 144）

图 160 紫秀（《中国观赏鸽谱》页 143）

图 161 黑秀（《中国观赏鸽谱》页 139）

图 162 德国紫秀（《鸽种全书》页 318）

图 163 荷兰黑秀《鸽种全书》页 315）

图 164 蓝秀鸽《中国观赏鸽谱》页 140）

图 165 蓝秀鸽《中国观赏鸽谱》页 141）

图 166 美国蓝秀鸽《鸽种全书》页 740）

图 167 美国蓝秀鸽（《鸽种全书》页 741）

图 168 沙田尼（《中国观赏鸽谱》页 157）

图 169 沙田尼（《中国观赏鸽谱》页 156）

图 170 瑞士沙田尼（《鸽种全书》页 299）

图 171 白筋斗鸽（《明代鸽经 清宫鸽谱》页84）

图 172 黑筋斗鸽（《明代鸽经 清宫鸽谱》页102）

图 173 紫筋斗鸽（《明代鸽经 清宫鸽谱》页132）

图 174 铜背（《明代鸽经　清宫鸽谱》页 234）

图 175 铜背（王显先生提供）

图 176 洒墨玉（《明代鸽经　清宫鸽谱》页 241）

图 177 雪花示意图

图 178 雨点斑《明代鸽经　清宫鸽谱》页 220）

图 179 白顶皂（《明代鸽经 清宫鸽谱》页 222）

图 180 平分春色（《明代鸽经 清宫鸽谱》页 214）

图 181 缠丝斑子（《明代鸽经 清宫鸽谱》页 224）

图 182 桃花串《明代鸽经 清宫鸽谱》页 225》

图 183 青鳍（《明代鸽经　清宫鸽谱》页 233）

图 184 青鳍（《明代鸽经　清宫鸽谱》页 213）

图 185 蓝蛱蝶（《明代鸽经　清宫鸽谱》页 258）

图 186 芦花白《明代鸽经　清宫鸽谱》页 215）　　图 187 黑花玉翅《明代鸽经　清宫鸽谱》页 272）

图 188 鸡黄眼雨点《明代鸽经　清宫鸽谱》页 262）

图 189 鸽子飞盘

图 190 白

图 191 黑点子

图 192 紫点子（上）　图 193 黑玉翅（下）

图 194　紫玉翅	图 195　紫玉翅

图 196　墨环	图 197　紫环

图 198 墨环与紫环

图 199 黑乌头

图 200 黑乌头

图 201 紫乌头	图 202 紫乌头

图 203 黑乌	图 204 黑乌

图 205 紫乌

图 206 紫乌

图 207 灰

图 208 灰

图 209 秀鸽（上）　　　图 210 秀鸽（下）

图 209 秀鸽（上）

图 210 秀鸽（下）

图 211 金眼白（上）　　　　　图 212 楞子玉翅（鸽友提供）（下）

图 213 斑丽 （鸽友提供）

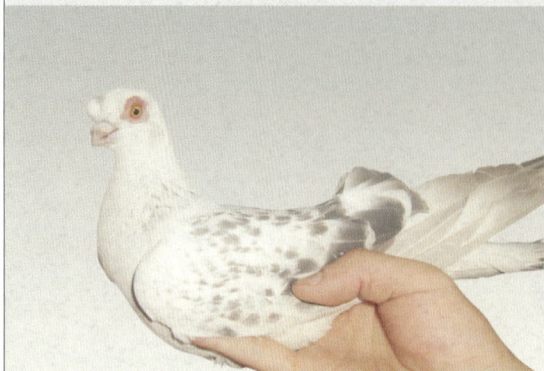

图 214 白头灰玉翅 （鸽友提供）

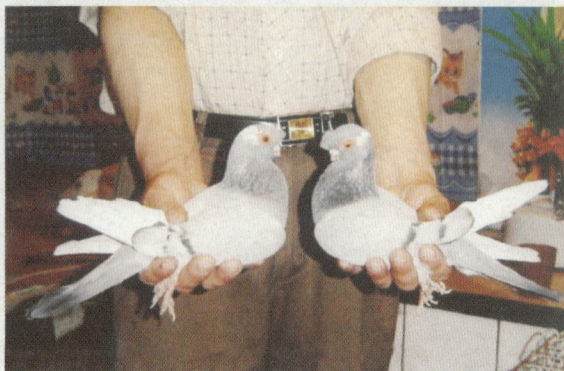

图 215 勾眼黑皂 （韩立先生提供）

图 216 勾眼灰 （韩立先生提供）

图 217 铜翅白（鸽友提供）

图 218 紫雪上梅（鸽友提供）

图 219 紫银尾幼鸽（鸽友提供）

图 220 黑寒鸦（鸽友提供）

图书在版编目（CIP）数据

王世襄集 / 王世襄著 . -- 北京：生活·读书·
新知三联书店，2013.7 （2024.4 重印）
ISBN 978-7-108-04560-7

Ⅰ . ①王… Ⅱ . ①王… Ⅲ . ①王世襄（1914 ~ 2009）
—文集 Ⅳ . ① C53

中国版本图书馆 CIP 数据核字 (2013) 第 142067 号